臺灣走向科技
的那些年
——關鍵的
人與事

呂一銘

財團法人卓越新聞獎基金會
The Foundation for Excellent Journalism Award

財團法人卓越新聞獎基金會獎助出版

巨流圖書公司印行

卓越新聞獎 24

臺灣走向科技的那些年
關鍵的人與事

國家圖書館出版品預行編目（CIP）資料

臺灣走向科技的那些年：關鍵的人與事／呂一銘
著 . -- 初版 . -- 高雄市：巨流，2018.06
面；　公分

ISBN 978-957-732-567-9（平裝）

1. 臺灣經濟　2. 人物志

552.33　　　　　　　　　　　　　　107005952

著　　　者	呂一銘
責 任 編 輯	張如芷
封 面 設 計	Lucas
發 行 人	楊曉華
總 編 輯	蔡國彬
出　　　版	巨流圖書股份有限公司 80252 高雄市苓雅區五福一路 57 號 2 樓之 2 電話：07-2265267 傳真：07-2233073 e-mail：chuliu@liwen.com.tw
編 輯 部	23445 新北市永和區秀朗路一段 41 號 電話：02-29229075 傳真：02-29220464
劃 撥 帳 號	01002323 巨流圖書股份有限公司
購 書 專 線	07-2265267 轉 236
法 律 顧 問	林廷隆律師 電話：02-29658212
出版登記證	局版台業字第 1045 號

巨流

ISBN ／ 978-957-732-567-9（平裝）
初版一刷 · 2018 年 6 月

定價：550 元

出版緣起

為優質新聞與傑出記者而努力

　　卓越新聞獎基金會是為了肯定和獎勵優秀新聞記者而成立
的。

　　新聞記者此一專業的特殊性，在於一個記者不論隸屬於哪個
媒體，或擅長哪種路線，都應該是秉持報導事實真相、維護社會
公益的前提去進行每日的新聞工作。記者不該只是一種謀生的職
業，它頂著民主社會第四權的冠冕，又揭櫫言論自由的崇高價
值，再加上自主性極強的作業方式，讓記者行業經常充滿個人主
義色彩，有時又帶一點英雄主義氣質。

　　相較於學者專注與知識體系對話，記者較瞭解如何與社會大
眾溝通。又由於經常站在重大事件的現場，他們必須目睹真相，
見證歷史。在他們深入淺出、肌理生動的筆觸下，影響人類歷史
的重大事件或關鍵人物，乃躍然紙上，栩栩如生。無怪乎在許多
西方國家，最受歡迎的歷史人物傳記，往往出自於有新聞工作背
景者之手。

　　當前臺灣的媒體環境實在令人很不滿意，不但有過於追逐市
場、短視近利的經營心態，又缺少身為社會公器的組織自覺。一
些優秀的新聞從業人員，在一開始有著滿腔熱情，卻囿於大環
境，終究無法施展抱負，而挫折失望。

　　卓越新聞獎書系的出版計畫，就是為了鼓勵那些有志新聞專
業，始終不放棄理想的傑出的資深記者，能將多年來在工作中的
見聞和心得，經有系統的分析、整理後，以專書出現。這一書系
的出版目的一則是要彌補報紙、雜誌或因篇幅有限，或因市場考

量，所造成的題材限制；二則強調對特具意義的議題能有論述、剖析的深度與廣度。

　　此外，我們也希望引介國外優秀的新聞作品，讓他山之石作為本土借鏡，透過精良的譯筆，讓國內實務新聞工作者，及有志入行的傳播科系學生，也能有見賢思齊的機會。

　　今日的新聞，有可能是明日的歷史。新聞記者想做第一線的歷史記錄者，其工作品質的良窳，乃直接影響公眾耳目的清暗和善惡判斷。如果此一書系的出版，對臺灣記者的專業品質、工作經驗累積，以及工作成果發表能有貢獻，那我們的努力便沒有白費。

卓越新聞獎基金會第二屆董事長

蕭新煌

目錄

Chapter 4　**公害災難殷鑑**

Chapter 5　**精彩人物**

前言
國家總體建設及科技發展繼往開來的關鍵時刻

> 如果一個人回顧他走過的歲月，覺得創造了一種改變，這樣子的
> 話，當是無愧此生。
>
> ——美國老牌記者華特·克朗凱特（Walter Cronkite），
> 《記者的回憶》

今天的新聞，是明天的歷史。臺灣在烽火連天、動盪不安的1950至1970年代（包括海峽兩岸軍事對峙、韓戰、越戰、退出聯合國、美與我斷交等），國內外氛圍和環境各種不利的條件下，又值黨國屬性體制和戒嚴時期；臺灣朝野上下，卻能在克難的國防及經濟困窘下，排除萬難，以突破橫逆，全力推動十二年國家科學發展計畫（1969-1981年），由吳大猷、徐賢修等先後主持國科會，錢思亮主持中央研究院十三年的殫精竭慮，協同海內外院士及學界群策群力，為臺灣科技扎根，貢獻卓著。而此亦與政府實施九年國民義務教育（1968年），提升了國民教育品質關係密切。諸此，始奠定1980年代臺灣經濟起飛時，中級科學技術人才的人力資源基礎，創造了「臺灣經濟奇蹟」；蒿目時艱，前人種樹，洵為不易；且是高瞻遠矚，以行動落實，功不唐捐。

　　我適逢新聞採訪因緣及難得歷史機遇，見證臺灣科技發展歷經篳路藍縷過程，艱辛備嘗，所謂「前事不忘，後事之師」，乃將當年記錄的獨特報導稍做整理，除分享箇中甘苦、成敗經驗，亦期盼能以勵來茲，俾使國家發展更上層樓！

　　毛澤東有句名言：「槍桿子出政權」，確有些幾分道理在。其實，環視古今中外，不論是獨裁專制或民主開放國家的執政者，都要抓緊三樣法寶，就是「槍桿子、筆桿子和鈔票（經濟）」，也為國家「實力」的表徵。而今天的科技更是強化國防、經濟實力不可或缺的命根子，猶是現代媒體生存發展的靠山。資訊科技更改變了媒體生態和環境，人人可利用手機傳遞訊息或新聞。

　　像獨裁者抓緊筆桿子，可當御用、統戰、麻醉、愚民的工具；民主國家領袖一樣亦是當做文宣工具，做形象包裝，並操控做為對付政敵，和爭取民意支持的重要手段；但民主國家的媒體，有其監督和社會責任；若能發揮「第四權」優點，產生制衡力量，則更能造福國計民生，其重要性自是不言而喻了。

　　簡言之，科技在今天已不只是國家興衰的重要指標，還能改變世界成為「地球村」，無遠弗屆；將許多的不可能變成可能，且能不斷創新，直接間接影響社會的食衣住行及育樂等生活型態，猶瞬息萬變，讓人目不暇接，由「分秒必爭」，已到了「秒秒必爭」的地步。

　　就以媒體為例，短短的半世紀，便已由電報、電話、傳真傳遞新聞，直接跳到平板電腦、手機。而一家電子報也只要有經營者、編輯、記者幾人即可構成，甚至在網路世界，幾變成「人人都是記者」；而「今日新聞」，已不用隔一個時段、或隔天才知道，亦已變成「即時新聞」，隨時隨地可知，無怪有人視為是千年以來未有的變局。就像趙甄北的一首詩所形容：「滿眼天機轉

化鈞，天工人巧日爭新，預支五百年新意，到了千年又覺陳。」

這對新聞老兵如我，撫今憶昔，不免想起青原惟信禪師說：「老僧三十年前未曾參禪時，見山是山，見水是水。後來參禪悟道，見山不是山，見水不是水。而今個休歇處，依然見山是山，見水是水。」別有一番感悟。

在半世紀前，臺灣雖烽火稍息，卻是面臨百廢待舉，物資及人力資源極缺乏的困境（科技師資缺乏，研究設備簡陋。而1969年7月21日美國阿波羅11號卻已完成人類第一次登陸月球任務），「與敵人作存亡鬥爭，亦與朋友競爭」，能群策群力創下後來的「偏安」穩定局面，並使科學教育生根、創造經濟奇蹟、成就亞洲四小龍等卓著的豐碩果實；甚且在國防科技上，都有可觀的成就，讓國際社會刮目相待。

其他包括研製核武和導彈、生化等自製武器的能力，都能在短期間快速成長，而這些科技的應用發展，帶動國家總體建設的振衰起敝，繼往開來，讓臺灣有了「不沉的航空母艦」譽稱，絕非倖致。[1]

至於，國共內戰或海峽兩岸及中國、臺灣的歷史和政治上恩怨糾葛，十分複雜，當另有公評，在此姑且不論。

根據一項官方統計顯示，1953年到1988年間，臺灣每人年平均國民所得從100美元躍升至6,000美元，在四十年之內成長64倍，成為舉世聞名的「臺灣經濟奇蹟」。例如在1971年的國民所得為421美元，到了1981年則提升至2,432美元，證諸科技發展確為推動經濟建設的火車頭。

---

1 臺灣當局受到 **1964** 年中共政權成功於羅布泊試驗場的 **596** 核子試驗中引爆第一枚核武器的刺激，即有計畫推動。當時，美方亦在暗中支持，並有了「雛型」規模；惜後來美國和中共推動「聯中制蘇」策略，肇致 **1988** 年發生中科院核研所副所長張憲義叛逃事件，受美方壓力結束。

　　美國哈佛大學中國研究講席柯偉林（William C. Kirby）教授
（曾獲哈佛大學傑出貢獻獎譽，目前擔任哈佛中國基金主席），
在 2015 年 7 月來臺於「抗戰勝利七十週年國際學術研討會」中
講演，就指出，1969-1981 年代臺灣是屬於開發中國家，百廢待
舉，但成功建立了發展中國家所需組織化的基本建設和訓練完善
的人力資本。而中共政權在鄧小平文革後復出，複製類似的「臺
灣經驗」，進行改革開放政策，1978 年後五年計畫再次在中國大
陸開花結果。證實中華民國這段期間成就的「臺灣經驗」，確是
實至名歸，令人感奮。

　　國際知名生化學家李卓皓曾說：「新聞記者是推動科技發展
重要的力量。」可以鞭策政府和善盡守望、教育職責，經當年
我專訪學界以及同業（其間，少數主要報紙也開始重視科技報
導）不斷報導鼓吹，當局終在 1978 年召開第一次全國科學技術
會議，邀集產官學研科技菁英，以科技發展與國家建設為主題進
行討論，凝聚共識。此後，每隔四、五年召開一次，針對科技發
展的現況、挑戰與展望、願景，提出具體建議。會後再根據決議
制訂各種長、中程計畫或方案。亦使我國的科學研究，不論在論
文發表篇數與排名、獲得美國專利數與排名，以及國際間對我國
競爭力的評比，都有長足的進步。相較於歐美先進國家豐富的科
技資源、龐大的市場規模和悠久的發展歷史，臺灣能在短短的半
世紀，就有如此出色的表現，無乃舉國上下同心協力所致。

　　我在早年獨家專訪美國首位派駐臺灣的科學顧問畢林士
（Bruce H. Billings）（並兼農復會委員）、國科會主委徐賢修等
人，就多次不斷報導催生的新竹科學工業園區，終於在 1980 年
底設立，且逐步發展成技術密集產業，為日後高科技產業奠定紮
實的基礎。而隨著南部科學工業園區、中部科學工業園區的興

建，不僅讓科學工業園區成為我國科技發展的重要指標，相關經驗累積形成的示範效果與技術擴散，更調整了我國的產業結構，增加就業人口，維繫經濟繁榮。同時，讓我國在國際高科技產業佔有一席之地。

當年的科技政策雖著重於促進產業升級，但對與民生福祉息息相關的醫藥、食品等項目也同樣重視。像 1979 年 5 月訂頒的「科學技術發展方案」，就曾選定能源、材料、資訊、生產自動化四項為重點科技；1982 年 8 月又增列生物技術、光電科技、肝炎防治及食品科技等四項，並鼓勵學者投入與這「八大重點科技」有關的科學研究。以肝炎防治的研究而言，早期國人 B 型肝炎感染率之高，在世界是名列前矛。1984 年 7 月，我國開始推動全球第一個大規模的 B 型肝炎預防注射計畫，不僅讓國人逐漸擺脫 B 型肝炎病毒的感染，防治過程中得到的寶貴經驗，也讓我國成為全球研究治療肝炎的重鎮之一。

我從 1971 年起，同樣不斷獨家報導加強開發海洋資源新聞，及第一座設在臺大造船研究所的「船模試驗室」（首任所長由汪群從博士主持，後任海洋大學校長），鼓吹國人研製造船工作。而臺灣後來也終於有了第一艘國產 2,700 噸級的大型研究船（海研五號），造價 14.6 億新臺幣，完全由國人設計建造。而這艘研究船探測調查所得的資料，建置為「國家海洋資料庫」（包括東海、南海、臺海等），成為研擬海洋相關事務的參考，更成為國際級的海洋研究中心。

臺灣在 2005 年將「國家太空計畫室」改為「國家太空中心」（National Space Organization，簡稱 NSPO）隸屬於國家實驗研究院後，迭有優異表現；繼 1999 年發射「福爾摩沙衛星一號」成功，復經專家學者團隊的再接再厲，又研製「福爾摩沙衛星五

號」，於2017年8月25日升空。這是臺灣首次自製的光學遙測衛星（著重於衛星本體及光學遙測與科學自主能力的建立），寫下太空研發史的新頁！

至於，我當年獨家報導政府推動南極資源開發利用大型計畫，到後來隨「海功號」首航南極冰洋採訪，則是人生最大的冒險，平安歸來乃託天之幸。而相關的報導及著述，恐亦只能以清賢陳宏謀所說：「是非審之於己、毀譽聽之於人、得失安之於數」，來表達個人的感受。

由於臺灣位於環太平洋地震帶，除了年年有颱風侵襲，地震頻仍又難預測，當年國科會便邀國際知名的地球科學家鄧大量博士組成團隊，籌建了中研院地球科學研究所（由蔡義本博士任首位所長），並布建全臺地震微震測站網，逐漸有了能防患未然的事前準備工作，及至今天世界極端氣候變幻莫測，亦促使規模大的強震不時出現，而臺灣在氣象預報及對地震掌握程度，並不遜於先進國家。

在國家型科技計畫的推動方面，國科會亦於1999年推動「能源國家型科技計畫」以兼顧能源安全、經濟發展與環境保護，及滿足未來世代發展的需求，包括開發低碳能源，研發節能減碳技術，研究建構能源產業發展所需的法規、制度與標準，以及加強此方面知識的學校教育與宣導，期能藉此帶動綠色能源產業的發展，並創造更優質的永續生活環境。諸此，更是1969-1981年代不斷鼓吹和報導衍生的重要成果（例如媒體後來便增加了科技、環保、農業、能源等專職採訪路線），回首來時路，倍感倒吃甘蔗，不虛此生。

其他類如「生技醫藥國家型科技計畫」，以新藥探索為起點，整合上、中、下游開發鏈的創新概念，連結基礎研究與臨床

應用，進而商品化，並能發展疾病預防、診斷與治療的技術與藥品，達到個人化醫療的目標。也就是當年不斷獨家報導生化科技發展方向產生的推動作用。

此外，「轉學多師是吾師」，一直是我從事新聞專業的工作態度，像參與中研院的「中文電子化」研究工作，亦增強了報導「中文電腦」的力道，及催生首屆國際電腦會議在臺舉行等；到今天「智慧電子國家型科技計畫」，已進步到了能通盤考量電子科技的應用面與產業面，規劃生醫、綠能、車用電子、資訊、通訊、消費性電子等領域人才的培育與前瞻研究，以及相關的產業推動和關鍵技術開發，期能提升國內積體電路（integrated circuit，簡稱 IC）的產業推動和關鍵技術開發，以及智慧電子系統設計產業在國際上的競爭優勢，而人工智慧科技（包括大數據、機器人等等），亦不落人後，並把成果應用在人們的日常生活中，深感予有榮焉。

是以，科技可以殺人，也能造福人群，其禍福亦往往繫於國家執政者的一念之間。像早年原子彈的研製及投擲廣島、長崎，分別是美國總統羅斯福、杜魯門決定的。愛因斯坦後來就陷入極大的痛苦和後悔之中。他痛心地說，當初致信羅斯福總統提議研製核武器，是他一生中最大的錯誤和遺憾。

之後的歷任蘇聯領導人、美國總統雖多主張「禁衍核武」、原子能和平用途，但仍不放棄維持恐怖平衡的力量，致進入冷戰時代期間，美國除了進行多達 1,054 多次的核試驗外，也不斷對自身的核武器進行現代化更新並擴大其庫存量；其中在 1966 年時，美國擁有的核武器最高估計已經成倍增加到超過 32,000 枚之譜。1985 年時，全世界總共有 68,000 枚能夠立即投入作戰的核武器。到了 2014 年，世界強國相互制約核武的使用結果，也仍

有 4,400 枚核武器能立即投入作戰,而全球核子武器總數仍然有
10,144 枚之多,堪為佐證。無怪如今經濟民生貧困的北韓,猶欲
拼命發展核武,可見其負面影響很大,未必有利世人和平福祉。

　　鑑於全球的核電一再發生災禍,也使得「非核家園」呼聲,
在全球響起。像美國 1979 年 3 月 28 日發生在賓夕法尼亞州的三
哩島核電廠(Three-Miles Island Nuclear Generating Station)一次
部分爐心熔毀事故,就造成美國核電史上最嚴重的一次事故,但
此事故並沒有證明西方國家的核電廠事故會造成人畜傷亡及公共
危害,所以「非核」未受重視,僅大幅提高核電廠安全設施的建
造成本,以免事故造成重大的經濟損失。

　　然則,到了 1986 年 4 月 26 日蘇聯烏克蘭的車諾比核電廠發
生的核子事故,開始受到國際關注,更被認為是歷史上最嚴重的
核電事故(亦是首例被國際核事件分級表評為第七級事件的特大
事故)。前蘇聯官方的報告指出,約 60% 受到輻射塵污染的地區
皆位於白俄羅斯境內。經濟上,這場災難總共損失大概二十兆美
元(已計算通貨膨脹),是近代歷史中代價最「昂貴」的核災事
件。綠色和平組織估計的總傷亡人數是九萬三千人,而到 1990
年到 2004 年間可能已經造成二十萬起額外的死亡。

　　當時的核安,固被許多人質疑,但由於車諾比核電廠的安全
設備,遠遜於西方核電廠,因此三哩島事故後所建立的「核安」
形象並沒有遭到嚴重打擊,但在 2011 年日本福島的第一核電廠
事故,確實瓦解了許多人對「核安」的信任。

　　發生在 2011 年 3 月 11 日的福島核災事故嚴重程度,則遠超
過美國的三哩島事故外洩的輻射物劑量,據法國輻射防護暨核子
安全研究所(IRSN)估計,像 2011 年 3 月 22 日,日本外洩的碘
131 輻射量已經達到大約 240 萬居里,約為賓州三哩島外洩量 15

居里的 16 萬倍，亦約是車諾比核災事件輻射外洩量的 10%。

　　臺灣「非核」運動更是如火如荼，諸如暫停核四興建，也將現有的核一、核二、核三電廠逐一除役等，並促成了推動「2025 非核家園」的長遠目標，當是值得朝野共同努力的方向！[2]

　　回顧以往採訪科技發展的篳路藍縷歷程，深感自己能幸運成為見證者之一。在今天看來，當年朝野、國人的不畏橫逆，奮發圖強，實已奠下臺灣科技教育生根和國家建設的磐石，以致到後來突飛猛進，在國際舞臺上發光發熱！亦印證了 1959 年曾擔任「長科會」主委、中研院院長胡適所說的名言：「要怎麼收穫，先怎麼栽」！信哉斯言。

本書體例及內容說明：

一、本書為新聞題材的忠實記錄，並因篇幅有限，故節省所有人物的「尊稱」名號，以利行文，並無不敬之意。不周之處，敬請諒鑒。

二、1969 至 1981 年間值戒嚴時期，許多報導文字未必能符現在民主化的臺灣景況，但為保存「原味」，仍以當時的文字表達，亦請諒察為感。

三、科技只是科技，亦只是科技的新聞（不涉及隱私）。1969 至 1981 年的科技發展，無需有「政治」顏色或思維考量，何妨當做一段「歷史」見證的記錄，以歷史的眼光及世界大格局宏觀視之，或許另有所得和省悟。

---

2 此可參見 **1971** 年我在《聯合報》連續獨家報導臺大火箭社學生研製首枚火箭試射成功，曾轟動一時。當時該社社長黃秉鈞，如今亦成了著名學者，擔任臺大機械系特聘教授、新能源中心主持人。於 **2016** 年 **6** 月 **27** 日在《自由時報》發表的一篇專文，內容精闢，或有助國人對「非核家園」的了解。

Chapter 1
科技與農業政策

1 ·
中研院與臺灣的科研發展

▍濟濟多士，國家科技發展的搖籃

臺灣的科技發展，是在烽火和艱苦中成長，可說「生於憂患」，也可說動亂時代天賜的難得機遇。當年一批從中國大江南北撤離來臺的學術菁英（主力是中央研究院院士、北大、清華等學者），原是「過客」，但沒想到「反攻大陸」無望，反而在此「插柳、柳成蔭」！六十八年來匯合了本土菁英和海外不願「事秦」（指中共）的學者，共同辛勤耕耘，造就今天根深、枝繁葉茂的科學大樹；並結合經濟建設創造了「臺灣經濟奇蹟」！且因1997年後來中華民國實施民主化，更成就了今天「民主臺灣」的稱譽，獲得舉世肯定！

直到今天，臺灣社會並不清楚五十年前的國家科技發展是怎麼來的？都只知是故總統蔣介石、蔣經國父子主導，或1958年邀胡適擔任中研院院長（1959年兼「國家長期科學發展委員會」主委），以及吳大猷、徐賢修等主持國科會推動的，[1]但這是只知

---

1 吳、徐當時皆是滯美的中研院數理組院士，而他們在國府遷臺前後，亦是參與「原子彈研製」「絕密」計畫的成員，連中國方面都在 **2016** 年網路流傳。此是後話，將在後面篇章補述。

其一。

其實，1956 年秋，吳大猷就應胡適之邀首次回臺灣，在臺灣大學和新竹復校的清華大學為物理研究生開課。1967 年，蔣中正總統極力邀吳「勿忘初衷」為國出力（後來跑新聞，始知吳大猷參與並籌劃「原子彈研製」絕密計畫的主持人，又無政治野心），於是吳大猷參照「美國國家科學基金會」（National Science Foundation）模式，提出了兩項重大建議，一是設立「科學發展指導委員會」，二是設立「科學發展委員會」。層峰將權責範圍擴大，即在 1968 年，邀吳大猷主持「國家安全會議科學發展指導委員會」（簡稱科導會），[2] 並擘劃「國家科學發展十二年計畫」，擬訂整體科學發展的方針和架構，為臺灣二十年後的科學發展奠定了基礎。其間，吳大猷往返臺美，1979 年從美國大學退休，始在臺北定居。

臺灣科技發展的故事，說來話長。亦莫不與中研院的轉折發展脈絡攸關。像早年的臺大校長傅斯年就是中研院人文組院士，以奠下臺大自由開放的學術風氣著稱；清華大學在臺復校的首位校長梅貽琦（1956-1962 年）1962 年當選中研院院士，於 1958-1962 年任教育部長兼任原子能委員會主委，有「清華永遠的校長」譽稱，[3] 其「身教重於言教」及「所謂大學者，非謂有大樓之謂也，有大師之謂也」的教育名言，為士林推崇，亦在任內設立引進研究用原子爐，成為臺灣核子科學研究發展濫觴。

又如首任財團法人工業技術研究院董事長兼院長王兆振（電子科學家朱汝瑾院士當董事）等，亦復是中研院院士，打下應用

---

2 層級高於院級，閣揆及重要部會首長皆為成員。
3 梅貽琦於 1931 年 10 月至 1948 年 12 月在北京擔任清大校長，1955 年清大在臺復校，並籌辦原子科學研究所，復任校長至 1962 年病逝。

科技結合軍公民產業基礎；當年在聯合國奮戰不懈的中研院人文組院士蔣廷黻亦然，享譽國際外交學界；而著名的中研院經濟組六院士，包括蔣碩傑、劉大中、邢慕寰、費景漢、鄒至莊、刁錦寰等，更是臺灣經濟發展論述的啟蒙大師，所留下輝煌的篇章（像「蔣碩傑與王作榮的經濟論戰」），無異是「李斯特（政府干預）大戰史密斯（自由市場）」，曾經轟動一時。

而以腦下腺荷爾蒙研究著稱於世的李卓皓院士，多次來臺推動生命科學不遺餘力，曾協助設立中研院生化研究所；還有張捷遷院士催生了臺灣公害防治研究中心，推廣環保教育；曹安邦院士則引進癌症醫學的新知；鄧大量等院士讓臺灣有了舉世聞名的地震預測研究及微測震站網中心，且推動成立中研院地球科學研究所；再如周元燊院士除推廣臺灣「數學傳播」教育，並和寶祖烈院士合作開啟了臺灣「中文電腦」研究的新里程，且首屆國際中文電腦會議即在中研院舉行。另外，如獲諾貝爾物理獎楊振寧、李政道亦是中研院院士，而後來獲諾貝爾化學獎的李遠哲回臺，接棒擔任中研院院長（1994-2006 年）。又如，擔任臺大校長二十年（1950-1970 年）、中研院院長十三年（1970-1983 年）的化學家、中研院數理組院士錢思亮，更是堪稱「中流砥柱」，厥功至偉！

簡言之，中研院是國家科學發展之「母」。1959 年，中研院與教育部合作誕生了「國家長期發展科學委員會」（由時任中研院院長胡適兼主任委員，採合議制），之後，改隸總統府「國家安全會議」為「科學發展指導委員會」，由吳大猷擔任主委；1967 年，才誕生了（任務編組型）「國家科學委員會」，由吳大猷兼任主委。1969 年 9 月，始定名為「行政院國家科學委員會」，1972 年立法院通過「行政院國家科學委員會組織條例」，

直至 2014 年才設立「科技部」。而在 1973 年，配合政府推動「十項建設計畫」，整合成立財團法人工業技術研究院；徐賢修院士並在國科會任內，籌設新竹科學園區，對我國後來的產業升級與高科技發展，貢獻卓著。

▌從南京到南港

中研院早年就定位為國家最高學術研究機構，1928 年國府在南京設立。遇上抗戰軍興與國共內戰，始於 1948 年選出第一屆中央研究院院士八十一人，體制才告完成；首位中研院院長是由曾任北京大學校長的蔡元培擔綱（1928 年 4 月-1940 年 3 月）；而他因在北大首開中國自由學術風氣之先，對西方文明和科學新知的引進不遺餘力，故當時社會有「蔡元培掌大學，然後見大學之大」的讚譽，功業卓著，得到中外學界的推崇和尊敬。

之後，胡適並將北大的精神帶到中研院，傅斯年則帶到臺大。而蔡元培等人把「賽先生」（Science）和「德先生」（Democracy）引進中國，成為「五四運動」的濫觴。但卻在臺灣能落地生根，堪為歷史的吊詭。

中研院原就負有包括人文及科學研究，指導、聯絡及獎勵學術研究，培養高級學術研究人才，並兼有科學與人文之研究等任務。而中央研究院院士又多在學術領域享譽國際或研究卓著者，共分為數理科學、生命科學（早期稱「生物」）（含醫農）及人文社會科學（含經濟）三組，為終身名譽職。其職權包括：選舉院士及名譽院士；選舉評議員；籌議國家學術研究方針；受政府及有關單位之委託，辦理學術設計、調查、審查及研究事項。可謂任重道遠。

早年的中研院原計畫設立：物理、化學、工程、地質、天

文、氣象、歷史語言、國文學、考古學、心理學、教育、社會科學、動物、植物等十四個研究所。惜內憂外患不斷，陸續在抗戰前後成立了十個研究所，分設京、滬兩地。及至 1949 年，中研院復因國共內戰播遷來臺，亦只有歷史語言與數學兩個研究所，圖書文物則暫時存放在楊梅火車站倉庫。在當時朱家驊代院長（1940 年 9 月-1957 年 10 月）多方奔走下，方於 1954 年在臺北南港營建院區，也開啟了在臺科學播種耕耘的艱苦歲月，終能在二十一世紀有了豐碩成果，在國際上發光發熱！

始終對中研院不離不棄的望重士林的鴻儒們，則在歷經「顛沛流離」的過程，艱辛備嚐，但他們卻安之若素，不斷精進教學與研究，並推動在各大學合作設立數學、物理、化學、生物科學的研究中心，促進師資、設備交流合作，嘉惠後進學子，培育難以計數的國家棟樑，高風亮節，不僅是「經師」，更是「人師」典範，成就了今天臺灣學術享譽國際，是真正的「無名英雄」！令人敬仰！

何以中研院遷臺初期並未受到社會和媒體應有的重視？主要是 1949 至 1970 年時期，臺灣正值百廢待舉的危疑震撼年代，物資及人力資源極度缺乏，師資不足，研究實驗設備簡陋，且國民教育水準不高，根本沒有科學研發條件，加上政治環境亦動盪不安，不易孕育及發展科技。

媒體則更不用談了，不論經營規模、人才或新聞教育等條件不足，只有少數黨政軍經營的報紙和電臺，係靠政府和執政黨補助，皆以配合戰時、黨國需求的文宣及政令宣導為主；民營報紙更是先天受執照、紙張數量限制（初期政府尚有微薄的支助），又乏財力支援，致倒閉、合併情形則時有傳聞，遑言正常發展；多以當時市場導向謀生，亦以較大篇幅報導社會和經濟新聞為

主，像《聯合報》是由三家報紙合併，《中國時報》則是由《徵信新聞》轉型。

▌當上數學所兼任技士

由於當時的中研院尚被社會視為學術「象牙塔」，保守且較排斥記者、新聞性條件並不強，除非遇上重大學術研究成果發表，或院士會議有重大決定，或選新院士（直到1958年才恢復在臺的院士會議，每兩年舉行一次）；或學界名人活動，像胡適便是要角之一；然而地處偏遠又交通不便，當年沒公車可到中研院。值腳踏車當令，三輪車正轉型計程車的年代，汽、機車亦不多；採訪記者都以文教路線兼跑，也沒有所謂的「科技路線」！

再者，記者每天皆需發新聞稿，往返南港，勢需「有獲」，才能交差，故中研院是新聞採訪路線的一個「冷衙門」！就個人來說，直到1969年後因採訪國科會和中研院，送有相關的獨家新聞後，報社才發現兩者關係密切，正式劃歸我採訪。而有感科技「上天入地」，無所不有，範圍太廣，且知識和能力均不足肆應；乃設法「邊學邊做」，逐漸開拓了採訪範圍，但仍感所學「左支右絀」，幸遇上「貴人」中研院院士兼數學研究所所長長周元燊（美國哥倫比亞大學數學系教授、國際統計學會副會長）寒暑假來臺，因在某次專訪後閒聊，談到「進修」之事，在他鼓勵之下，乃將大學畢業寫的兩篇工程論文（曾分刊學報），送到中研院評議審核通過，得以「數學研究所兼任技士」（相當於「助理研究員」和「副研究員」之間位階）參與「中文電子化」研究工作，並與青年電腦專家張系國共用一間研究室。成為當時首位新聞記者進入中研院者，此亦等於有了學界認證的「通行證」，對後來的採訪幫助很大。

　　之後，像在 1975 年於《聯合報》獨家大幅報導農復會的「南極洋開發利用計畫」，乃感地球科學的知識不足，加上翌年底又需隨「海功號」首航南極冰洋之故，復由中研院推薦保送臺大物理研究所進修「地球科學」，以利採訪需求。而當時自然科學文化公司負責人石資民，亦在我採訪南極冰洋回臺時，彙整出版了一本《南極歸來》，收獲頗豐（另《中研院院訊》、《海外學人》並刊出有關南極的專文及照片）；中廣「早晨公園」節目也播放錄製日記型態的現場錄音帶；猶接受知名藝人白嘉莉主持的台視「銀河璇宮」節目訪談。

　　到了 2003 年，我又將在《台灣新生報》「新生兒童」版連載「e 爺爺講南極故事」。重新整理送《國語日報》連載，並出版《地球最神祕的地方：e 爺爺講南極故事》一書，可說是「無心插柳」的另一收獲。

　　同時，因先後被報社派赴東京（1970 年）和馬尼拉（1974年）參加國際新聞學會舉辦的第一、二屆科學新聞研討會，中研院學（包括農復會專家）曾私下給予指導協助，凡此種切，對中研院的「惠我良多」，始終十分感念。事實上，當年學術和媒體環境差的重大因素，乃在時勢「詭譎多變，人心惶惶」。臺灣又面對內外交煎的嚴峻局面，稍有不慎，就會隨時翻船，更不知後來會如何變化。

　　例如 1947 年臺灣發生的「228」事件，便造成歷史的傷痛，至今仍未竟痊癒；而蔣介石領導的中華民國政府，復於 1949 年實施長達三十八年的戒嚴，後來又發生諸多的「白色恐怖」事件；蔣曾一度被美方（杜魯門總統，1945-1953 年時期）放棄，坊間尚有「臺灣地位未定論」說法，致有美方支持胡適組流亡

政府的傳聞，[4] 乃至 1954 年孫立人兵諫事件等，不一而足。適在 1950 年時，因韓戰爆發，美方自己不願承擔太多，乃借助臺灣牽制中共，復在繼任的艾森豪總統（1953-1961 年）任內，重新簽定《中美防禦條約》協防臺灣，才穩住了蔣介石的國民黨政權。

當時國共在金門、馬祖仍是炮戰不斷，對峙劇烈（1950 年起，至 1979 年雙方才自行停火），又空戰不斷（1954-1967 年），以及共軍駕機來歸（1945-1989 年）等諸多事件，且參與支援越戰（1959-1975 年）等；同一時期，更面臨前蘇聯和中共聯手的國際外交壓力，並有逼退聯合國席位（1971 年）的危機。實際上，臺灣是處於一個極度「內外交迫」的困境，鮮有餘力發展科技。及至中研院遷臺後的一段「盤整」時期（1949-1970 年），復經海內外院士的群策群力，不斷引進新知、教育和培植人才，而農業支援工業的經濟環境也稍有改善，始具科學發展的基本條件，才有了全面推動科技發展的契機！

▌幾任中研院院長居功厥偉

諸此，亦與胡適慨允來臺接掌中研院（1958 年 4 月-1962 年 2 月），吳大猷願擔當艱鉅重任（科導會主委兼首任國科會主委，1967 年 8 月-1973 年 6 月；中研院長，1983 年 10 月-1994 年 1 月），及錢思亮無怨無悔奔波耕耘收關（錢還兼任 1971 年-1981 年的原子能委員會主委，協助推動核能的和平利用於醫、農工等產業發展），後由獲諾貝爾化學獎的李遠哲回來接棒（1994

4　**1950 年**，胡適應聘為普林斯頓大學葛思德東亞圖書館館長。當年 **6 月 23 日**，主管亞太事務的美國助理國務卿迪安・奈斯克約見胡適，試圖說服胡適出面領導流亡海外及臺灣的反共親美人士，以取代蔣政權，但因胡適無此興趣而不了了之。

年-2006 年 10 月），得以棒棒相傳，戮力擘劃經營，始有今天符合國際學術殿堂的規模，功不可沒。

最難得的是，胡、錢、吳均澹泊名利，像胡適主張民主自由，但不參與政治權鬥；而吳、錢與張茲闓[5]同船負笈美國深造，卓然有成，卻沒有瑜亮情結，情誼至深。當中研院院長王世杰（1962 年 5 月接胡適遺缺）在 1970 年過世，錢力舉吳（第一屆院士，錢第五屆），吳堅薦錢，兩人曾為之爭執，當局一度懸而不決；吳則以妻病弱多年療治，並在美大學未退休理由不就，結果錢才勉予接受，並做了十三年。而吳在 1978 年在美執教大學退休，也未有意願接手，直到錢在 1983 年任內辭世後才接掌，傳為士林佳話。

值得一提的是，由於中研院多數院士及第一次院士會議所選出之第三屆評議員三十二人，大多滯留中國大陸或海外。第一屆院士在臺者，僅有吳大猷、朱家驊、凌鴻勛、李先聞、吳敬恆、胡適、傅斯年、李濟、董作賓、王世杰、王寵惠等，不足法定的過半人數，致使院士會議和評議會無法召開並行使職權，中研院幾陷入半停頓狀態。只有「植物研究所」是 1954 年在臺恢復，1955 年才成立「近代史研究所」及「民族研究所」籌備處。

及至 1957 年，經朱家驊、吳大猷、胡適等海內外院士的多年努力奔走，才產生「以報到登記人數為實有全體人數」的變通辦法，施報呈層峰核准施行，始於同年 4 月 2 日在臺舉行第二次院士會議，隔日舉行第三屆評議會首次會議。而 12 月，胡適繼朱家驊之後擔任院長，1958 年正式就任（「化學研究所」始在臺

5　張茲闓為著名金融學者，曾任經濟部長、臺灣銀行董事長等。其妹張婉度與錢思亮結褵勤儉持家，三個兒子錢純、錢復、錢煦，皆各有成，父子「一門四傑」，像錢煦早就獲國際學界肯定，但錢思亮卻力阻，經數次院士會議多數院士力爭，不得不鬆手，於 **1976** 年選出，傳為美談。另篇章撰述。

復所），1959 年「動物研究所」復所，1962 年成立「經濟研究所」籌備處，「物理研究所」復所。1970 年，錢思亮擔任院長，成立「生物化學研究所」。1981 年，成立「生物醫學科學研究所」、「原子與分子科學研究所」籌備處。

由此可見，中研院在臺的「創業維艱」、院士們風骨嶙峋的一斑。因為當時的海外院士人數雖不多，但仍堅持「不受勢劫、不為利誘」，及「學術第一」的良心，對遴選新院士要求十分嚴謹，而臺灣本土出類拔萃的學者，往往受戰亂環境影響，在國際知名度並不高；海外院士泰半享譽國際，各方邀約不斷，本身研究工作又忙，無暇回臺參加院士會議的重大決策，致院士比例在 1980 年之前，幾乎是「外重內輕」。而院士會議的決議，往往是政府重要施政依據，故對國家科學正常發展不無影響，迭遭輿論批評。頗使錢思亮、吳大猷及徐賢修等人相當勞心費神。

他們除了爭取研究、設備經費，不惜放下身段與黨國時期的兩蔣溝通，有時還會爭得面紅耳赤；而每每在美舉行的院士分區座談時，又大力介紹臺灣學術研發情形及本土學者的成就，或邀海外院士來臺講學、座談，做實地了解。像每兩年一次的院士會議，更似「說客」般苦口婆心，懇請多多遴選臺灣不遜歐美的一流新院士，期能集思廣益有效推動學術（科學）發展，類此懇切拜託的場景，屢見不鮮，用心良苦，令人感動。

▍本土院士數目增長

果不其然，在國際學界受到肯定的本土院士人數在 1970 年後迭有增加，例如：1970 年的李鎮源、沈剛伯；1974 年郭宗德；1976 年阮維周；1982 年宋瑞樓；1984 年李亦園；1986 年羅銅壁、于宗先；1990 年韓光渭；1992 年廖一久；1994 年翁啟

惠；1998 年朱敬一、楊國樞、胡佛；2004 年陳健仁；2006 年楊泮池；2008 年林仁混；2014 年第三十屆的廖俊智（2016 年接任院長）等。到了 2016 年 7 月院士共計高達 283 人，其中數理科學組六十八人、工程科學組五十五人、生命科學組九十五人、人文及社會科學組六十一人。同年 7 月，院士會議前尚有名譽院士數理科學組五人、生命科學組六人、人文及相當社會科學組二人；院士會議時猶選出二位工程科學組的名譽院士：美國國家工程學院院長克萊頓（Clayton Daniel Mote, Jr）及 2014 年諾貝爾物理學獎得主日本教授中村修二。無論在國際學術領域的優質表現，及推動國家科學發展上，皆成績斐然，令人刮目相看！若與半世紀前相比，可說簡直天壤之別！

1979 年，吳大猷更被當局倚重擔任「科學教育指導委員會」（簡稱科教會）主任委員，並改編審訂中小學各級各科教科書（此在後面篇章補述），自己亦參與高中物理教材編訂，及擔任暑期高中學生實驗班主任，且親自教授，受到社會好評。除規劃教材外，包括教師進修、媒體設計、實驗、教法改進、全民科教活動，以及遠程和近程教育需要、文化的現代與傳統特性、科學本質與特性、學生生理與心理等。並在臺師大設立「科學教育中心」，做為推動教改、重編教材的執行機構。貢獻卓著，臺灣 1980 年代後期成長的一代，多蒙受此一改革成果，獲益匪淺。

前人種樹，後人蔭。這批承先啟後的院士們，他們都是孜孜不倦的「播種者」，從未想到自己，這種廓然大公的無私襟懷，只問耕耘的研究精神，值得後人敬仰和孺慕效法，而科技界的後進「飲水思源」能不惕勵奮發乎！

附錄 | 中研院 1980 年後的發展大要

- 1982 年 7 月，甫當上中央研究院院士的李遠哲，在第十五次院士會議提出，如果要厚植國家高科技工業的實力，必須要重視原子與分子科學的基礎研究。所以，他便提案成立一所能夠整合分子物理與物理化學研究的研究機構。他的構想隨即得到吳大猷、吳健雄及海外華人科學家，如沈元壤、蒲大邦及林聖賢等人的支持。於是，很快在當年 9 月，中央研究院原子與分子科學研究所（簡稱原分所）籌備處便先行成立，由李遠哲的好友張昭鼎博士擔任籌備處主任。

- 1983 年至 1994 年，吳大猷出任中研院院長，為促使中研院更上層樓，積極改善研究環境，猶訂定中研院「三期五年計畫（1983-1987 年，1987-1991 年，1991-1995 年）」。從國外返臺服務的科學家不計其數，從而奠定了臺灣科學發展規模弘遠的基礎。

- 1986 年，舉行第二次國際漢學會議。1989 年，成立「中國文哲研究所」籌備處。1991 年，ICSU 在臺首次學術研討會。「美國文化研究所」更名為「歐美研究所」。1993 年，成立「天文研究所」、「臺灣史研究所」籌備處。

- 1994 年，李遠哲返國接任院長，任期至 2006 年結束，現為國際科學理事會會長。1995 年，成立「社會學研究所」籌備處。1997 年，成立「語言學研究所」籌備處。1998 年，成立「生物農業研究所」籌備處。2002 年，成立「政治學研究所」籌備處。2003 年，成立「基因體研究中心」。2004 年，「中山人文社會科學研究所」與「蔡元培人文社會科學研究中心」合併成立「人文社會科學研究中心」，同年成立「生物多樣性研究中心」、「社會學研究所」、「法律學研究所」籌備處。2005 年，由「動物研究所」改組為「細胞與個體生物學研究所」、由「植物研究所」改組為「植

物暨微生物學研究所」。2006 年 8 月,「生物農業科學研究所籌備處」轉成立為「農業生物科技研究中心」等。

- 2012 年 4 月,舉辦第一屆「臺灣研究世界大會」,十一個所、處和中心參與籌備,共籌組二場專題演講及二十六個專題場次,發表 102 篇論文。大會邀請 170 位國內外學者與會。

2 ·
國防科技掛帥階段

▌「極機密」記者採訪不易

任何國家的科技發展都與政策攸關，臺灣亦然。在臺的初期國家科技發展，屬黨國、威權型態，由蔣介石、蔣經國先後任總統依當時戰亂背景需求訂定或修改，幾是「一人決策」，沒有什麼具體的「科技政策綱領」，明列長程科技發展願景、目標和策略，或由上位政策指引。只有科導會的設置，以便統合各部會配合相關決策執行，及相關科技預算的分配與應用，外人看來有如「無字天書」，時顯時隱，[6] 且常隨時局變化調整，不易掌握。

例如蔣介石總統在 1949 年自中國大陸來臺復任總統時期，就是以「反攻大陸」的相關國防科技掛帥，還攜帶在大陸的「絕密」的「原子彈研製計畫」來臺祕密發展，[7] 並先於 1955 年設立「行政院原子能委員會」；[8] 而清大早年是原子能研究重鎮，從事醫

---

6 當初個人是從「絕對機密」、「極機密」、「機密」的小本資料中，才依一些簡單「綱要」線索，進行獨家採訪。其中也只有科學教育政策比較公開明確。

7 與滯美熟悉內情的吳大猷、徐賢修等人，多有連繫，為外界鮮知，當時，此「絕密」是老美暗中協助教育培訓與支援。

8 當時由教育部長兼任主委。**1958-1962** 年間，時任教育部長梅貽琦，就兼原能會主委，即是一例。

農、教育等和平應用；但涉及「核武」（原子彈做飛彈彈頭，便利海陸空發射之類武器，並非只是研製原子彈）軍事部分，則多由國防部門負責（清大代培訓相關軍中人才，以中正理工學院居多），1965 年還特派國防部常務次長唐君鉑籌備「中山科學研究院」，於 1969 年 7 月正式成立。

其實，這套「核武」絕密計畫和執行，曾列入 1969 年國家科學發展十二年計畫中的極機密「專章」中。當初若無美方的首肯，根本不可能有後來引進可煉製武器級鈽燃料的重水型原子爐計畫，因為經費龐大，甚至美方還同意協助培訓相關人才深造。[9]

像中共在 1964 年 10 月 16 日成功試爆第一枚原子彈後，1965 年國防部便奉命籌建「中山科學研究院」，並將原能會的核能研究所併入，更撥專款 1.4 億美元，以加快腳步，當時便是獲得美方支持。且先於 1955 年 7 月 18 日與我國簽訂《和平使用原子能合作協議》，1965 年 5 月 25 日又與國際原子能總署簽定《原子能安全保障檢查三邊協定》，以便利臺灣透過民間方式，購買鈾原料，並獲取當時世界核能研究先進國家的技術協助。

美國態度轉變，核武研發轉入地下

1969 年前後，美國對臺政策有了轉變，明顯著重「防衛」，要求蔣介石總統放棄軍事反攻大陸，才逐漸將國家科技發展方向轉以「科學教育」扎根為主。但暗中並未放棄核武的研製，直到

9 我曾在 **1969**、**1970**、**1971** 連續三年，在《聯合報》一、二、三版相關的報導頗多，僅有一次報導一版「頭題」的：「我國有自製原子彈的能力」，即遭情治單位至家中查訪，和最嚴厲警告，幸有高層「貴人」相助得保平安；時值戒嚴時期，而相關報導更略去極敏感的「核武」、「核彈」或「原子彈」等字眼，多以「核能」取代，或強調「原子能和平應用」等等。

1988 年發生中科院核能所副所長張憲義上校（為美中央情報局 CIA 臥底間諜）叛逃事件，始告終止。

　　事實上，1964 年政府即在金門先行試辦九年義務教育（1968 年實施），1969 年全面推動十二年國家科學發展計畫，即已透露當局若干決策轉向訊息。此在 2017 年陸續「解密」的蔣介石日記中不難了然。像蔣介石在 1969 年 12 月 30 日日記中說：「本月為尼克森對匪政策轉變之實現，不惜出賣我政府之卑劣手段，尤其是玩弄手法以騙人最為可痛」，並指出「臺灣本島防禦計畫亦於本年開始採取獨立自主之精神，而部隊亦重新編組，此乃為殷憂啟聖之兆乎」云云。

　　從此，蔣介石將戰略從「反攻大陸」調整為「保衛臺灣的防守」。在 1971 年 6 月 15 日的國家安全會議，號召「祗要大家能夠莊敬自強，處變不驚，慎謀能斷，堅持國家及國民獨立不撓之精神，亦就是鬥志而不鬥氣，那就沒有禁不起的考驗，衝不破的難關，也沒有打不倒的敵人。」6 月 21 日，又說「當此危急存亡之秋，只有內部充實軍民團結以決死戰而已，外交乃其次者也。以外交之基礎在內政，而內政以經濟為主體，此謂足倉足兵民信之矣。」1971 年 12 月 31 日更決定「反攻戰略重新部署，計畫與行動完全變更。此一自立自保，以退為進，以守為攻，以靜制動之戰略，至為重要。」至此，始確立「以守為攻」的新國防戰略。

　　諸此，不難看出國家科技決策的變化脈絡，若從當時官方發布的新聞報導，則不易了解箇中的脈絡和端倪，我則因機緣在民營報紙採訪，才有了不一樣的獨家報導內容，有利後來的科技發展對照比較。

　　當 1971 年退出聯合國後，及 1978 年臺美斷交時期，蔣經

國逐步接班掌權，[10] 則進一步改以結合經建與建教合作為重點決策，配合推動十大建設（或後稱十二項建設），包括整合工業技術研究院、設置新竹科學園區等。而「核武」（桃園計畫）部分仍由相關科技單位與軍方默默推動。

在兩蔣父子無縫接軌時期，值中國大陸發生「文化大革命」（1966-1976 年），天搖地動，內部動亂不已，自是臺灣發展科技最有利的機會；連鄧小平後來復出後，倡議所謂「改革開放」，及於 1979 年 6 月又強調推動「四個現代化」目標，[11] 實行社會主義市場經濟。就把「臺灣經驗」引進，始有了中共經濟振興的發展。足見臺灣初期的科技發展（1969-1981 年），確為臺灣打下經濟建設紮實的磐石，贏得「亞洲四小龍」美譽。

然則，何以兩蔣對研製原子彈和核武會念茲在茲？一方面是受到中共研製原子彈（1964 年）、導彈（1966 年，可裝置核子彈頭，即為核子武器）及人造衛星（1970 年）發射等的刺激和威脅；但不可否認地，亦與 1945 年蔣介石還是盟軍抗日的中國戰區統帥，得到美方的暗中支持和提供「絕對機密」原子彈研製資料有關。同時，這項「絕密」任務，當初在播遷來臺前，是由中研院物理研究所（地質研究所負責檢核鈾礦及鈾原料）高手參與負責，後因內戰失敗，便將相關資料帶來臺灣。

這段祕辛是這樣的，一位自稱「郭森」者，曾在 2016 年 7 月 5 日於「科學史筆記」網路發表了一段「絕密」內幕（此網路文章後遭撤除），對照我過去的採訪記錄，及接觸不少的「深喉嚨」，發現若干重要部分接近事實，不無參考價值。

---

10 蔣介石 1975 年逝世，由嚴家淦副總統接任，時蔣經國任閣揆。1978 年當選總統至 1988 年病故。
11 指農業、工業、科技與國防的四個現代化。

▎當年美國移轉核武技術給國府的祕辛

原來美國在 1945 年 8 月 6 日、9 日分於廣島、長崎投下原子彈後，同年，兼中國戰區的美軍司令（亦兼蔣的參謀長）魏德邁，將一份「絕密」的「原子彈研製的報告」，透過時任兵工署長俞大維轉陳蔣介石，徵詢有無興趣派員赴美研習，蔣在驚喜之餘，交待軍政部長陳誠和俞大維負責統籌辦理，他們就在重慶邀集三位西南聯大教授，包括數學家華羅庚、物理學家吳大猷及化學家曾昭掄密商，籌謀「中國第一個原子彈研製」計畫，由吳大猷起草初步工作內容，並先成立相關研究機構（當時由中研院物理和地質研究所為骨幹），及培育各項基本科技人才；另進行遴選派赴美研修的物理、數學、化學等優秀人才，且很快敲定，係由華羅庚負責數學組，推薦了孫本旺和在美加入的徐賢修；[12] 吳大猷則推薦朱光亞和李政道；曾昭掄舉薦唐敖慶和王瑞駪。這批學者後來也都各在兩岸有貢獻，其中未來臺者，更成了中共「兩彈一星」（核彈、導彈、衛星）的幕後大功臣。[13]

妙的是，兩岸參與研製核彈、導彈者，還不少是昔日同窗、同行。例如顧光復（1911-2000 年），上海交通大學畢業，第一名考取清華大學第一屆庚子賠款公費留美獎學金；美國麻省理工學院畢業，航空工程碩士；曾任空軍航空研究院院長、空軍技術

---

12 此從徐的主要學經歷，則不難了然。包括 **1949** 年，在普林斯頓研究院研究。**1949** 年夏，麻省理工學院博士後研究。**1961** 年回臺創立國立清華大學復校的數學系。曾任美國普林斯頓研究院、麻省理工大學、伊利諾理工大學教授，普渡大學航太工程科學系資深教授。另曾任美國無線電公司谷克電學研究室、波音飛機公司、通用電氣公司，及阿岡諾國家實驗室（**Argonne National Laboratory**）顧問。阿岡諾國家實驗室是美國政府規模最大、歷史最悠久的科研機構之一。實驗室前身即是參與研製美第一顆原子彈的曼哈頓計畫。

13 吳大猷 **1946** 年夏，帶領兩位學生，即朱光亞和李政道，出國考察原子科學及美研製原子彈「曼哈頓計畫」。他先於 **1946-1947** 年在母校密西根大學任客座教授，後於 **1947-1949** 年任哥倫比亞大學研究教授。

局局長及 1971 年工業技術研究院副院長。而被中共稱為「導彈之父」的錢學森，在 1970 年研製第一顆人造衛星「東方紅一號」發射成功，亦是上海交大畢業，第一名考取清華大學第二屆庚子賠款公費留美獎學金；美國麻省理工學院畢業，航空工程碩士。

又如程嘉垕（1915-1998 年），同樣是上海交大畢業，第一名考取清華大學第四屆庚子賠款公費留美獎學金；美國麻省理工學院畢業，航空工程碩士，還加入美國國防部首架噴射機研製小組。曾任 1963 年空軍航空研究院院長，成功研發「探空」、「凌霄」等火箭；1966 年籌組國防部中山科學研究院任第二所（火箭飛彈）所長、成功研發「工蜂」、「青鋒」、「昆吾」等火箭及飛彈，並為日後研發「雄風」、「天弓」飛彈奠定紮實基礎。而中共「東風一號」導彈幕後功臣的梁守槃（1916-2009 年），亦為清華大學畢業，美國麻省理工學院畢業，航空工程碩士，復是研製中共第一枚液體進程導彈，海防「海鷹」飛彈，及「飛魚 C801」反艦導彈的研製者。

談到蔣介石在 1948 年推動的「原子彈研製」計畫的過程中，除了派員赴美研習，還從國庫不惜撥巨款支援；時任教育部部長兼代中央研究院院長的朱家驊，更是積極充實中研院物理研究所、地質研究所的核子物理和地質學實驗及設備（1943 年曾在廣西首次發現鈾礦），乃至人才培育等；還邀物理學者顧毓琇擔當重任，於 1946 年初派往日本接收原子加速器儀器，惜沉入海底，搜救不成；後又赴美訪問諾貝爾物理獎得主、加州原子研究所所長歐奈斯特‧奧蘭多‧勞倫斯（Ernest Orlando Lawrence，1901-1958 年），不僅願協助研製原子加速器，甚至還提出可由加大贈送部分儀器。接著，朱家驊又委派核子物理學家趙忠堯赴美實地參觀相關核子科學作業，祕密購置一臺靜電加速

器，歷經波折，還拆成零件，分散運送中國大陸，直到1950年才完成，結果中共撿到便宜，成了發展核武初階研究的重要設備。

蔣介石則因國共內戰失敗輾轉到了臺灣，研製「原子彈」的夢，又再在臺燃起。當美方於1953年派屠牛士飛彈（Metador 可裝核彈頭）進駐臺南時，此又給了蔣介石靈感，於是藉聯合國推動「原子能和平應用」之名，先設立「任務編組」型的行政院原子能委員會（1955年），及科導會（1959年）（國科會則是1969年才設立），暗中皆以配合「國防」需求為重點推動。

及至中共1964年發射第一顆原子彈，給他刺激甚深；而美方後因冷戰時期（Cold War），[14] 促使大戰略轉變為「聯中制蘇」，無異證實「反攻無望」，更強化兩蔣國防「自立自強」及全方位發展科技的決心，再轉以科技結合經建、教育、民生應用，如此「多元化」的「科際整合」，反而奠下科技在臺灣生根的基礎，創造了臺灣經濟奇蹟，當是始料未及的。

我當初因採訪吳大猷、徐賢修而熟識，多次私下聊天，他們在離開中國大陸赴美前，原是參與「原子彈研製計畫」者，後來發現臺灣因戰亂並沒有安定的環境、經費及人才等相關條件，才有了與兩蔣不同看法。

▋臺灣核武轉折過程

但兩蔣仍抱持「實力」才是克敵制勝之道，故折衷他們的建議，在全面推動國家科學發展計畫中，仍加強延攬及培育核子科學人才（清大還增設「原子科學院」），及充實相關研究實驗設備

---

14 **1947-1991** 年，以美國及英國為首的傳統西方列強，與以蘇聯為首共產國家陣營做長期的政治對抗。

部分，並由清華大學的原子科學院、原子能委員會、國防部所屬理工學院等配合同步進行，故有初期 1960 年代的「新竹計畫」（主要與清華大學原子科學研究院配合），和後 1970 年代核武研製的「桃園計畫」（至 1988 年中科院張憲義上校叛逃事件結束；但張憲義卻是 1976 年後由美深造回來在中山科學院任職，之前階段的「研製」未必清楚）；且視時勢發展需求，採「邊走、邊看、邊做」的彈性策略。而吳、徐則採「不參與、不干涉」的態度，多配合相關的人才延攬與培育工作，朝 1969 年訂定的十二年國家科學發展綱要中的科技教育生根，及應用科技結合經建部分，全力推動，增進國計民生福祉，績效卓著。

　　另我亦曾與美國首位派駐臺灣的科學顧問兼農復會委員畢林士（1969-1972 年）建立良好採訪關係及友誼，他常提供一些旁證和美臺科技合作內幕；而農復會是採委員制，早期美方二人委員，我方三人中一人為主委；後改為我方二人，時任主委為沈宗翰，委員蔣彥士，美方畢林士。同時，因緣結識參與國家發展早年核心人物王唯農，[15] 經常討論，亦比對證實。臺灣核武的研製歷程，頻頻與美方過招，最後功敗垂成。其幸與不幸，只有留待歷史給答案了。

---

15 王唯農是吳大猷兼中研院物理研究所所長重要副手，後來接任所長；並曾任清華大學物理系主任，國科會首任基礎科學及教育組組長，後為首任國民黨中央青年工作會主任，副主任為施啟揚、連戰、關中、李鍾桂。並曾任臺灣省黨部主委、成功大學校長，極受蔣經國倚重，惜英年早逝。

附錄｜署名「郭森」者，曾在 2016 年 7 月 5 日於「科學
　　　史筆記」網路發表的文字[16]

　　「曼哈頓工程」三年磨一劍。1945 年 8 月 6 日、9 日美國的 B-29
轟炸機在日本的廣島、長崎上空分別投下了一枚剛剛研製成功的原
子彈。隨著蘑菇雲冉冉升起，第二次世界大戰的戰局終於塵埃落
定，日本被迫對外宣佈接受《波茨坦公告》，接受無條件投降。

　　原子彈扭轉了乾坤，也震驚了世界。在廣島，「小男孩」兩分
鐘內讓60,175人死亡或失蹤，四萬平方英里的居民區瞬間灰飛煙
滅，駐紮在當地的日本陸軍第二集團軍一秒鐘之內全軍覆沒。第二
枚原子彈讓慘劇在長崎重演，「胖子」頃刻之間吞噬了3.5萬條生
命。原子彈橫空出世，摧枯拉朽驚天動地！其石破天驚的殺傷力足
夠讓任何一支軍隊、一個國家望而生畏。也正因為如此，各國紛紛
制定了自己的核彈計畫。

　　1945 年，時任中國戰區美軍司令同時也兼任蔣介石參謀長的魏
德邁，突然向俞大維遞送了一份絕密檔。俞大維時任國民政府的兵
工署長，而那份絕密文件《史麥斯報告》是由時任普林斯頓大學物
理系主任、美國戰事工程曼哈頓區顧問史麥斯教授撰寫美國政府關
於原子彈發展的報告。也許並不僅僅是因為俞大維與魏德邁在中美
聯合參謀本部共事過程中產生的偉大友誼。在看完絕密文件後，魏
德邁直截了當地問俞大維：「你們要不要派人到美國學造原子彈？」
經俞大維轉達，這一提議立即得到了蔣介石的特許。並且交由陳誠
（時任國民政府軍政部部長）和俞大維負責祕密統籌落實。當年秋
天，陳、俞兩人在陪都重慶召集西南聯大的三位教授，化學家曾昭
掄、數學家華羅庚、原子物理學家吳大猷商討籌劃中國的第一個原

---

16 這段網路文章資料，比較接近部分「事實」，之後似遭撤除。為免爭議，當做「有
　 此一說」參考較妥。

子彈發展計畫。

吳大猷擬定了一個初步計畫：一、成立研究機構，培育各項基本人才；二、選派物理、化學、數學方面的優秀人才赴美留學，研習原子彈製造技術。

▎有人才有彈

通過三人的努力，很快敲定了首批赴美考察學習的人選。化學組負責人曾昭掄推薦了唐敖慶和王瑞駪；數學組負責人華羅庚推薦了孫本旺，還有抵美之後加入的徐賢修；原子物理組負責人吳大猷推薦了朱光亞和李政道。也就是說學習團隊共計九人。

美國總統杜魯門曾對著麥克風激動地告訴世界，曼哈頓計畫花費二十億美元，是美國科學史上最大的賭注。而據解密檔案顯示在蘇聯的核計畫中，僅外派用於專門搜集核情報的諜報人員就達到566人。許多學者認為蘇聯之所以能夠迅速成為第二個掌握核技術的國家，很大一部分原因得益於其出色的諜報工作。客觀來說，不論是與美國的曼哈頓計畫相比，還是與蘇聯的核計畫相比，這樣僅僅依靠九位菁英的主打陣容已經不能僅僅用太單薄來形容了。

原子彈這樣的大項目，人選當然不簡單。俞大維是山陰俞明震家族的後代，他的姑姑是歷史學家陳寅恪的母親，所以他是陳寅恪的表兄弟；他的妹妹嫁給了傅斯年，所以他還是臺灣大學校長傅斯年的大舅子；他同時還是曾國藩的曾外孫。到臺灣之後，他當了國民黨的國防部長，可以說是蔣介石的忠勇幹將。從這個角度來說，蔣介石讓他全權負責原子彈計畫並沒有看走眼。而曾昭掄是曾國藩的嫡曾孫，所以曾昭掄是俞大維表兄弟關係；曾昭掄的妹妹嫁給了俞大維，所以曾昭掄同時還是俞大維的親妹夫。恰巧曾昭掄是化學領域的教授，所以身為兵工署長的俞大維奉命籌劃原子彈計畫之後第一時間想到曾昭掄。吳大猷是國內首屈一指的原子物理學家，必

然是原子彈計畫不可或缺的核心成員。華羅庚在參與計畫前已經是享譽世界的數學家了，他的參與同樣順理成章。其餘的六名年輕成員，國內的五人都是西南聯大優中選優的尖子生。

▋有了人，還得有錢

原子彈計畫的經費，由當時的國民政府國防部第六廳全額墊撥。其中 1948 年，第六廳批給硝酸鈾試煉純鈾的專案預算是國幣十二億元。當蔣介石聽說著名的歐尼斯特・勞倫斯教授（迴旋加速器發明者，並因此獲得 1939 年的諾貝爾物理學獎）樂於協助中國製造加速器時，大筆一揮立刻批撥了五十萬美金。其實該專案當時報的最低預算是二十五萬美金。雖然蔣介石批撥的這五十萬美金後來因為打內戰財政空虛，最後並沒有兌現。但這多少體現當時高層對該計畫的重視。

可是無論如何，這樣的安排無疑暴露了當年諸多捉襟見肘的現實。第一，當局對原子彈製造缺乏基本概念，不僅缺乏對技術難度的了解，更缺乏對工程規模的了解，導致人力物力都投入不足。第二，當時的中國，還是太缺人才，雖然比現在強多了。第三，當局缺乏相應的政治敏感性，雖然眾所周知原子彈的爆炸加快了戰爭的進程，但當局顯然沒有預見原子彈技術在未來將左右世界格局，以致於沒有給予足夠的重視，導致戰略佈局上的缺位。

1946 年 6 月下旬，國、共兩黨的軍隊在中原湖北、河南交界地區爆發了大規模的武裝衝突，第二次國、共內戰爆發。在此之前 1945 年 8 月 29 日至 10 月 10 日期間，以毛澤東為首的中國共產黨代表團與國民黨政府代表在重慶舉行談判，經過四十三天的談判，簽署《政府與中共代表會談紀要》，即《雙十協定》。但是談判和協定都沒有為國人帶來和平。

好在人總算到齊了，出國前九人組一邊把《史麥斯報告》翻譯

成中文，送軍政部，一邊加速學習近代原子物理。曾昭掄風塵僕僕來到美國打前戰，華羅庚隨後帶隊前往加利福尼亞州與曾昭掄會合。吳大猷在陪同周培源、趙元任代表教育部和中央研究院前往倫敦參加慶祝牛頓誕辰300週年紀念大會之後，最後抵達美國。萬萬沒有想到，當時剛剛打完八年抗戰緊接著又深陷內戰的積貧積弱的中國，居然還能顧得上派出代表參加牛頓的誕辰紀念大會。牛頓可能也萬萬沒有想到，在他的經典力學成功建成近代物理體系的大廈僅僅不到300年的時間裡，量子力學以洪荒之力平地一聲驚雷掙脫枷鎖，以石破天驚之勢閃亮登場，並且攪動世界風雲。

更沒想到的是滿懷期待的考察團，剛剛齊聚美國就碰到了災難性的問題。美國將原子彈製列為最高機密，禁止任何外國人進入相關機構、工廠。直接進入美國的核研究機構、工廠考察學習的幻想破滅了。萬般無奈之下，曾昭掄提議大家分別找到合適的大學去進修或從事研究工作。

然而美國所謂的這個最高機密，卻未必真正做到滴水不漏。就蘇聯後來披露的資料顯示，蘇聯的特工人員曾多次直接從美國軍方高級軍官或科學家手中，成功獲取原子彈製造核心技術情報。中國在這方面顯然不夠敏銳，而且表現得太缺乏經驗。

▌情報機構的水準

可是缺乏經驗並不可怕，可怕的是不懂行別添亂都成了奢望。日本受降之後，為了避免被遣送回國，日方上海自然科學研究所所長佐藤秀三主動請纓，積極向「組織」靠攏；以協助中方研究原子能為理由主動向軍統接洽。軍統局長戴笠隨即向蔣介石建議，接收這批日本科學家進入中央研究院的原子彈研發團隊。美其名曰日才中用。

1946年3月20日，國民政府參軍處軍務局給中央研究院院長朱

家驊。希望中央研究院留用這些日籍人員。朱家驊經過初步考察，也有留用之意。幸好偌大的一個中央研究院明白人還是佔大多數。4月15日，楊肇燫為首的十五位中央研究院科學家，聯名上書反對留用日籍科學家。從法理情的角度詳述了五大理由。4月19日，重慶以張孝威為首的二十八位中央研究院科學家，再次聯名上書提出反對意見。再次從法理情的角度訴諸五大理由。

原來這批日籍所謂原子科學家中，真正從事核子物理領域一個也沒有。六位申請留下的日籍科學家，分別是：地球物理、植物分類、魚病學、原蟲學、吹玻璃技術員、畫工，都是與原子彈研究八竿子打不著的專業。而且抗戰時期他們的主業，其實是幫日本軍方勘探測繪中國的大好河山。是可忍，孰不可忍！軍統做為情報機構，殘害同胞向來雷屬風行心狠手辣；警覺敵情，卻省察不足，愚鈍有餘。這齣鬧劇，一定程度上暴露了軍統的專業水準。

▎國內的努力

不過除了九人組之外，國內的科學界也積極為原子彈的研製工作奔走。教育部以及當時中國最高的學術研究機構——中央研究院，非常重視原子物理研究，時任教育部部長兼中央研究院院長朱家驊帶領中央研究院下屬物理研究所及地質研究所，致力於原子能事業的創立與發展。朱家驊本人也積極想方設法置辦原子能研究的必要設備。

早在1943年，中央研究院地質研究所的南延宗與資源委員會田遇奇，就在廣西鐘山縣首次發現鈾礦。引起李四光、翁文灝的重視。而中央研究院物理研究所創設的原子核實驗室，擁有吳有訓和趙忠堯兩位著名的物理學家。原子核實驗室積極開展從事鈾礦含鈾量測定、硝酸鈾純雜檢定等前期準備工作。

在朱家驊的委託下，顧毓琇擔負起籌辦原子物理研究設備的重

任。他鞠躬盡瘁、不辭辛勞,往來日本、美國和歐洲;積極接觸美、瑞軍政要以及科學界人士,尋求獲得幫助的可能。日本宣布無條件投降時,美國科學家曾建議將日本用於原子物理研究的粒子加速器移贈中國。1946 年 2 月 25 日,在魏德邁的協助下,受朱家驊特派前往日本接收儀器的顧毓琇,乘坐美軍軍機飛往東京麥克亞瑟總部。結果抵達之後發現,美軍已經將原子加速器沉入海中。加速器的體積和品質都不小,不借助機械設備很難移動,即使拆卸也費時費力。如果,一沒有軍方的命令,二沒有組織相當規模的人力及物力,是不可能輕易把這麼龐大且重要的設備沉入大海的。為了不辱使命,顧毓琇連繫並訪晤了日本最主要的幾位原子物理學家。隨後五週,顧毓琇又對日本原子物理研究、航空工程研究的設備做了系統調查。

因為在日本撲了空,1946 年 8 月 2 日,顧毓琇再次乘坐美國軍機經東京、檀香山飛往美國三藩市;與美方接洽商談購買加速器及其他原子科研設備之事宜。8 月 6 日,顧毓琇訪問加州原子研究所所長歐尼斯特 · 勞倫斯,顧毓琇向他表達了中國發展與創辦原子能研究的強烈願望和決心。勞倫斯當即表示非常樂於支持中國發展原子能科學事業,不僅願意協助中國製造加速器,甚至還提出可由加州大學贈送部分儀器。為此勞倫斯還特意給蔣介石寫了一封信,建議中國製造屬於自己的加速器。於是就有了蔣介石批撥五十萬美金的那一幕。

9 月 2 日,顧毓琇飛抵巴黎,參加瑞士在這裡舉行的國防科學會議。瑞士的國防科學會議居然會在法國巴黎舉行,確實讓人耳目一新。5 日顧毓琇飛抵瑞士楚立希城,做為特邀嘉賓參加,並出席了瑞士科學社成立 200 週年紀念慶典。透過瑞士原子科學家和加州理工學院教授的介紹,出席紀念盛典的瑞士總統兼國防部長克勃脫決定見見顧毓琇。兩人相談甚歡,克勃脫建議中國和瑞士合作研究

原子科學：中國提供鈾礦原料，瑞士提供科學人才、儀器和工業設備。他還建議第一步首先由瑞士派遣訪問團，由瑞方幫助中國重建各大學，並且協助政府解決技術問題以及調查天然資源。建議被寫成書面信件，交由顧毓琇帶給蔣介石。

1946 年 6 月 30 日，美國決定在比基尼島上進行原子彈爆炸試驗，並且邀請中、英、蘇、法等國派觀察員前往參觀。二戰已經結束多時，美方這麼做擺明是有深意的。

可就算是這樣，各國還是不願意錯過這個一睹原子彈風采的機會。朱家驊決定委派原子物理學家趙忠堯代表中國教育部前往參觀。從島上回到美國，趙忠堯旋即接到當時中國駐美國大使館的祕密通知，國內匯來十二萬美金，委託趙購買原子物理研究之重要設備。趙忠堯透過祕密關係購買了一臺靜電加速器。為了將儀器運回國內，他們不得不把加速器拆成零件，分散運送。但即使是這樣也歷經波折，直到四年後的 1950 年，靜電加速器才成功運回中國。這臺加速器成為了新中國原子物理研究初始階段的重要設備。

1949 年蔣介石逃離大陸，這個原子彈計畫被帶往臺灣島。一顆原子彈，對於剛剛轉進臺灣的蔣介石來說，份量陡增。他使盡渾身解數與美利堅頻頻過招，不過這都是後話了。

3·
原能會在前，國科會在後

▌清大在臺復校的國防考量

由於臺灣的科學發展是在戰亂中成長，自然無法以今天新世紀或正常民主國家看待；例如在初期所設置的機構方式，亦十分特殊，並非一種總體性的組織系統化設計，而是配合戰時階段性的決策設立，像蔣介石為「反攻大陸」，需祕密研製核子武器配合國防的攻防需求；及至後來「轉攻為守」，蔣經國就改採「科技結合經建」決策，推動十大建設，[17] 籌建新竹科學園區等外，亦未放棄核武研製（部分核能人才則用於興建核能電廠及運作）。

在政府 1949 年遷臺後，百廢待舉，光是整理中研院科學研究和人才的學術環境等，就花了十年的時間，才粗具推動發展科技的能力；所以，當時並未有國家科技機構的設置，而蔣介石總統則對攜帶來臺的「原子彈研製」計畫，念茲在茲，優先成立「任務型」的行政院原子能委員會（1955 年 5 月 31 日），而 1956 年清華大學在臺復校，亦以先設立「核子工程學系」為主，其中

---

17 南北高速公路、鐵路電氣化、北迴鐵路、桃園國際機場、臺中港、蘇澳港、大造船廠、大煉鋼廠、石油化學工業，及後來列入第十的核電一廠。

有核子物理、核子工程及核子化學等組。[18]

換言之，如果沒有孚國際學術聲譽的清華大學在臺復校，當時就很難物色一流的師資，和有能力從事原子能研究及引進新技術、並研製原子爐，以及與先進國家如以色列交流合作等，也不會參與富高度機密性質的先驅計畫（像與國防部合作研發軍事用途的各類武器），復難培育成千上萬計的核能人才（包括核武、核電、醫農工業應用研發等），投入各行各業；更不會產生所謂研製核武的「新竹計畫」和「桃園計畫」。[19] 可見清大對臺灣核能研發有其重要地位及貢獻。

之後，清大推動研發原子科學有成，相繼成立原子能委員會、中山科學院，而此時，中研院亦上了軌道，乃參照美國國家科學基金會（National Science Foundation）的模式，將「長科會」（教育部「長期科學發展委員會」）改組，擴大為「國家安全會議科學發展指導委員會」（科導會。中研院院長、各部會首長皆為委員，吳大猷為主委），俾對科學政策做全盤性的考量和規劃，於1969年研訂十二年的「國家科學發展計畫」，以培育人才、鼓勵基礎與應用研究為重點，開啟臺灣科技發展的先河。

同年，並成立「任務編組」型的「行政院國家科學委員會」（國科會），配合原創性科技發展計畫推動；到了1972年1月18日，才改組成為行政院轄下科學技術策劃、推動、督導與考核常設機構，將委員制改為首長制。成為常設執行機構，設置五組（自然科學、應用科學及工程、生物醫農、人文及社會科學、國際合作）三室（祕書室、人事室一、二），任務為推動全國科技

---

18 在 **1973** 年成立原子科學院，時任原能會祕書長鄭振華兼任院長，亦是核電、核武幕後的功臣之一，以核原料、燃料、廢料「精算師」著稱，連任六屆 **1974** 年成立的中華民國核能學會理事長。

19 當初沒有這樣的計畫名稱，對外通稱「核能研究和平應用計畫」。

發展、重點科技之研究發展、科技人才之培育延攬及獎助、設立全國性科技資料中心、加強國際科技合作與交流等等。

▌蔣氏親信均身兼多職

在一般的印象中，中央研究院既是國家科技發展之「母」，自然誕生後來的「長期國家發展指導委員會」和「行政院國家科學委員會」。然則，就早期臺灣的科技發展的組織脈絡觀察，依序卻是：中研院、長科會、清華大學在臺復校、原能會、中科院、科導會、國科會。從而不難發現，與核子科學研發、延攬和培育人才及教育關係密切者其中不少中正理工學院畢業生進清大研修，後出國深造，卓有成就、參贊中樞、獨當一面者，如王唯農；先前是原子能委員會和清華大學、教育部主導，而與核武相關者則為國防部及中山科學研究院。至 1969 年後國科會才有了主導地位，和中研院（臺大、清大）合作扮演科技發展的重要推手。[20]

何以國家科技發展初期的科技關鍵單位領導者，幾乎多是老面孔，由學界知名度高者輪流主持，或還兼任好幾個？[21] 主要大多是都孚有國內外學術聲譽或「大師級」人物，像胡適便曾以中研院院長兼「長科會」主委、兼光復大陸設計委員會副主委（主委是蔣中正總統）；又如錢思亮便長期擔任臺大校長和中研院院長，亦兼任過原能會主委，[22] 梅貽琦在當教育部長時期，亦兼「長

---

20 早年臺大涉及政治因素較多，直到 **1970**、**80** 年後，才較活躍科技界，扮演經建、科學教育、學術交流合作等的重要角色。

21 在威權時期並無專、兼任問題，黨政軍學界之間交流亦然，兼任要職越多，越凸顯層峰的倚重程度。

22 原能會原多由教育部長兼任。只有錢思亮是首位以中研院院長兼任，主要是希望轉變國際「研製核武」的觀感，有利購置核原料、燃料，供核能發電、及研究的和平應用。

科會」副主委（主委為胡適）、兼原能會主委。

更重要的是，這些涉及「絕密」任務要角者，均需為兩位蔣總統信得過的人，且能「守口如瓶」到臨終，才放心交付重責大任。例如吳大猷、徐賢修等，都曾參與蔣介石早期的絕密「原子彈研製計畫」，始終受到倚重。[23] 他們遇到敏感或關鍵性問題的爭執，在我看來是「君子之爭」，因為蔣介石和吳大猷的關係太好了。當年的國家安全會議中，只有吳敢放言高論及改革，蔣不以為忤，而政府部門首長則都有「默契」似地配合推動，例不勝舉。像初期的科技發展的做法及人事權。[24]

再者，吳、徐兩位皆是熟知研製原子彈絕密計畫者，晚年退休後，雖曾數度應邀赴中國大陸訪問，備受北京極高規格禮遇，但始終未回到「祖國」定居，均於臺北和美國辭世。「誓不帝秦」的節操，堪為明證。[25]

▌保護「深喉嚨」，絕不洩漏消息來源

採訪半世紀以來，儘管有許多「深喉嚨」（Deep Throat）協助，但我一直嚴守「off record」的信賴約定，絕不洩露，並保護消息來源，亦頂多事後找發表獨家報導的適當機會；不過，仍難窺「核武」的全貌；泰半是靠擠牙膏，勤查資料和訊息，盡力做好新聞記者角色，像《聯合報》早年一版頭題的「我國將研製小型原子彈」獨家報導，頗為轟動，比美國《紐約時報》和《華盛

---

23 吳便常和蔣介石爭辯，從未公開說過自己是中國大陸末期「原子彈研製」計畫起草人。所以他對外的「反對」說法流傳，是「以訛傳訛」，頂多與錢思亮一樣是「不介入」在臺的相關研製計畫工作，以改善國際觀感，便利臺灣核原料的購買。

24 除「核武」部門外，像教育、經建部分，類如院士級的教育部長，或早期新竹科學園區等高層人事，幾乎和他們的建議有關，兩蔣只管黨政軍的重要人事異動。

25 吳大猷於 2000 年 3 月 4 日病逝臺大醫院，享年 95 歲。徐賢修係在 2001 年 11 月 17 日於美印第安納州過世，享年 89 歲。

頓郵報》還早些,就被警總、調查局到家中查訪,才能證實確有其事。直到《台灣新生報》當了七年採訪主任,加上《聯合報》十年採訪經驗,才勉強拼圖了解概要;而在借調省府編譯室主任,及至當副社長及社長十年時間,接觸黨政軍高層機會較多,才有比較清楚的輪廓,[26]足見記者挖掘「絕對機密」的超高難度,各種手段都用盡,而所付出的代價,亦絕非外人所能了然。

　　至於兩位蔣總統在跨政、軍、學界的重要棋子就更多了,像閻振興就當過成大、清大、臺大校長、教育部長、原能會主委、中山科學院院長等要職;蔣彥士則除了當過國民黨、總統府、行政院的祕書長外,亦當過教育部長、外交部長,中研院評議員,還有農復會委員、顧問(不論外放什麼機關首長位子,農復會都一直保有他的專屬辦公室);再如政府財經體系佼佼者如李國鼎、孫運璿、王章清等,則屬重要技術官僚,經常輪換部會首長位子,孫運璿還當上閣揆(黃少谷當司法院長亦然),而對胡適、朱家驊、傅斯年等學者,只能說是「君子之交」,敬重而已。

　　然則,關鍵時刻,自離不開關鍵人物,他們對臺灣的科技、經建、文教等的規模弘遠,沉穩踏實的卓著貢獻,則是各方有目共睹。特別是吳大猷、錢思亮、傅斯年、梅貽琦、徐賢修及孫運璿、李國鼎等,所展現的科學態度和精神,及樹建身教、言教的風範,得以傳承後世,奠下臺灣科技發展厚實磐石,值得後人孺慕效法。

　　談到原子能委員會雖然比國科會早設置,但初期的骨幹卻是靠清華大學支撐,可說是臺灣核能科學研發的先驅。而清大則

---

26 例如李登輝便是我從技正一路採訪到總統的新聞對象;**1991**年他巡視省府,省主席例行負介紹與會的省府一級主管及廳處局長,點名到我時,說了一句「好久不見了」,震驚與會人士。此乃因「**off record**」建立長期信用關係,我從不對外提及。

是在 1955 年，行政院為配合「中美合作研究原子能和平用途協定」，乃組成「清華大學研究院籌備委員會」，以利著手原子爐的興建工作，至 1961 年水池式核反應器首次臨界。例如 1964 年設立的「核子工程學系」（1997 年改名「工程與系統工科學系」），亦為「核電」、「核武」方面的開路先鋒，近半世紀來培育逾五千名科技菁英，均投入重要的核能相關產業，且有了後來的國際核能區域性合作，研發同位素供醫農工業等應用，以及核能教育、核電、核武研製等，均在國際有獨樹一幟的優異表現和成就。

1965 年繼任清大校長的陳可忠，才逐步設立數學、核工、物理、化學等系所：1973 年設立原子科學院，即由著名學者鄭振華（1964-1967 年）擔任院長，另在 1968 年設立台電核能發電人員訓練班，造就許多核電人才。核電一廠是於 1970 年核准興建，1971 年底施工；1969 年 7 月由閻振興校長接任，至 1970 年 9 月因調任臺大校長（時值錢思亮調接中研院院長），乃邀在美執教的徐賢修回臺接棒：1974 年阿岡諾原子爐首次臨界（徐曾是阿岡諾實驗室顧問）；1975 年移動式教學用原子爐亦首次臨界運作。

至此，清大則已從早期僅有原子科學系所的規模，擴展成為理工大學。1975 年 9 月徐賢修轉任國科會主委，由吳大猷在國科會倚重的副主委張明哲繼任校長。於 1980 年大學部增設中國語文學系，清大始由理工大學邁向綜合大學之路。由此可見，歷任校長梅貽琦（1956-1962 年）、陳可忠（1962-1969 年）、閻振興（1969-1970 年）及徐賢修等主持，功不可沒。

清大成為核電工程重鎮

在 1955 年設置的行政院原子能委員會（簡稱原能會），到了

1970 年 12 月，才有組織法源基礎，同年《原子能法》與《行政院原子能委員會組織條例》立法通過，至 1979 年 7 月 27 日，方完成設置綜合計畫處、核能管制處、輻射防護處、祕書處、人事室、會計室及六個專門委員會，臺灣輻射偵測工作站及放射性待處理物料管理處等三個附屬單位。1992 年 11 月，增設核能技術處。放射性物料管理局、輻射偵測中心，主要負責核能發電廠、核子設施及輻射作業場所的安全監督等，始具比較完備的體制。

說來早年的原能會，只是個空殼子，相關業務幾由教育部科學教育委員會包辦，先前的主任委員亦多由教育部長兼任，而中研院院長錢思亮例外，卻是兼任時間最長（1971-1981 年）。而辦公場所到了 1966 年，才由教育部內，改設在故副總統陳誠的官邸（臺北市信義路四段），對外係完全「封閉」，不歡迎媒體採訪，統由官方發布新聞；通常亦只能見到「總務（安全）主任」王聖安，而祕書長鄭振華則常在國內外奔波，不是參加國際性會議，或是在新竹清大指導、教學研究，便是與友邦洽商核原料購置的極機密任務，主要人員則多在清大工作；而中山科學研究院初期相關核能研究，亦是靠清大協助設立，連後來的台電核能一、二、三電廠的設置運轉，更是靠清大師生合作支援。

基於鄭振華參與重要機密的核能計畫，行事極為低調，除了講學或研究，才能發現他的腹笥淵博（講解核能深入淺出）；例如他曾對核電安全，或會否核爆？當年便有精闢說明，有利政府核電安全論述的文宣。舉例而言，核電廠燃料棒的鈾 -235 的濃度僅 3%，而武器級濃縮鈾，需高達 90%。鈾 -235 濃度僅有 3%，代表爐心有很多鈾 -238。當事故發生時，若中子沒有緩和下來，就會被鈾 -238 吸附，連鎖反應便會中止。除非核電廠被暗中改造成核武，否則即使發生再嚴重的失控；理論上核電廠都

不可能發生核武般的毀滅性核爆。[27] 至於後來興起的「零事故」反核運動，則是後話矣。

在早年舉凡清大培育核能及實驗研究人才，或中山科學院延攬人才，乃至原能會對外交涉，幾都是由鄭振華出主意；而在退出聯合國的前後，我國採購南非原料，或借重以色列技術（美方亦曾協助我方人員赴美研修），以及配合核燃料及其購買等工作；泰半靠鄭振華的「精算」才華，得以「年年有餘」（即便我國不是聯合國成員，仍需接受國際原子能總署監管），堪稱是了不起的貢獻。

當年清華大學梅貽琦校長所邀請台電協助興建研究用原子爐的成員，可說是「無名英雄」，像輻射安全專家翁寶山即為成員之一，後來在核能安全研究上頗有成就。領頭羊鄭振華時為台電工程單位主管，而那時在台電當總工程師的孫運璿，因在臺大兼任教授核能發電，十分忙碌，上課講義即是由鄭振華提供。在1972年成立的中華民國核能學會，因鄭振華的無私貢獻，被推選為首屆理事長，至1980年才由核子科學家曾德霖接任第七屆理事長。

與以色列及南非核武合作止於張憲義事件

早期在推動原能會與以色列的原子能委員會合作，及與清大原子能科學院的核能科學家互訪交流，鄭振華更與以色列原子能委會主席伯格曼（Ernst D. Bergmann，有以色列「核能之父」稱譽），建立深厚交情，得到多方支援，大大提升了臺灣核子科學的研究水準。之後，又於1965年邀伯格曼來臺與蔣介石父子見

---

27 在1986年4月26日凌晨烏克蘭的車諾比核電廠的第四號反應爐發生的爆炸，就是一種核災，而非擴散性質的核爆。

面深談，[28]隨即於同年7月，蔣介石指派國防部常務次長唐君鉑中將負責籌建中山科學研究院，還撥專款1.4億美元，期加快核武器研製進度。[29]

其實，1969年中科院成立之初，蔣介石原是希望吳大猷能以國家安全會議科導會主委，兼任首任院長，但遭到婉拒，主因並非是「核武」；而是他的另一半阮冠世（亦是物理實驗專家）常年體弱多病（不能生育、1979年病逝），必須就近照顧，夫婦倆鶼鰈情深（結縭五十二載），夙為學界美談。[30] 當時，吳大猷須在紐約大學教書的主因，乃在能有足夠薪俸，以支付妻子龐大的醫藥費用，且退休期限在1978年，自難從命。於是，轉由在清大當校長的閻振興兼任（1969-1975年），及至1970年9月閻調任臺大校長（錢思亮調接中研院院長）仍兼。到1975年才由唐君鉑專任至1982年11月4日，郝柏村則是在1982年11月5日兼任至1988年3月31日。[31]

▍國科會重要性增加

1969年7月1日創立的中科院，初期共設有核能研究發展、

---

28 中共 **1964** 年成功試爆第一枚原子彈後，當局決心發展核武器，建立「自主」核能力。

29 據美國 **2002** 年解密文件中 **1966** 年 **3** 月 **19** 日的一份報告稱：「臺灣核能研究兩位幾週前在以色列訪問，並與以色列的科學家會面。雖然與臺沒有外交關係，但這兩名臺灣科學家仍被允准前往歐洲的行程中，可在以色列停留數天，並參觀了以色列著名的 **NaNal Shoreo** 原子爐。」云云。其主要原因是臺灣正準備興建重水型原子爐，包含重水廠及煉製武器級鈽的分離廠等整套設施。而 **1981** 年臺灣亦與以色列聯合參與了南非的核武器發展計畫，南非且同意提供鈾礦給以色列和臺灣。臺灣猶和南非簽署一項六年的協議規定，讓臺灣每年可向南非購買供四千公噸鈾礦原料。

30 吳大猷的「兒子」，是堂弟吳大立幼子過繼為「養子」的吳葆之。至於晚年在臺收「養女」吳吟之，則是另一段佳話。

31 時任內發生張憲義上校叛逃事件，中科院乃終止「核武」研製計畫。所屬的核能研究所移交行政院原子能委員會。

火箭研究發展、電子研究發展及化學材料科學資源開發研究發展等四所，總員額約三千二百人。最初業務亦以「國防自主、科技建軍與自製」為目標。之後，又成立「軍民通用科技發展基金」，與財團法人工業技術研究院合作，以積極推動軍民通用的科技研發，即「軍民通用產合開發計畫」。將研發成果及經驗實務轉移至軍民合作的產業，帶動國防科技自主研發的起飛，並促進總體經建的成長，成效顯著。

諸此種切，足以顯示早年的原能會與清大，以及中山科學院的關係密切；而臺大也沒有缺席，[32] 只是後來配合國科會換了更為海闊天空的大戰場，其研究成果不勝枚舉，使臺灣的科技有了枝繁葉茂的卓越成就，容後篇章介紹。

到了 1969 年國科會擴大改組成立，經費比較寬裕，便利統籌延攬人才及增購實驗設備等運用，在全面推動國家科學發展計畫後，亦讓臺大與中研院的合作，可大展拳腳，扮演了臺灣科技生根發展的更重要角色。中研院還與臺大、清大、師大、成大、中興分設數、理、農醫生物、科學教育等研究中心，相互支援師資、設備等，績效卓著。

臺灣早年的重要科技研究機構，雖是「廟小」，但在國內外的成就卻是無限大，貢獻難以計數。儘管居處地點不是在「荒郊野外」（如中研院在南港、清大在新竹、中科院在桃園），便是侷處在臺北角落（如原能會在故副總統陳誠的官邸），而國科會更是到處流浪，從寧波西街的小「平房」，到羅斯福路的小「公寓」，再轉到廣州街大「樓房」，最後在和平東路的「科技大樓」落腳（2016 年升格為「科技部」）。一路走來，堪稱是篳路藍縷

---

32 核能涉及極機密，以臺大自由開放校風，「人多嘴雜」，易犯「兵家大忌」。

以啟山林！經歷半世紀的風風雨雨，屹立不搖，現在說來真像是「白頭宮女話天寶」了。

其實，當初能與原子能委員會、相關研究機構（如清大等）及「核能學會」（中科院、清大等）專家學者建立良好關係，乃至能獲知有關「核武」研製的資訊，都是靠勤跑、勤寫所賜，並贏得信賴。當時均以「原子能和平應用」為主，展現臺灣核能科學研究實力；頂多透露如「我將研製小型原子彈」獨家一版頭題，雖有情治單位「關心」，尚未引起「大麻煩」；還是因為平時勤做「功課」，並將私下請教專家相關原子彈的研製公開學術報告備查，才能「有備無患」。

▍廣泛報導原子能和平用途

例如我在 1970 年 5 月 4 日獨家報導「我國原子能和平應用的遠景，亞太區域木材塑膠化合物照射中心，國際原子能總署同意設在臺灣」（刊《聯合報》二版）。同年，5 月初發生一起震驚社會的新聞，就是一名醫師保管同位素不慎發生污染問題，而載運的計程車司機也到案說明，但當時只要一聽到「輻射污染」，就會因不了解產生「驚恐不安」，亦是我專訪原能會執行祕書鄭振華，[33] 和清大輻射安全專家翁寶山及清大核子工程系教授楊覺民等「縱論同位素，輻射污染面面觀」（1970 年 5 月 6 日《聯合報》三版頭題），接著又獨家報導「輻射污染清除後，不會妨害別的人，無辜受害者可以放心往來」（1970 年 5 月 8 日《聯合報》三版頭題）；基於放射同位素一時成為熱門話題，於是獨家又報導「放射性同位素，醫療新境界，線狀加速器，能治淋巴

---

33 其職後改為「祕書長」，亦是清大原子科學研究所所長，即後來的原子科學院院長。

癌」（1970 年 9 月 18 日《聯合報》三版）；當時，國際因核武競賽，核爆時有所聞，消費者都關心奶粉品質，我專訪專家談「核爆影響奶粉品質，及時改進飲用方式，感染輕微鍶、銫，不致危害人體，但專家提出警告，重視此一發展趨勢」。

到了 1971 年，臺灣研製「核武」，常被國際媒體提及，於是一向保守、低調的原能會等單位高層，終於接受我的提議，加強「原子能和平應用」報導。因為越「神祕」，容易讓人覺得「欲蓋彌彰」，不如公開提供「和平應用」的研究報告和活動，或可有助。結果元月初，提供一則「原子能展覽」，一般主流報紙興趣不大，多以「短訊」或「文教活動」處理。但我則認真以「軟性」筆調報導，引起廣泛重視，讓核能專家「另眼相看」，原來「原子能」也可以「這樣有趣」。嶄新課題吸引來自各階層的觀眾，內容豐富，也滿足了大家的好奇心（1971 年 1 月 9 日《聯合報》二版大邊欄）。

這麼一來，原子能的題材可多了，把這門早期冷僻、神祕，讓人又驚又懼的東西，開始在《聯合報》先大大熱鬧起來，亦產生媒體「模仿」效應，篇篇均受社會矚目。例如「中子活性化分析，犯罪者無所遁形，科學鑑定罪證精確、迅速有效，政院原子能會即將提供服務」（1971 年 5 月 27 日《聯合報》三版），或「科學家殫精竭智，向蚊子發動攻勢，用放射性處理斷絕雄蚊生機，先擇小島實驗進而擴大推行」專訪旅美科學家蕭之的、師大生物系主任儲亞儂（1971 年 11 月 10 日《聯合報》三版），又專訪臺大植物病蟲害系教授唐美逸談「消滅討厭的蚊蟲，借重青春荷爾蒙劑，將在吉貝島進行大規模試驗」（1972 年 10 月 7 日《聯合報》三版），另當時手提彩色電視機常會發生意外災害，專訪臺大和交大相關學者，談如何因應之道，電子工業界面臨新挑戰

（1974 年 5 月 29 日《聯合報》三版）。諸此頗受社會重視。

有關比較核能研究專業部分，亦有獨家報導。例如美達成高密度質點加速器，中研院院士鄧昌黎是主要設計人（1972 年 3 月 5 日《聯合報》三版），曾多次回國主持研討會，並協助清大核能研究等，著有貢獻；而輻射安全也越來越受到政府和民間重視，亦專訪原能會祕書長鄭振華和技術處處長劉國鈇談「輻射安全加強管制」（1971 年 3 月 14 日《聯合報》二版），以及「我原子能和平應用，將邁入新里程」，內文特別提到與「研製核武」相關的「重水型原子爐」將建造完成（1972 年 3 月 2 日《聯合報》二版獨家報導）。

▌臺灣始終否認研製核武

1975 年，正是國際盛傳臺灣研製「核武」，蔣經國和政府高層（國科會主委徐賢修）雖多次嚴正聲明「絕不發展核武，強調和平應用建設」，但因美方與我方在 1974 年 6 月 20 日簽《中美雙邊核能合作協定》，至 2002 年 6 月屆滿。期間，對臺灣除派遣核能專家合作研究，亦派遣 CIA（中央情報局，叛逃的張憲義只是其中之一）。所以，我始終認為「核武成也老美，敗也在老美」，取決於當時誰執政。像先前美方在韓戰、越戰，鼓勵臺灣研製「核武」（亦曾派駐帶核彈頭的飛彈或大砲，部署臺南、金馬等地區）；其間，尼克森總統便知之甚詳，而雷根總統上臺配合「冷戰」大戰略（將前蘇聯解體），自然對臺灣「抽腿」，無庸贅言。

我在 1975 年在《聯合報》發表「原子彈能土造嗎？」（1975 年 3 月 17 日《聯合報》副刊「新聞網外」專欄），就是藉外電報導質疑臺灣研發核武，以及剛好有一則報導指美國麻省理工學院

的大學生，具有「設計土造原子彈」的才能，而且可以運用電腦「核爆」試驗，震驚國際，於是國內參與「核武機密」者，紛紛提供我寫作資料。簡言之，「核武」已不再那麼「高深莫測」，而臺灣亦已具備研發能力（1975 年 7 月 8 日《聯合報》三版頭題，「發展原子能造福人群，我既訂政策用於建設」，指核電及農工醫藥用途），再者「我探鈾技術，媲美國際水準，國外合作探鈾，積極展開活動」（1979 年 6 月 27 日《聯合報》三版頭題）。

▌吳大猷主持國科會為科學教育奠基

　　嚴格來說，吳大猷主持國科會（1969-1973 年）的四年任期，是在臺灣強化「打地基」的工作，亦為早年推動教育改革的重要推手，為人寡言嚴肅、任事沉穩持重，以整體性的系統規畫、延攬和培育人才及科學教育、促進國際科技合作交流等為優先。例如邀諾貝爾獎或頂尖的學者來臺講學、短期性研究教學合作，及推動美臺科學合作計畫等，又如1970 年，籌劃設置全臺的地震測站網和資訊傳遞系統，並設立中研院地球科學研究所，研究預測及設法防範，貢獻至大。1969 年 2 月 21 日，我曾在《聯合報》二版的專訪吳大猷（當時標題誤植「辭美教書工作」，內文報導則係指他只是辭「系主任」的行政，專任教授），就談到：與其羅致少數傑出人才，不如大量選拔優秀人才，分批送到國外進修，再回國組成各個研究中心的基本隊伍，可落地生根；以扭轉人才滯留國外，亦可擺脫長期依賴旅外科學家「蜻蜓點水」現象。吳大猷並強調，「科學發展是不能唱高調的，必須量力而為，能做多少，就做多少，一步一步做下去，才能求更高更遠的發展」。吳大猷長期以來，一向重視基礎科學的「根深蒂固」，可說言行一致。

到了1973年接棒的徐賢修就比較敢言，任事勇為，亦前瞻務實，拔擢人才更是不遺餘力，像創辦的清大理工學院，1972年就找年輕的沈君山、毛高文、馮彥雄三位分別擔任理、工、原子科學三學院院長。在1971至1973年三年中，聘請有博士學位資深教授回國任教，共計165位，其中三分之二留下專任講學，使清大能有長期人才來計畫教學與研究。1975年時，清華已有九個學系，三個學院，十三個研究所，學生兩千餘人（研究生約兩百餘人）在，專任教授約160餘人。1975年教育部邀吳大猷主持全臺大學理科評鑑工作，結果清大在數理化三科皆名列第一。同時，徐賢修亦敢於創新，支持電動車的研發，將政府已設立的財團法人工業技術研究院，與規劃創辦新竹科學園區結合，在配合科技結合經建決策執行力方面，成就確讓人刮目相待。

▌千辛萬苦才採訪到的獨家科技新聞

提到工業技術研究院的設置，我曾在1971年就曾搶先在《聯合報》二版頭題做獨家報導及特稿（1971年5月17日）「政府已決定設置工業技術研究院 組織將屬財團法人性質」，文中提到是源自四年前美國詹森總統的科學顧問賀尼克來臺商討科技發展議題的構思，將現有政府的聯合工業研究所、金屬工業研究所、金屬發展中心、礦業研究所整合，以「財團法人」方式比較不受公務法令束縛，容易有所作為，像在美國就有原子能委員會所屬的蘭德公司，南韓有韓國科技研究院，泰國亦有應用科學研究公司等，不一而足。同時能做整體研究支援工業。1973年，終由當時的經濟部長孫運璿推動成立，將經濟部所屬的聯合工業研究所、聯合礦業研究所、金屬工業研究所合併。首任董事長為中研院院士、著名電子科學家王兆振（1973年7月1-1978年

6月30日），徐賢修是1978年7月1日繼任至1988年12月8日（張忠謀則是1988年12月9日-1994年3月1日），對於工研院的發展，亦相繼於1973年、1975年間，均有獨家報導，例如1973年7月2日《聯合報》三版頭題「王兆振電子權威主持工業技術研究院替工業發展繪出藍圖，朱汝瑾國防科學傑出學者為能源開發展示遠景」；1975年4月25日則在《聯合報》三版報導「工研院貢獻卓著展示百餘種成果 當前經建需要協助國防建設」。

復次，臺灣自1968年開始實施九年國民義務教育，自是一項重大改革，有助提升國民教育素質，復是科技發展及經建推動的溫床，另大力倡導建教合作及技藝訓練，增加就業率，及加強高等教育研究，並培養專門人才，可說奠定臺灣1970年代經濟起的人力資源基礎，更使科技知識及新聞傳播，變得十分重要。

由於戒嚴時期的媒體結構及經營環境困難，並限制執照、限制出版張數，黨政外交軍事等要聞路線受黨國框架限制，不易發揮，轉而多以羶色腥的社會新聞競爭市場。[34]

及至1960年代末，當局要求媒體「淨化新聞」、「報導光明面」等，還舉辦多次新聞編採之類的研討會，才使科技新聞報導，有了可以揮灑的空間，受到重視。當然，相對的科學界，知識優越感重，不喜和媒體打交道，但對媒體的批評卻多，要求亦高（比照《紐約時報》「科學」版的水準）。殊不知，早年臺灣幾家像樣主要黨、公、民營報紙，編採人員才不過數十人，採訪記者有二、三十名以上，便算是大報，路線卻涵蓋全國性，[35] 猶強調「客觀、嚴謹、正確、深度」云云，但往往忽視當時的媒體條

---

34 在兩大張至三大張的**1950**年代中期至**1970**年代初，以「第三版」社會新聞為賣點。

35 跑科技有如「兼差」；而日本在**1960**年代的大報多已專設「科學新聞」部。

件和環境很差，編採及經營高層只管「搶獨家、搶市場」，根本無暇「慢工出細活」；況且數理化生物等科學領域海闊天空，分門別類又精細，無人能以「一般性」的理工背景，可掌握全貌，連一個專業「科技」範圍都談不上；而媒體條件所限，每天也未必有新聞，根本不可能分如此「精細」的採訪路線，況且又比「經濟」專業新聞更「艱澀難懂」，除非遇到科學上的重大突破或特殊人物，才能「石破天驚」，而媒體亦無法為此發生做周延準備，或派專人耐心守候。

而在吳大猷掌舵國科會期間（1969-1972 年），泰半以公開送立法院的「預算計畫報告書」為主，以及「例行性」的充實研究機關及大學的研究設備、延聘優秀學者返國、人才之培育延攬、獎助遴選科技人才出國進修，以及補助出版學術刊、加強科學技術資料中心、國際合作等，類似政策宣示性文字報告，以「充數」新聞；至於「機密」、「極機密」及「絕對機密」（紅皮書）之類的文件，根本「保密到家」，門都沒有。辦公室內「清潔溜溜」，只有簡單的一般公文，或可參閱；媒體則多用官方發表的文宣，幾無「新聞價值」可言。

例如最早在寧波西街的國科會，組長級以上經常在外，只能和留守極少數人員打交道，有時能勉強得到一點線索，已是託天之幸，而新聞人物只有主委吳大猷一人，亦只有寒暑假才回來，並經常參與高層會議，要見面都難，遑言專訪（幸與他的司機老趙投緣，往往有意想不到的收穫）。然則，記者每天至少要發稿兩千字以上，才能交差。類如原能會、中研院或軍中的中科院，或如國科會，每天不僅「乏善可陳」，根本等於「零」！記者如我，只有「窮變則通」，那時還好是單身，幾乎可以全天候的「地毯式」採訪，只要一有芝麻、綠豆的絲微「線索」，就「窮

追」到底。

所幸，皇天不負苦心人，我終於在極短時間弄到「極機密」的文件及翻照的「絕對機密」；從此得以掌握十二年的國家科技發展政策方向，且能抓綱「按圖索驥」，並深入校園及研究室、實驗室，才跑出十年琳琅滿目的科技獨家新聞，[36] 並創造出科技、環保、能源、農業（生物）等採訪路線。就像吳大猷的筆名「洪道」（《中央日報》副刊方塊專欄）一樣，終究是「人能弘道」，事在人為！

---

36 早期還經常包辦一、二、三版頭題，常有同一天見報的記錄，以及不同性質類別的報導，連「副刊」、「萬象」、「家庭」之類亦寫。惜當時新聞版面均以「本報訊」居多，但如刊登署名，恐怕報紙亦很難看，幾乎是少數記者名字的報紙。當時也只有特稿才有記者署名，連國內外的「專訪」有時亦沒記者名字，甚至刪掉為「本報記者專訪」，或將其他記者，莫名其妙列入我專寫的特稿並排署名，形形色色，不一而足。如今這些舊報紙已成電腦「微膠片」，還可以查到。

4 ·
工研院和科學園區

▍吳大猷與徐賢修

說來兩蔣在臺執政時期，對科技發展的戰略核心思維在「反共復國」，致除了吳大猷堅持的長期科學教育落實執行，成績斐然；其餘科技發展計畫，則視國際和兩岸情勢局勢變化因應，像整合工業技術研究院和創設新竹科學園區，便應運而生，而徐賢修則是扮演重要的角色。

簡言之，蔣介石在 1950、60 年代要「反攻大陸」，要發展國防科技，要研製核武，例如清大的初期復校，係重核子科學研究及培育人才為主，亦有原子能委員會及中山科學院的配合設立等。直至 1970、80 年代，大小氣候轉變，蔣經國執政則以「反共保臺」為戰略核心，要科技結合經建，推動十大建設（後為十二大）及加速農村建設計畫；但要發展經濟，又要強化國防，還不忘發展核武（兩蔣不惜在此方面和美國「捉迷藏」式的進行，直至 1988 年 CIA 臥底的張憲義上校事件發生為止）。因而有了「平時科技結合工業，戰時結合國防」的戰略思維（徐賢修曾提供考察各先進國家經驗，而徐是力主「科技強國富民」者之一），工研院和科學園區便是兼顧經建和國防下的產物，具體帶

動經建蓬勃發展，亦使國防工業[37]有了堅實基礎，貢獻卓著。

其實，吳大猷和徐賢修是典型的傳統「書生報國」學人，亦有「士為知己」的情操，與一般政客或學閥不同，淡泊名利，進退裕如。這點被兩蔣牢牢抓住，信任有加，從不因意見不同，產生親疏距離。[38]

由此可見，兩蔣雖是「獨裁者」著名於世，然念念不忘「禮賢下士」的古訓；讓兩位有民主素養的科學大師，背後鮮有微言，確有高明之處。至少兩位大師晚年去中國大陸儘管備受禮遇，但仍堅守原則，具有中國傳統書生的風骨。

再如，他們都是早期參與「核彈絕密計畫」者，但生前從未透露半句，而他們在美也了解時局變化，亦認為「核武」是「唯一能展現國防實力」的保證，雖不直接參與「核武」研製實務，但他們都有不同的做法，讓兩蔣願籌措大筆經費發展科技，從事科技人才羅致和培育，及充實研究實驗設備，使得國家科技發展得以「分進合擊」，有了今天強幹枝茂的成就，在國際科技界發光、發亮！吳、徐的智慧確乎高人一等！

吳大猷在國科會任內的做法，乃是藉他在國際物理學界的聲譽，讓一流的核子科學家來臺指導、協助「核武」的技能；像1968年，「新竹計畫」的啟動，就是在以色列「原子彈之父」伯格曼博士指導下，在清華大學設置了一座零功率的實驗用輕水型核子反應爐，以培養核工人才。翌年7月1日，中山科學研究院正式成立，並向加拿大購得一座400萬千瓦的重水型原子爐（用來生產研製核彈所需的鈽燃料），且從法國、德國、美國購買設

---

37 仿效德國、日本的軍工業做法，平時為產製機電、鋼鐵、汽車、飛機等民間企業，一旦戰時動員，即能變成製造軍機、大砲、軍艦等的武器。

38 例如吳、徐都是「直言不諱」的物理學家、應用數學家；吳擇善固執，謀國至誠，當局晚年照樣安排中研院院長優遇。

備，開始研發核燃料再處理等，幕後都有吳大猷協助的影子。

而徐賢修接任國科會主委前，除曾在清大創設數學系，亦在 1972 年充實理、工及全臺唯一設有「原子科學院」的師資陣容和設備，便不難發現，仍是願滿足執政者的國防需求，只是在做法上，比較先進符合現實需求；而 1970、80 年代，徐則成了蔣經國的「科學顧問」，特別是「科技結合國防」的大戰略思想，「科技平時工業化，戰時轉化國防」，以及研製武器，[39] 多少與蔣經國的「戰略」思維不謀而合，備受倚重。

▌兼顧經建與國防，工研院設立跑獨家

我曾在 1978 年專訪海外回國的多位國防科技專家學者（參見 1978 年 12 月 19 日《聯合報》三版，「有效集中人力物力建立國防科技體系，軍公民營工業，發揮整體力量，研製尖端武器，前途大有可為」），內文提到，臺灣仿效以色列建立總體性的國防力量不難，而國防工業平時亦是民間工業。例如軍艦、大砲，便需要鋼鐵工業、機械工業、造船工業等支援配合；自動化精密武器，也需電機、電腦等工業支援，一旦動員，就可「拼裝組合」成國防力量。

而徐賢修在正式接掌國科會後，又有更新的前瞻性看法，將科技結合經建，以創造民生國防「紅利」，戰時科技成國防，正中蔣經國的心坎。我在《聯合報》（1973 年 12 月 19 日二版）報導，1973 年國科會正在全面檢討將提新方案，以配合國家建設需要，使科學實際應用不止於純研究。蔣經國並指示國科會，國家科學發展目標增強國家力量，為國民創造更多福祉，如何把研

---

39 像核能平時可是經濟發電。戰時可結合中山科學院轉化為「核武」，核廢料猶能經再處理，轉供發電或軍用。

究發展成果應用於工業、民間創造更多的財富。而國科會亦以行動落實。

新竹科學園區的緣起，則是工研院、清大已成氣候。原先工研院各研究所，係各自歸經濟部管，直至國科會 1969 年全面推行國家科學發展計畫時，亦發現需要發揮「整合」功能，規劃運用才能克竟事功。[40]

我在 1971 年 5 月 17 日《聯合報》二版已先獨家頭題「政府已決定設置工業技術研究院，組織將採財團法人性質」。同日，《聯合報》二版刊「設立工業技術研究院的問題」特稿。另 1971 年 8 月 9 日《聯合報》二版報導，「美方專家小組建議建立妥善計畫系統，消除工業發展通病」。也就是綜合運用行政管理、科技、經濟性功能，使研究機構、工業界及國家經濟計畫，不致脫節，形成各行其是局面，不能精進升級發展。又於 1972 年 1 月 10 日《聯合報》二版專訪國科會副主委張明哲，談培植整套的科技人才，強調人才不是「零件」，而是「團隊」；做研究工作，沒有一個好的吹玻璃管技工幫助，就談不上研究效果。研究和技術人才同樣重要，平等待遇，研發比引進仿製更有長期性效益。企業家眼光放遠，考慮現實需求，亦要有投資自立研發的作為，才能有長期發展。

接著，我在 1972 年 1 月 17 日《聯合報》二版報導，「韓國科技院考察團來臺，建議臺灣電子工業加強研發」。認為由加工轉型建立以科技為基礎的電子工業，建立半自動化生產線，擴大建教合作，設立大量生產系統，勿過分依賴美市場，並應加強投

---

40 1971 年係由當時的經濟部長孫運璿推動，將經濟部所屬的聯合工業研究所、聯合礦業研究所、金屬工業研究所、金屬發展中心等合併為「財團法人」體制的科技研究單位。

資研發經費，始能「事半功倍」，增加效益。[41]

諸此，不難看出，國內需要尋求突破，讓科技能具體結合經建，帶動總體建設的起飛！科學工業園區的設置，就是一個重要的關鍵性突破作為。

▍徐賢修引進「科學工業園區」

是以，徐賢修陸續到美、歐、日、韓等地考察科技發展的狀況，了解其成功的因素。及至 1975 年從日本考察回國，就有了成立「科學工業園區」的具體規劃，建議由政府釋放各種誘因和措施，以吸引海外學人回國創業，並有利引進國外大公司投資生產，帶動新科技產業的發展，促使臺灣科技升級，工業能「脫胎換骨」！

由於徐賢修的口才便給，邏輯分析條理清楚，當局幾乎「全盤接受」，只剩下桃園和新竹的設址選擇問題，當時，徐獨排眾議，建議選在擁有清大、交大及工研院的新竹，易產生「群聚效應」。特別的是，他提到桃園的軍事敏感性，當時「桃園」核武研製計畫正方興未艾，臺灣內部保密到家，國際媒體卻皆知，易成敵人的軍事目標，將「未蒙其利先受其害」，且雖有軍方土地可免徵收土地費用，發展空間亦有限；反觀新竹發展科技產業，配合國防工業隱密性高，不易有軍事上的疑慮，且具備相當的科技研發能力與人才資源，與美國「矽谷」擁有史丹佛、柏克萊等科技著名的大學，具互相激盪的特性，易發揮不斷提升的功能，帶動科技、產業進步，增強經濟成長的效益，形成良性循環。終

---

41 當時東南亞外資電子工業，嚴重威脅日優勢地位。美國無線電公司（**RCA**）在東南亞設廠，產製 **IC** 積體電路，比日製便宜，而臺灣美國工廠生產黑白電視機，也比日製低廉 **10%**。

使蔣經國最後敲定新竹，一時傳為士林佳話。

事實上，在園區扮演火車頭的角色是工研院，所以1973年初期整合改組為「財團法人」，就有鬆綁作用，例如財務、人事便具有彈性，致在延攬人才，充實設備，乃至提供工農礦商界諮詢服務等資源，均能靈活運用。

最重要的是，工研院本身，原具有「強化國防」任務的考量；我在1973年7月2日《聯合報》三版頭題報導：「王兆振院士電子權威主持工業技術研究院替工業發展繪出藍圖，朱汝瑾院士國防科學傑出學者為能源開發展示遠景」，就已點出工研院與國防科技攸關。而工研院又扮演政府、企業、學界的橋樑。一方面接受政府、工商界委託研究，一方面亦做研究計畫的經濟評估，並與國內外的學術及研究機構連繫合作，加強提高電子、紡織、機械、石油化學等水準。朱汝瑾院士（董事）還告訴我，重點在：「集力發展精密工業，以建立國防工業基礎」。

結果不出三年，工研院便展示百餘種成果，堪為佐證。我在1975年4月25日《聯合報》三版專訪報導：「工研院貢獻卓著展示百餘種成果 當前經建需要協助國防建設。」工研院董事長兼院長王兆振、副院長顧光復（國防科技高手）、聯合工業所長郝履成、礦業所長馮大宗等人。並介紹經建應用成果。諸如，積體電路、能源開發利用、精密機械工業、工業、醫藥、農業等等，均創造了豐碩的經濟成果。另針對航空、國防需求，提高國產高強鋁鋅鎂銅合金機械性能、提高鋼材強度、利用鈷60放射性同位素照射塑材加工，製造經濟堅實耐用的槍托數萬故，完成軍方委託子彈火藥層封隔片等。

早年受李國鼎的影響，加入創投事業，成立「漢鼎亞太」的物理學專家徐大麟，因協助世界銀行重整亞洲金融，而被亞洲

《商業周刊》譽為「亞洲之星」；他在1972年4月回到臺大物理系講演，就提出分批整套海外專才，腳踏實地建立國防工業的看法，並強調科學研究已走向應用途徑，已不能只做「象牙塔」式的科學研究。當時他利用磁學原理，研製一種袖珍型柱狀磁域，可經濟有效儲存電腦記憶體運用，據估計產製每年可賺5.6億美元，深受在場的物理和電機工程學者重視。況且國防科技、工業也者，平時就是民間科技產業，若能將國內外的研究成果，在臺灣生根，經濟生產，還能創造大量財富。類此的想法，與「竹科」若干地方，若合符節（參見1972年4月23日《聯合報》三版頭題）。

▌竹科是臺灣科技島育成中心

現今園區許多廠商不是由工研院的研究單位所孕育，就是由清華、交大的實驗室所誕生，像清大的創新育成中心，曾連續兩年被評為全國績優的育成中心，在應用、務實面均能有所突破；徐賢修不論擔任國科會主委或工研院董事長期間，都有創新突破的作為；並於1985年赴紐約，「三顧茅廬」邀張忠謀回國擔任工研院院長，且提供資源從事半導體產業的發展，造就了今日臺灣半導體業的興盛，功不可沒。如今臺灣高科技產業由播種萌芽到開花結果，能創造舉世讚譽的經濟奇蹟，最顯著的驅動力，新竹科學園區更是當之無愧！是以，有人推崇徐為「竹科先行者」，當亦是名符其實！

回顧新竹科學園區，從1976年5月的第一次籌備會議，即財經會報決定設置科學園區的計畫起，可說是「一步一腳印」的推動。從行事曆中不難看出，當時政府高層的「公忠體國」熱忱。到了同年9月，時任閣揆的蔣經國在第1491次院會中，就

指示經濟部、教育部、國科會協力籌設科學工業園區。1977 年 3 月行政院正式成立科學工業園區籌建執行小組，確定園區之新竹位址。1978 年蔣經國就任第六屆總統，由孫運璿擔任閣揆。1 月科學工業園區第一期土地 210 公頃便由新竹縣政府公告徵收。同月，行政院特令國科會主辦園區業務（主要在防止政商介入，及維護清廉、公正、高效率的獨立機構形象），12 月科學工業園區破土動工。

1979 年 3 月科學工業園區籌備處正式成立，7 月公布《科學工業園區設置管理條例》。1980 年 6 月 19 日公布《科學工業園區管理局組織條例》。9 月國科會所屬科學工業園區管理局正式成立。12 月新竹科學工業園區正式揭幕，由蔣經國總統主持。1981 年 6 月 19 日行政院公布實施《科學工業園區設置管理條例施行細則》。1983 年 4 月科學園區第二期第一批土地 57 公頃由新竹縣政府公告徵收。9 月成立「台灣科學工業園區科學工業同業公會」。1985 年 8 月國科會核定「科學工業園區創新技術研究發展計畫獎助實施要點」等等，莫不以科學工業園區為基礎，期推動規劃設置國內第一座科學城，帶動新竹地區整體發展。

到了 1989 年 12 月，園區廠商數已突破 100 家。1990 年 6 月園區第三期土地 526 公頃由新竹市、縣政府分別公告徵收。1991 年 9 月「國家高速電腦中心」設立，1982 年完工啟用。1992 年園區實施高科技產品出口管制制度及通關自動化。國科會核定「研究開發關鍵零組件級產品計畫補助要點」。1993 年 1 月科學工業園區設立「晶片設計製作中心」。國家高速電腦中心啟用。12 月園區整體產業營業額突破新臺幣一千億元。

新竹科學工業園區的籌設成功，使我國能在短短的半世紀就能有亮麗的表現，讓國內外刮目相看，口碑載道！足見事在人

為，也在群策群力的無私襟懷，眾志成城，實堪表率！

　　像竹科的創設，便能逐步發展技術密集產業，奠定了臺灣日後高科技產業紮實的基礎。而隨著南部科學工業園區、中部科學工業園區的相繼興建，不僅讓科學工業園區成為我國科技發展的重要指標，相關經驗累積形成的示範效果與技術擴散，更調整了我國的產業結構，增加就業人口，維繫經濟繁榮，更讓我國在國際高科技產業佔有一席之地。

　　臺灣在1960、70年代經歷種切外交危機、石油危機和高通貨膨脹等政經衝擊，以及中共與東南亞國家勞力密集產業的威脅，復迎接不斷接踵而來的諸多考驗和挑戰，但均能謀定後動，適切因應，將科技與經建做有效的結合，引領國家不斷向上發展，洵為高瞻遠矚！

　　類此種切作為，不僅陸續推進完成十大建設，並積極推動工業轉型為高科技產業。在1997年臺股重登萬點之時，竹科亦已擠進264家廠商，創造逾四千億產值，帶動七萬個工作機會！到了2000年臺灣資訊電子產業產值逾五百億美元，更使臺灣繼美、日後，成為全球第三大資訊電子產業聚落，搖身變成享譽國際的「科技島」！

　　諸此的榮景與成就，不僅值得吾人細細體悟，更使吾人增加信心和努力向前。所謂「在艱彌厲」、「多難興邦」，可謂是臺灣至今屹立不搖的佐證！

5 ·
中文電子化的柳暗花明

▌王惕吾不信有生之年能看到中文電子化

在今天，「電腦」能聽得懂、看得懂中文、寫中文，能經濟便捷處理中文資料，並不稀奇；還會有更令人驚奇的進步，例如利用「人工智慧」（Artificial Intelligence，簡稱 AI 。又譯「機器智能」），取代亦將為意料中事。但這些事，在早年卻被視為是不可能實現的「夢想」！

最典型的故事，就是我在 1970 年代初期向報業巨子王惕吾報告，中研院數學研究所在國科會大力支持下，正研究發展「中文電子化」工作（1972 年設立小組），並建議聯合報系可比照美國當年 IBM 公司與學府合作模式，早日取得中文電腦檢排、編輯系統，有利報業發展。當時，王惕吾卻冷冷地回了一句：「在我有生之年，是根本看不到的！」

然則，當時像吳大猷、徐賢修、錢思亮、沈宗瀚、蔣彥士、美國首位駐華科學顧問畢林士、科技和政壇的慧星王唯農、國際統計大師周元燊、國際電腦科學家、中研院院士寶祖烈等等，及許多不辭辛勞的海內外人士，穿針引線為中研院數學所創立「中文電子化」小組（後來中研院資訊科學所前身）奔走，並在臺

北舉辦首屆國際中文電腦會議，讓「中文電子化」，在臺灣有了「影子」。

其實，在我參加首屆亞洲科學新聞研討會（由國際新聞學會、亞洲報業基金會、日本報業協會合作舉辦，參見1970年11月10日《聯合報》二版特稿）時，就已討論涵蓋未來電腦的擬人化（亦有中文電腦部分），以及生物科技、醫學治癌的突飛猛進，航太、人造衛星等尖端科技的不斷突破創新，和改變世界面貌等等，國際媒體新聞人正集思廣益尋求因應之道；當年回國還寫了「萬言書」，諸多建議卻只刊「社刊」，聊備一格。

結果不到十年，我在1981年到《台灣新生報》當採訪主任那年，卻見聯合報系創辦了聯經數位股份有限公司。翌年，聯經資訊不但完成了專為印刷排版設計的電腦室，還在同年9月16日，正式將「中文編排電腦化系統」問世。率先引領中文報業進入「沒有鉛字的印務部」時代。此連王惕吾自己，恐都始料未及。因為科技的腳步太快了。

猶憶1971年，美國駐華大使館的首位科學顧問畢林士，並兼農復會的美方委員，那時他已學了兩年中文，對中文電腦化很感興趣，而且認為有極大的發展空間。由於他是國際知名光學物理學家（曾任國際光學物理學會會長、美國國家科學院院士），絕非「信口開河」的「江湖術士」！他於1971年元月下旬赴日參加一項「美、日中文電腦研討會」返臺，立即找我聊敘心得。

原來當時的國際電子計算機學界，對中文「電腦」化產生濃厚興趣，是其來有自的。1966年，有位中國語文學家[42]於一項國

---

42 是否為趙元任或他的門生，不得而知。趙元任1982年2月過世。一生會講三十三種漢語方言，及英、法、德、日、西班牙語等多種外語。他曾說：「在應用文方面，英文、德文、法文沒有問題。至於一般用法，則日本、古希臘、拉丁、俄羅斯等文字都不成問題。」具有「錄音機的耳朵」和學說語言的能力著稱於世。先後任

際學術會議提出，漢字複雜具挑戰性，若能「電子化」是了不起的世界大事！立即得到在場電腦科學界熱烈支持和迴響。

1944 年發明第一部馬克一型電腦的 IBM（International Business Machine）公司，就先下手，當時立即花大錢投資研發，邀集專家學者研究、實驗，初步使中文翻譯機有很快進展，間接促使美國著名大學先後成立有關研究所。對利用電腦做為中文翻譯機器貢獻很大。

直到 1960 年代末，國際電算機學界覺得「中文翻譯機」不夠理想，速度和操作都有問題。開始著手直接把中文輸入電腦，而此又牽涉電腦本身構造及儲存問題（硬體），困難度頗高；於是同步對中文結構做系統化研究，並徹底弄清楚文言文與白話文的差異；而中文是二維（two dimensional）結構，如果每個字都分別存入，會佔掉不少記憶體空間，削弱電腦其他方面的功能；因此亦需加強電腦的數學程式和電子科學部門（軟體），利用象限和方陣方法，透過電訊功能研製中文電腦。日本曾於 1970 年研製第一部中文小電腦，中文字碼和速度仍不理想，但已有了一個好的開始，且已有了三十五項研究發明。

▍專訪畢林士談中文電腦化

畢林士在接受我的專訪（1971 年 1 月 25 日《聯合報》二版「國人的智慧，西方的技術 中文電腦繪出藍圖」）中，就提到電腦充滿數字符號，有輸出入裝置、計算線路運算及記憶器三大部分；而對音同字不同，字同義不同的中文的輸入、輸出系統研製，就很複雜、頭疼。科學家需找中國語文專家幫忙，設法把中

於康乃爾大學、哈佛大學、清華大學、夏威夷大學、耶魯大學等，長期任教於加州大學柏克萊分校，並在柏克萊退休。

文變成符號，分門別類，編成像電報的譯碼。電腦則依中文出現的頻率，與句型變化的程序，先做綜合運算，再與電腦內部電訊配合，使電訊和送進的中文字帶速度不受影響；而在中文電腦應用時，將先做中文字帶的程式計算，由電腦輸入部門送進，按照電腦流程圖的十五個步驟排列組合，便可從電腦的輸出部門得到所需中文資料答案。足見「中文電腦」萬般開頭難，亦印證今天中文電子化的「羅馬」，不是一天造成的。誠不知有多少的仁人志士（人文社會和科技界）的前仆後繼、犧牲奉獻，包括「無名英雄」的無私付出，才換得了今天吾人得以便捷使用中文的福祉！值得世人禮讚。

到了1974年7月，我又應邀到馬尼拉參加第二屆亞洲科學新聞研討會（1974年7月6日《聯合報》二版特稿），回來所寫的諸多建議中，好像亦只有「帶職進修」被考慮（僅極少數人獲此福利，盧世祥是其中之一）。之前，即1973年，我在周元燊院士鼓勵下，參與中研院的「中文電子化」小組，1974年中研院審核通過，以「兼任技士」資格參與其事，直至1984年因工作繁忙辭去。

周元燊在1970年接任中研院數學所所長後，勵精圖治，極力爭取擴增員額和經費，並有了新的「數學大樓」，積極推動機率論及統計學的研究；並開展數學傳播及支援國內數學教育的改革工作。例如1972年11月1日《聯合報》三版專訪臺大數學系主任、中研院數學所專家楊維哲，計畫十年用中文寫數學教科書，促使科學中文化（1977年10月31日《聯合報》「新儒林」專欄亦有介紹「怪傑」楊維哲）。而徐賢修是應用數學家，亦為數學所院士級「通信研究員」，不論在清大校長和國科會主委任內，都很關心數學和電腦的研究發展。

　　當吳大猷尚在國科會主委任內，就指派副主委張明哲協同行政院電子處理資料中心，於1972年並邀集臺大電機研究所（當時唯一設有「計算機組」的大學）、清大、交大、成大、東吳等單位組成「中文電子化」工作小組，暫時設在數學所內，周元燊「德高望重」便扮演重要推手，連繫中央及院方，並與相關院士、學界要角「共襄盛舉」，提供數學所行政支持及研究室、實驗設備等推動工作。

　　例如1974年中研院舉辦的首屆中文電腦會議，便邀集國內外專家學者，像寶祖烈院士等的鼎力支持，始有籌設後來「資訊科學研究所」的具體成果（1977年開始設立籌備處，於1982年9月正式成立研究所）；而張系國則以數學所「副研究員」及政院電子中心「顧問」，扮演執行者，做得有聲有色。我因與他共用一間研究室，經常相處，知之甚詳（1977年8月29日《聯合報》「新儒林」專欄「張系國的左手」）。當初中研院高層頗屬意張系國接任資訊所籌備處主任，惜他的「文名」在外，亦熱衷社會運動，在當時黨國時期並不討喜，後由青年應用數學專家鄭國揚擔任首屆資訊科學所長（2011年過世）。

▌注音輸入法出現突破瓶頸

　　當初的中文電子化，顧名思義，就是設法直接用中文輸入電腦操作，輸出的也是所需的中文資料。工作重點，是以客觀分析的方法，來訂定利用電腦的中文標準，並研究電腦機器的中文資料處理過程；另成立一個應用小組，從事調查及研製成功後的使用情形（我是參與後者）。數學所先建立一個實驗系統，便於研製使用中文於電腦的工作。而數學所重要成員劉豐哲、李國偉等，亦參與協助（後來都當過數學所所長），另有大學與IBM資

深電腦專家劉兆寧研究員（前行政院長劉兆玄的大哥），經常往返臺美，實際貢獻最多者，從不居功，為人稱道。

事實上，電腦在1970年代的臺灣尚屬慘澹經營時期，全臺也只有臺大電機工程研究所設有「計算機組」。如何善用電腦都在起步，忽然社會上響起一片「中文電腦化，電腦中文化」的聲音，自然引起廣泛重視；並非只有報業鉅子王惕吾對「中文電子化」，存有「看戲」的心態，也不願做創新投資的合作，甚或視為「不可能的任務」；因為當時社會普遍認為中文太複雜了，多持悲觀的看法，當然亦有「樂觀其成」的想法，反正讓專家學者傷腦筋，說不定會有突破的一天！

是以，中文電子化的主要癥結乃在，如何輸入電腦，又如何輸出？而且要快要好又方便，就像二十六個英文字母可用鍵盤打字處理一樣；說來簡單，做起來往往吃力不討好，光就中文文字結構的研究分析，便已夠皓首窮經，都未必有成，遑言將方塊文字用打字鍵盤輸入、輸出？所幸，經過各方多年百折不回的努力研究實驗，直到1980年代，中文輸入才因注音輸入法，而有了峰迴路轉的機會，柳暗花明！

這是個「萬碼奔騰」的歷程，光是在二十年間，就出現了上千種編碼方法。漢字的單字輸入分為幾類：音碼、形碼、形音碼、音形碼、無理碼等。注意輸入法編碼，與漢字內碼區分，內碼以 GB 2312-80、GB 18030-2005 為基礎。

而此中間又分為：單字輸入、詞語輸入、整句輸入等階段。對於中文輸入法的要求是以單字輸入為基礎達到全面覆蓋；以詞語輸入為主幹達到快速易用；而整句的輸入還處於發展之中。一般中文輸入法，大致有拼音輸入法（如：漢語拼音輸入法、注音輸入法、粵拼輸入法）、字形輸入法（如：倉頡、大易、五筆、

鄭碼），以及混合音、形兩者的音形碼輸入法等等，不一而足。

▌發展過程全程追蹤報導

如果回首當時若干「中文電子化」的報導，大多屬於「中文翻譯機」型態，亦有軟體、硬體部分的突破進展。例如我在1972 年 9 月 21 日《聯合報》三版頭題，報導中文電子化獲致新成就，是臺大和交通部電信研究所合作研製成功；把中文七千個常用字，以字的偏旁為主，拆成兩千字，分成三十二組字型，放在一個可簡單處理的鍵盤，很容易找字，送進打卡機變成電碼，直接在 IBM1130 型電腦儲存運用，輸出的資料，也是中文。為此專訪臺大電機工程研究所教授江德曜解說。

又如在《聯合報》1972 年 3 月 11 日三版頭題，報導旅美電腦專家高仲芹研製完成的一套中文脈波程式，可解決中文在電腦內貯存記憶難題。當時專訪臺大電機工程研究所主任許照、研究中文電腦教授江德曜、臺大電機系教授馬志欽、中研院數學研究所研究員劉兆寧等均予推許。

另如在 1972 年 10 月 10 日《聯合報》三版介紹接受西點軍校教育，進康乃爾大學獲電子工程博士學位的葉晨暉進入 IBM，發明電子操作中文打字機和電傳打字機系統有成，回國在清大專題講演，可參見 1974 年 1 月 21 日《聯合報》三版頭題報導，葉晨暉研製完成中文計算機通訊系統，可用來處理漢字資料，與漢字自動交換情報，對中文輸入電腦有助。

而在 1972 年 11 月 27 日《聯合報》三版頭題，交大電子計算機系主任謝清俊研製中文電腦，解決硬體難題（縮小笨重機器，儲存更多中文），出力最多，不幸意外傷眼臥病，學界紛紛前往探親，大談新近的研製成果。接著，1972 月 11 月 29 日《聯

合報》三版頭題，報導一部可儲存兩千四百字中文電腦軟體系統，可連接硬體運作，由交大謝清俊、杜敏文、臺大江德曜、清大楊覺民等專家學者通力合作研製完成，並由國科會支持設在中研院數學所「中文電子化」小組的專家張系國主持說明。另有報導「張系國結束國內工作赴美」（1973 年 8 月 25 日《聯合報》三版）。

由於張系國與我因共用一個研究室，至今還保有他當年寫給我「中文新聞資料處理作業流程圖」的手稿原稿，這個計畫說明是：中研院的專家學者已能利用完成的 PEACE SYSTEM，從事利用電子計算機處理中文新聞資料，將使電算機能為中文報紙業者應用，達到經濟便捷的功效。

中研院的專家學者準備花三年時間，與報社合作開發利用。第一年的初步工作，是用《聯合報》的少棒新聞資料，做 model（因此類體育新聞在臺灣受廣泛重視）。包括：1. 建立新聞資料檔案，即是把新聞資料經過中文音檢系統，用磁帶儲存，加以分類整理。2. FLOW CHART，包括 ORDER INPUT ORDER 解碼，詢問 INQUIRY，印出 PRINT，更新（如有錯誤可以自動去除）ERAZE。設備包括 PDP8 ／ E 計算機有 12K 單位 BITS 記憶，將可擴大至 50-80K 顯示器（顯示中文 PLOOTER），中文鍵盤（用注音符號代替英文字母），磁碟機 DISK（儲存中文新聞資料及中文字典，供電算機使用）等。可惜的是，此計畫未能如期與《聯合報》合作進行，淪為存檔參考。

我在 1975 年 8 月 15 日《聯合報》三版又報導，國科會展示中文電子化成果。臺大、交大均能以中文打字方式操作；臺大並完成中文資料編排系統。克服軟體、硬體的困難。中文報表、中文帳單、中文編排、電話查號與資料處理，已能突破符合經濟實

用原則。並專訪臺大工業研究中心主任馬志欽、臺大電機系主任
郭德盛、臺大電機系教授江德曜。

▌預見人工智慧時代將來臨

　　中文電子化在今天，已進入語音或「人工智慧」（AI）的
新紀元，還有可用「手寫」的中文電腦。而「電子計算機」
（Computer），也逐漸能聽得懂、看得懂中文，在早年算是「神
奇」的「夢」！

　　不過，我曾在 1973 年 8 月 9 日《聯合報》二版專訪 AI 電腦
專家李功普，他就認為「未來不是夢」，還帶回新觀念，就是電
腦將會善解人意。我並報導當時的專家，亦正積極研究語言識
別。類此「八角大章魚」的研究，還包括：語言文字學、語意
學、音韻學、心理語言學、發音學、聲學工程學、電子訊號學，
利用現有中文輸入輸出系統，與歷史語言研究所語音實驗設備，
研究聽得懂國語的電腦。

　　在我跑科技新聞的 1970 年代，臺灣社會就已把「電子計算
機」，看成很神奇的東西；有位自稱「博士」的「專家」，更早
把它取名為「電腦」，風行一時；連後來的廣告，都「電腦」不
已，像「土豆」（花生）也是用「電腦」挑選的！更讓人琅琅上
口，沒人管它什麼科學的正確定義。

　　例如 1970 年代，電子計算機和計算器（Calculater），在臺灣
社會沒分那麼清楚，前者都叫「電腦」（這在專家學者眼中沒那
麼神，只是一個研發的夢想；而所謂的「人工智慧」或「機器
人」〔robot〕還比較像「電腦」），而「計算器」則比較屬於「微
處理機」之類，卻稱「計算機」；一度使許多國外深造回國的專
家學者，很不以為然。

　　但類此社會「約定俗成」的說法，亦無法怪媒體，只會越說越糊塗，況且中文的語文相當複雜；既然「電腦」沒那麼神，把它視為一種「能運算操作的電子機器」就好，有軟體（數學符號程式，可以控制 order 和輸入、輸出系統）及硬體（能儲存、記憶、運算的機器），反而簡單多了。我曾在 1974 年 1 月 6 日《聯合報》三版頭題專訪專家學者，談電子計算機、電子計算器，及分軟體、硬體，需寫「程式」讓機器看得懂才會跑（run）出所需東西，還有接近「電腦」的「人工智慧」，或棋譜變成數字程式，可根據人的指令自動下棋等等，已到了不厭其煩，淺顯清楚的地步。不過「說歸說」，社會接受度並不高；所以就變成「正規說法」（官方文書）用「電子計算機」，社會及媒體依然「電腦」如故，無可奈何。

　　再者，臺灣社會重視「洋文憑」，亦很「崇拜」博士，只要拿到「博士」學位，管他是否「真材實料」，或阿狗、阿貓，人前人後都稱「博士」不已。連我翻開當年的剪報，都發現泰半附稱「博士」居多，顯見風氣如此。而在美國拿個三流大學博士學位，有的還「半買半送」，且只要是黨國權貴二代，就如同「阿拉伯皇室」，連「常春籐」名校都送。這是中研院院士級學者皆心知肚明的。

　　到了 1980 年代至今，中文電子化日新月異，光是中文輸入系統，就已是琳瑯滿目，不勝枚舉。而電腦中文化的科技，更是方興未艾，顯然新新人類要比吾等老骨董，不知高明多少倍，真是江山代有人出，長江後浪推前浪，回首中文電腦化的研發歷程，何嘗不如是？

作者按：因緣得參與中研院「電子化工作小組」，學習很多，對我到《台灣新生報》寫「社論」及其他報章雜誌撰文，助益很大，希望能藉此文表達感謝之意。

6.
令人驚艷的農復會

▌我與沈宗瀚的淵源

　　我和農復會結的可說是不解之緣。我是第一個讓它在媒體上發光、發熱，並轉變為今天媒體重要的「農業」路線的記者（之前，是經濟記者採訪的「副線」）；我也陪它走完最後的十年（1979 年改制為「行政院農業發展委員會」）；在由《聯合報》轉到《台灣新生報》時，我還繼續寫農業相關的社論；退休後的幾年，雖在台視文化當資深顧問，卻又被它的財團法人中華農學會找去當「顧問兼研究員」，只能說前世或與「農業」有關係，因為今生學的是理工，採訪的也是科技，說什麼也難扯在一起。然而卻偏偏結下不解之緣，連沈宗瀚和李崇道都曾半開玩笑地說：「說不定，我們前世是一家人！」

　　如果不是早年的科技，像「空中樓閣」，不著邊際，只有兩、三個陳舊「小廟」（國科會在北市寧波西街，原能會在陳誠故副總統官邸、中研院又在偏僻的南港）而「大和尚」大多在外「化緣」（開會、出國、講學、指導研究），我可能不會想到位在南海路轉角的美國新聞處對面的農復會。

　　不知是否老天安排，那時農復會的唯一美籍委員畢林士，是

第一位由華府派駐中華民國大使館的「科學顧問」，我就像是溺水者，看到「救生圈」，毛遂自薦獨自闖進他的辦公室訪問，而他的祕書胡靜芬（Fanny），因搞不清楚我的來路，就這麼誤打誤撞闖關成功。過沒幾天，《聯合報》二版出現了一大篇的專訪，[43]受到主委沈宗瀚、委員蔣彥士等的注意；加上畢林士對我有點好感，於是經常將當時熱門的太空科技新聞外電找他解說，Fanny又是中英文俱佳的好橋樑，我跟他們越寫越熟，稿子又經常上報（《聯合報》當時為臺灣第一大報），因此逐漸受到農復會高層的重視。

那時正巧遇上沈宗瀚的得意高足，該會祕書長金陽鎬不幸車禍過世，我在三版寫了一大篇，文情並茂，據聞沈宗瀚讀報落淚，翌日還約我面談，表示謝意。這是我們首次正式相見，卻是「相見歡」，聊得起勁，他老人家還送我「克難苦學自述」，亦提供一些線索讓我有獨家表現，收獲頗豐。

結果，某天總編輯馬克任找我談，認為農業的品種改良或上山下海，都跟科技有關，因而決定將這條路線交給我跑，當下我真有「如魚得水」的感受；於是就經常出沒農復會，稿子幾乎天天上報，搞得採訪經濟新聞的同業都非常惱火，因我的「獨來獨往」，亦帶來農委會薛發言人的困擾，而且我又從不發該會通稿或參加記者會，但我也向薛表明報社的立場，並不希望與同業「水乳交融」；這也是新聞記者的為難處，爭取獨家就容易得罪同業，淪為「獨行俠」，與同業關係只有後來進入報社管理階層後，才逐漸有了改善。

---

43 早年記者只有專訪獨家或特稿，才有署名。新聞報導卻沒有名字，往往跑新聞時常造成困擾，對方或單位不知記者的真偽。

▌農復會專家們福國利民貢獻多多

早年的農復會[44]算是半個「洋機關」，比照美金待遇。但吾人看重的是，它的獨特科學管理制度，及具有「人文心、宗教情」的部分，每位專家得精通至少一國以上的外文，寫計畫報告是中英文兼有，還得經常下鄉，手腦並用，在蔣經國主政的年代，就經常向該會諮詢及徵召人才，如蔣彥士、李登輝便是例證；而當年大規模推動「加速農村建設計畫」，即是由該會主導。

個人因經常採訪接觸，對農復會專家兼有科學頭腦、人文情懷、宗教般的工作熱忱，具有高度敬意。其為國為民的奉獻心力，從不掛在嘴上，皆以行動具體實現；除了學有專長，中外文俱佳，在教學、研究之外，還能上山下海，到田間、海邊與農、漁民同甘共苦，並不時吸收新知、觀念，以及了解國際市場趨勢和供需。因此，該會的每位專家幾是「全方位」型，又經常出席國際會議與輪替式的進修深造，符合「學無止境」的求知要旨，以科學精神與方法任事，身體力行，並傳承傳統與西方的人文素養。[45]如今在臺灣可吃到不分季節的果蔬或養殖的產品，乃至各種基因改良的食物，包括農、漁村的環境改善等，不一而足，莫不因他們的長期耕耘努力，始有今天規模宏遠的磐石，功不可沒。

簡言之，真正為臺灣這塊土地深耕有貢獻者，就是早年在農復會默默耕耘的一批批菁英，可謂當之無愧。像蔣夢麟、沈宗瀚、許世鉅等均起了帶頭作用，而蔣夢麟曾是擔任北大校長時間

---

44 全名為「中國農村復興委員會」（**The Joint Commission on Rural Reconstruction**），依《中美經濟合作協定》，於 **1948** 年在南京設立。**1979** 年 **1** 月 **1** 日，美國與中華民國斷交後，依約自動失效。**3** 月 **16** 日農復會改組成立「行政院農業發展委員會」。

45 像首任農復會主委蔣夢麟的《西潮》便是早年的經典名著。

最久的一位學人（1919-1927 年），在教育界的聲譽，並不遜於蔡元培，到了農業界亦能「學以致用」，在主持農復會時期，曾引進「四健會」（Head、Heart、Hand、Health，簡稱4H）的觀念和作為，這種將技術與經援加在一起，以農民需要為首要運作——也就是他所說，依據農民需要的（the felt needs of farmer）扎根方法，相當成功且影響深遠，亦被國際視為發展中國家的楷模，不論是行政管理的效率提升，或美援的適切經濟運用，清廉有為，頗為人稱道。

諸此，優良歷史的傳承，歷任主委皆扮演承先啟後的重要角色，包括農復會時期的蔣夢麟、沈宗瀚、李崇道、張憲秋，乃至於農委會初期的王友釗、余玉賢等人，[46] 始終不斷革新求進，帶領臺灣農業精進發展，結合經建創下經濟奇蹟，成為臺灣社會的安定力量，貢獻至鉅。

再者，農業政策涵蓋農業、農（漁）民、農村，或生產、生活、生態的層面，亦非一個獨立部門，可以單獨發展，必須結合相關部門做整體性的發展。也就是說，農業具有政治性、經濟性、社會性、教育性及文化性的多重功能和目標，其隨時代的變遷與進步所產生的問題自然複雜，無法針對某部分的弊病，做單一性的治標，必須「會診」下綜合性的判斷，始能對症下藥，也才能有庖丁解牛般的功效。

其實，農復會在未改組為農委會前，就是聞名國際的中美合作的農業機構，聯合國相關組織包括發展方案組織、世界糧食組織、世界銀行、亞洲銀行等，都與農復會所屬單位人才交流或

---

46 如今農委會的直屬單位擴大，包括農糧署、漁業署、動植物防疫檢疫局、農業金融局、林務局、水土保持局、農業試驗所、林業試驗所、水產試驗所、畜產試驗所、家畜衛生試驗所、農業藥物毒物試驗所等。

參與培訓訓練，或延攬來臺協助，促成各種臺灣及國際性技術合作，增進技能，提高達國際一流水準，成績斐然。在1971年5月更成立了亞洲蔬菜研究發展中心及臺灣植物保護中心（1971年5月22日《聯合報》二版的新聞報導及特稿「亞洲蔬菜中心的誕生」），奠定我國農業科技在國際上的地位，十分亮眼。並對臺灣近半世紀以來的的農工業均衡發展、總體建設，貢獻卓著，令人驚艷！

農復會的組織屬於「聯合委員會」（簡稱委員會）制度，早年設委員五人，其中我方委員三人，美國委員二人。委員會的職權為決定政策及工作方針、與政府及其他機關團體合作推行農村建設方案、建議中美兩國政府運用《援華法案》（China Aid Act）第407款規定經費之方式、及撥給推行農業方案所需之款項。

臺美合作的合議制設計

首屆委員，計有蔣夢麟、晏陽初、沈宗瀚、穆懿爾（Dr. Raymond T. Moyer）、貝克（Dr. John Earl Baker）等五人，並相互推舉蔣夢麟出任主任委員（1948年10-1964年6月）。從此農復會的政策、計畫、組織、人事與經費，皆由委員們共同決定及負責。沈宗瀚於1964年8月接任（至1973年5月），李崇道則於1973年5月繼任，1979年3月至1981年8月為改組的首任行政院農業發展委員會主任委員（農發會）。

農復會委員後來改為我方二人，美方一人。蔣彥士、李崇道、錢天鶴均曾擔任，美方則為穆懿爾、貝克、郝夫曼（Gerald H. Huffman）、畢林士、柯雷克（Dr. Chester W. Clark）、菲平（William H. Fippin）、戴維斯（Raymond H. Davis）等輪流接替。

截至1978年為止，農復會共有四處九組，分為祕書處、總

務處、會計處、企劃處、以及植物生產組、水利工程組、鄉村衛生組、畜牧生產組、農業資源及森林組、農業經濟組、農業信用組、漁業組及農民輔導組。自1951年至1965年美援停止時，農復會所撥用之美援經費共計10,629,550美元，佔美援總額的0.71%。

然則，自農復會改制為行政官僚體系後，菁英流失不少，有的為國際組織羅致，有的為彼岸爭聘，有的為相關企業延攬，有的在著名學府任教，僅少數仍在今「農委會」任要職，已無當年農復會的盛況景象，十分可惜。

睽諸二戰後臺灣農業得以迅速恢復的因素，除政府「以農業培養工業」政策之正確外，農復會投入農村建設，居中協調於政府、農民之間，鼎力參贊政府決策於幕後，大力培育農業人才，藉美援經費補足當時物力之不濟等貢獻，更是關鍵所在。

半世紀以來，臺灣已經由昔日農業殖民地躍升為世界科技工業國家。近六十年來，經濟成長率平均8.02%，舉世矚目，國民生產毛額（GNP）由1941年的1,681百萬美元，提高到1996年的393,679百萬美元，成長高達233倍，成為世界第十八大經濟體、第十六大貿易國，並躋身全球前二十大對外投資國；平均國民所得由1941年的186美元，提高到1996年的15,080美元，增加約80倍。產業升級快速，經濟結構已經由以往的農業轉型為現代化工商業；農業佔GNP比率由1941年的32%降至1995年的1.6%，工業及服務業所佔比率則高達98.4%，臺灣已發展成世界科技產業鏈中不可或缺的一環。

特別是在加入WTO後，臺灣「小農」的經營和生產模式，亦已由「提高生產力」轉以「提升競爭力」為核心主軸，並將以「增產」為目的的農業數量經濟策略，轉型為「增值」目標的知

識經濟發展，諸如運用高科技以提高農產品的附加價值，並透過農業策略聯盟，將「小農」制轉型為「大農」制，以發揮經濟規模效率，同時配合注重休閒生活的趨勢，發展休閒型態的農漁業等皆是。且應積極培育新一代的農民，使其在追求生物產業發展之際，兼有人文環保的素養，得以相輔相成，開創符合時潮的新型態「生物產業」。

▍今日農業已接軌高科技產業

在今天，吾人不能再以傳統眼光看待農業，應將其視為與高科技、知識經濟結合的綜合性先進「生物產業」，始能加快轉型速度。同時對現有不合時宜的組織、制度，包括金融改革在內，皆應同步展開，畢竟農業不只是一個部門的問題，也非獨立可以發展的，必須要用「會診」模式，對症下藥，始能有效轉型為新世紀的生物產業，大放光芒。

復次，農業是可以使資源再生的產業，國際經濟專家學者已紛預言，目前落後的農業，在新世紀經尖端科技的運用與改革，將成為最先進的產業。而二十一世紀的農業，吾人將可目睹生物極限不斷突破，生物科技的產品不斷增加，產值巨額的成長，使許多農業科學家和基因工程師將直接參與農業生產，企業家也將跨足農業經營，諸如此類的情形，均將使農業呈現「生物產業」的新貌，為世人帶來更大的財富與福祉，成為閃亮的產業明星。

農復會在臺灣飛躍發展的工作階段，扮演策劃專業機構角色，透過單位計畫（project）或「先導型」、「示範」（pilot plan）的方式，以技術與經費支援推動各項農業建設。過去有計畫產銷，即由農復會專家綜國內外市場供需，提供農產種植的重要資訊，包括種什麼、多少面積、產銷成本估算，含收成利潤多少

（政府的保障價格及外銷價格，一目了然）。保障農民利益，縱使天災、意外也有風險估算考量，務使農民生活無虞，農村、農業皆能有目標性的作業和發展。

　　早年農復會的工作重點有十項，包括：土地改革、水利工程、肥料、農民組織（農會、漁會）、農貸、動植物病蟲害防治、良種繁殖、家畜飼養、鄉村衛生（如鄉鎮衛生所的設立、家庭計畫的推行）、社會教育（如四健會）等。另一方面，農復會自1953年起，已經參與政府的四年經濟計畫中農業部門的設計與推行；1961年起，該會的工作目標已與第三期經建計畫中政府農業計畫相近，換言之，農復會的工作計畫，已經配合政府經建四年計畫擬定之。事實上，在農復會成立的三十年歷史中，真正達成復興農村的目的，及發揮該會對農業最大貢獻者，則是該會在臺灣的工作。

　　農復會的組織架構，不僅有農林漁牧的技術單位，亦有農民組織，復有家庭計畫，更有土地組等許多單位，從土地政策，人口家庭，農林漁牧等，及從生產到社會教育推廣，都是屬於整合性工作。如農民輔導工作，從家政、青少年輔導到四健會，幾乎一貫作業。而早年在臺灣的第一個計畫，即是接替中央畜牧實驗所對華南制定的獸疫血清疫苗計畫，在淡水協助生產豬瘟疫苗。另在土地改革方面，農復會更配合政策扮演重要的角色。

　　現在回憶當時長達十年採訪農復會各單位的印象，恍若在眼前，那時勤跑、勤寫，得到不少獨家和助力，收穫頗豐，衷心銘感。謹將箇中犖犖大者，簡要錄述於後。

▌農會設信用部與農村建設

　　由於農復會的農經、企劃專家的真知灼見，經常見諸報章雜

誌或媒體報導，加上有人參贊中樞，往往經過滾動式的高層或輿論討論，交互激盪遂成為可行的政策宣示。例如我經常訪問農經、企劃專家，透過他們的分析報導，結果發現常是政策形成的主要來源，像革新農業金融、農產運銷，以突破農業瓶頸，需建立專業金融制度，策劃穩定農產品價格（1972 年 2 月 13 日《聯合報》二版）。1972 年 11 月 2 日我在《聯合報》二版獨家報導《農會法》將大幅修正，農會信用部有法律地位，並得設農畜產品市場，俟行政院核定，即送立法院審議。同日，有邊欄分析「農會法修正案主要精神，在加速推展農村建設」；接著，我在1972 年 10 月 9 日於《聯合報》二版頭題報導「農業發展條例草案政院正做最後審核，鼓勵設立開發農業企業，設置平準基金穩定農產價格」、「政府積極加強農村建設，決定將農業專業區擴大為各類新社區，雲嘉濱海地帶將作農村設廠區」，同日配合新聞分析（亦刊二版），訪農復會農經組技正余玉賢（曾任中興大學農經研究所主任，後任省農林廳長、農委會主委），及企劃處專家蔡松竹、高浴新、陳武雄（後任農委會主委），談「工商企業重視農村市場，定能促進全面經濟成長」。

當 1973 年底政府又決定在翌年加速農村建設計畫執行完成，將推新一波的強化工作，期使農民生活豐足，達到農業持續成長的目的；於是我搶先訪農復會，報導「政府對農業續做大量投資，保障農民生活，達成均富目標」。翌年 1 月 13 日，我再在《聯合報》二版分析報導「經建重點，提高農業成長率，平穩進取，使農工配合發展」。接著，1974 年 2 月 12 日於《聯合報》二版「新聞剪影」透露「中央考慮設糧食平準基金」的重大訊息；亦在同年 3 月 21 日《聯合報》二版透露「農村投資貸款知多少？」；同年，3 月 26 日在《聯合報》二版專訪農經專家談「政

府宜採有效措施，解決倉儲運銷問題」；5月27日《聯合報》二版「新聞剪影」獨家透露「為促進糧食增產，農地將採分區使用新途徑」；8月18日《聯合報》「新聞剪影」透露中央近日將討論山坡地、人力、推廣、農貸、運銷、土地、科學研究、農地重劃、東部開發等問題，以突破解決當前農業困境。同年，8月27日《聯合報》二版專訪農復會農經組長毛育剛、技正余玉賢及企劃處長熊中果談「處理毛豬漲風方法」，後為中央審酌採納。同年，10月1日《聯合報》二版刊訪農村及專家談「促進農產專業區效益，溝通觀念以配合市場需求，並重視綜合開發評估」；同年10月18日《聯合報》二版「新聞剪影」獨家透露「國際糧源不足，糧價不斷高漲，政府決定提高稻米安全存量」；12月4日《聯合報》二版「新聞剪影」訪農復會專家談「種蔗種稻的可行解決途徑」，後為中央酌予採行。12月20日《聯合報》二版獨家報導糧政單位穩定糧價的新措施。

在1975年2月2日的《聯合報》二版報導分析當年的農產品外銷情形會好轉（因1974年外銷差）；同年3月26日於《聯合報》二版分析「農業的研究試驗應配合實際需求，以改善品質提高產量，並建立系統化人事制度」。到了1976年為緩和倉儲不足，糧政單位決定外銷食米十萬噸，引來檢討聲浪，當年10月5日專訪農復會專家分析，認應貫徹實施稻穀保證收購價格，健全糧食平準基金組織（刊《聯合報》二版）受到當局重視。而如何掌握經建關鍵時刻，維持農工業的均衡發展，《聯合報》在10月二版推出系列報導，我所撰的部分則是強調「農業結構必須現代化」，以突破「小農」格局，後來也納入加速農村建設計畫中考量。1977年10月24日在農村訪問加速農村建設成果後，亦在《聯合報》二版分析箇中利弊得失，受到關注。

▎農政評論寫來得心應手

由於 1978 年美與我斷交，農復會勢需改組，我在 1978 年 9 月 17 日在《聯合報》二版分析改組三種型態，及至 1979 年 1 月 6 日於《聯合報》二版「新聞剪影」，寫如何在官式體制下發揮原有靈敏反應功能，並不持樂觀看法。果不其然，自改為農業發展委員會至農業委員會迄今，亦並不令人滿意。不過，在農業試驗研究體系，卻發揮整合的功效（1979 年 4 月 26 日《聯合報》二版「新聞剪影」），則差堪告慰。

政府為加速推動農村建設，增進農業生產，提高農家所得，改善農民生活，於 1972 年 9 月 27 日宣布實施加速農村建設重要措施，大多是採納農復會的規劃和建議，包括：1. 廢除肥料換穀制度；2. 取消田賦附徵教育捐；3. 放寬農貸條件，便利資金融通；4. 改革農產運銷制度；5. 加強農村公共投資；6. 加強推廣綜合技術栽培；7. 倡設農業生產專業區；8. 加強農業試驗研究推廣；9. 鼓勵農村地區設立工廠。旋在中央成立「加速農村建設重要措施策劃小組」，並分由臺灣省政府及臺北市政府組成推行小組，負責計畫之執行，中央補助經費則委由農復會代管。自 1973 年起至 1979 年 6 月止六年半期間，計執行 1,694 項細部計畫（包括四十項省府專案計畫），動用經費近 174 億，農民直接獲益達 105 億元，長期及間接經濟效益相當龐大。

這個「全方位」的加速農村建設計畫，更是由農復會精心擘劃而成，值得一書。在加速農村建設重要九項措施（1973-1979年）中，第二項為加強農村公共投資，包括興建農田水利工程、農地重劃、防風林營造、產業道路興建及農村生活環境改善。在農村生活改善方面，主要為興建農村之簡易自來水，完成嘉南烏腳病地區飲水改善工程；辦理農村社區之環境衛生改善，諸如興

建廁所、改善房屋衛生、修築排水溝、鋪設柏油或水泥道路；興建鄉鎮衛生所，充實醫療設備；推動村里環境衛生改善及保健教育。

在提高農民所得加強農村建設方案（1979-1981年）方面，1. 充實農村醫療設施：重建（或整修）鄉村社區衛生所、村里衛生室，加強辦理遠地區醫療及衛生保健服務。2. 改善農民住宅：擬訂「農宅改善計畫方案」，循貸款興建、整建。補助低收入農戶整修住宅及設置農宅改善示範方式處理。3. 農村社區發展：配合「臺灣省社區發展計畫」整建農村地區道路、電話設備、加油站、自來水及下水道系統。同時，輔導設置農村發展示範村，推行加強農村發展工作，改善農村生產及生活環境，倡導吾愛吾村運動。

關於加強基層建設提高農民所得方案（1983-1985年），則包括：1. 新建及整建農民住宅。2. 繼續推動農村發展與環境改善。3. 加強農村社區之基層建設。在改善農業結構提高農民所得方案（1986-1991年）方面，包括1. 農村綜合發展規劃及社區建設：本項工作包括農村地區綱要性規劃（鄉鎮）、農村地區細部規劃（村里）及村里之實質建設。2. 農漁村社區整體規劃：(1) 以村里為單位之農村社區先期整合性規劃。(2) 農村社區更新先期規劃。3. 輔導農宅興（修）建。4. 辦理農民教育活動，塑造結合產業與文化的鄉土文化。

關於改善農漁村環境實施計畫（1991-1997年部分），包括：1. 農漁村發展規劃及建設。2. 農漁村社區更新規劃及建設。3. 農民住宅輔建。4. 農漁村實質環境改善。5. 輔導休閒農業之發展。有關建設富麗的農漁村實施方案（1987-1989年），主要內容包括：1. 農漁村綜合發展規劃及建設。2. 農漁村社區更新規劃及建

設。3. 農漁村社區實質環境改善。4. 農漁村住宅輔建。5. 原住民地區農村綜合發展建設。6. 發展農漁產業文化。7. 發展休閒及都市農業。8. 發展觀光休閒漁業。

在農村新風貌計畫（1989-1993 年）方面，包括：1. 協助建構農村新生活。2. 農村聚落重建。3. 改善農村生活環境。4. 塑造農村聚落綠色建築特色。至於鄉村新風貌計畫（1994-1997 年）方面，包括：1. 營造農漁村新風貌。2. 發展休閒農業。3. 深化鄉村培力。以及農村再生中程計畫則以農村再生規劃、農村社區建設、農村再生人力培育、農村生活環境改善等為重點。

由於採訪農復會十年，得到另一重要收獲，就是使我有了寫農業評論的根底，後來我到《台灣新生報》，便寫了不少相關的「社論」；例如 1981 年 2 月 8 日「開創農業新境界」；1981 月 2 月 17 日「食品衛生不容忽視」；1982 年 11 月 6 日「加速推動第二階段農地改革」；1983 年 7 月 16 日「農業發展與農建大軍」；1983 年 8 月 2 日「建立有信心有文化層次的農村」；1983 年 10 月 22 日「加強推行農業科學化的政策」；1983 年 12 月 2 日「農業發展的新契機」；1984 年 10 月 9 日「加速農業升級勢在必行」等，不一而足。當是我記者生涯中，意外的收獲。

▍糧食生產與病蟲害防治

在農復會的組織架構中，植物生產組，可說是第一大組，直接攸關糧食生產供需及病蟲害防治，包括農業機械化、亞洲蔬菜發展中心（AVRDC）、各類農作物的生產與改良、病蟲害防治、肥料與土壤，人才濟濟。像孫明賢、李金龍等，後來還出任農委會主委。而 1970、80 年代的組長龍頭（後任副祕書長），就是遐邇聞名的水稻專家黃正華（1978 年 1 月 8 日《聯合報》「新儒林」

專欄），對臺灣的水稻品種如數家珍，對促進稻米品種改良及增產，堪稱先驅和幕後功臣之一，他在田間像個精幹的老農，在辦公室則是勤奮的公僕，沒有什麼上下班，把工作做好為主，此亦是農復會與公務機關不同之處。

植物生產組的專家不論在稻米、雜糧、蔬果乃至茶葉等植物品種改良、病蟲害防治、農業機械化，甚至技術援外或國際合作，或創設亞洲蔬菜中心、植物保護中心（後改為農藥毒物試驗所）等，皆貢獻卓著。他們不但下田、寫中外文報告，或單項的國內外產製銷及市場情形，均能瞭若指掌，無怪當時輿論，讚許農復會的一個專家，具抵百個公務員、百個農漁民的功力，顯然不是蓋的。

1971 年政府鼓勵增產玉米，以節省大量外匯，乃專訪農復會雜糧專家鄭建磐，談兩個玉米新品種臺南 11 號、臺南 12 號，將全面推廣（1970 年 10 月 16 日《聯合報》經濟版頭題）；而國科會農業醫學生物組、中研院植物研究所，與農復會植物生產組關係密切，像中研院植物所採雜交育種以提高稻米品質及產量，獲有新成就，專訪國科會農業醫學生物組主任王世中院士（1971 年 10 月 4 日《聯合報》二版）；專訪黃正華、王慶一談「秈稻培育三種新品，七年試驗有成，矮壯結實無畏風吹雨打，澱粉量低營養價值較高」（1973 年 10 月 10 日《聯合報》三版頭題）、黃正華訪談「推廣預熟米」（1977 年 4 月 26 日《聯合報》「家庭」版頭題）；中研院植物所與農復會等單位合作，推廣「多種無病毒根芽系統」，優良品種一年間可變成千萬幼苗，專訪中研院植物所王博仁博士潛研八年有成（1975 年 4 月 3 日《聯合報》三版頭題，以及 1977 年 9 月 30 日《聯合報》「新儒林」專欄）；專訪農復會專家屈先澤談推廣「無性繁殖桑樹新品種」（1978 年 5 月 22

日《聯合報》副刊），另如專訪專家李肇雲、蘇楠榮談「施肥觀念須改變，應用尿素代替」（1974年1月11日《聯合報》二版）。

在如何防治臺灣植物病蟲害防治方面的報導，亦是不勝枚舉。例如專訪國際著名植物病蟲美籍科學家施奈德博士及女青年專家陶斯詠，談如何防治植物病害（1971年2月20日《聯合報》二版）；而植物的公敵線蟲，亦在多年研究下逐漸納入控制範圍，專訪黃炤雄、謝克昌、林勝華等專家（1972年8月13日《聯合報》三版），真菌毒素危害人畜，嚴重感染豆類稻麥（1973年10月2日《聯合報》三版頭題）專訪旅美專家鍾順昌，促請注意改善收割乾燥技術（1964年8月11日《聯合報》三版）；泡桐經濟價值極高，無端枯萎，專訪兩位女性專家黃潔華、應之璘找出病源，是菌質作祟（1975年5月12日《聯合報》三版頭題）；又如木瓜病毒蔓延，專訪劉傑垣博士攜回防治腹案（1978年7月31日《聯合報》三版頭題）。

▍森林利用與水土保持

在農業機械化方面，農復會植物生產組還設立一個專案小組，由著名專家彭添松和他的得力助手張森富[47]負責，推動得有聲有色，奠下紮實基礎（專訪彭添松談國產農機具不遜舶來品。1975年3月19日《聯合報》三版，還有農機化問題及推動專訪多篇，分刊1974年3月3日、1975年10月2日、1977年10月25日《聯合報》二版）。

一位經濟學家說得好：「經濟發展絕不是魔術，或某個經濟學家用何法可使成長率增高。這種成長基礎都靠勞動免疫力的持

---

47 後來赴美深造回臺大擔任教授、系所主任及中華農學會祕書長、台灣農學會理事長等職。

續提高，國民勤奮儲蓄，累積資本及以現代科學為基礎的技術發展」。我在1977年11月間，有了一趟農村行。遍訪茶葉改良劫、食品工業發展研究所、臺灣植物保護中心、農業試驗所、山地農牧局、水利局、畜產試驗所、水產試驗所若干分所、鳳山熱帶園藝試驗所等，不難發現臺灣農業科技的前進，亦已有了卓越成就，受到國際重視，足見科技研發的重要性，更是國家實力的後盾（1977年11月16日《聯合報》二版）！

談到農業，只是「農林漁牧」的籠統稱呼，自亦有個別領域的專精分工。像農復會的森林資源組，便是將才如雲，各有所長，也都是足跡全臺山林、坡地、河川等，在外工作較長，回來則趕中外文報告，有規劃，亦有檢討，更有「對症下藥」的處方，腳踏實地解決問題，同樣有前瞻眼光，創造遠景。包括森林政策及法規、木材行銷、產業道路、中美森林生態學座談會、水土保持、國家公園、地熱資源、木材的利用及紙業原料、土地的工業利用1A航測技術、山地資源開發、山坡地開發等要項；例如葛錦昭（後來任農復會祕書長、農委會副主委、亞太糧肥中心主任等，參見1977年10月13日《聯合報》「新儒林」專欄）、廖綿濬（日本知名大學教授聯合編著的「農地工學」，還將他在臺灣經營技術試驗的成就，列為大學教材。參見1978年1月2日《聯合報》「新儒林」專欄）、江濤（以發現喜樹抗癌著稱）等，均是組中高手。

有關森林資源的開發利用及山坡地濫墾問題，乃至研究試驗方面，亦報導不少。謹舉其中摘要性介紹。例如大甲溪流域濫墾的嚴重性，幾乎受既得利益影響，改善有限，我在1970年專訪農復會專家葛錦昭、廖綿濬、江濤（1970年10月5日《聯合報》二版）至今，未見問題獲致解決。而臺灣山坡地一遇天災即「醜

態百出」，也專訪成大張石角教授、當時地震研究中心主任蔡義本、工業技術研究院礦業研究所長馮大宗等，強調加強環保及水土保持，才能見效（1974年10月12日《聯合報》三版）；而為顧慮果農權益，使需砍伐果樹以維護德基水庫，轉為逐年改進，可見山坡地維護、環保或水土保持，問題多多，過了半世紀亦難解決（1978年5月5日《聯合報》二版）。當年在航空測量技術或遙感探測的技術引進，葛錦昭奔走之功不可沒（1970年2月5日《聯合報》二版及在《聯合報》副刊用「呂孝佛」筆名寫「遙感探測」）。

農復會森林組專家還為國內家具及木器，煞費苦心，並由臺大森林系副教授丁昭義發現一種水溶性樹脂塗料，試驗成功。當時森林組長楊志偉、及該組專家潘長弼、戴廣耀、康世卿等接受訪談，認為這種塗料無毒無臭，使木器光澤柔和，成本低廉不易燃，且防腐、防蟲，為家具外銷拓新境（1974年3月19日《聯合報》三版）；另與農復會有關的臺灣省林業試驗所，該所技正陳紹慶利用本地產的「鹹草」研究試驗，發現可做造紙原料，提供解決紙漿的新生力量，受到重視（1974年2月16日《聯合報》頭題）。而國際著名生態學者，亦是樹齡科學家佛根森博士來臺，和專家楊榮啟、胡大維、徐國士等前往拉拉山勘察復興古木，特別提到「樹齡」是一門新興學門，有助考古和地球磁力變化，得以「鑑古知今」（1974年7月23日《聯合報》二版），頗引人興趣。有趣的是，林試所育林系主任胡大維，將知名大畫家張大千，在大陸江南鍾愛的楊梅移植成功，亭亭玉立，果實枝葉，欣欣向榮，亦證明臺灣移植技術的一流（1976年5月20日《聯合報》三版）。

▌遠洋與養殖漁業

在 1977 年 11 月的農村行，亦實地了解土地資源開發、海埔新生地的效益評估，山坡地的利用與保育強化，以及河川地開發成功的實例，彷彿出現了一幅農工業均衡發展，邁向現代化遠景的新藍圖，令人神往（1977 年 11 月 13 日《聯合報》二版，以及 1975 年 9 月 6 日《聯合報》二版「林業經營嶄新做法」）。

臺灣見面環海，開發漁業，更是少不了要角——農復會的漁業組。諸如遠洋、近海、沿岸、養殖，還包括漁業政策與法規，農地改漁塭計畫，沿海漁業，遠海漁業，南極漁業資源開發利用，洛克菲勒基金對漁業研究的補助，漁業發展，國際漁業研究及農業問題研討會等要項，通通與該組專家業務攸關。他們協助政府相關單位技術和經費的支援，多採「先導型」或「示範性」計畫，獲具體成效後，再予推廣，績效彰顯。

例如早年就曾有首建兩艘水泥船的記錄，為航運史寫下新頁，那是由一位工程專家江憲男研製建造，和美國工程專家李北讚提供資料，農復會給予技術支援。當時專訪漁業組長陳同白、專家闕壯秋、陳再發、葉光燾等，認為頗具經濟價值值得推廣應用（1972 年 2 月 9 日《聯合報》三版頭題）；而配合發展遠洋漁業，亦決定協助魷釣漁業者，裝置「自動機械釣魷機」，以「船隊」方式，朝各地的魷魚資源開發，將取用不竭，自足外銷，受到重視（1973 年 6 月 12 日《聯合報》三版頭題）；再如與海洋學院合作研製新型中層拖網，將漁撈方法邁向立體途徑，收益倍增（1975 年 6 月 6 日《聯合報》三版）。又如在養殖漁業，將四種吳郭魚實施「家庭計畫」，以解決環境污染問題，增加養殖能量（1975 年 11 月 26 日《聯合報》三版），配合「海洋牧場」新構想，由中研院動物研究所專家張崑雄和農復會、國科會合作，

推動在東海岸試辦「放養蝦貝魚類」，讓漁業資源得以生生不息（1979年5月9日《聯合報》三版）。另中研院動物所專家亦曾潛水拍攝彩色影片，將海底世界五光十色，展現眼前，受到歡迎（1977年9月29日《聯合報》三版）。同時，在1977年11月的訪問農村行程中，亦看到漁業的「藍色革命」，開拓了臺灣的海洋新天地，並發展立體化的水產養殖，值得期待（1977年11月14日《聯合報》二版）。

▌畜牧生產與公共衛生

農復會的畜牧生產組在當年是一個強勢單位，舉凡參與家畜生產與進口之管理法規、肉牛的生產與進口、豬隻科學座談會、家畜疫病控制、中澳聯合家畜農場計畫、家畜保險基金、東南亞畜牧資源會議等；組長即是後來接任主委的李崇道，強將手下無弱兵，包括余如桐、鍾博、黃暉煌、黃嘉等等，均是「將材」。而畜牧組多與牛豬羊、雞鴨鵝等飼養、品質、生產、衛生安全等有關，是人們生活中不可或缺的營養來源；亦與畜產試驗所、養豬科學研究所、動物研究所等相關，不但需要科技的研發及試驗，更需設法能達到物美價廉、品質安全的需求。例如「牛胃開窗」就是利用科學方法，觀察製造最經濟飼料，俾獲得更多優良肉類和乳品，已為亞洲畜牧史寫下光輝的一頁（1970年12月15日《聯合報》二版，專訪周才藝所長和專家許啟東）。

另養豬科學研究所還「從豬腸膜中提製肝素成功，對吸煙引起的血栓症特具療效，美已與我洽商合作推廣事宜」（1974年11月15日《聯合報》三版）。為因應糧食危機，農復會專家還設法從牧草中提煉草汁奶，做飼料的人造肉（1974年8月30日《聯合報》三版頭題）等，諸此，再再顯示，畜牧生產領域範圍甚

廣，從產製銷、研發試驗到食用安全等，每一環節細節皆不能馬虎，畜牧組的專家甚至為了開發養豬戶的「沼氣」利用，還下鄉到豬舍相處（參見「自主能源開發」章節），足見「宵衣旰食，夙夜憂勤」的一斑。

農復會的鄉村衛生組，與國內食品、醫學、衛生等相關單位，及食品工業研究所等合作關係密切，另亦參與聯合國世界糧農組織、自來水聯合委員會、人口計畫會議、公共衛生、家庭計畫、家計人員國際訓練計畫、東亞人口計畫會議、食品工業研發中心、藥物管理、食品改良與生產、鄉鎮衛生所等；長期由著名公共衛生專家許世鉅當家（曾榮獲1969年菲律賓麥格塞塞政府服務獎），即便退休後，國科會還特別邀請擔任「特別顧問」，負責籌劃和督導醫學、公共衛生、農業等工作，可見他的份量和地位（參見1977年10月4日《聯合報》「新儒林」專欄）。是以與大眾有關的食品衛生，他特別關心，還曾舉辦多次的大、中小學生的營養調查，連「家庭計畫」的「兩個恰恰好」，亦是由他喊出的，十分響亮！許世鉅在1971年針對代奶粉缺少維生素A、C、D，只是「奶糕」，十分不滿，並即推動研製廉價嬰兒食品，不過他仍主張母乳最好（1971年3月4日《聯合報》三版專訪）。

▍造就蔬果花卉繽紛的人間樂園

至於，該組食品專家如李秀、徐文和等亦名噪一時。例如鋁箔取代馬口鐵的新技術引進，開闢食品容器新境，每年可節省八百萬美元外匯（1974年3月10日《聯合報》三版頭題）；而像旅美學人魏綸鑫新法研製黃豆食品，獲三十七國專利，受到國際重視，農復會等相關協助推廣，以利國計民生（1975年9月1日《聯合報》三版頭題越洋電話專訪。之前一年，由農復會推介專

訪，刊1974年4月27日《聯合報》三版）。

　　凡此種切，都無法描繪農復會的貢獻於萬一。只能說，如果沒有農復會，臺灣照樣有農業、農村、農民，但卻會是「黯淡無光」！遑言其他，亦不會產生「經濟奇蹟」！因為有了農復會數十年的辛勤耕耘，使臺灣完全變得不一樣，變得連先進國家的老外，都不覺得臺灣是「異鄉」，甚至認為臺灣比他們更進步，不但吃得到寒、熱、溫、亞熱帶的四季水果蔬菜，還看得到色彩繽紛的花卉，及各種經緯度的魚蝦貝類，像畢林士就比喻是「人間樂園」，難怪他「樂不思蜀」，還娶了祕書胡靜芬，即便卸下職務，還照來臺灣不誤。

　　這說明了「人能弘道」，事在人為，證諸過去種種，有報導為證，農復會的專家們確實做到了，令人擊節讚賞！他們不愧是「臺灣之光」！

7·
海功號首航南極運鈾的幕後故事

▋南極冰洋航行大不易

到南極去！如果搭飛機到冰陸觀光旅遊，在交通發達的今天，不算稀奇。即便搭乘有破冰設備的船，也未必如此幸運，因為冰洋的驚濤駭浪，神鬼莫測，隨時有生命危險！就算運氣好，亦如同特戰部隊的「天堂路」魔鬼訓練，若非一番寒澈骨，根本不知生死是何物！南冰洋比南極大陸還要恐怖萬分，主要是有一道隨季節不同移動的「南極收斂線」，還有必經的三道極端暴風圈關卡，例如南緯40度至50度之間的「咆哮40」，有如「煉獄」似地翻滾；南緯50度的「狂暴50」，亦復如狂風暴雨使船如葉子般脆弱；而欲衝破的南緯60度「尖吼60」，更是震耳欲聾，讓人魂飛魄散！

像臺灣1977年的「海功號」試驗船，首航南冰洋，就是冒著生命危險！既沒有破冰與極地航行設備，冒險衝破南半球聞之喪膽的「西風帶」，又為南冰洋史上最小的船隻（只有711噸，349噸型），竟然能「過三關」創下首航逾萬浬記錄，讓人感到不可思議！而「海功號」在極寒風雪與數百個冰山群環伺，途中還有能「瞬間」結成「冰地」的流冰群（可夾裂船隻），在如此

驚險萬狀的情況下作業四十四天，終完成了探勘資源調查及漁具等試驗任務，帶回了七千箱約136噸可觀的南極蝦，成為繼日本和前蘇聯之後，第三個前往捕撈南極磷蝦的國家。贏得國人禮讚，並在國際上備受矚目，洵為難得的殊榮！

▎名為捕蝦實是運鈾

然則，直到今天，沒人知道當年是誰促成「海功號」到南極冰洋，又為何沒在臺北擴大舉行慶祝或表揚或遊行活動？[48] 這是在1971年退出聯合國後，直到與美國1978年斷交前，美臺關係及國際、兩岸局勢暗潮洶湧之際，「海功號」又正創下世上最小噸級又無破冰設備的試驗船到南冰洋作業記錄，足以傲世，乃是鼓舞民心士氣的最佳時機！理應大肆慶祝或獎賞有功人員，但卻只採省級、低調熱鬧一番。

外界曾有此一說，誤以為是隨船採訪記者「報憂不報喜」，暴露船上裝備不足的檢討，形同冒險云云，其實記者哪有撼動閣揆強人蔣經國的能耐？他自有呼衡國內外情勢的考量，況且當時國際輿論咬著「臺灣研製核武」不放，華府更是關切。所幸，這個「絕密」計畫故事，我因當年遵守 off record，不便處理；直到2011年出版《海功號極地任務》，書中由船長陳長江證實，1977年「海功號」首航南極冰洋返航基隆時，就曾運送在南非鉛封的鈾235鈾燃料回臺。因有運回「核武」鈾原料「絕密」計畫，自不能過於張揚，免得成為國際矚目焦點，讓中共可以借題發揮、大作文章（我國早年亦是簽署聯合國禁止蕃衍核武條約國家之一），加上美國與中共因「聯中制蘇」戰略而「解凍」

---

48 僅在 **1977** 年 **3** 月 **27** 日「海功號」返航基隆舉行慶賀儀式，出席層次最高是農復會主委李崇道，中央及省府副首長級參加。

之際，更使「海功號」的空前成果，低調到不行，免得對我不利。[49]

我因是最早採訪國科會、原子能委員會、農復會的記者，對於「核武」研發的來龍去脈，知之甚詳；包括中山科學院的外圍學會、協會組織等，經常有所接觸，層級亦高。所以獨家採訪多，麻煩亦多；甚至有一年因在《聯合報》一版頭題報導「我將研製小型原子彈」，立即遭到情治單位到家中，所幸尚有人脈關係，才化險為夷。

當局之所以會利用「海功號」運送（如果當年「海功號」不能出航南冰洋，亦已有替代方案運送），當然是為掩外界耳目，而農復會漁業組或臺灣省水產試驗所，則是負責執行任務，層級不足以接觸「極機密」或「絕密」的東西。真正知道此事，僅有極少數幾個人（例如蔣經國、唐君鉑、鄭振華等），而蔣經國、蔣彥士則以全力支持李崇道「南極資源開發利用」計畫之名，透過加速農村建設計畫撥款建造「海功號」及相關配合事宜。

「海功號」運鈾之所以會這麼神祕，主要是中華民國在臺灣研製「核武」，是不被當時美國華府允許的。[50]

例如「海功號」在 1976 年緊鑼密鼓階段，準備於同年 12 月抵開普敦，1977 年 1 月 5 日出航南冰洋。而《華盛頓郵報》就在 1976 年 8 月 29 日，以首版頭條刊出「臺灣被視為有能力煉製核武燃料的國家」（乃指具有從鈾中再煉製核彈的「鈽」燃料

---

49 此從若干國際媒體報導，不難了然。美國大報及國際輿論，多指向臺灣進行「核武」研製；像中共內部便有「機密參訊」，直指「海功號」可能攜回鈾原料或「飛彈絕密」資料云云。將補述於後。

50 早年華府還透過魏德邁將軍，希望蔣介石在中國大陸合作研製原子彈，以對抗中共，可說是此一時彼一時也。之後又改為「聯中制蘇」戰略，肇致美與「中華人民共和國」建交。

能力）；要點是美國在過去半年獲得情報顯示，臺灣正祕密煉製鈾，可用於製造核彈的鈽燃料，我駐美大使館雖予以否認，但美國武器管制暨裁軍總署對我方於 1976 年間提出申請購入兩套核能設備，則表示暫時擱置，迫我國暫停上述祕密作業。

美國國務院發言人亦在《華盛頓郵報》（1976 年 8 月 29 日）刊登一版頭題後翌日，嚴正表示，美國政府已將強烈反對核子武器擴散及對核能燃料再處理的立場（不可利用再處理方式，或另設法從鈾煉製鈽燃料之意），非常明確告知中華民國政府。行政院新聞局亦立即發表聲明，我國為防制核子武器擴散條約的締約國，一直忠實履行條約義務。

接著，卡特總統正好於 1977 年 1 月 23 日宣布美國將立即完全停止核子試爆。同年，閣揆蔣經國在 1 月 27 日行政院院會上對此宣布表示支持，他表示我政府一貫主張和平使用核能，我國雖具備發展核子武器的能力，但絕不從事核子武器製造。[51] 再再證實「海功號」返國不得不低調的主要原因。

據 2003 年米斯粹（Dinshaw Mistry）所寫的 *Containing Missile Proliferation: Strategic Technology, Security Regimes, and International Cooperation in Arms Control* 一書中提及：「1969 年，尼克森政府成功阻斷了臺灣購買鈽再處理設備的企圖，然而 1975 年，臺灣卻自己興建了實驗性規模的一座原子爐，福特政府隨後要求臺灣拆除，未來也不得再犯。」2007 年，雷查森（Jeffrey Richelson）的著作 *Spying on the Bomb: American Nuclear Intelligence from Nazi Germany to Iran and North Korea* 中亦提到：「揮之不去的中國軍事威脅，使得憂慮的臺灣不斷試圖發

---

51 此一敏感時刻，正值「海功號」在 **1977** 年 **1** 月 **15** 日從開普敦出發，至當年 **2** 月 **17** 日在南冰洋作業四十四天，並於當年 **3** 月 **26** 日「攜鈾」返回基隆期間。

展飛彈，1974 年，臺灣中山科學研究院於《海外學人》刊登廣告，徵求七十七位彈道方面的專家，往後的幾年，臺灣學生也紛紛前往麻省理工學院尋求類似的訓練。但這個飛彈計畫很快就被美國國務院否決了，連帶未來的二十五年計畫也提前封殺了。」

▌臺灣核武計畫幾乎成真

南非擁有世界上最大的鈾礦，世人皆知。而在購買者的名單上，1970 年代初就已列入了臺灣。臺灣在1960 年代偏重從事核子物理系統理論研究實驗，及培育相關人才；1969 年 7 月 1 日中山科學研究院正式成立，[52] 就已轉向研製「核武」；並於1973 年下半年，祕密建立一座專門提煉天然鈾的燃料製造工廠，既可提供民用（如核能發電），也可進一步加工用於軍事目的。到 1976年，已經能夠在小型核反應爐設備中對核原料進行再處理提煉出「鈽」，兩年的產量就可以製造一枚小型原子彈。

我曾在 1969 年 10 月 25 日《聯合報》二版獨家撰述特稿「積極推動建造第二座重型原子爐的構想」（當天的二版獨家頭題則是報導政府將向加拿大購買重水型研究用原子爐），果不其然，1971 年由清大、中山核能所專家學者自行設計第一座（微功率）原子爐正式運轉（外界誤為重水型）成功，並向加拿大購置重水型反應器亦積極建造中（1971 年 2 月 4 日《聯合報》一版頭題報導），內文就指出「四萬千瓦熱能反應器能以有限的鈾原料產生最大能量的鈽核彈燃料」，自然引起美方的關注。當時，原能會祕書長鄭振華並告知我，美方對中山核能所的若干研究計畫包括

---

52 院長由臺大校長閻振興掛名，而副院長前國防部次長、劍橋大學博士唐君鉑，則是實際操作者。唐君鉑 **1972** 年自軍中退役，續任文人副院長。**1975** 年 **2** 月接任院長。

氧化鈾混合燃料的研發、釷及鈾233轉變之研究、重水動力反應器計畫等，均視為有導致核子擴散的可能，所以未來將「防不勝防」。

而到了1976年，國際原子能機構按計畫對臺灣的核設施進行檢查，發現500多克「鈽」不翼而飛。同時，檢查人員還發現，臺灣已有能力「鈽燃料化」，自是列為「管制國家」名單之一。而此時「海功號」正在緊鑼密鼓階段，同年12月抵開普敦，1977年1月5日出航南冰洋。到了1979年，中山核能研究所在高雄中磷公司興建磷酸提鈾先導工廠。同年5月，又與法國塞卡公司合作設立一座年產20噸二氧化鈾燃料丸的壓水式反應器燃料束先導工廠。至1986年，已粗具在短期內生產核武器的能力，1987年底時，估計只差一兩年時間就能研製原子彈！惜於1988年1月9日，中山核能研究所副所長張憲義上校，在美國中央情報局的協助下，叛逃到美，且在美國國會祕密聽證會上作證，和盤托出研製內幕。隨即，由雷根總統下令派員來臺拆毀，終使臺灣核武研製進入歷史。

說來有趣，我是如何跑到南極新聞的大獨家？又是如何得悉「運鈾」機密？這全是拜勤跑、勤寫及機遇所賜。如果不是「上窮碧落下黃泉」勤跑，不可能建立人脈和「深喉嚨」；若不能勤寫上報，也不容易建立新聞關係，亦沒人會提供線索或爆料。然後就是機運了，此猶若「天機」，無法計算，捉摸不定，不知什麼時候會碰上，禍福也都難料。有時還不得不「迷信」一下，有「拜拜」，多做善事，多積德，或許好運就會來。這種情形在我的採訪生涯中，不勝枚舉，可另寫成一本專書。

▍海功號瞞天過海

當時臺灣的國內外局勢，波譎雲詭，動盪不安，面對強敵，蔣經國是無法放棄「核武」，若淪為「手無寸鐵」，自易一舉擊潰「反攻大陸」的旗幟和民心士氣。肇致有不得已的苦衷，而美國由「反共」到「聯中制蘇」的大戰略，亦是冷戰時期不得不爾的有利美國利益的做法。兩權相害取其輕，自然由原先挺核武反共的作為（像艾森豪時期還把裝置核彈頭的「屠牛士」停駐臺南基地），改為需要聯合中共對抗蘇聯，自然就壓制臺灣發展「核武」。至於如何因應（在美方看來是「騙術」，欺瞞研製核武的事實）？這也就是「海功號」成功歸來，還不能太高興的另一主因。

而李崇道從 1973 年接任農復會主委後，正是承先啟後、大鵬展翅的最佳時機，不論加速農村建設的全力推動，或是配合能源危機，加強地熱，沼氣等的自主能源開發利用，還有包括因應糧食危機的措施，像「開發南極資源利用」等，積極勇為，受到層峰倚重。加上農復會委員蔣彥士參贊中樞，李登輝入閣等，都是行家，自有利農業、農村的轉型精進。再者，原子能委員會和中山科學院、清大原子科學學院等配合協助軍方的核武研製，亦是不遺餘力。

有了這麼多內外因素的相互激盪影響，自使原來沒想到的事也發生了。像當時農復會的農林漁牧、農經、企劃、農民輔導、農村衛生及食品加工等部門，幾乎是「總動員」，整天在挖空心思，創新計畫。我則是不斷勤跑期能有獲，皇天不負苦心人，竟給我偶然機會，逮到這則「開發南極資源利用」，又是極富新聞價值和重大意義的大獨家，回想起來還真是如夢似幻。經過早幾年的不眠不休，我終於把冷僻的國科會、原能會、農復會「炒

熱」。[53]

1975 年的某日，我經過農復會的樓梯口，忽然瞥見佈告欄貼了一張字跡有點模糊的「南極蝦資源研討會」公告，當場讓我心頭一震，頭皮有點發麻。我因跑科技，亦需每天了解國內外科技的相關活動資訊；而 1973、1974 年間，正爆發世界糧食危機，各國都在憂心未來的糧食資源籌措問題，當時僅有蘇聯與日本等少數國家成功探勘南極漁場，時值南極夏季，北半球為冬天，有十二個國家三千多名科學家和工作人員在南極冰陸從事大規模科學研究，受到國際矚目。加上 1974 年 6 月第三次世界海洋法會議，許多國家均有 200 浬經濟海域主張，有十九個國家就單方面擴增，此對臺灣的遠洋漁業自是衝擊，實有未雨綢繆的必要。

於是我找到「發想」此一構思的農復會漁業組技正盧向志，聊了很久，發現「大有可為」，翌日，找參與研討會者聊，其中一位明講還是看中央的決心如何，於是我寫了一大篇獨家在《聯合報》三版頭題醒目刊出，第二天成了街頭巷尾的熱門話題。

李崇道劍及履及馬上找我，還找了葛錦昭一起談，結論是趕快要漁業組技正盧向志整理提出具體計畫內容，並找了日本的實地試驗開發南極冰洋資源相關報告，及自日本買了一批南極蝦樣品試嚐，發現營養豐富又易消化，且繁殖力強的磷蝦資源總量達十一億五千萬公噸以上，每年 11 月的融冰期會集中在介於毛德皇后地與威爾克斯地外海之間的恩德比海域覓食，具開發利用價值。

我順勢而為，又獨家報導相關南極外電的專訪，把新聞炒

---

53 試想天天獨家，哪家媒體不會設法「急起直追」，一競爭下來，自然使這些單位變成「火紅」！也使我和他們上上下下，無人不熟。

熱。直到當局重視並交代李崇道加快進行，並加緊籌備；其具體
的做法，是先從加速農村計畫中提撥經費以建造「海功號」試驗
船，讓此事能在 1976 年實現。李崇道見時機成熟，就找當時省
主席謝東閔「分進合擊」，由他和蔣彥士透過中央部會給予重要
的協助，而省府農林廳則和所屬省水產試驗所負責實際作業。因
而有了實務性的規劃。

　　主要是先將人員分三組（漁撈、生物資源調查、水產加工）
成軍，並安排航程路線、作業時間、儀器設備裝置、漁具設計、
冷凍加工、漁場調查、天候適應性等等，做為前進南冰洋的藍
本。到了 1976 年 11 月，更緊鑼密鼓地籌辦航行及生活起居作
息，以及國旗、放置禮運大同篇等事項；亦因沒有破冰設備，
就增加衛星導航加與新型「聲納」，做權宜之計，可探測防碰冰
山。在 1976 年「海功號」12 月 28 日抵達開普敦之前，當局又有
極機密會議，就是設法在成功返航基隆，攜帶嚴密包裝的「鈾原
料」木箱，可見用心良苦，自亦構成了「海功號」的外一章。

▌「海功號」航行隨行報導大出風頭

　　回首我的隨行報導「海功號」，《聯合報》幾乎長篇累牘地
大篇幅刊登「黃金版面」第三版，更是空前罕見！不是當「頭
題」，便是大幅報導，包括每天連載「南冰洋日記」，以及副刊
刊登「南極」系列專稿，誠是無比榮幸。例如 1976 年 12 月 3 日
「海功號」自基隆港出發，到開普敦期間，《聯合報》三版就以
斗大標題刊登「本報記者呂一銘隨海功號採訪」，更令人難忘。
其他包括「海功號」在基隆試航、抵達開普敦整補期間發生的
新聞，及在南冰洋上的驚濤駭浪旅程，返航後的總檢討等等，皆
有鉅細靡遺的報導。回國後更在極短期間整理《南極歸來》，在

「海功號」1977 年 3 月 27 日返基隆的前一天出版。[54]

另如《中研院院訊》第 20 期（1977 年 4 月 25 日）刊登「南極紀行」，為最高學術機構的刊物，首次刊登新聞記者文稿（此與我的「中研院數學研究所兼任技士」資格有關），深感榮幸。而時任教育部長蔣彥士，以「海外學人」發行人身分邀我在第 59 期寫〈隨海功號南極行〉（1977 年 4 月號），該期封面和封底裡，全是我在南冰洋拍攝的照片，實為難得的紀念。此外，中廣「早晨公園」播放我的「南冰洋日記」錄音，又在台視「銀河璇宮」接受白嘉莉訪談，並播放南冰洋幻燈片，以及接受大大小小訪問，不一而足。對此種種，我心中有說不出的感激。

謹將赴南冰洋前後鉅細靡遺的報導中犖犖大者列出如下：1976 年 9 月《聯合報》三版頭題「南極開發試驗計畫，正式列入加速農村建設計畫」；1976 年 11 月 29 日《聯合報》三版頭題「記者隨海功號船在基隆外海試航作業」；1976 年 12 月 3 日《聯合報》三版頭題「開發磷蝦資源豐沛，先進國家爭相捕撈 食用加工，市場看好 臺灣須急起直追」；1977 年 1 月 2 日《聯合報》三版頭題「海功號在開普敦整補航向南冰洋行前的第五天，發現問題多多」。但南冰洋之行並非一帆風順，突發問題多多。例如：因為編制中沒有氣象人員，團隊中無人能解讀南極氣象專業資料，難以因應變化莫測的極地氣候；又無破冰設備，難以因應巨塊式綿延數百浬的流冰群；救生器材或救生艇不足應付海難等等。1977 年 1 月 3 日《聯合報》三版頭題「水試所長鄧火土電告李燦然領隊 安全考慮第一優先 勿急於啟碇 整補工作，做到最大

---

54 由「自然科學文化公司」石資民負責刊行，**1977 年 3 月 26 日**初版印行，**4 月 20 日**就再版。石資民兄長石育民為王唯農清大物理研究所高足，亦是首位本土物理博士。王唯農夫人曹美芳女士還熱心推銷此書，並自購送人，盛情可感。

可能程度」。當時南非開普敦領事洪健雄召集檢討會議，並接受南非海軍及極地專家的建議，將南冰洋作業範圍限制在南緯55至60度之間。並增購救生器材、搶修氣象通訊設備（蔣經國、蔣彥士、李崇道、謝東閔省主席均對海功號安全表示關心）；1977年1月4日《聯合報》三版頭題「海功號已完成整備，將與南非一艘研究船先後南駛協助，作業區域確定恩德比海」；1977年1月5日《聯合報》三版頭題「海功號與南非研究船結伴接受氣象情報，在安全原則下機動調整作業幅度」；1977年2月26日《聯合報》三版頭題「回國拜訪經濟部、農復會等單位，南極漁場值得開發」等等。

　　成功返航後，我繼續檢討此次航行相關問題：1977年2月27日《聯合報》三版頭題「檢討海功南極行，編組體制欠週延，機件故障叢生準備不充分，指揮系統分歧」；1977年2月28日《聯合報》三版特稿「積極發展遠洋漁業，應在南非自建基地」，指出外館人手不足，需設財團法人統籌管理，避免外人中間剝削、資金外流，另設船員訓練中心，成立船員之家等，否則打游擊或散彈打鳥，或依賴外國或當地，非長久之計；1977年3月27日《聯合報》三版頭題「首航滿載而歸 各界熱烈歡迎盛況空前，海功號榮旋 開發漁業資源攜回珍貴資料。李崇道、經濟部次長楊基銓、省農林廳副廳長等人歡迎」（回程帶回136噸南極蝦，讓臺灣掌握南極蝦加工技術）。之後，「海功號」又去了三趟南極冰洋，卻改撈捕南極鱈魚。至1993年1月功成身退。1995年臺灣省政府將海功號贈與基隆區漁會，1998年基隆區漁會將海功號移上岸，成為碧砂漁港重要地標，為臺灣創下令人驕傲的歷史記錄。

▍「六字真言」受陳進榮推崇

最令我感到欣慰的是，當年我所用的「我們到南極去！」這句新聞導言，不過是當時氛圍的靈感激發，想不到卻一直受到《自由時報》副社長兼總主筆（曾任十八年總編輯）陳進榮青睞，他是我在《聯合報》的年輕一輩同事。他在 2015 年 8 月 4 日星期二寫電郵給我，信中提到：「………您三十幾年前報導的海功號到南極捕蝦新聞，導言寥寥數字，無比震撼：『我們到南極去！』精簡字數的導言，新聞史上第一。我在《自由》新進員工訓練時，將之做為新聞寫作典範。六個字的導言，直如六字真言」云云，情意可感，亦留下一段可貴的新聞寫作記錄。

新聞界不缺理論和能言善道的人才和寫手，但挖掘新聞的高手仍然不足。這恐不只是先天或後天培養的問題，而是缺少各方鼓勵和安定的環境，至少至今未見有何媒體建立「資深記者」制度，長期「短打」或轉行，或如流水走等的現象，比比皆是。所以不常見到深廣強的新聞，大多曇花一現，長期下來，連什麼生活瑣碎小事都成了「新聞」，靠「三器」[55]「變」新聞，真是莫大的諷刺。

但若沒有可衝刺新聞的本錢（本身條件和生活物質條件），又如何能產生好的新聞品質，這和「雞生蛋、蛋生雞」的道理相通。當年《聯合報》變成第一大報的前後十年，擁有培養「資深記者」的條件，不論待遇、獎金、福利或提供國內外在職進修、訓練等等，堪稱一流。惜好景不常，後來受種種人事因素影響，報業文化變質走樣。後來的「壹傳媒」集團在臺稱霸一時，可惜高價聘來記者，卻用完就丟，根本不是「新聞志業」，而是「新

---

55 網路瀏覽器、行車記錄器、路邊監視器。

聞商業」行為！

　　如今南極仍處冰河時代，面積等於歐洲加澳洲的總和，有人煙處不到1%，南冰洋的資源仍具開發利用價值。每每如夢似幻地想起，竟能去到地球最神祕的地方，簡直是「天方夜譚」！而南冰洋的風光，是那樣景象萬千，曙光不滅、海天一色，只能以「詩中有畫，畫中有詩」形容；然而遇到驚險萬狀的冰山及流冰群，又感到生命脆弱如絲，所幸托天之福，倖免於難，更是人生難忘的搏命回憶！每當品嚐美味可口的鮮嫩磷蝦（南極蝦）時，就會想到當年航行南冰洋時在船上包鮮蝦水餃的一幕，誠是別有一番滋味在心頭！

　　我曾在《台灣新生報》「民營化」那年，嘗試寫「童書」，曾將「海功號首航南極冰洋」改寫成「e 爺爺講南極故事」刊登在「新生兒童」版。受到讀者歡迎。之後，再經整理，交由《國語日報》於 2003 年出版，還列為「少年文庫」，曾被兒童藝文團體於 2004 年評選為全國少年優良文學「創作」。又是意外的收穫，看來這就是人生的際遇，總是讓人在不經意處，遇到它！

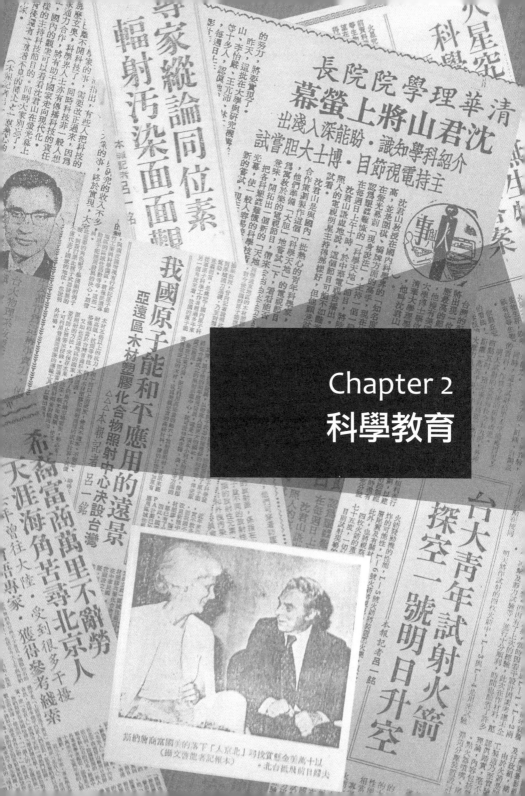

Chapter 2
科學教育

1 ·
吳大猷：早期「教育改革」重要推手

▌吳大猷親編高中物理教材

若說臺灣數十年來教育改革的開路先鋒，吳大猷可說是當仁不讓。特別是在威權時期，只有吳大猷敢直言，蔣介石最信賴他。吳大猷主持國科會 1969-1973 年的四年任期，重在「打地基」的工作；當他離開國科會，由徐賢修繼任時，吳曾親口告訴我：「老蔣總統對我最好。」而蔣經國並不太喜歡他。其實，老蔣獨裁，卻諳「禮賢下士」權謀之道，小蔣則不喜吳直來直往個性，易滋衝突；像科技重基礎（教育）或應用經濟建設，兩人意見經常不同。徐賢修的科技結合經建看法，受蔣經國重視和重用，新竹科學園區的規劃籌建，就是例證。但兩蔣對吳大猷的意見，特別是教育興革方面，不論是科學教育或教育教材的改革，像蔣介石就幾乎是「照單全收」，全力支持，所以說吳大猷是當時唯一能突破體制限制的大師級學者，文官體系莫不努力配合。

蔣經國主政時期，發現教育不改不行，又邀吳大猷擔當教育部「科學教育指導委員會」（科教會）主任委員。終於把吳大猷多年來的教改構思實現，他也全心投入，樂此不疲。除改編中、小學各級各科教科書，包括教師進修、媒體設計、實驗及教學法

改進、提倡全民科教，以及遠程和近程教育規畫；並在臺師大設立「科學教育中心」，做為推動教改、重編教材的執行機構，讓臺灣1980年代後期成長的一代，獲益良多。

當時，吳大猷不僅親自擔任各科教材的總指揮，而且更實際參與高中物理教科書的部分編寫與全程討論。包括物理、化學、生物、地球科學的新教材，順利在1983年編寫審訂完成。自己還編審「高中物理」教材（吳大猷編，1985，《高級中學物理》，國立編譯館），其中有兩年還舉辦「暑期高中物理講習班」，親自授課，兼任班主任。同時，各科新教材也分三年在中正預校完成試教，1984年9月起，分年全面實施。面對吳大猷的教改，早年的學界亦不無批評：例如認為比較「專斷」，未能多方延攬參與的相關專家學者；其教材的連貫性與配合性不足等等。然則，吳大猷對臺灣教改的最大貢獻，是啟迪了臺灣「全人」（德智體群美兼重的五育，早年是智育、科技掛帥）教育的風氣，並闡揚了「科學」理性客觀嚴謹的態度和精神，也開啟了全面檢討教育制度、教材、教學、培育人才等系統改革的濫觴。

在1969-1981年代，臺灣經濟起飛，成為「亞洲四小龍」之一。吳大猷在兼科導會及國科會主任委員之時，就設置了在職研究教學人員出國進修辦法，並設立了客座正、副教授的職位供大學聘用，並提供研究獎助費，充實了各大學的研究、教學師資，激勵了各大學的科學研究風氣，奠定了國內基礎科學的研究。並肩推動科技進步，造就許多高中級科技人才參與，以及推動全面教改、培養並延攬國內外人才等，功不可沒，可謂成就了「臺灣經濟奇蹟」！

▌對媒體誤導科學知識深惡痛絕

　　一般來說，臺灣社會對吳大猷的印象，是國際著名的物理學家，或知道他曾主持臺灣科學發展的大政。殊不知他還是一個「滿腹經綸」的時事評論者，曾用筆名「洪道」在《中央日報》副刊寫專欄，甚至還寫過孫文在美國籌募革命經費的經過，[1]亦是教育改革者，主持科導會及初期的國科會，重視「科學扎根」的工作，推動教育改革不遺餘力。

　　早年臺灣社會迷信科學，對號稱「科學」往往真偽不分，以訛傳訛，積非成是，這是吳大猷最深惡痛絕的事；所以他不斷著書立說，到處演講和寫文章，希望導正觀念，而問題最大的就是新聞媒體。因此，早年這類針對媒體報導科學新聞議題的研討會經常舉行，提供線上記者在職進修。但當時媒體環境條件不足，編採人員泰半過勞，對於還得上課進修，頗有怨言。包括吳大猷、錢思亮和徐賢修等對此並不了解，因此就跟我抱怨何以新聞界如此不長進？何以科學界的善意被記者視為是在找麻煩？我只有盡力解說，說明這是因為學界與媒體溝通不良，媒體經營條件差，報導對象設定為國中程度的讀者，因此強調「社會新聞」，而平均待遇差，媒體成員素質不夠。再者，解說科學的專家學者或權威性不足，或「辭不達意」，偏偏新聞具有「時效性」，無法給專家「校稿」，結果弄得當年科學新聞讓閱聽大眾感到「艱澀」，卻被行家批評「膚淺」，一度曾使媒體視科技新聞編採為畏途，覺得曲高和寡，還易惹麻煩。我也只好另開發了抗癌研究、環保、能源及農業等新聞方向，也算是「失之東隅，收之桑榆」。

　　其實，科技新聞編採不難，牽涉醫、農、工等科技，因為接

1　臺灣商務印書館出版。我曾在 **1977** 年 **9** 月 **3** 日《聯合報》「萬象」版的「新儒林」專欄〈吳大猷的「抽象畫」〉一文中提及此書。

近人們生活和健康資訊，只要適切解釋形容，普羅大眾易懂。不過尖端高科技確實高深專門，對新聞記者確是吃力不討好。我曾半開玩笑地告訴錢思亮、吳大猷及徐賢修：「如果記者能像科學家一樣厲害，就不必跑新聞了，直接當科學家就好了。」所以，科學家與科學記者各有專攻，前者做研究，後者協助社會了解學者的研究。

由於經常與吳大猷請教、聊天，談的就是教育改革理念，即便我1979年底到《台灣新生報》撰寫有關農工、國防和科技的社論，他亦會偶爾寫信稱讚鼓勵。其實，當時他並不知道我在《台灣新生報》寫社論，1979年8月14日刊登的「澄清尋找能源的若干觀念」社論，主要是導正錯誤的能源科學觀念。他當天去信報社嘉許，某次聊天談起，才發現作者是我，相視大笑。

▍大學通識教育觀念的濫觴

1970年代，或許只有《聯合報》刊登科技的獨家新聞最多，篇幅最大、最受社會重視。偏巧又發生兩次能源危機，於是坊間「奇奇怪怪」的發明亦多，而報社當局只要「新奇」，就要設法採訪或澄清，害我幾乎馬不停蹄地找相關專家學者，他們不是沒空，便是懶得理會類此違反基本學理的東西，而新聞又有時間壓力，簡直疲於奔命；像當時鬧得很大又無聊的「恆動昇水機」的「發明」，結果訪問十多位相關學者，說根本違背學理，經不起科學檢驗，若拿到國外將成國際笑話！經1973年12月30日《聯合報》三版頭題報導，話題始告平息。接著，又訪問各主要大學及中研院學者糾正錯誤觀念，避免「走火入魔白費氣力 早經證實的基本原理無須推翻，演繹前人的結論不能算是發明」（1974年3月17日《聯合報》三版）。但因早年朝野多鼓勵

發明，因此離奇、荒唐事情亦多。

當時「迷信」科學還到了「燒香膜拜」的程度，令人匪夷所思。像北市士林公園，還發生「反經石」的傳聞，說是有塊奇石會「反南為北」，議論紛紛。經臺大物理系兩位學者王亢沛和陳卓到現場求證，發現只是一堆小磁鐵組成的石頭，因相互牽制，產生不同方向罷了，不足為奇（1974年9月23日《聯合報》三版），可見傳播正確科學觀念的重要。又如，吳大猷與我在1976年所提「自然科學和人文社會學門如何在大學溝通交流」的想法，就是我提供讀理工時的痛苦經驗，認為學習人文社會科學，亦應懂自然科學基本學理；而如果大學理工學院也能選修新聞傳播科系課目，自有助科學界和新聞界的溝通了解，易促進科技傳播的正確報導云云。記得當時吳大猷還猛畫「空心字」點頭（他習慣和熟人聊天時，邊用筆畫邊講邊點頭或搖頭，煞是有趣），這與他後來提出「全人」教育，以及在文學院加上科學課程，在理學院加上人文學課程的想法，或亦不無關係。

他認為我們要掌握的是生命（life），而非僅僅面對生存（living）的問題；接受教育，要有人生的目標和理想。一個民族人才輩出，方能興旺發達；而人才輩出，唯教育是也。

我曾在1972年7月5日《聯合報》三版刊登專訪當時臺大、清大、師大數理化教授談「大學聯招數理化試題 有許多地方值得商榷」，其中提到「命題記誦化」（灌注填鴨式教育）、聯考的問題。吳大猷看到後表示深有同感，他認為一個人從小學、中學到大學，經過十幾年填鴨式的教學訓練，假若還能有創作的獨立見解和分析能力，可算是奇蹟了。而改革之道亦多，亦是看有無決心和毅力，從教材、教學方法、課程安排得當與否等，設法同步進行改革，多管齊下，效果易見。換言之，當時教師是「填鴨

式」教育氛圍下的受害者，灌注式講授，對教師最為輕易，於是「得過且過」，相沿成習。自使學生死記硬背，應付考試，懶於思索，這是中學科學教育共通的基本嚴重問題，亦為吳大猷憂心所在。

如何進行啟發式教學法？吳大猷就經常找人探討，還接受李政道的建議舉辦高中物理研習會，做為示範。將「現象」和問題，清清楚楚地放在學生面前，以一連串問題的方式，引導學生自己思索。像歐美小學的啟發教學法，甚至讓小學六年級學生求解級數的極限、理解指數或冪的概念等；主要是孩子們都對抽象觀念，有先天的好奇心，直到被不良的教法壓抑摧滅為止。為了推行「啟發式教育」，由吳大猷主持的「科教會」，還大力推動培育訓練知識能力強和啟發思想的教師，期設法改善教學方法，頗見成效。而後來的發展，仍是在教育制度面改革未盡理想，仍然跟著「考試」、「補習班」走。

▌女性受教育絕非「浪費資源」

吳大猷好學深思，常有獨到見解。在蔣經國執政時期重視「科技結合經建」下，亦強調「學以致用」。但兩人意見不盡相同，吳為此常在報上撰文闡述，認為傳統農業社會的「學以致用」，學習目的明確，學什麼就做什麼，但隨時代變遷，科技發達，分工精細，教育系統龐大，學科門類增多，過去的「學以致用」，在當代反成為問題。其實，吳、蔣的看法只是在做法上有所差異，而均重視如何適切發揮「學以致用」的功能，不致「大材小用」或「學非所用」。依當時的國內外情勢，不發展經濟加速基礎建設不行，也需要大量科技人才，以「適才適所」，成就臺灣經濟奇蹟。

　　當時由於女性進入大學人數逐增，而畢業後結婚居家者多，是否浪費社會資源？吳大猷更有獨到的識見。他從男女平等、家族結構、社會分工與社會安定、培育後代等觀念，肯定女性的有形無形貢獻，即令大學畢業女生不直接服務社會，或獻身學術（如吳健雄者）或各行各業，光是培育教養子女的素質，就高人一等，是培育國家中堅的重要推手，亦是「無名英雄」，豈有浪費資源之虞。

　　在吳大猷的「科學教育」理念，是不限於中小學、大學，而是整個社會的問題。當 1977 年，吳大猷領導的科教師小組擬定調查提綱，針對中學、職專、大學的科學教學實況，詳細深入調查。那年我專訪他多次，也談了一些興革觀念。例如，早期臺灣的教學和教材，泰半在教學上偏重「學」而忽略「思」；偏重知識教授，忽略訓練學生自己思索，正如先賢所說：「學而不思則惘，思而不學則殆」，若合符節。像臺灣的中學物理教材是以 1957 年前美國 PSSC（Physical Science Study Committee）教材為藍本編譯的。這套教材在觀念領悟、次序安排等方面有諸多缺點。例如講「質量」涉及「天平」，但卻不見「天平」原理和「力矩」平衡概念；且重實例比較忽視基本原理的闡述，致使學生將簡單的「應用」誤為「物理」。像高一生物學，其中需要若干有機化學的知識，然化學卻排在高二學習；復次，化學中有許多近代物理的知識，如原子結構、分子結構、原子組態等，而物理學則在高三教授等等，不一而足。

　　吳大猷曾用筵席比喻課程安排和教材的重要性，課程有如菜單，課程安排有如各道菜的次序，教材則像各道菜。如果沒有好廚師、做菜材料，只修改菜單是無濟於事的；同樣各道菜亂排，出菜就亂，便不能成就好的筵席。類此的教育改革理念，亦陸續

在後來的「科教會」推動和實施。例如，高中就將天文、大氣與環境、地質等科學知識納入「地球科學」課程範圍；高三的數學課程，便加入微積分，有助大學普通物理的學習等等。

依吳大猷的論點，在中小學階段就應讓學生受科學知識教育，並在思想上啟發學生的好奇心和對科學知識的興趣，並從小養成客觀、邏輯的態度和習慣。到了高中階段，科學知識的範圍和深度比初中增加，但重點不在知識的灌注，而是使學生能融會貫通所學知識，及訓練學生應用基本原理於各項問題的能力。

▌區分大學教育與技職教育

在當時社會對各級教育的觀念比較混淆，吳大猷就釐清大學教育與技術職業教育的區別。例如「電子科技」部門，像電子工業中的「技工」，便無需基本科學或工程知識，只要經數星期技術訓練，即可工作；而所謂的「技術人員」，則需有工專、技專或大學訓練。至於從事新產品或新技術之研究與發展者，則除基礎科學之外，尚需有更高深（如研究所）的科學理論及應用的知識。是以，大學教育有別於工專、技專或職業教育。

至於大學教育，吳大猷認為重在「致力學術研究、培養後研究的地方，為國家匯聚培育人才的重鎮」。儘管大學不是要求產生大量的世界學術權威學者，但是要求大學能給予有天資且努力的人，從事研習和發展才能的機會。大學的主要任務有三：一、予學生以基本知識及治學為人的基礎訓練；二、教師與研究生從事學術研究；三、大學乃國家高級學術的泉源，儲聚人才的寶庫。

吳大猷常年主持國家科技發展大針，亦相當關心普及社會的科學教育，包括科學或技術的專項、專題展覽，工商業設計，中

小學知識競賽；電視臺的科學講座；科學館的公開學術講座；報刊的科學文章等。他肯定這四項的意義，尤其中、小學生的科學研習展覽，對於提高學生的科學興趣、鼓勵學生的學習精神和方法，有良好影響。

　　當教育部在1979年成立「科教會」後，吳大猷領導的教學與教材改革全面啟動，吳大猷提出的「全面降低教材難度、確定全人教育方針」；「落實因材施教、人盡其才的教育理念」。其改革行動全面影響中小學、職高、職專的教學目標，奠下臺灣科學教育的磐石，成了往後精益求精不斷改革的標竿，促使國家建設發展日新又新！

2．
沈君山與「科學天地」

▍名門才子沈君山

天文物理學者沈君山徜徉在「科學天地」一輩子，卻也演出了他另類（囊括政治、橋牌、圍棋、情愛）又多采多姿的人生。像他1974年在電視上主持「科學天地」節目，在當時是臺灣電視界最高學歷的節目主持人。他愛穿長袍馬掛，風度翩翩的傳統才子形象，給人深刻印象。[2]

1932年出生的沈君山，可說是人生勝利組，得天獨厚，學經歷皆優。他的父母皆為國際著名的農學家；父親沈宗瀚擔任早年中美合作的農復會主委（美方委員一人，我方兩人，另一是沈的門生、蔣經國心腹之一的蔣彥士），曾以改良小麥品種著稱，新品種命名「驪英一號」，是為追思於研究中因病辭世的沈君山之母沈驪英而命名。沈君山當時有臺灣政壇「四公子」之稱（另三人為連戰、錢復及陳履安）。

沈君山於1955年臺大物理系畢業後出國，1961年獲馬里蘭

2　相關新聞，我曾在 **1974** 年 **12** 月 **22** 日、**23** 日連續在《聯合報》三版獨家報導；**1975** 年 **8** 月 **11** 日《聯合報》家庭版「家庭顧問」專欄（筆名「孝佛」）；**1977** 年 **8** 月 **27** 日萬象版「新儒林」專欄都有介紹。

大學物理博士學位。旅美期間曾於普林斯頓大學、美國太空總署（NASA）和普渡大學歷練。1973 年回臺在清華大學物理學系執教，爾後接任理學院院長。1994 年出任清華大學校長至 1997 年。又在 1988 年到 1989 年接李國鼎的「科技政委」遺缺，做過十一個月又五天的「政務委員」，直到 1989 年俞國華內閣總辭，李煥接任閣揆始離職。曾與馬英九共事，兩人還曾因比「帥氣」過招，傳為政壇趣談。沈君山在 2005 年 8 月曾發表一篇「十多年前的一件窩囊事」中，除提「政委」的窩囊，亦提及與馬「過招」比帥之事，容後敘述。

　　當年我因採訪和農復會專家皆熟稔，且常有獨家表現，受到沈宗瀚及後任主委的李崇道（時任畜牧生產組組長）重視，並常接觸訪談，私下無話不談（遵守 off record 約定），相處愉快。得知沈君山將先回臺講學，便請沈主委先打個招呼，便利往後的專訪。時值 1970 年前後，太空科學最夯（各項尖端科技的科際整合），而此又與核武、導彈、氫彈、衛星等有關聯，美國和蘇聯競賽不已，頓使成為國際熱門新聞，不管懂不懂，都是臺灣街頭巷尾熱門的話題。但國內偏偏缺乏夠專業對大眾解說的天文物理學者，只能勉強以大學物理系教授協助基本理論的說明，或找 1969 年首位來臺的美國科學顧問畢林士幫忙。畢林士是國際著名光學物理學者，亦是美國光學物理學會會長，多少能提供相關資訊，找他對即時外電報導提供解釋頗有助益，但因畢林士當時雖正在學中文，說明通常中英夾雜，若是本土有夠格的天文物理學者，自然更好。

　　1969 年 7 月 20 日，正值美國「阿波羅 11 號」順利登陸月球，太空人尼爾‧阿姆斯壯（Neil Armstrong）與伯茲‧艾德林（Buzz Aldrin）首次踏上月球，自是國際社會最矚目的重大新

聞！阿姆斯壯左腳踏上月球表面時說：「這是一個人的一小步，卻是人類的一大步。」（That's one small step for a man, one giant leap for mankind.）更是傳誦全球，成為膾炙人口的名言。被譽為「美國最可信賴的人」的知名電視主播克朗凱特（Walter Leland Cronkite, Jr，1916-2009年）的登月報導，鉅細靡遺、深入淺出、引人入勝，影響無遠弗屆，更受到各國重視（連他每天晚的播報結束語「事實就是如此」（and that's the way it is），都成了流行語）。臺灣媒體「見賢思齊」，不論主要報紙和電視，連廣告都莫不爭相加入「太空、月球」等科技元素，但所提供的相關科技解說卻十分不足。

■《科學月刊》的菁英團隊與「科學天地」

我曾在1970年9月難得訪問一位在美國馬歇爾太空中心的專家劉天珍，介紹太空科學的新進展（1970年9月28日《聯合報》二版），差堪告慰。而光是在1971年一年間，我專訪或報導的「太空科學」特稿，便高達數十篇，足見類此的新聞多麼受到臺灣社會的重視，謹舉其中犖犖大者。例如：專訪畢林士談「人類三度登月成功 月球高地上空有過量重力存在」（1971年2月7日《聯合報》二版）；專訪時任國科會自然科學組主任、中研院物理研究所副所長（所長為吳大猷兼任）王唯農談「美決贈我月球岩石 分享太空科學成果」，刊登於1971年7月18日《聯合報》三版，文中提到後來接任臺大海洋研究所所長的陳汝勤首先倡議，經阮維周院士指導，由中研院擬研究計畫申請，獲美方審核同意贈送；專訪畢林士談「美研製太空梭，可從事百次太空任務飛行」（1971年8月5日《聯合報》三版頭題）；「火星究竟有無生物科學家正尋求答案」（1971年8月10日《聯合報》三版

頭題);專訪核子科學專家程祥榮談「美國研製第114號新元素」（1971年11月20日《聯合報》三版頭題）；訪專家學者談「美贈臺太陽神15號採集的5公克月球岩石」（1971年11月13日《聯合報》三版頭題）；專訪臺大物理學者解說吳大猷新論文「相對論中的時鐘問題」（1971年12月18日《聯合報》三版頭題）。

我是在1971年2月，到從臺北市寧波西街搬到羅斯福路的「公寓」式國科會辦公室採訪，才發現沈君山赫然在座，很開心地進行了一場專訪，談「月球和地球是否同時誕生」（大篇幅刊在1971年2月3日《聯合報》三版），頗受矚目。之後，就有了多次採訪，以及邀他替《聯合報》撰文（期間，他曾因忙碌忘了交稿，我還找沈宗瀚施壓，得以履約），也開始與他在科技傳播方面交換意見。1974年他上電視主持二十八集的「科學天地」節目，更是與當年參與財團法人《科學月刊》（簡稱《科月》）的專家學者們，集思廣益誕生的。

談到「科學天地」節目的製作，可說是一項空前的青年科學家「團隊創作」，亦是臺灣「科普」和「科技傳播」的重要推手。當時百多位留美學成的數、理、化、醫、農、工年輕專家，或在主要大學執教、研究的年輕學者，大家自動出錢（從微薄薪水捐獻）、出力促成（當時創辦人林孝信因被列「黑名單」，不能回臺），熱心推動科學教育的熱忱可見一斑。沈君山為此還向《科月》爭取以「副社長」名義，擔任節目主持人，顯示《科月》的崛起不過四年，便頗受社會期待。這項集體創作的「科學天地」節目，主要成員包括曾任《科月》總編輯、董事長的王亢沛（後擔任臺大物理系所主任、東海大學校長、中華民國物理學會會長）、臺大生化科學教授林仁混（後膺選為中研院院士，另一半亦是臺大藥理系教授蕭水銀）；清華大學化學系教授張昭鼎

（曾任《科月》董事長，深受後來回臺任中研院院長的李遠哲的倚重）；曾任東吳大學物理系教授的劉源俊（後繼任《科月》總編輯、董事長、東吳大學校長）等五十多位專家學者。

由於沈君山在電視節目錄影現場，不論主持或解說都比較生硬，不如在課堂或講演時暢所欲言。而每集被邀請來擔任「臨時演員」的教授們，又都表現得比教書緊張，以致於平時私下聊天能如數家珍介紹新知，在節目錄影時卻頻頻 NG。因此雖然參與者都說「蠻好玩」，但也了解上電視節目並不像看電視那麼輕鬆。儘管沈宗瀚常對我抱怨沈君山「不務正業」，但他當了「科學天地」主持人後，卻勤奮撰寫天文物理知識科普文章，並積極參與演講、暑期自然科學中學教師進修及研討會活動，並在清大安排人文社會科學學者到理學院講演。除了「科學天地」內容紮實、通俗，教育部還補助《科月》編印叢書，將電視二十八集內容，包括天文、海洋、地震、雷射、核能發電、動物、植物等，以圖文並茂方式出版，受大眾歡迎。

▌情場韻事多卻婚姻路坎坷

沈君山也可說是極富浪漫色彩的科學家，才氣縱橫、風流倜儻，籃球、足球皆能上場，詩、書、棋、橋（牌），天文物理樣樣通。[3] 他在赴美求學期間，曾連續三年獲得美國圍棋冠軍「本因坊」頭銜（中華民國圍棋協會亦封為「榮譽九段」），回臺後還曾兩次贏得世界橋牌賽亞軍。而且沈君山的身邊從來不乏美女相伴，他曾自豪臺灣有「四大公子」，但能同時由臺灣兩大美女胡茵夢和林青霞陪伴一起逛街的，卻只有他「沈公子」一人。他的

3　2006 年 4 月 18 日中央大學鹿林天文臺的楊庭彰和葉泉志發現一顆「小行星 202605」，還將其命名為「沈君山」小行星。

情愛故事亦多,曾帶女友坐上新研製成功的「清華二號」電動車,風馳電掣(1977年8月27日《聯合報》「萬象」版「新儒林」專欄),引來話題。

沈君山結婚兩次,第一段婚姻在美國。1973年,沈君山回到臺灣,與在美國的妻子離婚。第二任妻子為曾麗華,兩人在1989年結婚,生有一子。沈君山並有「一悟三不」的準則:一悟是得到了可能失去,失去了卻未必不能得到。三不則是交女朋友,不交學生、不交同事、不交沒有愛情經驗者,傳誦學界。在婚姻上,沈君山嚮往的是沈三白與芸娘的夫唱婦和境界,從他晚年寫《浮生三記》便不難看出。而學界都稱羨他和曾麗華的才情,正相匹配,屬「才子佳人」的姻緣;但現實是殘酷的,當有了孩子,加上雙薪家庭,兩人自無閒情逸致相互唱和。所以曾麗華寫《旅途冰涼》,道出:「此後,夫自夫,妻自妻,兩傷多於雙美」的深沉哀痛,當是沈、曾兩人婚姻的實情。

他的好友電腦專家張系國也屢次在小說裡面調侃,一下把他變成科幻小說裡的機器人,一下依照他的形象塑造小說裡的名嘴教授,沈不以為忤。張系國形容沈君山聰明絕頂,年輕時英俊瀟灑,人又風趣幽默,和第一任太太離婚後,成為當時多少仕女心目中的白馬王子,無論走到哪裡,是連女記者都追逐的對象。張有次去清華大學看他,那時他剛和某女士分手,竟為她嘆了一整夜的氣,從來沒有看到他如此神魂顛倒過。後來聽說他和曾麗華結婚,替他高興。沒多久,更上層樓,當清華大學校長。然沒料到,兩人在人生的後半段旅途,卻落得「旅途冰涼」,真是造化弄人。若將沈的《浮生三記》與曾麗華《旅途冰涼》兩本書的名字,各取兩個字,堪稱「浮生冰涼」了。就如托爾斯泰的名言:「快樂的家庭都很相像,不快樂的家庭卻沒有兩個是相同的。」

　　沈君山於1999年6月及2005年8月曾兩度缺血性中風，2007年7月傳出第三次中風的消息。經治療後，初於2008年1月，有些許好轉，泰半仍處於半植物人狀態。

▍曾勸蔣經國從寬處理美麗島政治犯

　　再回顧沈君山「從政」的短暫歲月，雖亦有些貢獻，但卻忽略了他的「政治光環」，是拜父親農業界耆宿沈宗瀚之賜。因為沈宗瀚一手培植的得意門生蔣彥士是蔣經國的心腹，政壇人稱「YS」，歷任中樞要職。可惜沈公子性情中人，適合「自由自在」的學術生涯，對政治圈適應不良，可以說是誤入政治叢林的「老白兔」。當政務委員擔任「智囊」角色尚可，但未諳政壇險惡，未被李煥留用（當時總統是李登輝），後來當國立大學校長，算是適才適所。

　　1979年臺灣發生美麗島事件，沈君山面見蔣經國，建議他處理美麗島事件務必不要流血，理由是：「第一、流血製造烈士；第二、流血國際視聽一定不佳；第三、我們終究要在這塊土地待下去，血流入土地，再也收不回。」蔣經國復徵詢其他人意見，決定採寬大方式處理。1990年代，沈君山還曾出任「國統會」委員，與江澤民有三次晤談。

　　在「四大公子」中，連戰、錢復為國人熟悉，沈君山因「軼聞」多著名，1937年出生的陳履安，雖然他的父親陳誠擔任的職務在四人中最為顯赫，卻顯得比較「沒有聲音」。他是美國麻省理工學院電機系畢業，並取得紐約大學數學博士1970年後回臺，擔任明志工專校長時只有33歲，是當時最年輕的大專院校校長。之後，陸續擔任國立臺灣工業技術學院（現國立臺灣科技大學）第一任校長、教育部職業教育司司長、教育部次長、國

科會主委、經濟部長、國防部長、監察院長等要職。1996 年，與王清峰搭檔參選總統落敗（獲得一百萬票，不足總開票數 10%）。晚年信佛，在兩岸從事文化、教育、慈善等公益事業。顯然「陳公子」若以科學及教育為職志，或許又是另一種人生。

　　我最早專訪沈君山、陳履安，是因為他們在科學領域中的才華或背景，足以為臺灣開拓新的科技發展面貌。惜兩人選擇不同，致走出了不同的人生。有趣的是，沈君山對當政務委員任期短，感到很窩囊，一直耿耿於懷，在 2005 年 8 月寫了一篇文章，提到科技「政委」平平安安地過了十一個月。俞內閣總辭，閣員也跟著請辭，例行公事，難得的消閒。一邊與新婚夫人下棋，一邊看新聞，忽然電視閃過一則，李煥組閣確定，新任閣員名單出來了，沒有沈君山，定睛一看，可不正是，卸任名單也出來了，反而有沈君山。結果共下了兩盤棋，第一盤贏，第二盤卻輸了，這是從來沒有的現象；第二天去行政院打包，只有兩天就要騰出辦公室。然後閣僚相互辭別。就在馬英九的辦公桌上，套用唐詩「去年今日此門中，君山英九辦三通，君山不知何處去，英九依舊笑春風」。馬英九也馬上回了一首：「我陪你匆匆的來，又送你匆匆的走，廟堂十月，身朝言野，何嘗有意覓封侯？揮揮衣袖，甩甩頭，倜儻如昔，瀟灑依舊，只憾鈴聲漸遠，空留去思滿樓。」這兩首詩經報章轉載，一時傳為佳話。

▌當年與馬英九「比帥」慘敗

　　等到當郝柏村繼理換擔任閣揆，馬英九依然原職不動，卻已是三朝元老。沈君山打了個電話給馬，套用原詩：「前年今日此門中，君山英九辦三通，君山已去笑春風，英九依舊斗室中。」當年馬英九當研考會主委，是俞內閣最年輕的閣員，沈、馬常同

去行政院的公共食堂吃二十五元一客的午餐，是唯二去那兒吃飯的閣員。

馬那時早已是偶像級政治人物，有一段時間，沈、馬常一起受邀參加活動，觀察民眾歡迎崇拜的偏向，沈君山很快知道自己「過時」了。1989 年一次學生集會，馬邀沈一起參加，到場又是唯二閣員，全場熱烈歡迎。散會後，馬、沈一齊走出來，忽然一大票女學生圍衝過來，沈還在驚愕中，她們已從沈面前跑過，原來是要找馬簽名，沈在旁邊等，馬過意不去，就向女學生介紹：「這位是沈政務委員，很有名的。」那些女學生只是瞄了一下，相應不理，繼續爭著把簽名本塞到馬面前；馬來者不拒，在臺灣 6 月中午的驕陽，簽了二、三十分鐘，沈在旁曬得滿頭油汗，好不容易，最後一個簽完了，一起上車時，馬還皮笑肉不笑，頑皮地問一句：「君公，還好吧？」馬平時謙虛認真，但對自己成為偶像，內心還是挺得意，知道沈已是「過時」的偶像，有些吃味，還不時刺激一下。

有一天，沈在行政院的辦公室審預算，馬突然彎過來打招呼，又像是透露機密又像是不好意思地說：「今天剛從北一女講演回來，體育館連球場中間都坐滿，窗口都有人，唉！」沈心中沒好氣，就頂了一句：「人家是看你講演，不是聽你講演，知道嗎？」馬英九聽完笑嘻嘻地走了。沈、馬經常「比帥」過招，當年馬英九完勝沈君山。只是馬英九 2016 年卸任後，風光大不如昔，還有好幾場官司要打，可以說是此一時也、彼一時也。

3 ·
《科學月刊》與臺灣科普教育濫觴

　　1970 年元旦，《科學月刊》正式在臺北市創刊。這在當時是一則頗受矚目的新聞，因為是由旅美一百多位年輕科技學者熱心奔走，出錢出力自動發起；而時值國民黨政府面臨國內外交困，「反攻大陸」計畫受挫之際，另九年國教、十二年國家科學發展計畫又大力推動時刻，社會亦掀起一股對「科技救國」的熱烈期待，該刊可說是應運而生！至於《科月》四十多年來的艱困經營起落過程，則是另一個故事，但對臺灣科學教育或科普發展而言，確也留下歷史痕跡，功不可沒。

　　最難能可貴的是，這批青年科學家，雖各有統獨、左右的不同政治意識，但為了臺灣科學教育的茁壯，通通「不談政治，只談科教」，一路走來，始終如一，這種教育的高尚情操，亦是最為人稱道的。而《科月》的宗旨，又符合當時的需求，強調：「不僅要做為學生們的良好課外讀物，也要成為一項有效的社會公器；不但要普及科學，介紹新知，並且要啟發民智，培養科學態度，為健全的理想社會奠定基礎。」時下許多卓有成就的俊彥菁英，都是「看《科月》長大的」！

▌我與《科學月刊》結緣經過

說來參與《科月》的成員，並無名利之心，只是為科教理想努力，也沒有「誰是老闆」的問題，幾乎多是兼職「志工」，大多有所不為，並對歷史負責，是其特色。而成員又來自各方，集思廣益；各人量力而為，前仆後繼。只有意見與貢獻，沒有爭權與營利；認真介紹科學，澄清及導引正確科學觀念，又絕不迎合學生升學，且不只是傳授科學知識，更希望藉著科學知識的傳播，引介科學方法與精神，提升國民的文化水準。文化的啟迪傳承，促進科學普及與科學的本土化。

我和《科月》結緣，還是《聯合報》在康定路時代，那時《經濟日報》同事王重宗（《聯合報》、《經濟日報》是同一報系，彼此互通有無），介紹認識宓世森；[4] 宓世森原先幫忙該刊編校，亦擔任業務經理，協助在清華大學物理系教書的李怡嚴主持籌辦成立基金會（1977 年 10 月 24 日《聯合報》「新儒林」專欄）。到了 1970 年底，臺北市科學出版事業基金會正式成立，1971 年1 月聘宓世森任社長。半年後，他以「因經營意念與管理階層不同」為由離開，始由王重宗繼任（1971-1972 年）。當時在臺大心理系任教的楊國樞，因辣手著文章，活躍於當年報章雜誌圈（《大學雜誌》、《人與社會》等），也曾熱心參與《科月》（1977 年 9 月 23 日《聯合報》「新儒林」專欄）。

當時，王重宗也找我幫忙，介紹參與《科月》的主要成員給我，讓我做了不少專訪，包括解說科學新知、科教意見、科技性活動、特殊成就等等，陸續在《聯合報》披露，也打響了他們的知名度。這批科月菁英後來都在各方面有卓越的表現，不少人在

---

4 宓世森也就是詩人「辛鬱」。**1970** 年《科月》創刊初期的社址，就暫寄居臺北市光復南路巷內的宓宅。

政府、民間、學府扮演重要角色，成為支撐臺灣科技發展的棟樑。例如較晚參與的劉兆玄後來還當了清大校長、交通部長、閣揆等要職；王亢沛亦任臺大物理系所主任、東海大學校長、中華民國物理學會理事長；劉源俊為東吳大學校長；周延鑫[5]一手建立中研院動物研究所昆蟲生理生化研究室，享譽國際，後任中研院動物研究所所長、《科月》董事長（1977年10月6日《聯合報》「新儒林」專欄）；而張昭鼎[6]則為臺灣無機合成化學研究之先驅，後擔任清大化研所所長兼系主任，可見《科月》成員在臺灣社會的份量。

《科學月刊》的前身，原是《台灣新生報》的「中學生科學週刊」，於1965年5月2日創刊，由當時臺大物學系三年級學生林孝信發起邀集就讀臺大、師大的理學院同學供稿，延續到1967年2月27日為止，共出刊八十三期。1969年2月，林孝信當時在美國芝加哥大學當第二年的研究生，有感於臺灣科學教育落後，而留學生思想分歧，便與賴昭正、曹亮吉、李怡嚴、劉源俊及散於各地的同學、友人商議後，決定發起結合留學生共同為臺灣出版《科學月刊》。1969年3月發出《科學月刊簡報》第一期，發起信就是由李怡嚴、吳力弓、林孝信、劉源俊、洪秀雄、徐均琴、陳宏光、賴昭正、曹亮吉、許景盛、勞國輝十一人具名。1969年5月發出的第二期《簡報》，決定各分組負責人及各地區聯絡人，王渝修辭編輯，向林孝信介紹才從軍中退伍的朋友宓世森。因此，宓世森參加了8月召開的第一次籌備會議，更想

---

5 另一半林勝華亦是「性費洛蒙」專家，任職國科會醫農生物科學組。
6 **1982**年任中研院原子分子科學研究所籌備處主任。**1991**年因病住院。**1993**年還同時被推舉為臺大、清大兩校校長候選人，惜在名單公布前夕即不幸病逝，海內外產、官、學界咸表痛憾。李遠哲曾表示在臺大及清大學習上獲得張昭鼎多次鼓勵及幫助。

不到他那不到十六坪的家竟成了《科學月刊》出刊前及出刊後五個月的臨時落腳處。

那時,在臺灣的印行工作主要由李怡嚴、宓世森、石資民、石育民等人負責。為討論出版《科月》出版事宜,除每星期從芝加哥聯絡中心發出一份《科學月刊工作通報》外,自1970年4月17日起,每月月中的那一期《工作通報》訂為「討論號」,由各地聯絡員輪流主辦。於是,《科月》在美國各地建立了一個廣大的聯絡網。

▌《科學月刊》艱困的第一個十年

1970年底,美國留學生界發起保衛釣魚臺運動,許多留學生積極參與,導致《科月》的聯絡網鬆散,國內外的聯絡也中斷。而林孝信雖是在美發起的創辦人之一(因被列入「黑名單」不能返臺),但真正在臺灣落地生根最艱困的頭十年,反而是李怡嚴、張昭鼎、黃仲嘉、楊覺民、石資民、宓世森、王亢沛、劉源俊、劉廣定、徐道寧、胡芷江等人,奉獻心力最多;而王亢沛先後任總編輯、董事長,和劉源俊兩人更是「艱困十年」的掌舵者(自始至終都參與《科月》、貢獻最多)。劉源俊從總編輯、社長到董事長任內(直至擔任東吳大學校長才扮演「顧問」角色),經歷《科月》的滄桑歲月!當時由於定價低廉,全靠募款支持補貼,數度遭遇經營危機(還度過兩次的能源危機),幸賴在臺工作的學者共同努力,克服艱困,始在1990年代起站穩腳步。使《科月》不僅在臺灣樹建了科學專業的公信力,也成為一道精神道德與理想的標竿。

在1971年宓世森當了半年社長離開後,由於學者不脫「書生辦雜誌」本色,不諳經理及經營之道,致「曲高和寡」,「叫

好不叫座」。有人說誰與你有仇，就叫他辦雜誌，顯見不虛。期間，雖經過黃仲嘉、王亢沛、劉源俊當總編輯的一番努力，經營稍有起色，但書生們坐而言頭頭是道，對業務經營卻不在行；而類此「半江湖」行業，需要另一套實務人才配合，才能相輔相成。歷經一番掙扎突破後，劉源俊1976年接任《科月》社長後，便有此感悟，堅邀宓世森重返《科月》幫忙（宓被視為《科月》的保母，他於2015年4月29日過世，享年82歲）。宓在《科月》服務，合計專任約二十二年，兼任十三年半；先後輔佐李怡嚴、張昭鼎、王亢沛、劉廣定、周延鑫及劉源俊六任董事長。留下一本本的董事會與社務委員會（理事會）會議記錄，一絲不苟的字跡歷歷在目。可說是《科月》的靈魂人物之一。

　　1976至1978年是《科月》最艱難的時期，面臨資金嚴重周轉不靈，為求生存，不斷邀新人加入，不斷有人出新點子，前仆後繼、群策群力，才勉強渡過難關。當時想出的辦法包括：舉辦通俗講演會；王亢沛找來正中書局合作出版《學生科學叢書》（迄1986年4月，共出六十種）；後來在臺大土木系教授兼主任茅聲燾推動下又創刊《科技報導》（1982年1月）；以及《國中生》的創刊等等，對《科月》的存續都不無助益。茅聲燾多才多藝，是臺大校長虞兆中的高足，曾與土木系同事在報上合寫「木頭人語」專欄，相當叫座。他點子多、任事有為、待人謙和，並曾參與十項建設，倡設地震工程研究中心。在他主持下《科技報導》辦得有聲有色（1977年12月19日《聯合報》「新儒林」專欄）。

　　至於從1989年3月起，《科月》接受國科會委託編印《重點科技叢書》（歷時五年，前後共七輯六十五冊），亦對挹注《科月》財源關係重大；1991年11月，《科月》並接受「李國鼎科

技發展基金會」委託每年辦理「李國鼎通俗科學寫作獎」（歷時八年，共辦七期）。此外，還有許多「科學研習營」，兩次「民間科技研討會」與歷年的張昭鼎紀念研討會等等，逐漸發展邊際效益，[7]得以挹注本業的虧損。《科月》歷年獲得的重要榮譽與獎勵包括：1976 年行政院新聞局第一屆金鼎獎優良雜誌獎；1984 年行政院新聞局第九屆金鼎獎科學技術類優良雜誌獎。

▌在《科學月刊》寫「科學走廊」專欄

我在王亢沛當總編輯的兩、三年（黃仲嘉／王亢沛1971-1972 年，王亢沛 1972-1973 年，劉源俊 1973-1974 年）期間，與《科月》結緣，亦用筆名「孝佛」撰「科學走廊」專欄，及每月重要科技新聞摘要，所以和後來接任總編輯者多認識，像劉源俊和新聞科班出身的謝瀛春即是。而她在出國前後的研究論文，亦常找我談，我是「知無不言，言無不盡」，把實務採訪心得，和觀察新聞實務界及科學界的「鴻溝」供她參考，也曾做若干剖析。畢竟報紙和雜誌的實務，仍有不同，只有身歷其境，才能領悟。

其間，我因報社派赴參加在東京舉行的首屆亞洲科學新聞研討會，[8]回國後感觸良多。主要是深刻體會到年輕一輩科技學者的熱忱，與當時的大小環境條件，乃至政府、民間的觀念落差很大；民間不是視科學為「科幻」或「船堅砲利」，便是「象牙塔」的東西，高深莫測。這時的《科月》形同「單打獨鬥」，不論觀念傳播，或推動經營、業務，常是「事倍功半」。當年臺灣正值

7　於 **1999** 年，與天下遠見出版社合作出版《諾貝爾的榮耀》一套三冊，**2005** 年補正再版；自 **2011** 年起，與臺灣商務印書館合作出版《商務科普館》系列叢書。

8　當時是在退出聯合國前一年，又值戒嚴時期，記者出國並不容易。

農業轉型工業，科技不如經濟生活現實重要，且九年國教推動不久，以致能應用在生活層面的科技，就比較吃香（類如生活科技性產品或醫療保健等），談基礎科學（數、理、化）觀念和基本研究是「慢工細活」，在學校有用，但社會上的興趣不大，使得資源分配受限。何況《科月》是一本專業性「科普」雜誌，反不如報紙是日常生活的必需品，因此市場難以打開。

臺灣的第一份「科普」刊物，其實是 1951 年元月創刊的《大眾科學》。其宗旨為「通俗、實用、新穎、有趣」，並強調「為綜合性科學刊物，以啟發大眾科學知識，普及科學教育為宗旨」。內容通常分為五類：科學奇談、科學消息、科學珍聞、科學小品、科學點滴。但該刊不敵市場，在 1974 年 2 月停刊。然後還有《自然》雜誌，創刊於 1977 年 9 月，亦開臺灣科普雜誌彩色化先聲。可惜該刊由陳國成（曾參與《科月》，有想法和抱負）一人獨資經營，1996 年終因財力不繼而停刊。之後，又有1983 年《牛頓雜誌》的創刊，亦是慘淡經營。

而 1970 年元旦在臺北市創刊的《科學月刊》，經歷艱辛備嚐的歲月，能存活至今，仍受社會重視和學子歡迎，確實太不容易。亦可見早年參與的菁英犧牲奉獻，出錢出力的「志工」精神，遇挫並不氣餒，堅毅不懈的努力，不斷尋求改善經營之道，現在來看，確是了不起！

▌我建議談科學也需講究新聞性

提到《科月》的編輯實務，早期因受發起成員背景影響，內容較偏重數學、物理、化學方面的基礎科學內容，後來才加入生命科學、地球科學、環境科學、工程科學的內容，比較接近生活化，讀者也比較關注。及至後期更加強本土題材及本土科學研

究的報導。建立「植根本土、放眼國際」的風格，讓人刮目相看。像早期許多文章是翻譯的，1990年代起，幾乎都改為作者自撰。這是值得慶幸的改革。

回憶《科月》的第一個專輯，即1972年12月的「癌症專題」，當時王亢沛擔任總編輯，便是接受我的「新聞性」提議誕生的，顯得比較醒目有看頭，當時中外「癌症」研究風氣崛起，出刊就受到社會高度關注和歡迎。於是有了採每月「專輯」的做法；類此專輯，後來用「封面故事」方式呈現，更具可讀性；足見科學傳播不只是學術專業和編撰的功力，更重要的是，要想出辦法讓讀者接受，這才是正道，否則無異「孤芳自賞」，意義不大。值得一提的是，在臺灣生化科學界赫赫有名的林仁混、蕭水銀「夫妻檔」，[9] 熱心科教，當年經常在《科月》撰文，深入淺出，受到歡迎，和藹可親，從不居功，是默默的耕耘者，令人敬佩（1977年10月6日《聯合報》「新儒林」專欄）。

談到比較晚參與《科月》實務的謝瀛春，能以新聞科班出身及教學研究，在早期讓參與的菁英接受，並不簡單。而能為「伯樂」劉源俊的賞識重用，亦不容易。她兩度為《科月》服務，共約六年；還在1981年10月15日《科月》創刊的姐妹刊物《科技報導》工作過，為人做事確有獨到之處。謝瀛春是1976年政大新聞研究所畢業後，就加入《科月》擔任執行編輯，從此與「科學研究報導」結下不解之緣。1978年5月起改任總編輯，1978年7月赴美國伊利諾大學攻讀傳播博士學位。1984年取得博士學位，回到政大任教。直到1984年10月，在時任社長周成功的邀請下，再度入社擔任社務委員及副總編輯，並於翌年擔任

9　林是國際知名癌症研究權威米勒高足，蕭是國際知名「蛇毒蛋白」李鎮源院士的得力助手，兩人分在臺大醫學院生化研究所、臺大藥學系執教。

總編輯。在1988年。因以淺顯易懂的通俗文字，傳播核能與科技的知識，於1994年獲得核能界女性最高榮譽「全球核能婦女獎」（WiN Award）。惜天不假年，於2013年罹癌病逝，得年62歲。[10]

我因職務不斷調整，到後來主持《台灣新生報》社務長達十年，因此與當年《科月》的成員接觸少了。唯獨謝瀛春在生前卻不吝在研究、教學，及兼顧《科月》之餘，常有電話指教。她也是臺灣難得一見如此投注「科技傳播」心力的新聞人。

我因在《聯合報》採訪科技十年，亦因與《科月》菁英之間常有討論及友誼，以及寫過「科學走廊」專欄等，是以有所感觸與若干心得。我始終認為，「新聞就是新聞」，不論政經、社會、文教或科技等領域採訪路線，必須符合「新聞」要旨，否則無法滿足閱聽大眾的需求；且不論時代如何進步，或媒體載具如何日新月異，甚至今天的數位化環境，但新聞內容的本質不會改變。一般人要看的仍是「新聞」，而不是「論文」（這些需要許多篇幅的東西，可到學校或圖書館查閱），或太傷腦筋的東西；或因「新奇」，或長見識，或為「窺私」，或追「真相」，或關注重大事件的來龍去脈，或了解各行各業的重要成就，或形形色色的公共議題、乃至各類人、事、物的負面報導等等。

▌「科學新聞」不只科普還要有新聞性

相對於我的上述體認，科技界常分不清「科技新聞」與「科技傳播」的區別；我認為這是不同類的傳播。例如「科學新聞」，是以「新聞事件」（每天的動態）為主，記者要每天跑和

---

10 劉源俊於 2013 年 5 月 1 日曾撰〈懷念謝瀛春總編輯〉一文，感人肺腑。

採訪報導；而「科技傳播」則比較接近「科普」。兩者的相通之處，是都要用淺顯易懂的文字傳播科技知識，也要能勤訪相關專家學者建立「智庫」名單，勤查證。一般而言，科技新聞需符合「新聞」要旨，由記者即時處理和報導，而不是由「作家」，更不是由「學者」寫作。而「科技傳播」內容的作者，則不是「記者」，內容自以科學教育為主，包括對科學社群文化的討論，亦即「在社會與文化脈絡裡談科學」，包括：科學世界觀、科學價值觀等等。科普內容的撰寫者需興趣廣泛，有駕馭文字和說故事的本領，有追根究底的個性及深入閱讀的習慣，並可承擔適當的壓力，才能勝任。

不過，科學家對媒體的認知，和傳播學界不同，傳播學者又和新聞實務的認知不一樣。科技專家講求「客觀、嚴謹」的道理，但太過強調往往會失去可讀性，缺少故事性。學界期待記者符合「深入淺出」報導各類科技「專業」的水準，甚至認為文稿需事先「檢核」後才發表，但這並不符合新聞作業的常規。不論是早年或現今的媒體的實務環境中，具備符合科學界所要求條件的人才鳳毛麟角，亦缺少謝瀛春的那股學習毅力和鍥而不捨的熱忱。即便有，這樣的人亦不願長期屈就得 24 小時待命，且待遇不成比例的新聞工作。但即使如此，除非「時間性」不強的科技類新聞，或許有時間將稿件給專家「審核」（通常是屬於雜誌類或「專刊、專版」者），否則依新聞的時效性需求，遇到突發或重大科技類新聞，根本只能做「囫圇吞棗」式的粗略報導，無法如學界所要求進行「正確無誤」的呈現。

過去因新聞工作關係，吳大猷、徐賢修、錢思亮和我常有機會相處談論「科技傳播」問題，亦發現傳播學界比較尊重科技界

的專業看法，多要求實務界改進，甚至舉辦研討會；[11] 因此用意雖良善，但不切實際，使良法美意打了折扣。加上科技類別百百種，除了大師級學人能「融會貫通」，侃侃而談，生動易懂，一般學者常解說不清。試想如果學者連自己的科學專業都無法說得清楚，自不易期待記者能「深入淺出」地教會讀者。何況早年權威科學家稀少，有時媒體還會找錯對象，以致許多科技報導不但失之艱澀且錯誤頻出。

科學界及科學機構間還有門戶之見的問題，中研院、臺大、清大往往彼此較勁。

有個笑話說：「數學家常嘲笑物理學家邏輯不夠周延，物理學家則挖苦工程師粗枝大葉，而工程師又諷刺數學家脫離現實」。如此不難想見，科技界彼此亦有不同的思維，新聞媒體要做到大家滿意，亦是傷腦筋。再者，科技界往往表現出一種「知識的傲慢」態度，「曲高和寡」而尚不自知。常批評媒體是「只會宣傳或誇張渲染」的行業，而記者既非「萬事通」，要在很短時間「聽懂」，還得馬上下筆發稿，報紙作業趕時間，自然無法把稿子先送給專家檢核，導致學者對記者「鄙視」和「不信任」，亦使記者感到不被尊重，逐漸形成「隔閡」。加上傳播學者和科技學者彼此溝通的研討場合也少，科技與傳播學界矛頭都指向實務界，日積月累下來，「各說各話」互派不是，這種歷史情結，至今依舊難以改善。

▌學界應擺脫「科學中立」迷思

其實，早年日本的科學新聞，亦是「邊走邊學」（learning

---

11 媒體不願投資「在職訓練」，加上 24 小時待命，類此做法效果不彰，乃意料中事；當時報社雖採「指派」參加，亦淪為虛應故事。

by doing）。在 1950 年代的科學報導多以「特寫」或「人物專訪」等為主，各大報並無科學新聞組的設置，採訪科學的記者皆屬文教組記者兼跑。及至日本二戰敗降後，主流媒體始發現「科學新聞」的重要，即不斷到先進歐美科技大國的主流媒體「取經」，[12] 開始引進效法。

例如《讀賣新聞》就在 1956 年 2 月 1 日設立了日本最早的科學報導總部，擁有專業的原子能和南極調查人才十多人負責有關科技採訪、調查及公益活動的策劃等工作。而《朝日新聞》和《每日新聞》不甘落後，分別於同年 5 月和 12 月，先後開闢了科學專版。共同社則在 1959 年闢設科學專欄。《讀賣新聞》更於 1963 年在大阪分社增設科學新聞部，1968 年闢科學專版。

易言之，我是在 1969 年才加入《聯合報》，分配在採訪組的「政治小組」，算是臺灣第一個專跑科學新聞的記者，其他主流媒體則多由採訪文教新聞記者兼跑。而當時，日本主流報紙包括《每日新聞》、《朝日新聞》、《讀賣新聞》、《日經指數》等的科學新聞部門，分布在東京和大阪的專業科學記者的總人數，已高達六十人以上，平均每家大報擁有十至二十多位科學記者。此外，各大報社也在地方設置科學新聞編輯部，以協助地方記者報導當地發生的科學新聞事件。

再者，1980 年代已是日本科學新聞的蓬勃發展期，臺灣則是 1970 年才起步。當時的主流媒體多停留由文教記者兼跑階段，歷經十年，也不過只有「個位數」專門跑科技的記者，更無專設單位或專版；日本媒體是有計畫地培訓人才及投資，才有了

---

12 像美國《紐約時報》於 **1945** 年 **8** 月 **6** 日美國投擲廣島、長崎原子彈後，即設有科學新聞組及每週二開闢「科學」專版，逐步建立權威性，成為世界媒體「領頭羊」。

後來的卓著發展，足見羅馬不是一天造成的。

1981年，日本科學家福井謙一（Fukui Kenichi），獲得諾貝爾化學獎，再次激勵了日本的科學新聞熱。此與臺灣早年的李政道、楊振寧及後來的丁肇中、李遠哲等分獲諾貝爾物理或化學獎情形類似，掀起一股科學新聞的熱潮。日本通產省並提出要實現「科技立國」的目標，科學技術廳更發表《科學技術白皮書》，亦提出了發展作為。1985年筑波科學博覽會的召開，更激發了日本民眾對科學知識的需求。1983年，《朝日新聞》大阪分社增設了科學部；1987年，《每日新聞》亦在大阪設置了科學部。

接著，1995年，日本政府積極推動《科技立國》政策，加速了日本的科學飛躍進步，和經濟發展，伴隨而來的自是嚴峻的環保挑戰。各大報相繼對科學新聞體制調整；例如1996年，《每日新聞》就將科學部改為「科學與環境」部，並闢設《每周環境》專欄；2000年，《讀賣新聞》還首次設立了「醫學新聞」部；翌年，《朝日新聞》則將科學部改為「科學與醫學新聞部。而日本主流媒體在二十一世紀初，更進一步將科學新聞報導的分工細化，並促使科學新聞報導的建制臻於完善。

概括而言，二戰後興起的日本科學新聞，旨在普及科學知識、關注民生議題、配合國家整體發展戰略和政策法規制訂（1995年訂定《科學與技術基本法》）等方面，皆有重要的影響和貢獻。而經過民主化的進步改革，日本媒體已儼然建立了「第四權」的標竿。

由此不難可見，光是臺灣與東瀛，不論在政經、媒體環境、資源及專業科學記者等方面，就已相差太遠，簡直無法比較，遑言其他。

依個人早年採訪科學新聞經驗，在1970年代中國便已有科

學新聞報導，因為不涉政治，經常透過管道向國外取經，甚至將臺灣的科學新聞列為「參訊」。例如 1977 年元月，我隨「海功號」首航南極冰洋，前後約近兩個月的報導內容，亦多列入「參訊」，這是我從中國大陸的科技高幹親友輾轉得知，足見北京當局對科技發展和科聞的重視程度，臺灣應以為鑑。

例如不久前，美國科學促進會（American Association for the Advancement of Science，簡稱 AAAS），頒發 2017 國際科學記者獎給兩名中國記者的新聞報導。[13] 而 2004 年就有十名的中國記者獲獎，過去的十年間，還有多名中國科學記者獲此殊榮。例如 2014 年便有四名中國科學記者，分別以報導糖尿病與癌症等健康問題、奈米科技發展等，獲得表彰。顯見中國在科學新聞方面的努力，得到肯定，值得臺灣媒體警惕和奮發，才不致落後。

如今數位化科技產業的興起，一日千里的進步，令人目不暇接，連世界都變成「地球村」，更直接間接衝擊影響各行各業，所產生的經濟、社會、教育文化、產業、生活等的結構性種切變化，頓時使「今人」一下成了「古人」，相差一個世代卻成了「舊時代人」，大有跟不上時代的變化的苦惱，堪稱是驚天動地！而人手一機，天下大小事盡在手掌中，連家庭也可以是辦公室、「工廠」（或網購），類此科技的綜合大匯流，題材真是琳瑯滿目，更是發展「科學新聞」的良機！

1970 年代由於九年國教方起步不久，主要報紙的報導文字，係以「國中生」程度表達，而《科月》定位在以「高中生」為發行對象，顯得「曲高和寡」。同時，參與的青年學者滿腔熱忱，自視很高，門戶之見重，易形成「同溫層」。肇致有「文人

---

13 AAAS 在 **2004** 年創辦的首屆國際科學記者獎，旨在為科學記者提供報導最新科學研究，以及與來自世界各地的同業進行交流的機會。

辦報」的弊病，經營成了「紙上談兵」，各抒己見，且有知識優越感，主觀意識濃厚，意見多但「眼高手低」，自己動手寫起來艱澀難懂，又怪記者寫得不好。顯然，各方皆需有同理心，並加強溝通交流，彼此相互打氣鼓勵，發揮互補功能，才能促使臺灣的科學新聞與時俱進。

說起來，「科普」應是指「科學普及」，是科學教育的核心。這個名詞何時開始在臺灣流行，有待查證。應該是有一個漸進的歷程，大約在1990年代中期之後慢慢取代了「通俗科學」的用法。簡言之，「科普」就是透過各種方式，例如文藝、新聞、美術、電影、電視，將科學的技術、知識、思想和方法等，廣泛傳播到社會的各個階層，以提高人們對科學的認識，進而改善人類的生活。亦可解說為利用各種傳媒，以淺顯的方式向普羅大眾普及科學技術知識，倡導科學方法、傳播科學思想、弘揚科學精神的活動。相比於科學新聞（Science journalism）集中報導最新科研成果，科普作品的內容更為廣泛。

1995年諾貝爾和平獎得主物理學家羅特布拉特，[14] 就曾特別強調科學家要「負責任」，也就是說科學家不應再持有「為科學而科學」、「科學中立」、或「誤用科學不是科學家的責任」的象牙塔心態。他認為這類看似不涉及道德評價的觀點，其實是不道德的，因為它們在替個人行為的後果脫卸責任。

可見協助推動「科普」傳播和寫作，科學家應視為一種志業，抱持追求真理、傳播真理的精神，且必須為此不惜犧牲自己的時間，發揮熱情、堅持到底！

「科普」及「科學新聞」都很重要，科學界也應投注更多的

---

14 **Joseph Rotblat**，**1908** 年生於波蘭華沙，二戰前移居英國。**1995** 年，由於在消除世界核武器方面的傑出貢獻，被授予諾貝爾和平獎。

關懷和心力指引進步，相互切磋鼓勵，而非只停留在批評和責難！[15] 可見「科普」如何吸引人、正確具可讀性，仍是十分重要，否則「束之高閣」，則失去意義！末了，套句孫文的話：「革命（教改、科普）尚未成功，同志仍須努力！」

---

15 2009 年 4 月 23 日《聯合報》有一則報導，指出學生在圖書館借閱「科普書」的借閱率，只有 2%，科學素養待加強云云。

4 ·
臺大學生研製火箭成功

▌蔣經國時代的來臨

　　1972 年 1 月 20 日，在彰化王功海埔新生地，「臺大探空一號」（NTU-L1）四枚火箭升空的一刻，不僅現場歡聲雷動，連臺灣社會也為之振奮！那時正是退出聯合國不到一年，民心士氣低迷之際，小小的火箭，卻立了大功！而研製火箭的同學們，更是萬萬沒有想到，他們小小的科學研究實驗，卻與時代的社會脈動，是如此接近！[16]

　　1972 年可說是臺灣的一個重要關鍵年，即是蔣經國時代來臨。當年 2 月 20 日，第一屆國民大會第五次會議召開，有 1,183 名國民大會代表聯名籲請蔣中正任命蔣經國為行政院長。3 月 6 日，中國國民黨並召開第十屆三中全會，蔣經國等二十一人旋即當選為中央常務委員。5 月 17 日，國民黨中常會做成決議通過。5 月 26 日，立法院行使同意權，蔣經國以高得票率 93.38% 獲致同意，出任閣揆。6 月 1 日，蔣經國首次召開院務會議，對

---

16 參見 **1972** 年 **1** 月 **21** 日《聯合報》三版頭題「彰化海邊歡聲雷動 探空火箭發射成功 黃秉鈞同學報告試射目的 鼓勵業餘培養組織能力，及團隊合作經驗」；同日，三版特稿「跨一大步突破零點 火箭試射昂然向前」。

與會人員從事行政工作，提出「平凡」、「平淡」、「平實」六字。6 月 13 日，於立法院施政報告上，發表「莊敬自強」的對內施政方針，強調強化復興基地的臺灣建設（意即「反共保臺」）。

　　1972 年 6 月 8 日，在行政院會中，蔣經國提出十項行政革新，要求各級行政人員切實遵守。1973 年 1 月 27 日，頒布《穩定當前經濟措施方案》，限制石油供應及用電。11 月 12 日，中國國民黨第十屆四中全會第一次大會行政工作報告，發表五年內將完成九項國家重要建設。九項建設是：南北高速公路、臺中港、北迴鐵路、蘇澳港、石化工業（台灣中油公司高雄煉油總廠）、大製鋼廠（中國鋼鐵公司煉鋼廠）、大造船廠（台灣國際造船公司高雄總廠）、鐵路電氣化和臺灣桃園國際機場建設；後來加上核能發電廠，統稱為「十大建設」。

　　蔣經國在接任閣揆之前，就十分重視臺大學生的科學活動，亦使臺大火箭社得到若干奧援鼓勵。1971 年 11 月 11 日，他曾以救國團主任身分接見火箭社同學，並贈予獎助金鼓勵；時任臺大校長的閻振興，還另撥新臺幣十多萬支助，相關的設計試驗用火箭材料，也多由政府有關單位和工業團體提供。1971 年 12 月下旬，在「中國航空太空學會」（早年為研製核武及國防科技的軍方外圍組織）的會議中，臺大火箭社社長黃秉鈞、副社長馮紀應提議仿效國際太空聯盟方式，設立學生組織，也立即獲航太學會理事長、飛彈專家、工研院副院長顧光復，以及在場專家學者，[17] 及學生會員的支持（1971 年 12 月 27 日《聯合報》三版「大專學生積極研究火箭 欣見科學發展前程似錦」）；翌年，臺大、成大、中興、中正理工等校，宣布在航太學會成立永久性學生

---

17 當天有火箭專家朱偉岳、航太學者張昭德、韓光渭、劉矜友、張式魯、楊超植、李迪強、劉天珍、華錫鈞等。

組織；虞兆中接任臺大工學院長（前任金祖年卸任專任機械系教授），則強調在實驗設備、經費籌措等方面給予支持（1972 年 10 月 22 日《聯合報》三版報導「火箭研製發揮團隊精神 校際合作著力面的拓展」，像黃秉鈞後來還代表出席國際太空聯盟學生會議）。

▎何以學生社團獲此青睞？

何以一個學生社團性質的臺大火箭社，竟能獲得各界如此厚愛？其課外的業餘研究活動，竟能得到如此多的關注和支援？當時戒嚴時期，不論海邊或軍事基地，均嚴格管制，況乎試射火箭。現在想起來應該是與當年層峰積極推動國家科技建設有關。「臺大探空一號」當年試射後不久，1972 年 2 月 9 日，蔣經國就在成功嶺，對集訓大專青年，以「挑起重擔，步步向前」為題目演講，鼓勵他們要為前途奮鬥，意義深長。現在回想起來，一連幾年的臺大學生研製火箭活動，及蔣經國宣示五年內將完成九項國家重要建設（後來加上核能發電廠，統稱為「十大建設」）。又多方鼓動國人自製發明，並鼓勵理工科青年參與「九大建設」，[18] 以及國科會全面推動結合經建（含國防科技），且整合工研院、創設新竹科學園區，推行加速農村建設計畫等等，一連串重大國家建設發展，皆有脈絡可尋，均非偶然。

我曾在 1974 年 4 月 1 日《聯合報》二版專訪專家學者，談如何調配工科青年參加九項建設行列。便提及高中低級人力需求大，大專服役參加兵工協建，可以達到人力資源充分運用，有利國家建設；對工科青年增加歷練，更有利就業及深造，一舉多

---

18 復在國民黨中央創設「青年工作會」，由核子物理學者王唯農出任首屆主任。

得。常接受我專訪的虞兆中教授，由臺大土木系主任，而工學院
院長，及至臺大校長任內，在此方面貢獻良多，從不居功，令人
敬佩（1977年12月27日《聯合報》「新儒林」專欄「虞兆中不
計名利」）。

當初，採訪臺大火箭社是一個偶然機會，因發現有家報紙刊
登學生試射火箭失敗的消息，從此訊息全無，覺得好奇。再者，
我與國科會及臺大有良好關係，透過熟識教授介紹，始與同學們
有所接觸，我則因「信守承諾」漸漸取得同學們信任，才陸續
獲得「獨家報導」。其他同業則因太小覷「小火箭」的意義，亦
不擅與工科學生打交道，以致後來在1972年1月20日正式試射
時，只有我能獲同學信任，在試射作業現場採訪，同業則只能在
場外觀看。足見新聞採訪無所謂高低上下之別，而是態度需誠
懇、守承諾，才能贏得信任。[19]

例如我在1972年11月5日《聯合報》三版頭題報導的「歡
呼聲中 光芒四射 液體火箭試驗重大進展」，其實，我在2日晚間
就隨火箭社液體火箭作業小組，[20] 前往北部某某基地試驗現場。3日
凌晨2時抵達，早上6時即開始作業，時任工學院院長虞兆中、
電機系、機械系教授楊維楨、劉鼎嶽等隨後抵達。4日晚上11時
才進行「地下發射」，試驗成功後，正在服役中的社員劉質雄、
副社長胡正明才正式對外說明。這枚火箭長約15呎，淨衝量約
10萬秒磅，是以攝氏零下200度液體氧與噴射燃油作推進劑。
初步實驗證實，可把載重500磅的彈體推至100多公里以外。

在採訪臺大火箭社時，才得知這個社團命運多舛。在1964

---

19 例如，發表時間、內容，甚至名字等，均需事前徵得同意發表。
20 吳垣、李邁、翁詩岳、季明華、鄭龍光、馮國志、胡正明、朱宗興、吳金和、李基豪、
戴立克等。

年 11 月 3 日成立，大多為工學院學生，是以培養自由探討風氣，達到理論和實驗配合為宗旨，鼓勵手腦並用。但因畢業或各種及經費因素，到了 1970 年社員遽減，只剩下黃秉鈞、馮紀應等主要幹部，他們又經過一番艱辛努力，和各方討教及支援，始得到校方有力支持，逐漸吸引同學參加研製工作，社員數還曾激增至百多人。1971 月 8 月 19 日曾試射兩枚實驗用的火箭，連 1971 年初做火箭靜力實驗用的四枚火箭在內，共設計了十枚「臺大探空一號」（1971 年 8 月 31 日《聯合報》三版頭題「試射火箭再接再厲，探空一號（NTU-L1）首次未臻理想，臺大同學將再二度發射」），直至 1972 年 1 月 20 日在彰化王功海埔新生地發射成功，使得同學們大有「若非一番寒徹骨，焉得梅花撲鼻香」的感悟（1972 年 1 月 20 日《聯合報》三版頭題「試射火箭完成演練 今日上午一飛沖天」；及同日三版「六枚火箭的故事」）。而探空火箭的發射成功，[21] 贏得社會刮目相看，朝野咸表振奮！時任臺大工學院院長、曾任機械系主任金祖年（1977 年 10 月 8 日《聯合報》「新儒林」專欄），在現場盛讚同學可愛，成績並不重要，「如果沒有開始，就永遠沒有開始」，擷取寶貴經驗，才能創造更高境界！

試射成功，火箭社同學亦「一舉成名」，像擔任研究設計部副社長馮紀應、副社長陳立偉和季明華、顧喬祺、陳慶坤、吳垣、馮國治、靜德林等，還有臺大電機系四年級女生應小真等等，不一而足。又如擔任社長的黃秉鈞，後來更表現卓著，1976 年國外深造回來就在臺大機械系擔任講師、副教授、教授，1985 年 8 月至 1986 年 7 月受邀擔任英國牛津大學工程系高級學者，

---

21 共試射四枚，每枚全長 **9** 呎、外徑 **4.5** 吋。預定垂直高度 **2** 萬呎，水平距離 **1** 萬 **5** 千呎。使用雙基固態推進劑，最大推力 **8** 千磅。第四枚火箭升空最壯觀。

並獲烏克蘭科學技術院院士（1996 年）等；曾任中華民國太陽能學會理事長（1995-1997 年）、行政院能源領域科技計畫總召集人（1994-1998 年）、國科會能源學門諮議委員（1993-1998 年）、國科會新能源長程發展規劃小組召集人（1998-1999 年），且為臺大太陽能實驗室計畫主持人，從事太陽能科技研究達三十多年。

▌艦機國造風潮

　　臺大火箭社因同學陸續畢業，繼續招募新血，我曾經寫「青年研究火箭再起高潮 中正臺大積極推動性能逐年進步，增加紀錄收回設備，旅美學人組社（火箭社友），予國內以實質支援」（1974 年 10 月 7 日《聯合報》三版頭題）到了 1975 年，我又專訪時任臺大火箭社長胡正民、翁詩浩助教，表示畢業校友與同學通力持續合作，已能建立有一貫作業的「小型火箭工廠」（1975 年 3 月 23 日《聯合報》三版頭題「青年製火箭進入新階段，臺大同學點燃自製藥柱，正式數字式發射控制系統」）。在臺大火箭社最活躍的四年半期間，透過我的報導，鼓動國人自製發明的風潮，對社會產生莫大效應！

　　例如在 1974 年 12 月 16 日的航太學會年會中，航空工業發展中心主任李永炤，便發出豪語，要「把自己做的飛機飛起來」！呼籲「積極發展精密工業、國防科學加速起飛」，並結合臺大、成大、中正航太學生組織，加強校際國防科技合作；我在 1975 年 12 月 23 日又專訪航空研究院院長華錫鈞（1975 年 12 月 23 日《聯合報》二版），談到「加速發展航空工業，亟須建立衛星工廠，輔導公民營工業生產航空器材，以企業化做法配合航空工業需求」。華將軍後來成為「經國號」的重要推手。1980 年代，國

軍在美國的幫助及技術移轉下展開「自製防禦戰機」（Indigenous Defense Fighter，簡稱 IDF）的研發，以取代逐漸老化的 F-5 自由鬥士戰鬥機做為空軍的新一代主力機，於是產生了中華民國建軍史上最大的自製武器開發計畫——「鷹揚計畫」。1988 年 12 月 10 日第一架「IDF」原型機出廠，1992 年成軍服役；該戰機型號為「F-CK-1」，其中「CK」代表「經國」二字威妥瑪拼音「Ching-kuo」的縮寫，並命名為「經國號戰機」，以紀念蔣經國。

同時，臺大相關科系亦相繼模仿，包括師生個別，或合作研製，或同學的研究實驗都掀起一股國造風潮。例如：在國科會支持學界和工商企業合作推動下，1971 年設立的臺大造船研究所，即擁有總面積 4,500 平方公尺，船槽長 150 公尺的「船模實驗室」，朝「國輪自製」的目標努力。我在 1972 年 2 月 14 日《聯合報》三版，曾報導：「臺大自己設計造船，並擁有船模試驗室，是我國自行設計造船的第一步」，並專訪所長汪群從，及陳行信、戴堯天等學者，號稱已具改良 28,000 噸貨輪能力，正加強自行設計 1,000 噸級漁船的設計研究工作。而在 1976 年「國輪國造邁一大步，替中船公司設計 6,100 噸多目標船舶成功」（1976 年 11 月 7 日《聯合報》三版，專訪陳義男教授）。

今天臺灣材料科技研發仍方興未艾，當年是吳大猷首先推動（1971 年 3 月 2 日《聯合報》二版，「竹頭木屑俱為有用之物，材料科學是門新興學問，綜合研究發展，單項重點突破，促進經濟繁榮」）；而在「破壞力學」領域獨樹一幟的薛昌明，也曾造成轟動（1974 年 4 月 22 日《聯合報》三版頭題「科學發展日新月異 任何物質都會有裂縫現象 破壞力學 熱門學問」）；翌年，臺大土木系教授李漢周也和工業界合力推動破壞力學，理論和實務結合，裨益工程建設（1975 年 6 月 22 日《聯合報》三版）。

▍經常報導青年學生的研究成果

我對學生的研究非常重視，因為科技一日千里，就是靠不斷的研究和實驗，才能萬丈高樓平地起，所以希望透過報端，多給青年學子鼓勵。曾在 1971 年 9 月 14 日《聯合報》二版報導「臺大化工系同學向公害進軍」，由臺大化工系同學吳冢驤、余宗澤主動選擇參加北市公害問題進行實驗研究。指導教授有黃世佑、呂唯明、陳成慶等，都讚許同學認真，還主動找北市環境清潔處合作，讓該處專家莊清源很感動。此外，我在 1972 年 1 月 28 日《聯合報》三版報導，臺大物理學同學葉炳輝自製 8 吋天文望遠鏡，放大率 300 倍只花數千元。可說是師生合作的好示範，有物理系主任崔伯銓、蘇德潤、鄭伯昆、陳卓、黃暉理、林清涼等教授，從理論到實踐，給予指導協助。也曾在 1974 年 10 月 4 日《聯合報》三版頭題，報導臺大發明社創造豐收，一年餘獲十多項專利。亦在 1975 年 3 月 5 日《聯合報》三版，報導臺大工學院同學舉辦改進生活環境作品展，琳瑯滿目，美不勝收，受到社會好評。

我在 1973 年 6 月 14 日《聯合報》三版專訪東海化工系畢業的林重宏，報導大學生動腦三項小發明，不申請專利，直接嘉惠農民，過濾灌溉用水，消除田間雜草，利用熱力學原理製成鰻苗溫室。復於同年 4 月 11 日三版，專訪臺大電機系畢業、在台肥擔任電腦設計程式師的吳鐵雄，其研製的電話自動答錄裝置，設計精巧且實用。並在同年 5 月 6 日《聯合報》三版頭題，報導民間人士李坪，不斷研究創新，具巧思，擁有十七項小發明專利。1974 年 2 月 10 日在《聯合報》三版頭題，報導清寒蘇文雄軍中磨練，小小發明大有成就，收音機、爽足粉等均受國外廠商重視等等。

　　還有在屋內只要塗上一層特殊的油漆，就可取代暖氣設備，旅美工程專家張洪志發明防蝕新技術並能防鏽，加上交流電可生熱量，挽救美國百餘座橋樑，將引進臺灣（1975 年 1 月 20 日《聯合報》三版頭題）；而在 1978 年 3 月 25 日《聯合報》「萬象」版，亦介紹劉永和發明研製電腦鐘，能接受衛星訊號自動校正誤差。且獲臺大電機工程研究所和工研院電子技術專家讚賞，經濟實用。

▌國家太空衛星計畫

　　臺灣曾於 2002 年成立時名為國家太空計畫室，2005 年改為國家太空中心（National Space Organization，簡稱 NSPO）隸屬於國家實驗研究院，負責執行中華民國（臺灣）的太空計畫，建造人造衛星及航太相關科技與硬體建設。之前，研製的「福爾摩沙衛星一號」（FORMOSAT-1）亦稱中華衛星一號（ROCSAT-1），為臺灣發展的第一顆人造衛星（簡稱「福衛一號」）。1999 年在美國佛羅里達州發射成功，使臺灣成為全球第三十三個擁有衛星的國家。復經專家學者團隊的再接再厲，又使「福爾摩沙衛星五號」，於 2017 年 8 月 25 日升空。是中華民國（臺灣）首次自製的光學遙測衛星，將著重於衛星本體及光學遙測與科學自主能力的建立。當是「羅馬不是一天造成的」的最有力佐證！

　　以上種種，再再顯示臺灣的社會潛力無窮，芳草處處，人才遍及。發明專利更是名列前茅，享譽國際。可見有科學教育的生根，才有了各種建設上的枝葉茂盛！臺大火箭社的創社主旨中提到：「我們期待堅毅真摯的青年，尤甚於研製火箭」，此話深具寓意。科學若被野心家利用，則禍害人類；若是能用於民生福祉，

則是幸福無窮！國族命運並非是個人可以選擇，讀書研究則是個人可以自由選擇的！看到臺大火箭社同學，在學生時代就留下如此震動人心的記錄，彼等回顧當年，應該感到不虛此生！

5·
北京人頭蓋骨在臺灣？

▌一次奇特的採訪經驗

當記者有時真像唱京劇，還得「文武昆亂不擋」，什麼都得演，什麼疑難雜症，都得想辦法解決。同時，最怕遇到無厘頭、又突發的「專業性」、「即時」大新聞！而採訪對象又是素昧平生的「老外」，要能「即時」溝通專訪，更是大問題。

更離奇的是，在當年竟有一位希臘裔美國富商，居然千里迢迢跑到臺灣找北京人頭蓋骨！這是屬於連《紐約時報》都大幅報導的「國際級」大新聞，真不知要如何採訪起？

還好當時臺北只有松山國際機場，大飯店也只有少數的圓山、統一、國賓等。尚可設法追查行蹤，但接下來最困難的是，得馬上找到最難採訪、亦是人類學權威學者、中研院院士李濟，能否如願獲得他的解說，根本是未知數！

記得當時，我真是呼天不應，叫地不靈！況且那時我出道沒幾年，就遇上這麼一個天上掉下來的怪誕新聞——「北京人頭蓋骨在臺灣」，還真是夠折騰人的！

對於「北京人」只有在學生時代聽聞而已，其來龍去脈並不清楚，而當時的外電是引用國際知名的《紐約時報》報導，並扯

到頭蓋骨可能搬運到臺灣。不論事實真相如何，自然就成了本地的重要新聞！

我採訪此事的過程，堪稱「曲折離奇」，最後雖不辱使命，但也嚇出一身冷汗。得到的教訓，則是《孫子兵法》所說：「勿恃敵之不來，恃吾有以待之。」直至今天，讓我念念不忘。

當時採訪新聞的交通工具正由腳踏車轉型為機車，自用汽車尚不普及（報社能有一、兩部採訪車，就很拉風了）；市區和郊區交通不方便，電信除了電話、電報，傳真機尚在起步，記者在外採訪，每天中午或下午3、4點得打電話連絡，預報新聞一次或多次（並接受臨時突發的工作指派），也沒有 BB CALL（呼叫器）、「大哥大」，或今天的智慧手機或網路，可隨時隨地連絡。但說來有趣，我從事新聞工作以來，和資料室或圖書館主任（農復會馬景賢、《新生報》張邦良等）特別有緣，他們沉浸於新、舊知識，日積月累，自己亦成了「知識庫」，觸類旁通，等於一部活的「新聞辭源」，勤「查」必有所獲。何況科技領域浩瀚，國際剪報資料大大多於本土。《聯合報》梁雪郎還特別將我見報的稿子剪輯，替我做了「呂一銘專卷」以利查閱，衷心銘感。如今，資訊科技發達，上網查資料已是家常便飯，其間相差之大，誠無法以道里計。

話說1973年10月3日下午，我因採訪一則新聞，需要回報社查資料，和資料室主任梁雪郎聊天討教，在那時幾乎是工作常態。正巧編輯部空蕩蕩的，總編輯馬克任忽然看到我很高興，手上還拿著一則外電，喜孜孜地說：「你不是跑中研院嗎？趕快找李濟，他是「北京人」專家，今晚發三版當頭題！」我頓時傻了眼，因為跑科技，報社才把原屬「文教」路線的中研院，改由我接（包括國科會、原能會，另原屬經濟路線的農復會，工業技術

研究院等亦包括）；而中研院涵蓋所有學術領域，人文、社會、經濟、歐美政治外交等等均在內。光是跑科技的分門別類，就已心餘力絀，遑言人文了。而「北京人」更是「古早久遠」的故事，毫無印象。幸有梁兄哥惡補，並給了少許有限的資料，我立即與攝影記者龍啟文先趕往機場打聽 Christopher G. Janus 先生（我將他譯為克利斯多夫・詹納斯）行蹤。路上邊看外電及資料，先囫圇吞棗打底，並探聽他究竟是「何方神聖」？下榻何處？結果通通一問三不知。

時間已近傍晚，我們心急如焚。忽然靈機一動，先趕往當時國外旅客常住的圓山飯店再說，因為還要找中研院院士李濟大師，那才是更棘手的事！[22] 況且之前與他根本不認識。我只有拿著中研院通訊錄，拼命找關係，總算找到中研院總幹事高化臣，他向來對我鼓勵和信任有加；院長錢思亮的機要祕書那廉君也同意協助，此是後話。簡言之，李濟是看「錢、高」兩人面子，才勉強接受我的專訪，並做了簡要解說。真是老天幫忙！克利斯多夫・詹納斯夫婦當時正在圓山大廳和櫃檯處理一些事情，我立即表明來意，他就興致勃勃講了一段苦尋「北京人」的經過故事，他的動機很簡單，乃源自他的叔父常和他談些人生方面的問題，而「一個人的一生應該做一件有意義的事；名利不過是身外之物」，他們對「人是怎麼來的？」產生興趣，而傳說中的「北京人」，更成了當年叔姪談話的主要「話題」。在叔父過世後，這位在哈佛大學唸過哲學的希臘裔美國人經商致富後，便成立一個基金會，從事文化交流，而尋找「北京人」自亦成了基金會的主要任務。

---

22 一是不喜與記者接觸，二若是接受專訪，必須將原稿送他「審核」才能報導。

美國富商登報尋找「北京人」

詹納斯之選擇到臺灣，亦是有段趣聞，就是他因在各大報紙刊登廣告，以高價十萬美金懸賞尋找「北京人」的下落，標題是：「請幫我們找一找北京人吧！如果有人能找到，他就是人類的英雄！」轟動一時，引起各方矚目。《紐約時報》更在 1973 年 2 月 4 日，以第一版大篇幅報導尋找「北京人」的故事，於是各方訊息紛至沓來，數以萬計的電話和郵件，讓他忙不過來，也帶來不少的困擾，他還到北京訪問相關人士，但也受到干擾，甚至懷疑他的動機，只好黯然返美；後又聞在美的華裔商人說，國府可能有將領撤退時帶殘骨到臺灣保存，而當時盛傳「北京人」殘骸，可能在二戰後，由日本軍人帶到東瀛或臺灣等等傳聞，形形色色，撲朔迷離，不一而足。

由於詹納斯夫婦於 1973 年 10 月 1 日已先行到臺北，還和當時的政務委員葉公超、歷史博物館館長何浩天會面，認為獲得有價值的線索，「北京人」藏在臺灣的成分不大；也將與李濟在 4 日會面晤談，我一聞之下，不免驚喜，正是「踏破鐵鞋無覓處，得來全不費工夫」。一看時間已近晚間 8 時，我急讓龍啟文先趕回報社沖照片發稿，我則坐採訪車飛奔李濟住所（他因曾兼臺大人類考古學系主任，住臺大溫州街教授宿舍）。全賴高總幹事的幫忙，李大師剛吃完晚餐在客廳休息，我則飢腸轆轆，只想趕快回報社發稿，那時距離回報社截稿時間已不到三個小時，而且得發揮磨功採訪，結果花費近一小時，才讓大師說了幾句話；而為爭取時間，我把大師講話要點，用便條紙記下，當面請他「核查」修訂，並保證在報導中，會將他的談話內容如「便條記要」般，一模一樣刊出，他才「點頭」放行。

回到報社已只有不到一個半小時寫稿，好在從機場、圓山、

溫州街的過程中，我一直不斷思索和整理出大致綱要存在腦海裡，然後邊看筆記邊寫，根本無暇校對，竟發了三千字的專訪報導（1973年10月4日《聯合報》三版頭題，及翌日在三版和跑藝文的陳長華合寫一篇大特稿），簡直連自己都不敢相信，但總算把這個無厘頭大新聞，做了獨家完整的交代，亦為自己留下難忘的採訪經驗。至於北京人頭蓋骨是什麼東東？李濟又是何方神聖？臺灣到底有無北京人殘骸？多虧詹納斯上窮碧落下黃泉的不辭辛勞尋找，才讓這個曠古新聞重新發亮，得到世人的重視。

「北京人」是中國古人類學家裴文中[23]在1929年，於周口店龍骨山猿人洞中發現了一顆完整的頭蓋骨，也就是「北京人」頭蓋骨。此一重大發現，把最早的人類化石歷史，從距今不到十萬年推至距今五十萬年，轟動了國際學術界。接著，1930年裴文中又發現山頂洞人遺址，是繼周口店猿人洞之後，又一重大的發現。據測定，山頂洞人大約生活一萬八千年前。到了1936年，另一位古人類學家賈蘭坡[24]更進一步發現「北京人」的重要遺址，貢獻更是巨大，而被後世尊稱「北京人之父」。在1935年，賈蘭坡接替裴文中的考古工作，繼續主持發掘周口店的遺址。一年後，他連續發現了三個比較完整的「北京人」頭蓋骨。

然則，因抗日和二戰後期間，僅有的五個「北京人」頭蓋骨，由美國海軍陸戰隊護送到秦皇島後全數丟失，至今依然下落不明，至傳聞滿天飛。說有被日軍運到臺灣說，更是胡扯！詹納斯夫婦1972年6月曾到北京訪賈蘭坡，便已獲得頭骨不可能在臺灣的結論；他之所以訪臺的另一原因，就是希望能double

---

23 1904-1982年。**1937**年獲法國巴黎大學博士學位，中研院古脊椎動物與古人類研究所研究員。後在中共建政後為中國國家科學院院士。

24 1908-2001年。曾任中研院古脊椎動物與古人類研究所副研究員、研究員，及後來的中國社會科學院考古研究所學術委員。

check（覆證）此一結論，結果李濟亦說不可能，他們才黯然返美。據古人類學家胡承志的回憶，當 1937 年盧溝橋事變之後，中日戰爭爆發，在周口店的挖掘工作被迫中斷，但研究人員還可在設在北平（當時名稱，後改為北京）協和醫院的新生代研究室對化石進行整理研究。到 1941 年日、美關係日趨緊張，在當時被日軍佔領的北平，日軍也開始佔領中立國美國駐北平的一些機構。存放和保管北京人頭蓋骨化石的北平協和醫院雖屬美國財產，亦難倖免。在這種情況下，新生代研究室決定為「北京人」化石找一個更為安全的存放地點。

▌在戰爭中失落的「北京人」頭蓋骨

　　當時有三種處理方案。第一，把化石運往抗戰的後方重慶，但在戰爭環境下，長途運送安全難以保證；第二，在北平就地掩埋，但在淪陷區安全同樣無法保證；第三，運往美國保存。從當時的情況看，第三種處理方案是最好的選擇。由於在合作挖掘化石時，中美簽的合同規定，在周口店發掘的所有化石都是中國財產，禁止運送出境。所以當時美國公使館的人拒絕接收。後經國民政府協調，遠在重慶的美國駐華大使同意並授權，駐北平的美國公使館才接收這批珍貴的古人類化石，並準備將其安全運往美國保存。

　　1941 年 12 月 5 日凌晨，一列美海軍陸戰隊專列駛出北平，據說車上裝有「北京人」頭蓋骨化石。按計畫列車到秦皇島後，化石運到「哈利遜總統」號輪船，然後運往美國。此次託運的負責人是即將離華赴美的海軍陸戰隊退伍軍醫威廉・弗利（Wlliam Felly），兩箱化石就是被混裝在他的二十七箱行李中被送上火車。弗利說，這件事在當時相當祕密。在秦皇島，弗利的

助手戴維斯負責接收這批特殊的行李。戴維斯說：「我去取了那些行李，有二十七箱，我把它們都放在了我的房間裡。」弗利等待第二天坐「哈里遜總統」號回國。然而第二天，也就是1941年12月8日，日本偷襲珍珠港，美國對日宣戰，太平洋戰爭爆發了。日軍迅速佔領了美國在中國的機構，美海軍陸戰隊在秦皇島的兵營也被日軍侵佔，弗利和戴維斯成了俘虜。在天津的戰俘營中，弗利他們陸續收到從秦皇島兵營運送來的行李，但北京人頭蓋骨則已不見蹤跡。

　　1949年，中共建立政權，賈蘭坡仍一本研究精神，持續對「北京人」時代、生活環境和文化的性質進行深入研究，而且多次在周口店帶領和主持新的發掘。例如1966年，在同一地點又發現了兩片五十多萬年前古猿人額骨和一片枕骨。它們屬於同一個體，這是目前知道下落的唯一「北京猿人頭蓋骨」。及至1980年，賈蘭坡當選為中國科學院學部委員，更於1994年當選為美國國家科學院外籍院士。2001年3月17日，突發腦溢血病逝。為了尋找北京人頭蓋骨的下落，賈蘭坡曾在病故前，聯合十三名中國科學院院士寫了一封公開信，呼籲全世界幫忙找尋失落超過半個世紀的頭蓋骨化石！由此可見，詹納斯成立基金會，以高價十萬美金懸賞尋找「北京人」的下落，顯然是一件具有深遠意義的人類文化史大事！在1987年，周口店北京人遺址終被聯合國教科文組織定為世界文化遺產，益發彌足珍貴。

▌主持殷墟考古李濟惜話如金

　　那麼李濟又是扮演何種角色？原來李濟（1896-1979年），亦是赫赫有名的人類學家（與斐文中、賈蘭坡曾是中研院的同事），更是中國考古學史上首次正式進行考古發掘工作的學者。

他在1928-1937年所主持的河南安陽殷墟發掘，使殷商文化由傳說變為信史，震驚世界。並由此將中國歷史向前推移了數百年。直至今天，它依舊被視為人類文明史上最重大的發掘之一。李濟在1918年於清華學堂（清華大學前身）畢業，赴美就讀麻省克拉克大學攻讀心理學和社會學碩士學位，1920年進入哈佛大學人類學系，成了民族學家羅蘭‧狄克森（Roland Dixon）與體質人類學家恩斯特‧虎頓（Earnest Hooton）的高足，1923年完成論文《中國民族的形成》，從而獲得人類學博士學位，並於同年返回中國。開從事田野考古，兼清華大學研究院人類學講師。

1926年，李濟發掘河東道西陰村新石器時代遺址（今山西運城市夏縣尉郭鄉），成為中國考古學史上首次正式的考古發掘工作。1928年出任中央研究院歷史語言研究所考古組組長，並於1929年，領導日後十年的殷墟發掘工作。1945年擔任中央歷史博物館首任館長。1948年當選中央研究院第一屆院士，同年底隨國府遷臺，並於隔年創立國立臺灣大學考古人類學系，並出任首任系主任，先後主持系務工作十二年。1955年接任人類學大師董作賓的遺缺，擔任中研院歷史語言研究所所長至1972年。1979年8月1日病逝於臺北溫州街寓所，國際學界莫不哀悼。前後曾發表考古學著作約150種，精闢絕倫，其養子李光周亦為重要的考古學家。

李濟對中國考古學的影響是持久與多面向的。他在1928-1937年所主持的殷墟發掘，塑造了中國考古學學術體系的雛形。1950-1980年代的中國大陸與臺灣考古學的主要領導人物，如後來著名的學者夏鼐、尹達、高去尋、石璋如、尹煥章與趙清芳等，都曾接受他與梁思永的指導與訓練，並參與殷墟的發掘工作。中研院院士著名考古學家張光直認為，做為中國第一位考古

人類學家，李濟個人的研究取向與成就產生深遠的影響。他堅持以第一手的材料做為立論依據，並主張考古遺物的分類，應根據可定量的有形物品為基礎。同時，他從文化人類學的觀點詮釋考古資料，並不以中國的地理範圍限制中國考古學的研究問題。張光直曾說：「就中國考古學而言，我們仍活在李濟的時代。」

當年我專訪李大師，儘管他的學術成就和貢獻，與斐文中、賈蘭坡齊名於世，但他絕不掠美，亦不會把「北京人」和「殷墟文化」扯在一起比較。所以談到詹納斯要找的「北京人」頭蓋殘骸是否在臺灣之事，言談間非常謹慎。在與詹納斯向他提到和斐、賈等相關人士的晤談，對頭骨是否流落在其他地方，他也不提供具體答案，只肯定地說：「不會在臺灣！」

Chapter 3
見證科學發展史

1．
丁觀海和王儁英打造出來的「超強粒子」丁肇中

▌出身名門的諾貝爾獎得主

在1976年獲諾貝爾物理獎的丁肇中，可以說是「人生勝利組」。他的父親丁觀海，是臺大土木工程系教授（曾任系主任），和後來當臺大工學院院長、校長的虞兆中，還有我的大學老師左利時教授，都是臺灣土木工程學界響叮噹的人物。而他的另一半王儁英還當過國大代表和立委，他們在美國讀書時結婚，1936年於密西根州安娜堡生下丁肇中（英文名字：Samuel C. C. Ting）依出生地原則擁有美國國籍，並因當時中華民國《國籍法》規定，也自動取得中華民國國籍，算是華裔美國人。時值中華民國與日本交戰，丁肇中直到12歲之前，並未接受正式中文教育。

1949年國共內戰，丁肇中全家輾轉遷臺，唸過臺北成功中學初中部。隔年轉入建國中學初中部，1952至1954年就讀高中部。初中時，他在數理領域已有卓越表現。而高中畢業會考通過，保送成功大學，但他因以臺大為目標於是放棄保送，誰料聯考失利，又再考進成大機械工程系。他當時心情相當沮喪，經過父母百般勸慰，後來終於重新站起來。母親王儁英的家教對他影響很大，讓他以「不論做人做事，都要出人頭地，都要做那一行

的佼佼者」為人生標竿。

合該與丁肇中的出生地密西根州有緣，丁觀海在密西根大學的師友多，其中有人來臺講學談起這檔事，建議乾脆讓丁肇中出國唸書，1956 年 9 月，丁肇中以志趣不合為理由辦理休學，隨後進入美國密西根大學，達成深造心願。1959 年，獲得數學和物理學學士學位。1962 年獲得物理博士學位。

在丁觀海教授的記憶中，他們夫婦每兩年都會前往美國探望，知道密西根大學的物理研究所，十分出色，覺得安慰；又聞悉丁肇中經常出難題，讓老師很頭疼，還說密大沒有挑戰性。剛好當時擁有四個諾貝爾獎得主的哥倫比亞大學，正招兵買馬，丁肇中被李政道遴選，視為「可造之材」，雖已夠「助教授」資格，李仍勉勵他暫從「講師」做起（與吳大猷早年帶李政道出國深造很類似）；結果兩年下來，丁又發現沒有什麼意思，那時 25 歲的他，想到西德闖天下，自己還組了一個研究班底，迅速闖出名號，被國際高能物理學界視為「後起之秀」；麻省理工學院立即大力延攬，並讓他主持布魯克哈芬國家實驗室（Brookhaven National Laboratory，簡稱 BNL），此後經常往返美歐兩地國際核能研究中心。也終於成就了丁觀海口中的：「現在的 Samuel 不是開雜貨店，而是開國際大公司了！」丁氏父子感情很好，丁肇中還常寄論文給父親，爸爸雖然看不懂，但覺得「蠻有意思」，想不到他們夫婦真的為國際高能物理學界產下一個「超強粒子」的「結晶」，光芒四射！

在丁觀海的記憶中，丁肇中有說不完的故事。亦有一些頗值得稱道的事。例如他的孝親，還有恢宏的氣度。原來丁母在紐約病逝後，葬於離哥倫比亞大學一所實驗室不遠的墓園，那時丁肇中原應普林斯頓大學及若干一流研究機構高薪邀聘，但為能就

近照顧母親的墓園，寧願捨棄不就，選擇哥大那個小實驗室工作。當 1974 年 11 月 18 日《紐約時報》報導，由麻省理工學院丁肇中博士領導的 BNL 研究實驗小組，和史丹福大學伯頓雷契特（Burton Richter）帶領的（Stanford Linear Accelerator Center，簡稱 SLAC）研究實驗小組，幾乎在同一時間，分在美東西、海岸實驗發現新的「粒子」，名稱暫定（J/φ 粒子），在高能物理發展史上，是一重要里程碑。亦被稱為高能物理學的「十一月革命」，隨後在 1976 年，兩人共同獲得諾貝爾物理學獎。丁肇中亦是首次用中文在頒獎典禮發表演講的科學家，他在演講中強調實驗和理論工作同樣重要。

▌誰先發現 J 粒子的辯論

　　當時究竟是誰第一個發現 J 粒子？曾是《紐約時報》和著名雜誌《科學》（Science）談論的熱門話題，並提出質疑，但丁肇中並不在意。結果有一位史丹福大學教授證實，丁是比較早發現的，因為他當時為某項實驗前往 BNL 訪問，他親眼目睹丁的團隊很「神祕」地討論「新粒子」，他以有新發現和丁打賭，丁還「故意」輸給他。不料，沒數日就「正式」公開表示發現「新粒子」，而且事後的 1976 年諾貝爾物理獎，更是最好的證實！從事科學研究固然競爭劇烈，但做學問的人，尤需有「氣度」和「格局」！是以胡適早年勉勵莘莘學子：「做學問要於不疑處有疑，待人要在有疑處不疑。」

　　坊間曾經流傳一種說法，說因為丁肇中自己中文姓氏「丁」和英文字母「J」類似，所以命名為 J 粒子（J particle），其實這是一個誤會。「J」在量子力學上代表電流、光，而 J 粒子和光、電有密切的關係，所以才命名為 J 粒子。從 1957 年李政道和楊

振寧獲得諾貝爾物理獎，曾引起當時臺灣社會的轟動後，已很久沒有類此的好消息。丁肇中雖是美國出生，但是在臺灣完成高中教育後出國，成為國際高能物理界卓越的科學家，情況又要比李、楊「親」得多，且具有高度的新聞價值。所以丁肇中的新聞經1974年11月18日《紐約時報》報導，自然受到臺灣媒體的高度重視，然依當時媒體環境條件，也只有我專門跑科技，科技人脈較廣，獨家表現自然比較多。

丁肇中發現 J 粒子的消息在美國一出，我當天即前往訪問熟識的丁觀海教授，由於他的菸癮大，我還設法帶當年受管制的英國三五牌香菸前往，丁果然大喜，侃侃而談。[1]

接著，11月26日《聯合報》三版頭題，獨家刊登我越洋電話訪問在紐約的丁肇中，做了相關新粒子研究的進一步發展報導。11月27日，我又在《聯合報》三版獨家專訪曾任清華大學物理系主任的楊銀圳教授，做進一步的解說。之後，在12月24日《聯合報》三版，又獨家頭題報導：「新粒子正名 第四種夸克 Quark，是一種基本粒子，也是構成物質的基本單元。取自著名小說家喬伊斯小說，形容比想像還要小的『幽靈』」。1976年10月18日傳出振奮人心的消息，就是諾貝爾獎委員會宣布美國麻省理工學院丁肇中和史丹福大學伯頓雷契特兩位物理學者同獲諾貝爾物理獎的殊榮。消息傳到臺灣，我又再專訪丁觀海教授報佳音（1976年10月19日《聯合報》三版獨家大邊欄，圖文並茂），笑談丁肇中求學成長一些特殊過程。10月20日，又遇上

---

1 參見1974年11月20日《聯合報》三版頭題的「獨家專訪」丁肇中的父親、臺大土木系教授丁觀海，以及國內物理學者有如「直譯」式的「解說」，認為此一實驗發現的新粒子有助理論物理的重要突破，就像雷射光束，起初只是在原子光譜做理論應用，如今已可廣泛應用到醫學、工業、國防武器研製等方面，丁肇中的實驗價值在此。

中研院院士吳健雄、陳省身榮獲美國國家科學獎章，復與吳健雄越洋電話道賀專訪，並談丁肇中的成就，她認為是「實至名歸，潛力雄厚，前途無限」等，讚譽有加。而當天《聯合報》三版幾乎是全版報導相關的新聞。

此外，我再加碼以兩條三五香菸換來個大獨家，那就是「丁肇中博士自己解說他發現的新粒子及其經過和價值」，全文刊10月20日《聯合報》12版。[2] 當時丁肇中形容，此粒子質量很重，而且壽命很長，違反了一般想法，就像在桃花源發現活到一萬歲的老人，怎不令人驚艷！

▌坐在總編輯旁邊寫邊發的大新聞

有關丁肇中的新聞，在當時我幾乎一路追蹤，也幾乎多為獨家，[3] 其時主持聯經出版公司的《聯合報》二版主編劉國瑞，[4] 以最快速度在未告知本人下，就整編了一本由我署名的《丁肇中的昨天今天》（另一位則為薛興國編輯）單行本，暢銷一時，我也賺了些稿費外快。

比較難以忘懷的經驗是，儘管長期採訪養成「即時撰稿」的習慣，但畢竟在接近凌晨截稿時間，坐在總編輯旁邊，邊寫邊發，由他編輯後直接上版的機會並不多。而丁肇中的情形特殊，要越洋電話專訪他和吳健雄，又受到美國時差影響，乃不得不假

2　這是麻省理工學院四名研究生訪問丁的「實驗以驗實」一文，在香港一本雜誌發表。徵得同意轉刊。

3　參見 1976 年 10 月 22 日《聯合報》三版專訪，父子通話六分鐘，賀客盈門心情快慰決趕辦出國前往觀禮；1976 年 11 月 13 日《聯合報》三版「人與事」，報導「觀海先生 昨天赴美 欣言肇中 氣度恢宏」等等。

4　聯經出版公司於 1974 年成立，虞兆中曾受邀任董事長，吳大猷亦曾參與。聯經編輯委員會的專家學者，大多是我採訪熟識的對象，但我並不清楚公司是如何邀聘到他們的，因為當時的《聯合報》編採或管理高層，泰半不認識這些專家學者。

思索地拼命趕寫，只筆尖「沙沙」作響之際，一張張兩百字規格的新聞稿紙從我手邊遞給馬克任總編輯，由他直接做出大小標題，再進入工廠上機編印，此一經驗至今難忘。

在四十六年前談高能物理的「基本粒子」，對臺灣社會而言（國中教育尚未完全普及），簡直是「天方夜譚」！這種是比原子核的質子還要精細的東西，要不斷反覆靠超強的核子加速器撞擊分裂試驗，及研究分析始能有所重要發現；但偏偏早年在國外的類此粒子實驗，常有重大突破進展，而美國擁有眾多一流科學家，和良好的媒體環境，才有辦法做「解釋性報導」，[5] 就像近代傳播學者西爾維奧・韋斯伯（Silvio R. Waisbord）教授所說，重大新聞事件已不能只靠記者單打獨鬥，要做出內容詳實的全方位報導，需要多方面人才，包括記者、編輯、法律專家、統計分析人士、圖書館員和新聞數據人員等通力合作。這種深度處理新聞，非僅可充實內容，並避免法律上的糾葛，而電腦化的政府檔案數據，和大量可以透過網絡查找的訊息，這些都對新聞的深度、廣度、強度幫助很大。

臺灣早年比較夠格解析「粒子」的物理學者十分有限，而物理學又分很多不同的研究領域（如高能、固態、理論物理等等），可說是「隔行如隔山」；當時連中研院、臺大、清大等加總起來的物理系正副教授，還不到百人，更不用談粒子物理，懂的人僅是個位數。美國則擁有大師級科學家，所以解釋或詮釋任何重大科學成就，都容易深入淺出。而臺灣早期根本沒有具備類如美國的媒體環境條件，或某類專門科學領域的大師級學者，所以，遇上尖端科學如「粒子物理」領域的理論或實驗重大突破成

---

5 後來臺灣媒體才引進這類文體，還有「調查報導」等，重視「深、廣、強」度的新聞報導。

就，解釋性的報導相對弱很多。其他數學、化學、工程等科學領域的學者，由於分工專細，對高能粒子云云，根本是「三兩棉花彈（談）都不要彈（談）了」。

能深入淺出才見大師功力

再者，當時臺灣的主要報紙，記者既少，採訪範圍又廣，不像《紐約時報》的「科學新聞」部門，是一個擁有各個科技領域的編採團隊，還有「科學」專版；一遇重大科學突破或成就，便可立即有許多該領域的權威學者解說或撰文，提供「客觀、嚴謹」的報導，足見「科學新聞」的編採人員要靠長期培養訓練和優渥待遇，才能逐漸建立公信力，「羅馬不是一天造成的」！中研院院士、國際統計學著名學者周元燊，就曾對中研院數學研究所學者說，如果能將某一數學難題解決導致的重大突破及影響，對媒體說得清楚，或「婦孺老少」皆懂，就不難顯示個人真正功力的高低。像只有初中文憑，卻被國際數學界譽稱為「中國數學之神」、「中國現代數學之父」等等的華羅庚，便是箇中佼佼者。連英國著名的數學家、物理學家貝特曼（Harry Bateman，1882-1946 年）都對其推崇備至，並譽為「中國的愛因斯坦」。因為華羅庚數學高深到在國際獨樹一幟，但卻能講解得讓普羅大眾聽得懂，故更有「人民數學家」的名聲！

簡言之，腹笥淵博的大師級學者，就有「深入淺出」的本事，否則只是一般「將軍」（非大將或帥級），或是「半瓶醋」，[6]或連自己都搞不懂的等而下之者，只能唬外行人。像丁肇中雖常寄粒子論文給父親，但以丁觀海在土木工程學界的上乘功力，亦

6　早年有人拿著「留美博士」學歷，自詡發明「電腦」中文名詞，結果發現他並非真正專家。之後，返國教學及真正研究 **Computer** 的學者多了，他才「銷聲匿跡」。

是「霧裡看花」，只因是兒子的「心血結晶」，也只能覺得「蠻有意思」而已，這正是「「隔行如隔山」的寫照！質言之，新聞記者能否充實自己或超越自我，固然重要。但外在的政經社會環境條件亦很重要，例如要有拔尖或頂級的大人物、大師級學者、卓越科學家等等供採訪，才能產生「大牌記者」，例如華特 · 克朗凱特（Walter Cronkite）之流。

新聞報導，畢竟不是教科書、論文，記者只能報導說有這回事，專業細節需專家學者自己解說，記者除非捏造、刻意扭曲，也難以誤導什麼，畢竟一般仍重視專家的專業，記者只有分工的新聞專業路線，而非個個是專業學科專家。所以早年採訪科技最怕碰到「粒子」，但偏偏這是最尖端科學研究之一，又是當時很神奇且炫的東西，符合「新聞報導」要素；即使再艱澀難懂，亦得設法找專家「詮釋」，而那時的科技學門，都有高手解說；但唯獨粒子，找不到適當夠格的學者，因此往往越說越不清楚，反讓記者成了「眾矢之的」的「受害者」。

類此的粒子「突破性」進展，看在當時臺灣社會的眼裡，還不如核子科學研製原子彈、核武來得重要。粒子「高高在上」，不著邊際，一般興趣不大，頂多對獲諾貝爾獎之類的「非專業」介紹或評論，比較重視。粒子若無諾貝爾獎的冠冕，一般普羅大眾誰會對粒子感到興趣？反而會對從臺灣出去讀書研究有成，獲國際肯定的面向有興趣，感到與有榮焉；就像李遠哲，大家重視的焦點是在「本土科學家」，至於他在化學領域的卓越成就是什麼，便不太關心。畢竟專業知識，不是人人皆懂，其理至明。

▌李政道與吳健雄的貢獻

我因在 1974 年 10 月 25 日曾越洋電話專訪李政道，談《紐

約時報》20 日報導「李政道倡議創造一種『無先例的新能源物質』，正研製加速器促其實現」的新聞，一路從紐約哥倫比亞大學追蹤到芝加哥大學費米研究所，24 日才完成專訪（刊《聯合報》三版頭題）；又於 1974 年 12 月 23 日專訪李政道，談他「大膽假設」已發現的一種新核物質，密度比已知的原子核密度還要密，是一種「非常特別的物質」。1976 年 1 月 26 日（《聯合報》三版頭題），凌晨打越洋電話到哥倫比亞大學專訪，談「超密度核子」研究的新進展。訪問中，發現這位物理大師的解說相當白話。而他於 1997 年 8 月 6 日在《人民日報》發表悼念吳健雄（1997 年 2 月 16 日辭世）的文章，題目是「厚德載物 積健為雄——深切悼念傑出的物理學家吳健雄先生」，更是感人。其中將吳健雄在實驗物理學研究上的偉大成就，認為對當前物理學發展起了極重要的作用。由於文中將深奧學理詮釋得非常淺白易懂，謹摘錄其中部分：

在吳健雄的〈Cu-64 的 β 衰變光譜〉和〈β 衰變光譜形狀的最新研究〉兩篇論文中，用實驗的結果把從 1934 年到 1948 年間物理學界在 β 衰變理論方面的研究做了一個新的總結，澄清了其中的謬誤，將這一研究推向了一個新階段。

四十年前，她以第一作者身分發表的〈β 衰變中宇稱守恆的實驗檢驗〉一文，第一個在實驗上否定了「宇稱守恆定律」，同時她也否定了「粒子—反粒子」對稱的假設。而「對稱和守恆」是物理學的基礎，但這基礎中兩個很重要的定理和假設都被吳健雄的實驗推翻了。所以，這是一個劃時代的實驗。

在她與學生合寫的另一篇論文裡，他們建立起一個新里

程碑，後來使電磁作用和弱（相互）作用統一在一起，現在稱為「電─弱力」。這與當初「安培」和「法拉第」把電和磁連繫起來是有同樣價值的。以上這四篇文章是吳健雄在實驗物理學中較突出的貢獻，這些貢獻已是當代物理學中不可缺少的組成部分。

李政道和吳健雄的首次相晤，是在 1948 年。當時他從芝加哥到紐約看望吳大猷老師，那時李是費米（著名的核子物理學家）的理論物理博士生。吳大猷介紹李認識吳健雄，並參觀她的實驗室。當時，吳正在一步步糾正以前 β 衰變實驗的錯誤。她說，要正確地做 β 衰變實驗有兩個重要的祕訣。第一，表面一定要很光滑，沒有髒東西；第二，對電子要訓練得特別好，使電子不能離散。她口中的「訓練電子」一事，是李從來沒有聽過的。

搞理論物理的人對電子的觀念是用薛定諤方程、狄拉克方程表示，而真正做實驗的人則是像訓練貓、狗一樣細心愛護和訓練電子。電子訓練得好，裡面沒有雜質，那麼從它們的行為測出來的數字就會告訴你實在的自然界是怎麼回事。這個「訓練電子」的觀念很有意思，也很新鮮，李問吳這樣實驗的結果如何？吳健雄說，結果否定了烏倫貝克─考納賓斯基理論，而與費米的理論吻合。李完全接受她的結論。從那一年開始，他們就建立起半個世紀非常親切的工作和私人的關係。

▌推翻「宇稱守恆」定律的驚人實驗

所謂的「宇稱不守恆實驗」，何以能轟動國際科學界？李政道也做了「深入淺出」的詮釋，令人擊節讚賞。他說：在物理學中「宇稱守恆」的意思是，左跟右是對稱的。假如有兩個系統，

互相是對方的鏡像，就是說它們只是左跟右不一樣，其他完全一樣。「宇稱守恆」認為，除了左右不一樣以外，它們以後的發展變化也應該完全一樣。

然則，1957 年吳健雄所做的 Co-60 實驗證明，這與自然現象是不符合的。這當然是非常驚人的事情。吳健雄實驗的原理其實非常簡單。係假定有一面鏡子，鏡子兩邊各有一個 Co-60 原子。這兩個 Co-60 原子沒有極化，是完全一樣的，然後每個 Co-60 原子各放在一個與鏡面垂直的電流圈的中心，這兩個電流圈除電流方向相反外其他完全相同。因此，在這鏡子兩邊的系統（Co-60 加電流圈）的初態，除左右相反外，其他也完全一樣，這兩個 Co-60 都衰變出電子。照通常想法，出來的電子數目向左右對稱的方向應該一樣多，但結果完全不是這樣。

1957 年 1 月 15 日下午，哥倫比亞大學物理系舉行新聞發表會，宣布了一個過去科學界深信不疑的基本物理定律被推翻了的驚人消息。這則新聞立即引起轟動，傳遍全世界。人類對物理世界結構的原本看法突然瓦解，勢不可擋。這就是實驗物理的精髓所在。假如是理論物理學家的話，他要猜風從哪兒來，而實驗物理學家的話，只要跟著它走，便知道風到哪兒去。而如果你要知道風從哪兒來，就要做另外一個實驗。理論物理學家李政道看吳健雄的高深物理實驗，而能娓娓道來，如數家珍，真是看「門道」的行家，對採訪科技新聞的記者，真是不可多得的珍貴對象。

▌科學倫理辯論需社會關注參與

前述的粒子物理固然艱澀難懂，早年轟動一時的「試管嬰兒」和「複製人」的新聞，因涉及人類性別和倫理關係，更引發

社會爭論。也使得這類尖端生物醫學發展受到嚴密的控管，基因科學也因此轉向防治疾病及癌症的研究發展。也就是說，科學如同野馬奔馳，不斷突破飛躍進步，如不加反思，將使人類禍福難卜。在1972年間，已頻傳七年的「試管嬰兒」即將誕生的消息，已由美國一家醫院宣布將人工受精胚移入母體內，新生兒可望誕生。這個當時世人皆「半信半疑」的事，到如今卻已是小事一樁。[7]

另一則重大新聞，是美國一家出版公司宣布出版「複製人」的實驗過程，即是將一名男性的細胞，製造出一個已十四個月大的男嬰經過公諸於世，又讓美國界震動。因為當時的科學界已能成功複製胡蘿蔔，而1969年加州理工學院生物系主任辛希默爾教授已提出類似的理論；[8]當時國內的生物醫學專家許織雲的研究實驗，已能將雌蝌蚪變成雄蝌蚪，轉性成功，成果受到國際重視（1972年9月11日《聯合報》三版獨家專訪報導）。

如果將粒子和「複製人」的尖端科技新聞比較，前者屬自然科學的宇宙領域，後者則更接近人，加上臺灣醫學生物學界人才輩出，解說起新聞來亦「頭頭是道」。兩者雖同樣屬於「尖端科學」範疇，採訪起來難易程度卻如天壤之別。可見科學傳播成功關鍵，有賴於專家能解釋、記者能理解並確實報導，讓社會支持或進行倫理的相關辯論，才能讓科技為人類謀福！

---

7 我曾在1972年1月19日《聯合報》副刊頭題報導「我國專家談『試管嬰兒』」，引起廣泛的重視。

8 我曾訪國內專家學者談「複製人」及分子生物的將來，刊1968年3月4日《聯合報》三版和同年4月1日《聯合報》副刊「人的無性生殖」，當年的標題主觀傾向「不可能」，然我的內文報導其實並未否定可能性。

2．
馬廷英的「大陸漂移」學說

▎與馬廷英結緣經過

在 1960 年代曾流行一首西洋搖滾歌曲，歌名是〈He got whole world in his hand〉，也可說是地質學大師馬廷英的一生寫照。他就是孜孜不倦地鑽研，把地球掌握在手中的人！連接受我的專訪時，也是拿著「地球儀」解說，真是幅生動有趣的畫面。

當年的臺大文理工學院「怪咖」大牌教授不少，人類學家李濟是其中之一，另如丁肇中父親丁觀海，亦是「大炮」型人物。而馬廷英也不遑多讓，以研究「大陸漂移」著稱於國際地球科學界，每天一早 6 點就到研究室，自詡工作一天等於別人兩天，其「特立獨行」作風和同行的研究和看法常常不同。他玩的是地球「大結構」，亦確有「獨到」之見，但提出的理論卻往往隔了很多年後，才被證實。如果「先知」是「孤寂」的，用在他身上，可說是恰當不過。

我和馬廷英結緣，是靠一則外電促成的。1970 年 9 月 11 日，我在家中接到一通緊急電話，[9] 連忙趕往康定路《聯合報》報

9　早年每天須在下午 **3** 時前與報社連絡及報新聞預告，通常打到家中者屬十萬火急。

社編輯部，總編輯馬克任給了我一則外電，說美國兩位科學家證實，世界五大洲在過去一億年來，正緩慢地在地球表面移動。而此無異證實馬廷英 1953 年發表的「地殼剛體滑動」說，因此轟動國際。[10]

於是，當天我經臺大地質系教授推介，立即趕往馬廷英青田街的寓所，[11]一者道賀，二來請他解說此一「重大成就」及影響。好在我曾唸過粗淺的「工程地質學」、「土壤力學」（有刊登上學報的論文）等理論。[12]好不容易「通關」，馬廷英總算讓我坐在榻榻米上，面對一個大書桌上的「地球儀」，聽他邊用手翻轉地球，邊口沫橫飛地講解「地殼剛體滑動」理論，我則認真記錄每一專業名詞，並重覆請教以便確定，看來馬教授相當滿意我的做法，使訪談幾乎是欲罷不能。

▋最早提出大陸漂移理論

原來「地殼剛體滑動」，是「大陸漂移」學說的一部分。其牽涉範圍極廣，若經一一證實，連達爾文的進化論，都將會有許多地方需要修正。所謂「大陸漂移」，就是探究地球最早開始的大陸漂浮和移動種種的變化。據近代生物地層學、地形學、氣候學、地震研究、古生態學及海洋地質學等多方研究實驗，發現世界各大洲不僅不斷於地球表面移動，並且每年平均以約 3 公分速度上升。馬廷英從 1937 年便從事這項研究，他利用南北極磁極

---

10 《聯合報》翌日以三版頭題大篇幅刊登我的獨家專訪，之後，還「原文不改」分列入 1971 年《聯合報》創刊 20 週年紀念文集，及臺北市記者公會刊物，做為「新聞特寫」範例。

11 今已成為臺北市古蹟「青田 76」。

12 早年國內訪專家學者解說，能否找對人，就是個大問題；即便找對又能深入淺出詮釋的學者，又未必會對新聞記者友善，通常大牌科學家鮮有對記者好臉色，都得「口試」學歷背景才談，發稿前還得「檢核」一番。

位移現象，推翻了當時德國權威地質學家維格爾博士（Abraham G. Werner，1750-1817 年）的理論，建立了他在國際地質學界的地位。維格爾博士認為「大陸漂移」是按次序、有條理地隨著年代和地層變化，並主張一切岩石都是來自海水，亦被稱為「水成理論」（Neptunian Theory）。但馬廷英則提出應以南北極磁極位移作基準，決定「大陸漂移」的情形；而地球每發生「膨脹作用」時，並非是規則的。他的這項獨到創見，改變了許多有關「大陸漂移」的研究觀念，得到國際重視。他再接再厲推出研究古生物珊瑚礁形成論文，推算出「大陸漂移」年代和速度，使得國際學界對此項研究有了新進展。

何以古生物珊瑚礁具有如此重大影響？依馬廷英的說法，因為依據珊瑚礁的形成，容易推算各個地層年代變化，像熱帶區域珊瑚礁，多為長尖形；而亞熱帶則是短圓形，從這裡可以了解當時地層的季節和地殼移動位置，進一步知道，是屬於什麼年代的地層。

當年的馬廷英正值英氣風發的年代，1929 年獲得日本仙台東北帝國大學地質古生物學地質理學士，1933 年完成博士論文，指導教師矢部長克博士將其論文送往德國柏林大學，於1934 年再獲頒博士學位，成為同時擁有德、日兩國博士學位的青年學者。他也是第四位得到日本帝國大學理學博士的外籍人士（日本政府曾要求他入日本籍，為馬廷英拒絕），更是地質學專業的第一位外籍人士。

由於地質學是一門隨時演變的科學，而「大陸漂移」學說可以幫助世人認識地球本身是怎麼一回事。但這門學說範圍太廣，馬廷英在 1953 年發表的「地殼剛體滑動」研究論文，就是設法從地球外體滑動現象，來綜合說明「大陸漂移」理論。這項研究

是從地球外體橢圓體整體滑動現象，發現地球自轉作用，常會推動地球外體上部破碎層帶，造成一種自轉上升情形。也就是說，這種自轉上升形成不均衡累積，當超過地球外體厚度2,900公里時，與地球內部一種不連續帶液體橢圓體發生摩擦力，就會產生突然整體滑動，不難發現地球地層經常在變化。而「地殼剛體滑動」理論初步證實，地殼上升下降的運動，與形成大陸或海洋有密切的關係。

馬廷英先後完成300篇不同的「大陸漂移」研究論文，亦曾主持聯合國和各國有關地質方面研究計畫，常在國際地球科學會議發表專題演講，廣受國際學界的重視。英國皇家科學院還頒予榮譽院士，以表彰他在地球科學上的成就。據馬廷英的研究心得，地震和大陸漂浮及地球外體滑動有關，但並非是規則的。從一百二十萬年前以來，已有四次滑動。最近的一次是在七萬年前發生；每次滑動，地球內部就有激烈的激盪，產生裂縫，造成大地震和火山爆發。這種情形像是「大搬家」，例如中國的興安嶺與蘇俄鄰接的大平原陷落，便是七萬年前地球滑動形成的。

▊大陸漂移理論被證實

1971年12月20日又有一則外電報導，美國哥倫比亞大學地質系西森教授（Joseph Seasons）和加州大學麥柯·葛瑞克博士（Macheal Grigg）共同主持的新研究計畫證實，在亞洲大陸的太平洋地層，每年以10餘公分速度移動，並發現在過去一億兩千五百萬年來，已移動了3,000公里以上。根據當天接受我專訪的臺大地質研究所主任黃春江的說法，此一新發現，將使地球科學理論有了重要的進展，亦使馬廷英教授的「地殼剛體滑動」獲得證實（1971年12月22日《聯合報》三版獨家特稿）。馬廷英

的獨特論述,雖在1950年代已受到國際學界重視,但當時大家仍是半信半疑,直到1970年獲美國地質學家證實,世界各大洲在過去一億年來,正緩慢地在地球表面移動,才使科學家們有了信心。而西森教授和麥柯・葛瑞克博士早先亦曾與臺大地質系連繫,並來臺向馬廷英教授當面請教,爾後果然在太平洋地層發現,確有「移動」的現象。顯見馬廷英的「先見之明」,確為地球科學研究開拓一個新的視界,直至今天仍十分受用。

2007年美國航空太空總署(NASA)就研究發現,目前地球的主要板塊包括太平洋板塊、北美洲板塊、歐亞大陸板塊、非洲板塊、南極洲板塊、印度－澳洲板塊以及南美洲板塊。另外還有阿拉伯板塊、加勒比板塊、位於南美洲西海岸外的納斯卡板塊,以及位於南大西洋的斯科舍板塊等等。例如印度－澳洲板塊,是澳洲板塊與印度板塊在五千萬至五千五百萬年前融合形成的。而在這些板塊中,大洋的板塊位移速率快,大陸的板塊移動速率慢:像太平洋板塊,則以每年52至69公釐的速率位移;而屬於大陸板塊的歐亞大陸板塊,平均以約每年21公釐的速率行進。

在1973年世界首次出現能源危機之時,各國都上窮碧落下黃泉,勤奮發掘或尋求自主能源,當時我採訪許多能源的獨家新聞,其中自也少不了馬廷英教授。1974年1月8日在《聯合報》三版頭題,獨家專訪馬廷英,他談到臺灣海域的區塊底層,按地層的變動變化,「應會有豐富油源」。馬廷英曾在1945-1946年間,率領專家赴蘭嶼調查動植物及地質情況。1947年,到南沙群島及海南島開展學術調查,並利用珊瑚成長率研究各地質時代各大陸的相對位置及遷移。1950年代,他還寫出〈石油成因論〉一文,推測臺灣西部及海域深處有可能蘊藏大量石油及油氣。在專訪中,他也提到過去的一段研究,且指出美方所提供的五十四

件岩心標本，其中四件含有「更新世」超微體化石岩心在內，證明臺灣海峽在二十七萬年形成前，因「地層震盪撕裂」作用，撕裂成各種地槽，成了堆積含油地層的底盤，可能蘊藏豐富的油、氣田。受到政府相關部門的重視，可惜後來進行的探勘工作並不順遂，進而中斷。

▍馬廷英之子馬國光受父蔭

　　或許是命運的安排，後經友人介紹認識馬廷英的長子作家馬國光（筆名「亮軒」），方知他曾有段不愉快的童年；馬廷英是在1940年與同為留日學生的孫采蘋女士在重慶結婚，育有一女一子（長子即馬國光）。到臺灣後，兩人因感情不洽離異。馬後娶日籍妻子，亦生有子女，自己則因經常研究，或出國講學、開會，無暇照顧馬國光，故父子感情比較淡薄。

　　直到1979年馬廷英患胃癌住進臺大醫院，父子感情始有好轉，我因得知訊息，乃前往探視，發現馬大師竟然棲身三等病房，晚景淒涼，而他卻十分豁達，談笑風生，又手不釋卷，令人望之悽然。回到報社，我心中深感不捨，立即寫了一篇報導刊《聯合報》三版頭題（1979年7月6日）：「國際名地質學家馬廷英博士病重 研究地球大結構 頗多卓見 棲身三等病房 不以為苦」，蔣經國當天讀報後，立即趕到臺大醫院探視，隨即一切皆有顯著改善，惜為之已晚，馬廷英終不敵病魔過世，享年77歲。1980年，馬廷英獲中華民國總統蔣經國頒令褒揚，他的家人均受到妥善照顧。

　　我和馬廷英的忘年情誼，至今仍難忘懷，特別是他卓爾不群的學術識見，和淡泊名利的志節，以及豁達大度的風範，真正無愧於「大師」稱號。

3 ·
從氫彈之父泰勒談起

▌大學者多富哲思而平易近人

　　不論中外的大科學家或大師，在我早年的採訪印象中（包括來臺的諾貝爾科學家），大多有一個共通的特色，就是很像「哲學家」（其實 Ph.D. 或 PhD，Doctor of Philosophy，即有「哲學」涵意），講話有人文氣息，而且平易近人。例如，吳大猷望之儼然，但即之也溫，常會引經據典揶揄時事，令人莞爾。當李政道和楊振寧獲得 1957 年度諾貝爾物理學獎時，第一件事就是致電感謝恩師吳大猷的培養。吳大猷則謙虛地說：「李、楊成就斐然，國人常提及二人為我的學生，並以李與我的機遇傳為美談。實則我不過是適逢其會，在那時遇上他們而已。他們就像是兩顆鑽石，不管放在哪裡，終究還是鑽石！」甚至他認為教育目的不應限於知識的傳授，「有知識而沒道德，只是科學巨獸。」等名言，更強調「錯誤」要隨時糾正，不可繼續傳播「錯誤」！

　　發明「相對論」舉世聞名的阿爾伯特 · 愛因斯坦（Albert Einstein，1879-1955 年）亦曾說過：「假若我不是物理學者，那我可能會是音樂家。我時常會想到音樂。我生活在音樂的白日夢裡，我會從音樂來看我的生命，……我會從音樂裡獲得生命中最

多的快樂。」又說「教育，就是當你忘掉學校所教的一切之後，還剩餘在你人生裡的東西！」這些話講得多麼富有詩意！

1973 年，來臺參加一項核能研討會並在會中講演的「氫彈之父」愛德華‧泰勒（Edward Teller，1908-2003 年），亦是極為風趣的核能大師。我在當時原子能委員會祕書長鄭振華[13] 介紹下對他做了專訪，也請他協助提出對核能的解釋。當時核能知識還不普及，並不了解一般說的原子彈，是屬於「核子裂解」（Fission），釋放巨大帶有輻射性能量；而氫彈則是「核融合能」（Fussion），將兩個氫原子「融合」，可產生比原子彈威力更強數倍以上的龐大能量，科學家正積極努力研發其非軍事用途，以造福世人。

泰勒大師在臺演講中，談到核能輻射安全問題時，說世人因原子彈的輻射殺傷力害怕，但是仍有「以科學制科學」的方法防範。他還風趣地說：「人體血液中便含有鉀40 的放射性，這就像是與自己太太在一起，沒聽說會發生輻射污染，除非是一個人娶了兩個太太。」當時引起在場人士一片笑聲和掌聲（當天的專訪刊1973 年1 月3 日《聯合報》三版大邊欄及照片，標題是：「氫彈之父縱論核融合能 將給人類帶來更大福祉」）。[14]

▍泰勒來臺推廣核電

泰勒大師是於1930 年代移民美國，並成為曼哈頓（研製原

---

13 時任清大原子科學院院長，領導 **1974** 年的清大阿岡諾研究用原子爐運轉、**1975** 年研製完成移動式教學用原子爐等，卓然有成。

14 中共在 **1967** 年 **6** 月，亦成功試驗了一枚 **330** 萬噸當量的氫彈。是「中國科學院學部委員（院士）」於敏（亦有稱「于敏」負責推動研製的，當時於敏始終是一個神祕人物，直到 **1999** 年 **9** 月 **18** 日，才重回公眾視野，為二十三名「兩彈一星功勳獎章」獲獎者代表發言。有「中國氫彈之父」稱號。

子彈）計畫的早期成員，參與研製第一顆原子彈。這段期間，他還熱衷於推動研製最早的核融合能武器（氫彈），不過這些構想直到第二次世界大戰結束之後才實現。半世紀以來，泰勒對美國國防與能源政策有深遠的影響力。除了推動原子彈與氫彈研發，他還提倡核能發電以及星戰戰略。泰勒生前還曾向美國總統雷根提出以太空為基礎的核彈防禦計畫，也就是「戰略防禦計畫」（Strategic Defense Initiative，簡稱 SDI）俗稱星戰計畫（Star Wars）。泰勒一生獲獎無數，包括愛因斯坦獎、費米獎、國家科學獎，以及美國總統自由獎章（2003 年 9 月 9 日過世，享年 95 歲）。由於當年臺灣正推動十大建設，如火如荼，其中也包括核能一廠的興建，為消除社會的種切疑慮，便邀國際著名核能科學家來臺協助指導和解說，泰勒是其中之一。

泰勒的輻射安全講演，頗有吸引力。他說核能和平運用，最使人在意的是輻射安全問題，就像大家喜歡汽車，也討厭汽車會污染空氣一樣。核能發電除非是天然災害、不正常運轉或特殊事故等，但在 1973 年前，尚未見到在「正常控制」下，發生意外輻射污染的例子。[15] 三哩島核電廠事件於 1979 年 3 月 28 日發生，是世上核電廠史上第一次事故，還被評為國際核事件分級第 5 級，引發世人廣泛重視輻射安全問題和討論（「反核運動」應運而生）。此事故的嚴重後果反映在經濟上，公共安全及周圍居民的健康上卻未見有不良影響。究其原因乃在「安全殼」發揮了重要功效，起了「安全防線」的重要作用。在整個事件中，工作人員的「操作錯誤和機械故障」是主要原因。由此可見核電廠運行人員的培訓、面對緊急事件的處理能力、控制系統的人性化設

---

15 像 **1979** 年美國賓州發生「三哩島核電廠事件」，後來追究查證，乃是因為工作人員的「操作錯誤和機械故障」所造成。

計等細節對核電站的安全運作，非常重要。

美國原子能管理委員會曾對周圍居民進行了連續追蹤研究，研究結果顯示：在以三哩島核電站為圓心的50英里範圍內，二百二十萬居民中無人發生急性輻射反應；周圍居民所受到的輻射，相當於一次胸部X光照射的輻射劑量。而三哩島核洩漏事故，對於周圍居民的癌症發生率沒有顯著性影響。三哩島附近也未發現動植物異常現象，以及當地農作物產量並未發生異常變化。[16]

我在1979年4月2日賓州越洋電話專訪文采知名的核能專家孫觀漢，[17]分析「三哩島核電廠事件」為「設計與人為疏失所致」（此與後來美方鑑定結果「大同小異」），因有層層安全保防系統，與及時緊急因應措施得宜，「外洩」很少，顯示已在安全控制範圍內。[18]

▍描繪核融合技術遠景

在泰勒大師訪臺後不久，翌年（1974年）在美鑽研「核融合能」有成的科學家劉全生[19]也應台電邀請回臺講演。我在他演講後晚餐時專訪，餐後已近9時，趕回報社寫了三千字大邊欄「利用空氣中氫原子 新能源時代即將來臨」（1974年12月1

---

16 1986年車諾比核能電廠事故後，「核安」被許多人質疑，但由於該電廠的安全設備遠落後西方核電廠，因此三哩島事故後的核能安全形象並沒有遭到嚴重影響，但是在2011年日本福島的第一核電站事故，確實使許多人對核能安全產生不信任。

17 曾任清大第一任原子科學研究所所長、美國西屋公司核子研究所主任。

18 1979年4月3日《聯合報》三版頭題，標題是：「孫觀漢博士評估賓州核能廠意外事件 強調小心謹慎管制 袪除不必要的恐懼」。另訪國內專家學者及綜合外電分析，在1979年4月2日《聯合報》三版撰特稿刊登「世界核能發電史 意外事件第一次，人為錯誤又碰上機件失靈，發生機會一萬七千分之一」云云。

19 美柏克萊加州大學博士、普林斯頓大學高級研究員，後主持馬利蘭大學新創電離子物理與核融合能研究所所長，曾返臺任中央大學校長等職。

日《聯合報》三版），文中提及，「核融合能」目前未能經濟實用原因，是不容易控制，而溫度高達一億度以上，亦不容易「裝置」。但自蘇俄於1968年研製一種叫做「吐克馬」（Tokamak）設施成功後，才使「核融合能」有了突破性進展。

「吐克馬」是類似「救生圈」的東西，可以把高溫的氣用磁力線「拘束」在內部，使能量容易控制。一般來說，像氫的同位素如氘、氚，原子核多帶正電，當要「融合」，帶正電的離子，即有「同性相斥」的情形，需要大的動能「拘束」；也因為這樣，產生一種高溫狀態，學理上叫做「電漿」。宇宙中物質，除地球外99%呈「電漿」狀態，而地球上的閃電，及大氣層的電離層等，可用做廣播、電視的電波，也都是「電漿」。如何用磁力線方法做「磁瓶」，來控制「核融合能」，使其密度高，控制時間長，這些都與基本物理有關，更需要科學家們交換心得和資料，才有辦法。所以，1958年各國取消相關的研究機密後，才使「電漿」物理，成為當今最成功、進展最快的一門科學。

翌日，劉全生與那天在場的專家學者都對這篇報導讚不絕口，認為是「深入淺出，正確精闢」，可讀性高。[20] 不過，至今自己回想起來，還是那句老話，就是越是高級科學家或大師級者，越能「融會貫通」，越能用「通俗語言」清楚表達，越能琅琅上口，才會有「深入淺出」的感受。而我那時的文字表現，印證了劉全生「腹笥淵博」的功力，我則恐是「福至心靈」所致。

說來有緣，自此之後，劉全生還把他的雙親（劉行之監委、王國大代表），乃至好友郭榮趙介紹與我結識。結果郭與我還結下「文字緣」，無論郭創辦雜誌或擔任報社總主筆，或各種行

---

20 直到劉全生當中央大學校長時遇到我，他還向中大教授特別介紹我的這篇專訪，說是又快又好。

政工作，經常找我商談或聊天、邀我寫稿，彼此成了「忘年之交」。這不禁使我想起，不論我讀書或工作，經常與「師、長輩」級特別有緣，還常常與他們「稱兄道弟」。例如過去的戲劇大師俞大綱，或中研院院士周元燊等皆是，至於郭榮趙常掛在嘴上的「但開風氣不為師」，予人印象深刻，可說是近代學人中的典範（1978年12月27日《聯合報》「新儒林」專欄）。

4 ·
發現世界最深海洞與海洋調查開發

▌臺灣研究船曾成功探測到最深海溝

　　臺灣四面環海，理應在海洋科學和漁業發展，有獨樹一幟的表現，惜當初國府遷臺以「反攻大陸」為上位政策，致落後先進國家。直到 1969 年開始推動十二年國家科學發展，以科技扎根臺灣，經濟發展為導向後，海洋科學始嶄露頭角，漁業亦因農復會大力推動，使遠洋、近海、養殖等漁業，亦有了嶄新面貌。[21]

　　我國海洋科學家搭首艘「九連號」海洋研究船，在 1973 年 4 月間，就開了「紅盤」，在關島附近「馬瑞安納斯海溝」（Mariana Trench）附近發現一個最深的海洞，並攜回有力證據；復於同年 5 月 24 日獲「太平洋海洋學會」科學會議「認可」，比 1960 年 1 月 23 日美國海軍用法國製造的潛水研究船「粹里雅斯特號」（Trieste），發現的記錄 10,911 公尺還要深，「九連號」發現的海溝深達 10,945 公尺。當時蘇俄的研究船亦有所發現，計算深度為 11,034 公尺，但因設備較差，另「迴聲探測儀」的聲速較大，太平洋海洋學會認定為不符標準，因此其探測出的 11,034

公尺，並未列入正式記錄。

我從當年5月16日一路獨家追蹤此條新聞，**轟動一時**。[22]
之後，不知是否受到1971年退出聯合國影響，對臺灣類此「破
世界記錄」之事，都不再被提及。截至2012年，世界上最深的
「馬瑞安納斯海溝」（Marianas Trench）記錄，仍是美國研究船所
測得的海平面下10,911公尺（35,798英呎）。美國中央情報局出
版的《世界概況》（The World Factbook）認為最精確的記錄，仍
是日本探測船「海溝號」（Kaiko）於1995年3月24日測得的深
度10,911公尺（35,798呎），此雖與美國於1960年1月23日使
用「粹里雅斯特號」（Trieste）測得的數據一樣，但探測儀器則
更為精確。[23]

臺灣真正推動海洋科學研究和海洋開發，是自1971年4月
28日首屆中美海洋資源研討會揭開序幕後，才展開後來一連串
的研發計畫，奠定了海洋的開發利用科學基礎。當時臺大的海
洋所才創立不久（1968年8月成立），由著名海洋科學家朱祖佑
教授擔任首任所長，延攬和培育國內外的人才；而在1969年5
月，研究船「九連號」亦由美拖運抵臺整修，增設衛星導航儀與
地球地理探測裝備，國科會並指定做海洋研究與教學用，使人才
和研究設備有了良好的起步。

---

22 參見 **1973** 年 **5** 月 **16** 日《聯合報》三版頭題；**1973** 年 **5** 月 **24** 日越洋電話專訪臺
大海洋研究所所長朱祖佑，刊《聯合報》三版頭題等大篇幅報導。

23 國際審核標準十分嚴格，需經「國際海底探測修正表」、「特種海底探測修正表」、
迴聲探測儀等相互對照查核，差萬分之一都不行。加上，大陸漂移和海底地震關
係及影響，使探測地點的測量數據，亦未必準確。因此至今仍以 **1995** 年日本探
測船「海溝號」（**Kaiko**）的數據為準。

▍畢林士是中美海洋科學合作推手

當時我曾專訪美國科學顧問畢林士，他是促進中美海洋科學大規模合作的幕後推手。他指出，臺灣四面環海，擁有豐沛的海洋「寶藏」，亦是動植物蛋白質的主要來源。像臺灣西南海岸經衛星觀測，有大量的「湧升流」，證實海水含有大量浮游生物，世界罕見，顯示該區有大量魚類活動，有利漁業開發。同時，美國著名的海洋科學家克拉文（William Clavin）更說，近代科技飛躍進展，有利海洋開發，需要建立像太空科學研究的週密體制（System Integration），形成總體作戰的團隊，必能事半功倍。[24]

果不其然，「九連號」在 1973 年 4 月啼聲初試，探測到「最深海洞」之時，亦在靠近臺灣東部的菲律賓海深處，發現有大量的「錳核」，並初步證實有七成以上機會蘊藏有金銀銅鐵鈷鎳等金屬元素，在當時認為是值得開發的一項資源。然則，經實地發展及運作，發現經濟效益不大，乃作罷。因為要從 5 至 6 公里深的地方採取「錳核」，再運送上水面，不但技術困難，所需經費也多。加上國際組織對採礦收取的高稅率，陸地已能開發錳礦，且供應源源不絕，因此就經濟上考量，並無開採價值。

從 1969 年的「九連號」，到 1984 年的「海研一號」，[25] 乃至到海研五號[26] 不難看出，臺灣海洋科學篳路藍縷的研究發展史，對

---

24 參見 **1971** 年 **4** 月 **29** 日《聯合報》二版「第一屆中美海洋資源研討會，副總統嚴家淦盼美助我策劃新階段研究工作」，同版還有我做的專訪「美專家談海洋開發問題」；**1971** 年 **5** 月 **6** 日二版專訪談「開發海洋的藍圖」；**1972** 年 **2** 月 **1** 日三版特稿「進軍海洋 開發寶藏 爭取資源 當務之急」。

25 R/V Ocean Researche。兩億五千萬的經費，**800** 噸級的全新海洋研究船，**1984** 年 **7** 月 **31** 日下水。

26 RV OR5。**2011** 年下水，全船由臺灣設計建造，其建造經費達新臺幣 **17.9** 億元，是目前臺灣擁有噸數，僅次於中華海軍達觀號海洋測量艦次大噸位研究船，隸屬於國家實驗研究院、臺灣海洋科技研究中心。為 **2,700** 噸級，首航任務「南海海域之探勘」，**2013** 年 **2** 月 **18** 日，自臺南安平港出發，不幸 **2014** 年 **10** 月 **10** 日在澎湖外海，因觸礁沉沒。

於臺灣海洋資源的調查和開發利用，貢獻卓著。其中臺大海洋科學研究所，更扮演了一個重要角色。

像陳汝勤從朱祖佑所長手中接棒後，加速了海洋物理、海洋化學、海洋生物及海洋地質等應用方面的研究。諸如含有重礦物的大陸棚調查、沿海基礎生產力的研究、海洋生物資源的開發利用，以及與各方合作，配合進行海洋的物理、化學與地震、生物的探勘等，使海洋所聲譽鵲起，亦使臺灣的海洋科學研究，逐漸受到國際的重視。陳汝勤在擔任海洋所海洋地質主任時期，曾與中研院院士阮維周合作，從事月球岩石分析，使臺灣得以分享國際太空科學合作的成果，還推動利用海表和海底的溫度差異，進行一項「溫差發電」的試驗等等，成績斐然。

陳汝勤人如其名，研究勤奮，工作也勤奮，好學深思，常有獨到想法，卻能默默耕耘，並熱心科學教育，為人稱道。他不擅長社交，但卻活躍在國際海洋科學活動場合，也展現了他的才華和功力，得到好評（1978 年 3 月 24 日《聯合報》「新儒林」專欄）。

5．
生化科學三要角：李卓皓、李鎮源、羅銅壁

▌李卓皓蛋白質研究享譽國際

中研院院士李卓皓（1913-1987 年），在腦下腺荷爾蒙蛋白質研究，早已中外馳名（論著大約五百到六百篇），他生前最大的願望，就是要協助臺灣成為亞太地區的生化科學研究中心，如今「美夢成真」。至少中研院在他的熱心指導和高足羅銅壁[27] 推動下，已於 1977 年 7 月 1 日正式成立生化科學研究所，聲譽蒸蒸日上。而這段師生事功輝映、相得益彰的故事，傳為士林美談（1978 年 3 月 28 日《聯合報》「新儒林」專欄）。

最令人驚奇的是，李卓皓竟有一手好廚藝，他的拿手菜「炒排骨」，聲名遠播，讓許多老饕至今讚不絕口。在丹麥哥本哈根一家餐館，還將此菜取名為「李（卓皓）式炒排骨」，我在當年和他閒聊時，得到證實。古人說「治國如烹小鮮」，李卓皓的心得是，「做研究或實驗，亦需有智慧，調配得當，有條不紊，不慍不火；燒菜也要專心，否則像切菜，也會切到手」。

李卓皓一生獎譽無數，美國加州大學還特別為他在舊金山分

---

27 後來成就卓著，亦被推選為中研院院士，曾任中研院副院長。

校專設大型荷爾蒙研究實驗室，曾取得多項重大成就，包括在世界上首次發現人工合成人體生長荷爾蒙，猶首次發現 β- 內啡肽（beta-endorphin），並能提取類胰島素生長因子。曾被兩度提名為諾貝爾醫學獎候選人。[28] 在 1970、80 年代他一直都是諾貝爾獎呼聲最高的候選人，惜多擦身而過，不無遺憾。但他的家庭生活美滿，彌補了缺憾，子女皆多有成。[29] 他的牽手盧盛懷是中國北方人，說得一口「京片子」，他是廣州人，兩人「南北和」，「南腔北調」其樂融融。不過，他的國語後來也不差，李卓皓歸功於夫人「教導有方」。

認識李卓皓，緣起 1971 年元月間的一則外電（《紐約時報》頭題）報導，李卓皓使人工合成生長荷爾蒙的理論，逐漸接近實現階段，將可更新人體某重要部分組織，視為一重大突破。[30] 接著，我在中研院找到他 1967 年在臺講學手稿；[31] 復於 1971 年 4 月專訪來臺訪問的 1959 年諾貝爾獎得主亞瑟・凱恩伯格[32] 時，我向他提問李卓皓的新研究，他形容這是「劃時代」的成就，因為這項「能用人工方法控制腦部細胞的 DNA，等於把腦細胞的司令官控制」（參見 1971 年 4 月 20 日《聯合報》三版專訪）。

---

28 曾經獲得眾多榮譽獎項，包括基礎醫學研究拉斯克獎（**Lasker Award**）。也是美國國家科學院院士。

29 長子偉怡是醫師、長女安熙為獸醫、幼女一帆專攻建築。

30 我在 **1971** 年 **1** 月 **9** 日《聯合報》三版頭題專訪學者解說人體生長的荷爾蒙，在醫學上將有廣泛用途，能治療骨折、高血壓、糖尿病和心臟病，甚至可以治療癌症和侏儒症。

31 參見 **1971** 年 **1** 月 **10** 日《聯合報》三版頭題「博士數頁親筆手稿，科學史上珍貴資料，研製生長荷爾蒙，歷經幾許艱辛」。

32 **Arthur Kornberg**，**1918-2007** 年，美國生物化學家。**1959** 年用實驗證明「去氧核醣核酸」DNA 的複製，並成功從大腸桿菌提取液中分離出 **DNA** 聚合酶，著名於世。

▌加強應用勿忘基礎科學研究

當年，國際媒體多報導科學家「無性生殖」或「實驗室製造超人」等等，不一而足，一時蔚為風氣。所以亦專訪專家學者談類此問題，值李卓皓和營養學家岑卓卿都將來臺，亦在《聯合報》三版頭題報導「揭開人類遺傳奧祕，進化學上重大貢獻，發育性腺荷爾蒙（Human Chorionic Gonado rophin），李卓皓研究成功」，另有特稿：「進化學、營養學，兩支尖兵 李卓皓、岑卓卿卓然不群」，就提到「生物分子重大突破，遺傳奧祕漸漸揭開，超人夢想顯現曙光」（1971 年 11 月 2 日《聯合報》三版頭題）；並專訪李的高足時任臺大生化研究中心主任羅銅壁，談「李卓皓與蛋白質化學」提到李多年來回美、臺之間，就是為籌建中研院生物化學研究所，以加強培植人才，並陸續提攜青年學子至他的研究所深造，讓臺灣成為國際生化學界的生力軍（1971 年 11 月 27 日《聯合報》三版）！

我終於在 1971 年 12 月 4 日見到名聞遐邇的李卓皓夫婦，他們在下榻的統一飯店接受專訪，我們是相見歡，聊得非常愉快，羅銅壁教授亦在座。李卓皓認為有機會和國內青年接觸，是最大的收穫，他強調成功全憑毅力，反對天才之說，對國家前途充滿信心。他亦與時任行政院副院長蔣經國晤談，加強應用科學結合經建，不忘基礎科學研究，是正確的方向。同時，科學發展不是可以獨立發展的，需要各方面配合，可以利用先進國家的成就，再加上自己的努力創新，定能有成。但人才還是重要，要不斷培植年輕人才，才能厚植國家實力（1971 年 12 月 5 日《聯合報》三版頭題）。

於是在李卓皓博士同意和羅銅壁教授協助下，我將專訪針對青年學子部分的筆錄整理，經訂正為「我的期望」後，刊登

1971年12月11日《聯合報》副刊的「各說各話」專欄頭題，期勉學子要不畏艱難，腳踏實地，朝正確目標方向，鍥而不捨地努力，始能克竟事功；不要靠聰明，很多聰明人一事無成，就是被聰明誤。翌年，又訪羅銅壁教授談「李卓皓的苦心鑽研，及生長和發育性荷爾蒙」（1972年11月14日《聯合報》三版頭題）。

隔了幾年，在1976年李卓皓又有重大突破性研究成果，就是揭開腦下垂體十二種荷爾蒙奧祕（1976年3月21日《聯合報》三版），其時，正好有諾貝爾化學獎得主史丹福・摩爾博士[33]來臺講學，便專訪他談「科學家探討生之奧祕，人類會變得更為優越，可望出現『超人』」（1976年3月22日《聯合報》三版），他以李卓皓的卓著研究為例，若能解開腦下腺荷爾蒙的DNA排序密碼，便可知高矮遺傳原因，亦易有技術「調整」。為了進一步了解李卓皓的新研究，我再專訪摩爾博士（1976年3月27日《聯合報》三版頭題），他指出，人類可以登月，是整體性（各個部門領域）的科技發展成就所致，生命科學亦然。像李卓皓便是其中一個重要的研究領域，而最近李又發現腦下腺的「脂肪荷爾蒙」，其中的「貝他因多芬」或稱「β-內啡肽」（beta-endorphin），有相當「嗎啡」（或麻醉）的性質；[34]而此顯示生物本身先天存在的麻醉因素，當有利掌握人體發育成長的重要關鍵，實在了不起！又如中醫的針灸，有「針刺麻醉」效果，是什麼原因？怎麼產生的？一樣引起科學界的興趣。

▌期勉臺灣科技新聞更上層樓

果不其然，李卓皓於1976年10月21日在美正式宣布，從

---

[33] **Stanford Moore**，**1913-1982**年，美國生物化學家，**1972**年獲諾貝爾化學獎。
[34] 摩爾博士與李卓皓熟識，已預先得知將會在動物實驗成功後正式宣布。

人體腦下腺中發現「貝他因多芬」（Beta Endorphin），並完成動物實驗，對生化及醫學極具重要價值。我乃專訪羅銅壁教授解說（1976年10月23日《聯合報》三版頭題），認為人體麻醉之謎可望解開。翌日，我直接打越洋電話至加大舊金山荷爾蒙實驗室專訪李卓皓博士，暢談貝他因多芬，認為止痛有奇效沒有副作用，對未來治療神經系統疾病很有幫助（1976年10月24日《聯合報》三版頭題）。

到了1978年3月，李卓皓來臺主持一項國際蛋白質研討會（1978年2月14日《聯合報》三版報導），並解說新研究成果。發現腦啡「前身」，對針灸醫術可提供重要解釋（1978年3月6日《聯合報》三版）。

1978年最夯的國際新聞，泰半不離「試管嬰兒」或「無性生殖」等，還有旅美科學家徐毓芝培育老鼠胚胎的報導，當然李卓皓的腦下腺體的荷爾蒙研究一有新進展，亦是少不了。我在那時亦曾專訪專家學者解說，例如「試管嬰兒，人以人工複製，專家學者談分子生物學的過去和將來」（1978年3月4日《聯合報》三版頭題），又如「人的無性生殖，真相如何？」（1978年4月1日《聯合報》「萬象」版），以及「徐毓芝博士的特殊之處」（1978年8月25日《聯合報》三版頭題）等等，不勝枚舉。甚至到了《台灣新生報》，我還寫過「生命科學研究發展方向」的社論，主張產官學合作，但要注意利益迴避（1984年3月21日《台灣新生報》社論）。

李卓皓生前一再提醒我，好的媒體一定要培養科技記者，才能提高新聞素質，有助國家科技發展，更是推動國家建設的一股不可忽視的力量；像《紐約時報》就是一個範例。而臺灣若能有良好的科學新聞記者和科普作家組織，將更會相得益彰！而他這

個願望可惜並未能達成，當時他向新聞同業表示，願意出任這個組織的「名譽會長」，盡棉薄之力，很遺憾亦落空。是否臺灣政經社會和媒體環境特殊，在此方面，始終未能如先進民主國家進步，畢竟這並非少數有志之士能獨立使力的，頗值得省思。

▌國際公認的蛇毒專家李鎮源

說來有趣，李鎮源（1915-2001 年）是國際知名的藥理學家，以蛇毒蛋白化學研究著名於世，亦為中央研究院院士；1976年榮獲國際生化學界最高榮譽的「雷迪」（Redi Award）獎；亦在 2001 年榮獲「賴和文教基金會」所頒發的「賴和獎」特別獎。但 1990 年代以後，開始走出研究室，不遺餘力地參加各項民主運動和臺灣獨立運動，曾經領導成立「100 行動聯盟」、「台灣醫界聯盟基金會」，並擔任主張臺灣獨立建國的「建國黨」的第一任黨主席。足見他在政治上的「特立獨行」，與一般科學家不同。

往昔專訪李鎮源的場合，不是研討會，便是實驗室，鮮少談論政治問題，他也從來絕口不提；直到1990 年代（解嚴後），開始活躍於媒體政治新聞版面，與過去「科技新聞」上的表現截然不同。

他最為人熟知的是「蛇毒蛋白」研究，成果獨步全球（參見我在《聯合報》「新儒林」專欄撰述「李鎮源‧勤於研究」），是位默默耕耘的基礎醫學工作者，長期專注研究蛇毒蛋白質化學，不僅能表面觀察其分子對生物體的作用與影響，亦能深入探討這些分子，如何作用在器官的哪些部位，產生什麼樣的化學反應，更進一步解釋其反應機制，已建立此方面系統化研究的基礎。例如由蛇毒中發現與凝血酶類似的酵素，已走向臨床的應用試驗，

諸如提供免疫、疾病治療等。

據1976年的一項調查，世界各地被毒蛇咬傷可能喪生者，每年平均約有三、四萬人，其中以亞洲地區比較嚴重，每年平均有二、三萬人；而臺灣則每年平均有三百、五百人被毒蛇咬傷，死亡率約6-7%。臺灣蛇類約五十八種，其中有毒的約二十一種。而主要的毒蛇為眼鏡蛇、雨傘節、鎖鏈蛇、龜殼花、百步蛇等。由於毒蛇可說是一種藥理的「寶藏」物資，很多成分具有強烈而有趣的藥理作用，藉生理學、生化學、藥學，乃至物理、化學等知識，以「科際整合」方式研究，對基礎科學及醫學的研究發展，幫助很大（1976年3月24日《聯合報》三版）。

李鎮源在1940年從臺北帝大（即今臺大）畢業以後，就追隨臺籍醫界大老杜聰明從事藥理學研究，曾以「苦蔘子治療下痢」的藥理研究，發現苦蔘子中的糖甘類可以殺死阿米巴原蟲，因而揭開幾千年來中藥苦蔘子治療痢疾之謎，引起醫界重視。

1945年，李鎮源再發表「鎖鏈蛇蛇毒的毒物學研究」論文，成為世界醫學界第一篇解開鎖鏈蛇蛇毒致死原因的論文，由於這項優異的研究成果，使他獲得了臺北帝大醫學博士的學位，也開啟了他往後將近半世紀與蛇毒研究為伍的歲月。1952年，李鎮源獲得美援會的贊助，前往美國賓州大學醫學院深造，原本想學習血液循環的研究方法，但是因為期限太短，只有一年，他的指導老師史密特（Carl F. Schmidt）建議他改研究肺循環（pulmonary circulation）的相關機制。

結束賓州大學的研究後，李鎮源轉往位在底特律的韋恩州立大學，到醫學院生理學科的西格斯（Walter H.Segeers）教授實驗室訪問兩個月後返臺。這時，他的啟蒙恩師杜聰明辭職離開臺大，李因此擔負起臺大藥理學研究室的領導工作。越戰期間，由

於美軍在越南沼澤森林中經常碰到毒蛇，美國陸軍研究發展部便特別委託李鎮源，專門針對溝牙科蛇毒進行研究。1963 年，李鎮源和化學背景的張傳炯合作，首度分離出雨傘節蛇毒中致死的兩種神經毒素，而揭開了過去醫界無法理解的蛇毒神經毒素的作用機制，使神經生物學獲得重大突破。由過去的「未知其然」，躍進到「知其所以然」，使得此一研究成果引起全球藥理學界的矚目。其歷年來發表的論文達百餘篇，更成了國際知名的蛇毒研究權威。1970 年，他獲選為中央研究院生物組的院士。1972 年起擔任臺大醫學院院長。

▍門下人才輩出

事實上，臺灣的蛇毒研究是享譽國際的基礎科學研究，而臺灣「蛇毒研究」能在國際舞臺上亮眼，正是因為有李鎮源。諾貝爾獎得主李遠哲在《台灣蛇毒傳奇》這本書的序中這樣寫道：「他曾經問過生命科學家約瑟夫・里歐納德・戈爾茨坦：[35]『在臺灣生命科學裡，有哪一位的研究是被世界公認的？』戈爾茨坦毫不猶豫地回答：『李鎮源是被國際公認的』。」

杜聰明開創臺灣蛇毒研究，李鎮源則承繼衣缽發揚光大，他任職臺大醫學院藥理科任主任時，有兩位得力助手：一是醫學院畢業的歐陽兆和，另一是臺大化學系畢業的張傳炯。歐陽兆和專攻出血性毒蛋白，張傳炯則著重神經毒。其中 α 雨傘節神經毒（ α -bungaratoxin），開啟了神經科學研究的大門，經與法國巴斯德研究所的神經科學家姜吉爾（J. P. Changeux）合作，論文發表在美國國家科學院彙刊（PNAS），李鎮源因此揚名國際；並於

---

35 **Joseph Leonard Goldstein**，1940-。美國生化學家和遺傳學家，**1985** 年獲諾貝爾生理醫學獎。

1976 年獲國際生化毒素學會最高榮譽的雷理獎（Redi Award）。

李鎮源門下人才輩出，原在臺大生化科的楊振忠南移高雄醫學院，帶領張均昌等人專攻臺灣眼鏡蛇毒蛋白（cobrotosin），完成胺基酸序列及結晶結構，於國際學術上大放異采，之後當選中研院院士。1970 年，臺大校總區成立中研院生化研究所，以蛇毒蛋白為研究主題，早期兩大研究主持人羅銅壁與王光燦以卓著研究成果，亦先後當選中研院院士。這段時間臺灣蛇毒研究群包括研究生和助理超過五十人，研究成果使臺灣蛇毒研究站上世界頂峰。

1970 年代翁啟惠（後來亦當過中研院院長）在王光燦實驗室完成十餘篇蛇毒研究論文，是臺灣用人工方式將胺基酸合成蛇毒蛋白的第一人，如今翁將合成技術應用在醣類及醣蛋白的合成（他的團隊發明「一鍋法合成醣」），並將合成各類醣蛋白應用於抗癌及抗病毒感染的研究，領先全球，獲無數學術獎項。

李鎮源的一生，除了政治思想見解獨特，而他鑽研臺灣蛇毒研究的不斷創新，躍上國際舞臺，光彩奪目，更是傳奇的故事！

▌李卓皓高足羅銅壁愛踢橄欖球

羅銅壁（1927 年-）是國際蛋白質化學權威學者李卓皓的得意門生，和臺灣生化科學重要推手，但他的「足下功夫」，更是了得！曾經是臺大橄欖球隊的大將，讀書研究固然了得（曾公費到美國進修生物化學三次），踢起橄欖球，更是驍勇難擋，公餘之暇，也常可看到他的球場英姿（1977 年 9 月 12 日《聯合報》「新儒林」專欄）。

臺大橄欖球有一個優良傳統，凡是歷屆參加橄欖球校隊者（臺大物理系教授陳卓亦是箇中好手），每年都舉辦一次聚餐盛

會，隊友們稱畢業學長為 OB（Old Boy），畢業隊友彼此也互稱 OB。羅銅壁，就是羅 OB。他曾在 1948 年代表臺大參加第三屆省運橄欖球賽，還獲得冠軍。他經常騎單車在臺大校園奔馳，一點也看不出有「學者」的架子，人緣很好。

他在 1977 年同時兼中研院生化所和臺大生化所所長，曾留學日本、[36]美國[37]對蛋白質化學造詣很深，也是國際生化科學雜誌編輯。該刊是他與李卓皓一手籌備成立，花費不少心力，還辦得有聲有色，目前已成了亞太生化科學重鎮，受到全球矚目！

羅銅壁是 1972 年應時任中研院錢思亮院長之邀，在中央研究院生物化學研究所擔任首任所長，任期六年。亦曾任臺大生化所所長八年（以理學院院長兼任二年），理學院院長六年，教務長六年。1986 年當選中央研究院院士。1994 年應李遠哲院長邀請，以臺大教授兼中央研究院代理副院長，1995 年 8 月 1 日從臺大退休生效的同時，真除中央研究院副院長，1997 年卸任。2016 年 1 月，中央研究院近代史研究所出版他的口述歷史——《臺灣蛋白質化學研究的先行者，羅銅壁院士一生回顧》。

羅銅壁 1992 年起曾接掌大學入學考試中心主任十年，在擔任臺大教務長期間，對 1970-1990 年代臺大校園生態與校史有甚多著墨。接掌大考中心十年期間，對進行大考中心的改制、改良命題、入學管道多元化以及大學入學制度改革的失敗有諸多檢討。羅銅壁任事勇為，待人熱忱，毫不做作，有「赤子之心」；從我結識李卓皓到解說艱澀的生化科學，他都很有耐心地協助，而且不厭其煩地詮釋清楚，深入淺出，足見功力深厚。

---

36 **1960** 年得日本仙台東北大學理學博士學位，該校亦是地質大師馬廷英的母校，師承化學權威學者野副鐵男。

37 參與李卓皓博士荷爾蒙研究團隊，進行 **ATCH** 的人工合成及 **PRL** 的結構分析研究。

　　自我轉入《台灣新生報》後，因工作性質及職務不同，連繫較少，但只要一碰面，我們都成了 OB，談起往日情懷，大家都有說不完的話，他還是不改騎單車的本色，純真自然，令人懷念。

6 ·
治療癌症不是夢

▌防癌先鋒林仁混

　　癌症一直是世人大患，始終找不出真正原因和正確的療治方法。但隨著近代科技研究發展的突飛猛進，已從日新月異，到了「分」新「秒」異的空前境界！癌症研究已經與尖端、先進科技「整合」，等於是「科技」的「總動員」，逐漸納入控制和能治療的範圍，顯然將不是夢！

　　如果回首資訊科技尚在萌芽的 1970 年代，不難發現臺灣已有許多科技、醫學，甚至植物學界（含中醫）等，都在默默從事長期防癌研究的耕耘工作至今；大多是「無名英雄」，功不可沒。例如素有「生化泰斗、防癌先鋒」及「茶大師」尊稱的林仁混教授，即是箇中佼佼者，和藹可親，有「成功不必在我」的襟懷，為人推崇。[38] 而其著作等身，論文成果豐碩，曾獲臺灣學術論文經典引文獎，備受學術界肯定（他發表過三百多篇論文，被引用次數達八千多次），對「茶」的精湛研究，連重視茶道的日

---

[38] 參見我於 **1977** 年 **10** 月 **6** 日《聯合報》「新儒林」專欄的撰文，並另在本書第二章〈科學教育〉中，亦有提及他的貢獻。

本人,都邀他赴東瀛指導論文。[39]

正所謂「一隻禿筆無法報盡天下英雄」,我只能就在1970年代初期的重要獨家抗癌新聞報導,謹摘要記述於後,做為臺灣早期的可貴防癌研究篇章記錄。至於疏漏不周,在所難免,只能請海內外方家諒鑒。

說來臺灣抗癌(防癌)在1970年代的研究發展過程,真是五花八門,飛禽走獸無奇不有,自需群策群力,始克有濟。不過早年並無「科技(科際)整合」的認知和作為,泰半是個人、中小型研究團隊「單打獨鬥」成分居多,不論政府、企業、學界、醫界、民間團體等,亦缺乏整套策略(含法律規範)及有效的推動作為,多流於「各自為政」,或「各自登山」。至少在1970年代初期,臺灣的防癌研究不是沒有具體成果或成就,但大多是「點、線」式的「散彈打鳥」,加上「本位主義」作祟,不見「全面性」或「總體性」的精進發展!儘管後來都有階段性的改革或改進,但此攸關人類生命健康的維護迄今,總是讓一般人感到就是少了那麼一點點,不無憾焉。

話說我在1970年初的科技報導,並未忽視防癌部分,但當時這卻是「醫藥衛生記者」的路線,所幸報社和同仁的諒解,方不致產生「踩線」誤會;為避免涉及採訪路線問題,導致我的相關報導較偏「學術性」,或最好是與「農復會」有關的角度(例如從「植物防癌」的角度)。1970年初,當時外電陸續有植物防癌的新聞。我於是專訪農復會森林組技正江濤,談近來美國學界研究報告中,提到臺灣的「喜樹」[40]具有抗癌效用之事,引起重

---

39 2008年獲選為中央研究院第二十七屆院士,惜已於 **2016**年 **4**月 **1**日辭世。
40 學名:**Camptotheca acuminata**,多分散栽植在海拔 **100**、**180**、**250**、**750**公尺等,不同的砂質與粘質土壤中。

視（1970年4月7日《聯合報》三版頭題獨家），曾轟動一時；接著，同年，美國知名的《新聞周刊》（8月31日出版），又大篇幅報導「來自臺灣的喜樹，現已成為最有希望的抗癌藥材，美方正積極展開臨床試驗階段」（1970年8月30日《聯合報》二版「新聞剪影」專欄）。

▍抗癌植物研究火紅

由於江濤是替美國農業部擔任蒐集此間植物藥材的連繫人，他說美國除政府部門支持國家癌症研究中心推動相關研發工作，亦在加州種植五萬株喜樹，並與當地大藥廠合作提煉製業試驗。就在各方逐漸注意「植物亦能防癌」之時；臺大醫學院教授顧文霞，亦在八月間於維也納舉行的國際生藥學會中，發表一篇百種植物藥材研究試驗報告，發現其中五種有顯著抗癌效應，並將自己的「中藥之研究」論著提供與會專家學者參閱，引起國際學界高度重視，一致認為「防癌研究不分中西，只要能預防和治病，就是好的醫療保健」。而她所發現的五種抗癌植物，更已進入製藥實驗階段，美國及各國癌症研究中心，紛紛致電盼能合作研究（1970年10月2日《聯合報》三版頭題）。

此期間，佳訊紛至沓來。早年在臺灣藥用植物中根本沒有記載的「粗榧」，木質堅硬、光滑，原先大多用在建築和薪炭的植材，經由農復會協助採集送往美國國家癌症研究中心實驗，竟然發現有特殊生物鹼，具抗癌作用，這下又使粗榧爆紅，美方計畫大量移植栽培（1970年10月27日《聯合報》三版「新聞剪影」）。據江濤說，臺灣粗榧，又稱「臺灣三尖杉」，是中喬木植物，長約3至4公尺，寬約2.5至3公分，表面呈深綠色，內部有兩條灰白氣孔線，葉子針形，種子有硬殼，兩端尖，樹仁可以

吃。產於臺灣海拔 1,300 至 2,700 公尺地區森林裡，分布區域包括臺北烏來阿玉山、新竹加里前山、臺中大霸尖山、合歡山、能高山、阿里山、新高山等地（中國海南省亦有粗榧分佈，長約 3 至 4 公尺）。

到了 1972 年，臺灣的專家學者，包括臺大醫學院、國防醫學院及有關的大學研究機構的生理、藥理、醫學、病理、生化、植物及化學等，在國科會的支助下，首次以「團隊研究」型態，已初步合力完成十六種人工技術，以提製喜樹生物鹼，向抗癌進軍（1972 年 9 月 24 日《聯合報》三版頭題專訪）。而據外電報導，美方在 1971-1972 年應用於臨床試驗，包括消化系統腫瘤，黑色素瘤等之治療，有部分成效，但因嚴重副作用如骨髓抑制，出血性膀胱炎及消化系統之症狀，曾一度中止開發。

1977 年 5 月，我曾專訪工業技術研究院聯合工業研究所所長郝履成，他因長期參與臺美的科技合作，居間亦推動相關防癌研究的合作，不遺餘力。他指出，中藥抗癌已有部分獲致醫療效果，讓末期患者得一線生機。國際間並打破中西醫藥的隔閡，全力設法運用近代科技，打開一條生路！美日西德專家學者亦極熱衷這些研究，而工研院亦正與公立醫院合作進行臨床試驗，起碼讓患者有「起死回生」的機會（1977 年 5 月 23 日《聯合報》三版頭題專訪）。當時訪談中，就提到喜樹抗癌研發之進展，原來後用於臨床試驗失敗，肇因是副作用大；一度使參與者失望。詎料，中國大陸卻取得相關技術，反因大膽把「死馬當活馬醫」，居然救活了部分血癌患者，復使美、日的專家重新又燃起一股希望。而日本方面經專家學者不斷的努力，終於研發出一種取代中國製「CPT-10」的藥物，並取名為「CPT-11」（名為 irinotecan hydrochloride），是由喜樹分離出之喜樹鹼經「半合成」反應製

造出來的，亦即為喜樹鹼之衍生物。這種「CPT-11」比喜樹鹼更具水溶性，且毒性較低，安全範圍較廣。

▍抗癌研究全面啟動

經過多年後，許多國內外醫院在臨床上的試驗，大多已證明樹鹼對數種具有很少或無化療敏感度之固體癌有顯著抗腫病活性，包括非小細胞肺癌（32%）、子宮頸癌（24%）、大腸癌（20%）。此外，對其他具有化療敏感度之腫瘤亦有相當效果，例如卵巢癌（24%）、小細胞肺癌（47%）。對於難治性淋巴癌，亦有34%之反應率。可說是世人的一大福音！類此的「CPT-11」，主要是用在大腸直腸癌，可使高達50%以上病患，得以穩定癌症病情不再惡化，對於晚期大腸直腸癌之生活品質提高相當有助益。同時，「CTP-11」主要的副作用是腹瀉及骨髓抑制必須加以注意，前者可服用樂必寧治療或以中藥預防，後者可使用顆粒球生長激素（G-CSF）使副作用減至最低。至於肝臟、腎臟功能異常或出血性膀胱炎的報告則非常少。

現在回頭看五十年前的醫藥科技，乃至癌症研究，相較如今形同「小兒科」。但在當時，只要一有類此突破性的新聞報導，就會震憾人心，今昔對照，十分有趣吧！

話說1971年7月初，有則外電報導，美國德州大學附設安德遜醫院的兩位科學家，在試管中培植淋巴腺瘤病原體成功，對抗癌研究邁進一大步。當時我專訪了國內三位知名醫學、癌症、生化專家學者，其中，許世鉅認為癌症病因複雜，這種「濾過性病毒」被視為淋巴腺瘤的原因之一；而姜希錚則解說，當時防癌分治標、治本兩大方向，治標有切除手術、放射線治癌，及藥物治療等，治本則是設法找出各種可能致癌的原因。蘇仲卿表示，

運用生化方法培養病原體，可以爭取時效，以利早日發現致癌的真正原因（1971 年 7 月 5 日《聯合報》三版）。

同一年，又有外電報導，美國國家癌症研究中心發現，來自臺灣的甲蟲、蝗蟲，能產生一種和蝴蝶同類型的化學物質，稱 Pteridines，與一種抗癌藥劑 Methotrexate 在化學上有關連，而南極的一種魚類，亦有防癌效用等，這些消息又引起全球重視。當時我訪問的專家學者便指出「抗癌研究已朝多方面著手，飛禽走獸只要能有助治標、治本者，通通利用新科技方法，一網打盡」（1971 年 9 月 17 日《聯合報》三版）。

於是探討癌症起因，又成了新興熱門的科學研究。我旅美青年科學家曹安邦在美著名的約翰霍普金斯大學，領導的一個癌症研究小組，發現人體的 DNA 很容易與一種叫作 6-Hydroxyl Benzo(a)Pyrene 的物質化合，而這種物質可幫助了解引起癌症的原因，成果受到國際重視。[41] 而在 1972 年臺大醫學院教授林仁混，亦不遑多讓地在尋找肝癌形成原因上獲致重大進展，研製十二種化學合成物，可在兩個月內產生癌細胞（1972 年 9 月 20 日《聯合報》三版）。這項成就並獲得曹安邦激賞。而曹安邦此時，已成了探討癌症起因「實驗派」的權威學者。

1974 年，曹安邦在參加中研院院士會議時，就解說利用實驗方法，已能發現碳氫化合物會改變正常細胞的 DNA，並能很快繁殖，變成「癌細胞」現象。這項重大研究成果，亦快地被防癌研究理論派學者接受（1974 年 7 月 15 日《聯合報》三版「人與事」專欄）。

由於癌症原因複雜，在真相未明前，治療不易「對症下

---

41 1971 年 11 月 1 日《聯合報》三版報導。當天並刊出特稿「癌症是如何形成，以實驗尋找原因，曹安邦做了開路先鋒」，曹安邦並於 1972 年當選中研院院士。

藥」，但患者年有增加，確是各國政府和醫界一大頭疼難題。所以各國不惜增加研究及治療經費與設備，就是設法群策群力，利用新科技將傷害範圍縮小，增加保健防範之道。在1970年代抗癌研究仍是「瞎子摸象」，媒體也自然跟風，舉凡有關癌症新聞，不論研究或療治，都是「放大」處理，可見人心「望治」是如何急切！

▎免疫療法成新趨勢

例如當時的臺大醫學院教授董大成[42]從雞母珠中提煉毒蛋白，因英、美科學雜誌報導而聲名大噪（1971年2月1日《聯合報》三版），認為可用「化學療法」根治癌症，國內媒體競相報導，後來發現雖是良方一種，但要「根治」，仍然不易。我曾在1973年訪專家學者談「癌症面面觀，不能試試看」，而化學療法亦只能延長五年壽命，療程痛苦且副作用大（1973年1月9日《聯合報》三版）。

不過，在1973年4月27日我專訪回國的國際著名防癌研究專家李敏求博士，他認為「免疫」研究是防癌研究生力軍，並細說綜合化學治療原理，強調「研究治療並進」為當務之急（1973年4月28日《聯合報》三版頭題）。翌日，他專題演講「癌症免疫面面觀」，指出利用藥物治療漸走向盡頭，培養人體抗力將可正本清源（1973年4月29日《聯合報》三版頭題），掀起國內癌症研究新熱潮，他強調「抗癌是場大會戰」，並呼籲國內醫界「總動員」，不分內外科發揮「團隊精神」，始能克竟事功，而研究治療若「各自為政」，更無法對付癌症頑敵（1973年4月30日

---

42 1915-2008年。曾於1945年擔任臺大醫學院生化學科主任至1972年。

《聯合報》三版頭題）！此外，李敏求的高足三總醫師許國邦，當時採用綜合化學療法，已能使乳癌、卵巢癌女性患者多活兩年以上的成績，獲得國際重視（1973年1月1日《聯合報》三版）。

如果回顧1970年代的國內外防癌研究林林總總，不難證明「天下無難事，只怕有心人」的古訓，其來有自。癌症是人類公敵，不論研究治療的精細分工，皆需「整合」，建立「全方位」理念，以發揮「總動員」的團隊精神，始克有濟。

7 ·
追求臺灣能源自主性

▌率先報導地熱開發

　　跑新聞並非只追求「未知」或「真相」，亦要關注「已知」事物。例如1970年代最熱門的新聞，不只有太空科學發展，或防癌全方位的研究，更有兩次能源危機，還有世界糧食不足等問題。而臺灣又面臨兩岸軍事對峙和國際經貿競爭，天然資源不足，能源又多賴進口，這些都是嚴峻的現實。也就是說，那時只要對能源有幫助者，不論地熱、沼氣、太陽能、風能等，都是重要新聞。然則，這些泰半是「已知」的東西，只是缺乏「動能」，只要有人帶頭，馬上就會「熱」起來。像地熱[43]就是其中之一。

　　記得在1973年6月下旬，那時閣揆蔣經國很重視能源的開發和利用，要求科技、經濟或農工業部門都「動起來」。這時，像半官方的單位如農復會，便立即著手規劃，李崇道主委還主動邀請經濟部聯合礦業研究所專家，一起開了一場不拘形式的地熱

---

43 係指地球內部的熱能源。由地表往下走每百公尺平均約增加攝氏3度，估計在地下一百公里深的地方，溫度可高達攝氏一千度。像臺灣許多有溫泉的岩層下面，或多孔隙岩層處，都「蓄積」大量的地熱，共五十八處，只要鑽探適當，便會源源湧出。

開發利用座談會，主要是當時有三十多個國家多已有成功開發的例子，並廣泛應用於農工業、民生經濟等方面；美國還幫助菲律賓建置一萬千瓦容量的發電廠，並附設造鹽廠，利用地熱蒸乾海水，日本更是積極朝多目標應用發展。臺灣具備探勘開發的技術能力，農復會針對臺灣比較豐沛的地熱資源，期與礦業所合作研究開發，設法配合加速農村建設計畫的需求，推廣應用到農村，並選擇若干農業生產專業區，做為地熱在農林漁牧上應用的示範區，事情就這麼簡單，問題在要如何有效進行，達成預期計畫目標。

原先農復會和礦業所的專家，尚在紙上作業階段。詎料，被我在農復會走廊的布告欄發現有這麼一場座談會（非機密性，只是希望該會各組同人踴躍參加，俾「集思廣益」），當下就覺得很有意思。翌日，便悄悄在會議室旁聽，一聽專家們滔滔不絕地宏論，茅塞頓開。立即回到報社洋洋灑灑寫了一大篇獨家專訪，刊登1973年6月27日《聯合版》三版頭題，標題是：「利用地下能源，加速農村建設，臺灣地熱資源豐富，可助電力水力不足，專家致力探勘開發，就地取熱用之不竭」，立即轟動社會，足見當時大眾對「能源新聞」的「饑渴」程度。

李崇道看報後，還找了我半開玩笑地說，「本來想等到成熟後宣布，你這麼一報導，這下可變成是『霸王硬上弓』了。」不過李崇道是著名的「行動派」，劍及履及，決定在同年7月初到陽明山、金山勘察地熱。這下我在《聯合報》便以三版頭題及三分之二版大篇幅報導，真如李崇道所說：「你把地熱新聞炒熱了！」不但熱哄哄，還炒得火紅！[44]

---

44 1973年7月4日《聯合報》在三版的大幅報導，頭題：「李崇道偕專家探勘地熱，決在陽明山、金山兩地設立農業實驗示範區，試栽特別花卉、夏季蔬菜，闢園飼

▌沼氣利用掀起熱潮

這時，剛好老朋友前農復會美籍委員畢林士從華府來臺，以太空公司副總裁的身分，蒐集「沼氣」資料，[45] 將以三年時間和農復會等相關單位合作，進行科學化的生產利用。於是「打鐵趁熱」，我和他及時任農復會委員柯雷克（Dr. Chester W. Clark）夫婦，以及最先推廣「沼氣」到農村的農復會畜牧生產組技正鍾博（後曾任農委會處長等職務），一起前往臺北郊區林口鄉，參觀訪問農家使用「沼氣」的情形。這下，又「槓上開花」，同年 7 月 5 日《聯合報》三版獨家頭題：「舉世積極開發能源，沼氣引起國際重視，家畜排泄物產生碳氫化合瓦斯，廢物利用，經濟實惠農村樂利」。後來又進一步獨家報導「沼氣」發電試驗成功，設備簡便，能量達 1,500 瓦特，將推廣農村。[46]

或許是「媒體效應」，接連幾年不斷出現各種「能源」新聞。例如在 1976 年，有位 1961 年獲諾貝爾化學獎的梅爾文・埃利斯・卡爾文（Melvin Ellis Calvin，1911-1997 年），突然福至心靈，說大戟科植物可以提煉類似汽油的烴類，而此類植物包括耶誕紅、油桐樹、鐵莧菜、篦麻仔等，臺灣相當普遍，我遂專訪臺大化學系主任楊昭華，理論實驗上可能，未必能符合經濟實用條件（1976 年 9 月 1 日《聯合報》三版）。後於 1979 年外電報導，來自臺灣的美國普渡大學教授曹祖寧，研發把農作物廢

養鱸魚」，同日，特稿標題為「農復會工研所群策群力 採地熱勘能源劍及履及」。另有關地熱詳細內容，參見 **1975 年 3 月 27 日**《聯合報》「萬象」版頭題「地熱一種有前途的能源」。

45 即是利用豬、雞鴨等動物排泄物，透過簡易發酵設備，產生碳氫化合物，如同「瓦斯爐」可供烹飪等用途，等於是「廢物利用」。

46 參見 **1973 年 12 月 6 日**《聯合報》三版頭題，特稿：「開發能源當務之急，小處著手大有神益，家畜家禽糞便，化腐朽為神奇，可輔助農村電力」。後接續在 **1974 年 3 月 2 日**《聯合報》三版頭題獨家報導：「利用沼氣發電，農村大放光明，山坡、濱海逐步推廣」。

料（玉米莖、蔗渣、樹葉、木屑、花生殼等）變成酒精，與汽油混合價廉的「油精」，能做為汽車、貨車、農業機械的燃料；每加侖生產成本低於一塊美金，受到美方高度重視。為此，我專訪與曹熟識的臺大化工系主任黃世佑，他說曹是 1954 年畢業於臺大化工系，在鑽研醱酵技術研究相當權威，擁有一個頗具規模的普大實驗室；相關的台糖、食品工業研究所、工業技術研究院等單位，都與曹有合作研究關係，而類此自農作物廢料轉化為能源，亦是科學研究的新途徑（1979 年 6 月 18 日《聯合報》三版頭題）。

▎太陽能成新寵

由於當年前美國駐臺科學顧問畢林士提醒我，臺灣的太陽能大有可為，讓我又去專訪當年鼓吹日光能開發利用最力的王成椿教授（師大物理系教授，時任師大理學院院長），這下，可讓他「揚眉吐氣」（1973 年 7 月 8 日《聯合報》三版頭題「上窮碧落下黃泉，舉世滔滔尋能源，陽光普照，大有可為，引進農村，造福無窮」）。這位學者孜孜不倦致力日光能研究，常被是否符合「經濟效益」及「實用性」質疑，但他仍鍥而不捨地努力，終因能源危機，使他的研究反而受到青睞，誠是「十年河東，十年河西」。

當時他把過去的日光能研究重新整理，包括日光聚光器、海水變淡水、日光能暖氣等方法改進，不僅可做溫室栽培、動力機械、灌溉、飼料加工、簡易式的冷凍加工等，讓太陽能經濟利用出現一道曙光。[47]

---

47 沙烏地阿拉伯在 **1978** 年遺邀他在一項國際太陽能會議中，主講「蒸餾水的研究及利用」，並對他的「海水淡化研究」，十分重視。參見 **1978** 年 **1** 月 **19** 日《聯合報》二版「人與事」專欄。

　　接著，我又遍訪國內專家學者十多人及時任美國太空公司副總裁畢林士等，從各種角度談如何有效利用太陽能（1973年7月13日《聯合報》二版大邊欄），當年一項國際太陽能研討會中，與會權威科學家就指陳「人類將進入太陽能時代，因為它將是世人今後唯一可無限發展的能源」！

　　皇天不負苦心人，王成椿教授終於得到「知音」，美國著名的洛克斐勒基金會，決定以250萬美元貸款協助（無需擔保，若不足仍可續貸），建造一個「日光能蒸餾水」工廠，預計每天平均產量可達8,000公噸，年產量28,800公噸。顯是一種肯定（1978年7月21日《聯合報》三版頭題）。其實，當年尚有風車、風能、利用海水溫差發電、回收煤粉、開採國外礦產、煤變汽油、臺灣有鋁礦等等的能源新聞，不一而足。

　　當然，最聳動的一則獨家能源報導，就是「臺灣地區擁有重砂礦源，有助促進核能發電技術，將走向利用重水型原子爐時代」，[48] 被國際媒體輾轉報導，被認為臺灣已有研製原子彈及核武的能力，以及能由釷煉製發電用及核武用的核燃料等，即使臺灣因張憲義的叛逃1988年中止核武研製核武計畫，但類此的新聞因不斷「加工」，成了臺灣另類「核武」傳奇故事！

　　在1975年國內三位分別專攻大氣物理、航空、機械的專家黃榮鑑、簡又新、陳天祐在參觀十項工程建設時，發現臺中港的風砂嚴重情形，比照丹麥風車發電的情形，乃合作研製七種不同的風車模型，到臺中港實地進行風力發電和防風砂的可行性（1975年11月15日《聯合報》三版）。

---

48 參見 **1975** 年 **1** 月 **14** 日《聯合報》二版；另在 **1979** 年 **6** 月 **23** 日《聯合報》三版獨家報導「我國探鈾技術，媲美國際水準，國外合作探鈾，積極展開活動」。

▌原來臺灣有鋁礦

所謂能源危機，亦是一種「礦產飢餓」（Mines Hunger），無論石油、天然氣、煤、鐵、銅或放射性礦物，皆是「礦產資源」。所以工研院礦業研究所扮演一個重要的角色，不論在臺灣或國外，都是「開路先鋒」！

由於科技研究應用水準不遜國際，連印尼都邀我國專家開採煤田，突破煤心收回率難題，借他人原料拓我工業，前途大有可為（1975 年 11 月 18 日《聯合報》三版頭題）；接著，工研院礦業研究所所長馮大宗又率礦業專家到基隆礦區，替附近污染水源的煤礦，找到一條新途徑，就是從洗煤廢水中收回粉煤，基隆河水污染將獲改善，其副產品可做橡膠、塑膠的填充劑（進口貨每公噸約新臺幣 3,700 元，若由粉煤提製約 2,500 元），減少能源損失，還增加礦區收入（1976 年 1 月 22 日《聯合報》三版頭題現場專訪）。

到了 1978 年元月，外電報導，美國美孚（MOBIL）石油公司宣布已達成由煤轉變為汽油的科技性突破，專訪礦業研究所所長馮大宗，他認為未來可取代部分汽油（1978 年 1 月 5 日《聯合報》三版獨家頭題）。

過去教科書中，都說臺灣沒有鋁礦；但這個說法，終在 1978 年被工研院礦業研究所打破了，創下新的史頁，就是經過一年多的勘查，證實淡水野柳一帶面積廣達一百平方公里的範圍，發現蘊藏豐富的鋁礦（1978 年 2 月 4 日《聯合報》二版獨家報導「誰說臺灣沒有鋁礦？」）！而馮大宗說得好：「開採礦產資源是我們的職責，但如何有效開發利用，則需要各方的支援，無法獨力為功，才能使成果為全民共享（1977 年 9 月 26 日《聯合報》「新儒林」專欄〈馮大宗愛打高爾夫球〉）！

▌風能與海水溫差發電

在《三國演義》中有諸葛亮「借東風」，以近代發達的科技，是可以做得到的，只是經濟效益的問題。被美國學界譽為「旋風發電」先驅之一的嚴雋森，曾回國起了一陣「發電」的「風」（1977年10月15日《聯合報》三版獨家專訪）。因為他在美花了三年時間，研製完成一座可以發電的「風力塔」模型，受到美國能源部的重視，還特別約近二十萬美元的研究經費，以支助他的「風力發電」實驗。他帶回的「風力塔」，是突破傳統的風車發電觀念，並賦予新貌。就是在有風的時候，可以「儲存」，帶動渦輪機發電；妙的是，沒有風的時候，它能「借」助太陽能，一樣能發電。原來他在塔底裝置一套加熱設備，利用塔外的太陽能，使塔底的溫度增加，產生上升氣流，根據實驗顯示，塔底的溫度，只要比塔端部分高攝氏10度，便可不斷旋風，驅動渦輪機發電。當時嚴雋森是美國一家飛機製造公司的資深工程師，和國科會、臺大、清大常有連繫，亦借著「風力發電」的研討會機會，期促成科際整合型（各個研究領域的科技專家學者）合作，讓「借東風」不再是神話！

同樣的，有風力發電，自然亦會讓科學家產生利用「海水溫差發電」的研究。臺大海洋研究所的學者在1977年經過實地勘查，發現臺灣東部沿岸具有研究應用海水溫差發電的價值，亦得到國科會的支持推動。所謂「溫差發電」的基本原理，是把海水表面當做「熱源」，深層冷的海水做為「冷卻槽」，利用類似蒸汽機原理，把「工作液體」加熱汽化，用此高壓蒸汽轉動渦輪做功發電。說來有趣，溫差發電的理論，早在十九世紀出現，並不受人重視。直至1973年世界能源會議發表「能源危機」，於是又回頭重新評估，亦有了新評價，美、日的動作最快，亦已有了進

展。臺灣的做法,則是比較「多元」的想法,就是設法利用溫差發電,亦可與化學工廠、漁業養殖,連結成一「生產網路」,還可利用「湧升流」(Upwelling)[49]為來營造新漁場的開發和利用(1978年2月15日《聯合報》「萬象」版頭題)。

開源還需節流

然則,能源開發上天入地,可說無所不用其極。但相對而言,如何有效「節約能源」,更是重要,才能發揮「聚沙成塔」效應,使能源不虞匱乏。例如每個人隨手關燈,就可節省臺灣約3%的能源,折合七十多萬公秉油當量。旅美著名的能源效率專家陶光業1978年回國,就是協助推動「節約能源」觀念和做法。不過,他強調的不是「節衣縮食」,而是「當省則省」,不要有不必要的浪費,那麼就會「源源不絕」,否則等於開一個大洞,再多的開源,亦是枉然。所以他呼籲人人從生活起居細節做起,自會帶來「充裕」的生活,反之亦然(1978年7月8日《聯合報》三版)。而後來我在《台灣新生報》寫社論,亦呼應「開源節流」的重要(1979年11月16日《台灣新生報》社論「突破能源開源節流的瓶頸」),使開發利用和節約並進,才能相輔相成,相得益彰,維護全民福祉。

回想1970年代那段艱苦的歲月,由於科技和經貿政策明確,用人得當,確是展現政府執行力的魄力和擔當,得以創造「經濟奇蹟」!加上民間勤奮自立的充沛力量,致「臺灣錢淹腳目」!再再證明「事在人為」!從能源的開發利用,臺灣上上下下敢勇於在匱乏之地,「上窮碧落下黃泉」,無所不為(例如地

---

[49] 為一種海洋學現象,是由風力驅動溫度較低、通常富含營養的海水流向海表面,取代溫度較高、通常缺乏營養的表層海水。

熱、礦產、沼氣、太陽能、風力等），積極打拼，以尋求能「自主」的能源；不僅明知「不可為而為」，甚至還能「從無到有」（例如位在亞熱帶，卻能研發生產經緯不同的四季蔬果等），這就是所謂的「臺灣精神」！

8.
清大研製電動車

▋毛高文的電動車研究

　　創造機會和等待機會，會產生截然不同的結果。顯然徐賢修的頭腦一流、眼光獨到，是懂得創造機會的應用數學家。他早年藉回國講學之便，創設了清華大學在臺復校的數學系，使當時的核子物理科學研究，「如虎添翼」。後來接掌清大，順應國內能源自主之勢，又推動了「電動車」的研發，轟動一時。當時力邀學驗俱豐的青年學者毛高文[50]擔任清大工業化學系所主任，並主持不會污染空氣的電動車研製計畫主持人，證明用人唯才又得當。他擔任國科會主委時，復推動創設新竹科學園區等，貢獻卓著，印證「創造機會」是何其重要！

　　然而只會創造機會不夠，還得有人懂得掌握機會，認真落實，才能成就事功。毛高文無異是箇中翹楚。從他的腳踏實地，不分晝夜埋首研製電動車，六、七年下來，把當時外界嘲諷的「玩具車」，變得「不同凡響」！並整合工業化學、材料科學、電機、電池、機械動力、控制系統等師生，成一堅實的團隊，同心

---

50 曾在美國著名的通用汽車公司工作。後任清大工學院院長、清大校長、教育部長等職。

協力達成預期的任務，並建立了跨領域的大型研究計畫的推動模式，更示範了一個良好的產官學合作，影響深遠！直至今天，還有人說，當時徐賢修及毛高文很懂得媒體造勢，得以爭取政府經費的大量挹注。其實根本不是這麼一回事，事實上，他們兩人是被我說動，才有「清華一號、二號」的「媒體秀」！

徐賢修初接清大和國科會，與吳大猷一樣對新聞媒體頗有微辭，認為「誇大不實」或「渲染」等。為此，當局還安排媒體編採人員舉辦多次研討會，惹毛了新聞同業，認為根本不懂新聞實務，[51] 相處並不愉快，彼此除非重大新聞不得已進行報導，平時多相敬如「冰」。所以，徐、毛當然不會主動接觸媒體「造勢」，即便黨政媒體亦多「敷衍、應卯」，只有我在《聯合報》，與科技界要角來往較密，獨家報導多，亦是基於相互「信賴」關係，反而有機會進言，希望「要角們」能體諒媒體，並以大局為重，讓媒體記者成為推動國家科技發展力量！

如果不是我一再搶先獨家報導，讓同業一路追問徐、毛，跟進報導，清大的研究怎會如此受矚目而獲經費挹注？後來徐、毛了解我的苦心，才對媒體持比較開放的態度，但說他們「懂得媒體造勢」，未免也太誇大。毛高文的勤奮誠懇態度和腳踏實地的成績，透過媒體披露，逐漸贏得了社會的肯定。而一開始，外界還把電動車當成「電動玩具車」哩！

▌「清華一號」奔上臺1線

我是在1972年10月下旬，與臺大化工系主任李樹久（後任

---

51 其實有些忠言，如「客觀嚴謹」、「更正錯誤」等，是被接受的。問題在，夠格的科技專家學者，不會深入淺出解析；而濫竽充數者又多似懂非懂，錯誤引導媒體。

經濟部次長）及胡芷江教授在一個偶然機會和毛高文晤面聊天
（他亦是臺大化工系校友）；那時他回國不久，即已進行「電動車
研製」的計畫，他告訴我們，預計三年，先做出一個車身不超
過2,500磅，五人座，速度達每小時60公里為目標，然後持續求
精進發展。當時，他特別提到要「科際整合」跨領域的研究團隊
（早年算是「新聞」），並且設法解決「電池」問題，能比西方研
製的跑得遠、跑得快；更進行研究裝置一套混合燃料系統，即在
都市內用「電池」（容易「充電」及「儲存」），到郊外或鄉村，
可用經過處理低污染的「混合型汽油」。在場的李、胡都對高的
「電化學」及研製方法，深具信心（1972年10月30日《聯合報》
三版頭題獨家專訪）。

之後，我獨家報導有關清大「電動車」研製進展特別多，同
業抱怨亦多。後來建議徐主委和毛院長不妨主動提供相關進展，
讓社會及輿論支持，有利實現「電動車」的理想目標，成為防止
污染及符合經濟的大眾交通工具，亦易吸引廠商投資合作；這就
是為什麼後來能獲得經濟部、交通部及政府相關部門的支持，並
促使裕隆汽車、三富汽車、東元電機、士林電機、唐榮公司等，
願全力協助的主因，終於能成為一個成功的大型產學合作示範，
此乃當初始料未及。

自1974年9月「清華一號」電動車從新竹清大校園，沿著
省道臺1線（當時高速公路尚未通車），花了兩小時的時間，抵
達臺北市，引起社會矚目，轟動一時。其油箱、水箱、引擎均
由電瓶與馬達取代，最高時速為每小時60公里，續航力為80公
里。

當「清華一號」順利誕生後，經濟部就選定清華大學為國內
研究電動車的中心，並結合中正理工學院、東元電機、退輔會臺

北鐵工廠等資源進行整合。同時，清華大學仍然再接再厲，以
「清華一號」的經驗，持續開發「清華二號」，目標為最高時速
90公里，續航力160公里，並改採玻璃纖維車身，為臺灣電動
車產業，寫下歷史新頁。接著，清華的三號、四號等電動車便陸
續問世，受到歡迎。

在1975年7月間，著名的嘉新文化基金會科技研究獎（表
彰清華一、二號成就），頒給徐賢修和毛高文，我還寫了一大篇
特稿「甲蟲電動車價廉物美 清華一二號成績卓越」（1975年7月
30日《聯合報》三版頭題），內文隱約提到新觀念、新事物往往
易毀譽參半，但徐、毛以「事實勝於雄辯」達成艱鉅任務。結果
事實亦證明，徐、毛憑著熱情與堅毅不撓的精神，創下科技的新
頁，他們的「實事求是」和「誠實」態度，亦留下良好典範。

此外，當時徐獲獎致詞時讚揚毛的妻子金梅琳，勞苦功高，
讓先生夙興夜寐能全力研製電動車，是真正的幕後英雄，應獲最
佳支援投手（精神）獎。後來我在1977年9月25日《聯合報》
的「新儒林」專欄，以毛高文「裸奔」的趣聞，提及徐稱讚之
事。

到了1977年6月，由毛高文帶領的清大研究團隊，終於研
製完成第一批實用型的郵電電動車，一共十部。在採用鉛酸電池
馬達能量密度有進境，最高時速70公里，成本約新臺幣十二萬
元（1977年6月23日《聯合報》三版頭題）。

至於後來電動機車的發展，就不多贅述，因為我已離開《聯
合報》到《台灣新生報》，由採訪轉而專欄、社論撰述，爾後又
借調省府，回社後又陸續擔任副社長、社長職務，比較疏於連
繫，但在若干重要場合仍然會碰到毛高文，他的神采依舊，只是
憑添了白髮，看來無怨無悔，依然為國劬勞。

▋電動機車研究

毛高文歷任1978年國立臺灣工業技術學院長（今國立臺灣科技大學）。1981年，接任清大校長，創立人文社會學院。1987年任教育部部長，任內積極減輕國民中學學生課業負擔，主張「課程要儘量簡化和淺化」，推動教育「解嚴」，解除校園的「人二」安全單位；並於1989年刪除教科書中吳鳳「捨身取義」的故事。1993年任考試院副院長。1996-2002年任駐哥斯大黎加共和國特命全權大使等等，可謂政務歷練豐富的學人，貢獻良多。

後來據新聞資料顯示，經濟部能源委員會曾於1992年委託工業技術研究院進行為期四期之電動機車技術發展研究，進行構想設計、實驗車發展與雛形機發展、環境規劃分析等工作；同時，整合國內各相關廠商組織成立電動機車關鍵零組件技術發展聯盟。1993年政府首次將電動機車列為主導性產業，適用於相關稅賦優惠辦法，並進一步研擬各項針對製造廠商或使用者之優惠補貼辦法。工研院機械所經過四年研發，於1995年成功研發完成雛型電動機車EC1型（舊稱 ZES2000型）。

環保署為有效推廣電動機車，猶於1994年在清大校園推廣應用，1996年委託清華大學周卓輝教授辦理清大電動機車推廣使用計畫；1997年度則於全臺委託十四所大專院校辦理推廣計畫，藉由舉辦試辦活動等方式，提供民眾實地接觸了解電動機車的機會，並透過媒體報導以宣導推廣電動機車。在1998年度共委託三十五所大專院校針對特定對象（如送報生、郵差、通勤族等）及特定區域（如綠島、澎湖、金門等），提供電動機車進行長期試用，以了解其使用狀況，開發電動機車潛在消費群。由計畫執行結果，目前電動機車性能較適用於一般通勤使用者，將做為環保署後續推廣之依據。而1999度再委託十一所大專院校於

有意願且積極配合的縣市，如臺北市、桃園縣、新竹市、臺南市等推廣電動機車並設置充電站。

諸此種切，顯見臺灣電動車發展的篳路藍縷，如今已然開花結果！當年開路先鋒的徐賢修和毛高文，當是功不唐捐！

9 ·
締造臺灣「養殖王國」

▍廖一久與趙乃賢夫婦的貢獻

臺灣在 1970 年代經歷兩次能源危機，以及潛藏性的糧食危機，又面臨隨時應戰、物質匱乏的困境，如何生存發展及因應軍胥民食，便需賴科技的突破發展，以鞏固國防安全和經濟建設，才能永續經營！所以各項科技的研發和自主，是臺灣自強屹立不搖之道，像在水產養殖科技的研發領域上，廖一久無私開疆闢土，照顧漁民生計，爭取國家外匯和增進經濟發展，就是一個典範！

蔣經國生前到水產試驗所東港分所訪視時，便盛讚廖一久、趙乃賢[52]伉儷為臺灣水產養殖業開疆闢土的卓越貢獻；而當年力邀他回國的漁學界大老、農復會漁業組長陳同白更是對其讚不絕口：「由於你們的努力，終於把東港這個小鎮的地名，彰顯於水產世界的地圖上！」誠是一語中的！能夠讓早年「荒漠」的「東港海產種苗繁殖中心」（後來改為臺灣「省水產試驗所東港分所」，Tungkang Marine Laboratory，簡稱 TML），在短短幾年時

---

52 東京大學農學博士，廖的學妹，後來結褵，亦是水產試驗所第一位女性「技正」級研究員，更是臺灣水產界「低溫生物學」專家。

間，先後陸續確立了草蝦、烏魚、虱目魚、黑斑紅鱸（紅鼓魚）等等人工繁殖先進技術，躍上國際科學殿堂，成為一個國際級的水產養殖研究、訓練、推廣的中心，誠是廖一久夫婦和他們的團隊胼手胝足、篳路藍縷的真實寫照！

而今臺灣，每年均有數以萬計來自全球各地的學者專家，前來參觀、訪問、學習，進行學術交流，讓 TML 贏得水產養殖界「麥加」聖地美名，贏得「養殖王國」的美譽，揚名國際。便足以彰顯廖一久伉儷辛勤耕耘的卓著貢獻！

最難能可貴的是，廖一久在2012年獲頒世界養殖聯盟（Global Aquaculture Alliance，簡稱 GAA）「終身成就獎」（Lifetime Achievement Award），以表揚其對世界水產養殖發展的貢獻，可說是「臺灣之光」！而臺灣漁民更因能在漁塭餵養貝類和魚類，無需出海冒險捕撈，可創造無數財富，廖一久夫婦成了他們心目中的恩人！而廖一久並在臺灣水產學界，樹立一個「經師、人師」的典範，更是為人稱道。

臺灣四面環海，水產養殖雖已有四百多年的悠久歷史，但受制於天候的變化、魚苗的豐歉等自然因素，屬於「看天吃飯」的傳統產業，需要引進更多研發新技術，始能克竟事功。當時，漁業界大老陳同白力邀廖一久回國貢獻所學，就是看中他花了整整六年的時間，完成斑節蝦的研究實驗，獲得日本東京大學的「農學博士」的學位，非常不容易；認為廖一久若能回國服務，必將有於臺灣養殖漁業研發上的革命性突破，可一舉改變臺灣漁業技術落後的刻板印象。

那時，廖一久在日本深造後，又經實驗室學長山邊晃的引介，前往日本養蝦界權威藤永元作博士的斑節蝦研究所，從事「博士後」研究，雖只有短短三個多月，卻獲益良多，而此紮

實的技術訓練，亦奠定了日後穩固的研究根基。在 1968 年 7 月
回國後，廖一久毫不考慮名位及待遇，立即趕往地處「荒郊野
外」，又交通不便的臺灣省水產試驗所臺南分所（現改制為「行
政院農委會海水繁養殖研究中心」）報到；當時，到南上鯤鯓，
必須先搭交通車，再換乘舢舨上岸，還得經過長長的虱目魚塭的
長堤後，方能抵達。

▌草蝦與烏魚

　　然而，就在這樣簡陋陳舊的研究環境裡，廖一久果不負眾
望，潛心研發出新的草蝦養殖技術，蹦出了臺灣水產界的新希
望！第二個月就交出了亮麗的成績單，一鳴驚人！而此重大變
革，完全翻轉了傳統粗放式的養蝦事業，邁向集約化的新境，有
人還形容是臺灣養殖發展史上的「工業革命」，使養殖業跨進企
業化的新紀元！復經相關政府單位的協助，又將研究成果推廣到
民間，在事業上一本萬利的漁民們莫不額首稱慶！不必到河口撈
蝦苗，就可直接把滋味肥美營養豐富價昂的草蝦，變成尋常百姓
都能享用的價廉物美海鮮佳餚，[53] 讓臺灣多了一個「草蝦王國」的
美譽！且時年廖一久才 32 歲，英雄出少年不是虛言！

　　烏魚原是可放養於淡水、半鹹水及全海水之水域中，為太平
洋沿岸、南亞、印度、地中海、東歐與中南美洲國家人民重要
蛋白質來源。在臺灣，過去是將烏魚與部分淡水魚（草魚、鰱
魚）或少數海水魚（虱目魚）混養。使得臺灣沿海各地漁塭養殖
烏魚產量逐年增高，已發展成為本地鹹、淡水養殖的重要品種之
一。亦因臺灣烏魚魚苗之需求，由天然魚苗漸漸改變人工繁殖魚

---

53 1987 年猶創下 95,000 噸的世界記錄，銷日量曾佔日本草蝦進口總量的一半以上。

苗來供應，又使烏魚產業的發展更上層樓。後來，廖一久到東港分所，歷經多年的辛勤耕耘，結果在 1976 年確立了烏魚完全養殖技術；到了 1978 年，亦獲得虱目魚研究史上，首次經由荷爾蒙催熟、擠卵、受精、孵化到育成稚魚的完整記錄，揭開了虱目魚生活史中最重要的魚苗期奧祕，奠定虱目魚人工繁殖技術的基礎，加速虱目魚養殖業的發展。

認識廖一久與趙乃賢，正是他們 1969 年人工烏魚養殖成功，聲譽鵲起之時。1969 年 11 月 8 日那天，我從臺北南下前往屏東東港小鎮，正可形容是一個「窮鄉僻壤」的地方，沿途所見多崎嶇荒涼，好不容易才看到一個陳舊剝落的招牌，上面寫著「東港海產種苗繁殖中心」。[54] 迎面相接的是，略微黝黑結實身材的青年專家廖一久，熱情握手寒喧，隨即帶我到烏魚人工養殖現場，介紹團隊成員，其中包括趙乃賢等人，邊參觀邊說明研究試驗經過，他們突破烏魚苗只能存活二十多天的瓶頸，首創「人工烏魚繁衍模式」，成功創下歷史性記錄（1969 年 11 月 9 日《聯合報》三版頭題專訪），為學界和漁民稱道。

▌共同研究一起生活的佳偶

說來慚愧，我的專訪只不過是「錦上添花」，因為他們那段艱辛研究實驗的青春歲月，才是最可貴的犧牲奉獻，且無怨無悔，讓人感念。廖一久出任首任改名的東港分所所長，正是家庭與事業兩相宜。趙乃賢與他結連理，可說是「人生最佳拍檔」。他們志趣相投，皓首窮經，孜孜不倦，一路埋首漁塭、海邊、實驗室，一步一腳印，創下草蝦、烏魚、虱目魚等人工養殖技術的

---

54 後來才更名為「臺灣省水產試驗所東港分所」，由廖一久擔任首屆所長。

空前成就，令人欽羨！兩人不但感情彌篤，學歷亦旗鼓相當，相夫教子，持家有道，共有二子。兩人又是同事，朝夕相處，共同致力虱目魚、泰國蝦、淡水長腳大蝦、烏魚等人工繁殖養殖技術的研究，為學術界「模範夫妻檔」典範，羨煞同道。他們的研究論文亦常一起署名，可見鶼鰈情深。

當時，東港分所的研究和行政人員不到十名，但因團隊成員均有研發的堅定信念和使命感，加以廖氏夫婦的熱情和凝聚力，激發上下一心，陸續完成七種海水蝦類與一種淡水蝦類的人工繁殖試驗，並進行各種經濟魚蝦貝藻類的生理、生態研究與繁養殖技術的改進，以及奠定了生物技術的磐石，成果輝煌。廖一久更為了東港分所，四處爭取經費設備，已到了「化緣」的地步，由於態度認真誠懇和鍥而不捨的努力，感動了國科會、農復會、臺灣省政府，且伸出援手，加速使研究環境獲致顯著改善。他胸襟豁達，不計名利的精神，當是科技後進效法的典範（1977 年 9 月 20 日《聯合報》「新儒林」專欄〈廖一久「化緣」養魚〉）。

廖一久早年曾在清水高中就讀一學期，後降級半年，重新插班考上臺中一中高中部春季班。他曾說：「我們班上有三十四個同學，授課老師皆是一時之選，例如英文老師是後來擔任臺大外文系教授，撰述巨著《巨流河》的齊邦媛老師；另一位英文老師則是後來被延攬出任臺中圖書館館長的馬廣亨老師。當時物資匱乏，但每一位老師都付出全部的愛心教育我們，可敬的精神與以身作則的言教身教，對我影響深遠。」

廖一久是在 1956 年夏，考上臺大動物系（漁業組），和許多大學生一樣，1950 年代物質匱乏，廖一久在學習之餘，亦設法減輕雙親負擔，兼了兩個家教，還翻譯日本著名文學家菊池寬的長篇小說《真珠夫人》，於《民聲日報》連載。生活簡單但十分

充實，通宵達旦讀書後，到校門口吃一碗陽春麵，就覺得很滿足；他亦繼承了父親對運動的愛好，參與橄欖球和拳擊等社團，大學生活多采多姿。

讀書時期，常與漁民接觸，發現他們和農民一樣都得靠天吃飯，「如果水產養殖也能像畜牧業一樣大量生產，那該有多好啊！」於是下定決心，接受挑戰，以解決臺灣水產養殖問題。當時，日本在水產養殖居於全球領導地位，他畢業後選擇赴東瀛深造，進入日本一流學府，菁英匯聚的東京大學農學部水產學科，師事以嚴格出名的大島泰雄教授。除了繁重的課業，經濟亦是一大壓力。為了撙節支出，經常在研究室裏睡袋席地而眠，到補習班兼職賺生活費，還曾因此引發急性盲腸炎開刀住院。面對如此艱苦的環境，他越惕勵上進，也養成越挫越奮的精神。不論在臺南分所或東港分所的艱苦卓絕的優異表現，足堪佐證！

▌獲選中研院院士

1987 年 10 月，廖一久升任臺灣省水產試驗所所長，告別待了十九年又四個月的東港分所，北上基隆履新，執掌權責加重，任重道遠。他再度發揮「東港」精神，宵衣旰食，勇於任事，終將水產試驗所總所與八個分所整合，朝資訊化、現代化精進，蔚然改觀，有了新的面貌，足見「事在人為」！更打造了「水試一號」試驗船與澎湖水族館、臺東分所新研究大樓暨水族展示館等重大建設。再再證明他對臺灣水產界的卓著貢獻！

之後，獲選中研院院士，亦是實至名歸！2002 年 1 月，這位臺灣水產養殖科技產業的開路先鋒，結束了三十五年的公職生涯，接下海洋大學講座教授，退而不休，繼續從事熱愛的學術研究，並誨人不倦，將一生所學轉化為春風化雨，嘉惠後進，得以

承先啟後，為社稷桑梓做出最大的貢獻，令人敬佩！

近十數年，臺灣四周海域因長期捕撈過度、海洋污染，漁業資源逐漸耗竭。廖一久亦曾感憂心，並向政府和民間提出改進之道，主張魚苗放流，讓漁業資源能永續傳承海洋生命的解決之道。類此運用養殖科技，大量孵化高經濟價值的魚貝類幼苗，並藉著中間育成，以人為保護培育至一定大小後，再放流於天然海域。他反對藉宗教等因素錯誤的魚苗放流，因為不僅存活率不佳，還可能造成外來種入侵、養殖疫病流入自然環境等生態破壞，必須嚴戒。足見他對水產養殖業念茲在茲，事事關心。

我和廖一久相識以來，長期各忙各的，但始終「藕斷絲連」，還會難免碰到，這可能是我們有緣。他的熱情仍如往昔，一遇到就很高興。每次見面，他的成就越大，職位越來越高，讓我深感與有榮焉。當時我在農復會採訪新聞，我們還曾在漁業組辦公室走道上碰到；我在中研院數學所兼任研究時，他是中研院動物研究所兼任研究員，有時到南港開會遇到；後來我借調省府，我們還曾在省政會議見面聊天，他那時已是省水產試驗所所長。直到他退休時，我已先完成《台灣新生報》民營化退休兩年，兼中華農學會顧問，有時還因年會碰到，直到近幾年才沒再見到面。每每想起他憂國憂民的科學報國心志，令人敬佩。他充滿信心與毅力的研究神情，至今仍予人印象深刻，真是一個了不起的人物！

10．
臺灣鮑魚──九孔的故事

臺灣鮑魚養殖名聞遐邇

廖一久可說是「臺灣水產養殖」科技研發的開路先鋒，然而臺灣的鮑魚養殖（亦稱「九孔」，還有藝人以此為藝名）一樣也不遑多讓，農復會在 1970 年代開始引進技術研發推廣後，創造了豐碩的經濟收益，品種獨樹一幟，受到國際矚目，亦讓消費者能享用物美價廉可口的美食。

當年，農復會的漁業專家，為因應糧食危機，解決漁業困境，發現漁業科技的快速進步，已由獵捕型轉為資源培育，成為全球漁業未來發展的趨勢。故尋求重點突破，協助推廣沿海養殖利潤高的鮑魚，三年內沿岸養殖可達百公頃，年產量預計千噸，收益將逾五億（1975 年 3 月 6 日《聯合報》三版頭題專訪），既可避免良田改為漁塭，還可發展沿岸作經濟開發利用。

當時鮑魚的國際市場，已呈現供不應求現象，主要是天災採捕過甚，於是先進國家紛改採人工養殖技術培育成苗，大量放流至沿海岩岸，這種「創造資源」方法，也已推廣應用至其他魚蝦類方面，臺灣亦然。例如，臺灣的北、東、南部沿海污染性較少，沿岸線長 1,100 公里，西部沿岸線雖有 400 多公里長，但多

為砂岸，僅適於培養文蛤、牡蠣等。因此，選擇不易受岸上泥砂沖積，而海水交流頻繁、漲落潮適中、水中氧氣充足之處，可建設「公寓」式養殖。再者，臺灣養殖鮑魚不會與農爭地（不同於養殖魚、蝦，塭池會減損農地面積），又可利用現成沿海岩岸資源，節省成本，布建「鮑魚公寓」，屆時收成，經濟實惠。自然受到沿岸漁民歡迎。

在山珍海味中，鮑魚可說是「天之驕子」，除了營養價值高，供滋補、醫藥用，還可使人的眼睛看來「炯炯有神」，並且經濟價值高；1975 年國際行情價，已達每磅 9 塊多美金，折合新臺幣，每公斤約 800 元以上。就養殖價值而言，利潤極高，前程似錦（1975 年 4 月 4 日《聯合報》副刊「新聞網外」專欄頭題）！世界主要出產鮑魚的國家，有美國、日本、澳洲、紐西蘭、墨西哥等。臺灣因有太平洋暖流的「黑潮」經過，環境適宜，而北、東、南部沿海岩岸，1970 代已有三種天然繁殖的鮑魚。分別為「瑞和鮑魚」（H. Discus Reeve），以及兩種「九孔」鮑魚（即 H. Japonica Reeve 與 H. Varia Linnaeus）。特別是「九孔」因貝殼約半個月會長一孔，孔數越多，年紀越大，體型亦越大。一枚「九孔」約重 60 公克左右，最大則有 200 多公克。而「九孔」吃海邊的天然海藻成長，頗具飼養價值。

當時臺灣沿海已有六種鮑魚，以粗紋與平紋鮑數量最多，其中平紋臺灣鮑就是俗稱的「九孔」，又因體型較小養殖飼料的不同，食用人工飼料的九孔稱為「翡翠九孔」，食用龍鬚菜的九孔稱為「珍珠九孔」（Taiwanese abalone）。九孔與鮑魚都是草食性的軟體生物，移動性不強，通常活動是受食物來源影響，其覓食時段為夜間；而鮑魚喜歡在沿海岩石，或珊瑚礁 100 公尺深的地方棲居，隨氣候、溫度、環境等不同，有了大小不等的品種。但

基本上，仍是「大同小異」。在水產學上，有的以其外足的突出數目，做分類標準，有的則依形態測定學方法分類。

世界最著名的鮑魚，是美國「加州紅鮑魚」，為美國主要鮑魚品種，最大約8.5吋，重可達3磅多，現已能用人工技術繁殖成功，從產卵到長成，已建立一套技術作業。據美方估計，這種雌鮑魚在攝氏20度水溫下，可產一至兩百萬個卵。如用紅藻約15.2公克飼育，成鮑會增加1公克重，而外殼增長1公分，則需17.4公克紅藻。

▌善用科技國強民富

美國和日本已研製成功鮑魚的人工餌料，是以富蛋白質的藻類為主，做成粉料定期飼養，用科學方法控制，可讓鮑魚長得又大又好。事實上，天然鮑魚的「蓄養」，是從種苗開始，可收穫七成左右。人工繁殖的最大好處，可使其質量均佳。日本亦已有九種以上的鮑魚；主要有四種，比較著名的是「伊勢鮑魚」，比臺灣的「九孔」要大，已可用人工技術繁殖。如在攝氏15至20度的水溫，殼長8公分的雌鮑魚，可一次產卵二十萬至四十萬個，在高至攝氏25度時也可孵化，14小時後，外殼形成，到第四天即成幼苗，由幼苗生長至1公分階段，最高生存率為21.8%。伊勢鮑魚的孵化至長成18公分，約需十個月，喜食浮游性的單細胞藻類。澳洲鮑魚也有十五種，經大量開發較著名的是「紅鮑魚」和「綠鮑魚」，分別產在西、南澳洲沿海岩岸。其中「紅鮑魚」，最大可達20公分，1.25磅，政府把鮑魚養殖工業化、企業經營，由採捕到加工外銷，已能一貫作業，外銷美、日、香港及東南亞國家，頗受歡迎。

鮑魚是「寄居」型的水產動物，對外沒有抵抗能力，主要天

敵是「海星」（Starfish），其常在太平洋珊瑚礁區出沒，專愛吃珊瑚礁和鮑魚。1970 年代關島附近的珊瑚礁，就被吃掉了四分之一，美國海軍、政府及專家學者動員起來，用「毒餌」來消滅它。海星在加州沿海吃大鮑魚，會放射一種液體毒殺死加州紅鮑魚。如今全球養殖鮑魚和「九孔」的國家，已採取相關科技保護珊瑚礁，克制海星的侵犯，使得鮑魚養殖的威脅性減少，有利繁殖產製鮑魚。

　　臺灣的人工烏魚、草蝦、虱目魚，乃至鮑魚（九孔）等養殖科技的突破，以及繁殖生產的內外銷，不僅創造臺灣經濟的民生財富，也彰顯臺灣科技發展的精進，及科技人才濟濟，蔚為國用，得以在世局和兩岸驚濤駭浪中，屹立不搖，永續經營。足見科技可以促成國強民富，只要能善用於國計民生，是安和樂利的民主社會保障！

11 ·
「臺灣蘇鐵」與觀音座蓮

▌臺灣特有種是「臺東蘇鐵」而非「臺灣蘇鐵」

在早年的科技部門領域，分工不夠精細，及資訊不夠完整，查證工具更是不足（不像現在還有 Google 可對照）；更有許多千百年留下的「錯誤」，仍不免會「以訛傳訛」。像「臺灣蘇鐵」（學名：Cycas taiwaniana）和「臺東蘇鐵」（學名：Cycas taitungensis）傻傻分不清，即為例證。1975 年臺灣省林業試驗所的專家，在臺東發現所謂的「臺灣蘇鐵」，當時被認為是一項「奇蹟」，轟動一時。

直到1994 年，時任臺大森林系沈中稃博士與中央研究院植物學研究所（今稱「植物暨微生物學研究所」）的鄒稚華副研究員，以及澳洲新南威爾斯國家標本館的 Hill 博士與中國科學院的陳家瑞博士共同發現，產於臺灣臺東的蘇鐵，與產於中國廣東省的蘇鐵，在形態上其實有很大的差異，他們重新檢視大英博物館所典藏的那份模式標本（1893 年 William Carruthers 命名「臺灣蘇鐵」Cycas taiwaniana 的標本），結果發現這份標本的特徵和產於「廣東的蘇鐵」相符，但和真正產於臺灣的蘇鐵不同。於是將產於臺灣的蘇鐵，以其原生地命名為「臺東蘇鐵」（Cycas taitungensis）。原來，學名稱為「臺灣蘇鐵」的物種並不產於臺灣，而是產於廣東。這種錯把「馮京當馬涼」的歷史，所在多有，仍需後進及後世予以查證、澄清，就如吳大猷生前常強調的：「不要把錯誤，繼續傳播下去」！

其實，「臺東蘇鐵」過去也曾經被當成目前已知為另一種蘇鐵的標本，是由於早年日本學者佐佐木舜一在臺灣臺東縣境內採集到野生的蘇鐵，便命名為「臺灣蘇鐵」（學名：Cycas taiwaniana）；而英國植物學家史溫侯（Swinhoe），亦在1861-1866年間在臺灣採集臺東蘇鐵。當時，他將所採集的部分標本送給 Dr. Hance 的標本館；在1893年，英籍專家 William Carruthers 卻根據其中一張只有少數葉子及三片苞子葉的標本，命名並發表了「臺灣蘇鐵」這種植物，後來這份標本存放於大英博物館。從此以後，凡採集自臺灣的蘇鐵標本，全部被鑑定為臺灣蘇鐵，而且認為同一種植物也分布於中國廣東、福建一帶，這個「以訛傳訛」的看法被沿用了超過一百年，其實被命名為「臺灣蘇鐵」的並非臺灣特有種。

說來有趣，1975年3月間，英國皇家植物園鑑於世界蘇鐵類天然群落，已瀕臨滅絕邊緣，乃分函世界各地植物園，發起協力調查目前栽種蘇鐵種類、株樹及保護情形。於是同年4月初，一批臺灣省林業試驗所的專家，便在臺東紅葉村的山區裡，翻山越嶺發現了大批罕見的原始「蘇鐵」群落，範圍達200公頃以上。比對當年 Carruthers 標本之下，欣喜若狂，認為這種叫作「臺灣蘇鐵」（Cycas Taiwaniana）的古老植物群，其天然群落，幾已絕跡，卻被「踏破鐵鞋無覓處，得來全不費功夫」，但當時以為「臺灣蘇鐵」是臺灣特有品種，實是「美麗的錯誤」！根據《植物誌》記載：「臺灣蘇鐵」產於福建、廣東、臺灣海拔600公

尺以上的林地，然始終沒有發現其原始群落。所以當時林業專家組隊在臺東找到，自然被視為是一項「奇蹟」！（1975年5月16日《聯合報》「新聞網外」專欄的「臺灣蘇鐵」）

▌科學求真如「鐵樹開花」

當時林試所建議在臺東設保護專區的看法，如今確實落實，值得欣慰。而臺灣特有的「臺東蘇鐵」（Cycas taitungensis），現已被證實為臺灣唯一原生的蘇鐵類植物，僅分布於臺東卑南大溪及泰源之低海拔近溪谷山區；臺東縣並已設有臺東紅葉村「臺東蘇鐵自然保留區」，目前該區是臺灣野生的「臺東蘇鐵」，生長茂密，大部分為500、600公尺的高幹大樹，種子結實很好，景象壯觀優美，分布面積最廣、數量最多，是值得珍惜的「國寶」級資源！

所謂蘇鐵，也就是一般人所說的「鐵樹」，最早起源於中生代早期，距今約兩億多年。目前存在世界上的僅一百種左右，其中約十五種多已普遍移植在各地庭園內，做為觀賞樹種。這批樹種主要來自非洲，但在非洲大陸也已找不到它們的原始群落。至於其他蘇鐵，多分布於熱帶及亞熱帶地區，其野生群落隨著各國不斷開發，已趨沒落。因而引起英國皇家植物園對蘇鐵類瀕臨滅絕邊緣的關心，亦促成臺灣林業、植物學界的重視，進而發現「臺東蘇鐵」。現在正名為「臺東蘇鐵」的天然蘇鐵群落，在植物學上意義十分重大。因為這種古老的植物群，等於是一種「活化石」，與移植在庭園內的蘇鐵不同，極具學術研究價值。

據植物學者的研究，蘇鐵在一億五千萬年前，侏儸紀時代廣布於世界各地，是孑遺植物。北起西伯利亞、南至澳洲等地皆有。中生代中期是這類植物群旺盛時代。由化石的證據顯示，蘇

鐵科（Cycadaceae），至少有三十四屬278種。然因地球環境與氣候的變化，使得被子植物興起，蘇鐵科原始裸子植物則逐漸衰退，且日趨沒落。到今天，有許多蘇鐵只能由化石中，看到昔日的光景，目前生存的蘇鐵約九至十屬，很多也找不到其真正的原貌。蘇鐵類英文叫做Cyads，係源自拉丁文，意思是「棕櫚樹」（Palm Tree），外形很像椰子樹，具一直立的幹莖，葉叢生於莖頂，生殖器官的構造卻大不相同，「棕櫚樹」為進化的單子葉植物，但蘇鐵則是原始的裸子植物。

國人嘗說「鐵樹開花」，為一種祥瑞。主要是鐵樹並不容易開花，幾乎每百年才開一次（不過在臺灣，日照充分，只要照顧周全，幾乎能年年開花）。雄性鐵樹，開的花比較醒目；雌性鐵樹雖也開花，但花蕊細小，不惹人注意。從「臺灣蘇鐵」的美麗錯誤，不難發現，只要本諸科學的求真精神，眾裡尋它千百度，終必有獲，並拓開世人知識領域和視界，功德無量。

▌臺灣原始觀音座蓮

我曾在1975年11月9日《聯合報》三版獨家報導：「寶島多珍奇植物，觀音蓮世所罕見。最古老的蕨類植物，值得珍惜，美籍教授棣慕華，視同拱璧。」該文導言是以臺大植物系美籍教授棣慕華的呼籲起頭：「我希望以後到南投縣蓮華池的朋友，能愛護『臺灣原始觀音座蓮』，它不僅是臺灣的寶貝，更是世所罕見！」

當年，在美賓州大學執教的中研院院士李惠林、紐約植物研究園日籍學者小山鐵夫、森林學者、臺大農學院院長劉棠瑞、臺大植物系主任黃增泉、臺大植物系美籍教授棣慕華等人，提出編撰《臺灣植物誌》的構想，獲得國科會和美國國家科學基金會的

贊助。他們花了近五年的時間，於 1975 年編訂完成，共有六大卷，每卷平均達八百多頁。其中就列有舉世罕見的「臺灣原始觀音座蓮」；其標本還慎重置放在臺大的實驗室，棣慕華教授視為「拱璧」，很得意地向來訪者展示。

在植物世界裡，蕨類為一種最古老、最低等的植物。人類考古學家與地質學者均視其為最珍貴的東西，認為可以從它的歷史痕跡，追溯人類是怎麼來的，莫不珍惜。根據地質學者的看法，「臺灣原始觀音座蓮」在古早的時候，是和其雲南「兄弟」生活在一起。後來受到地殼大變動影響，有的海洋變陸地，有的陸地成海洋，滄海良田，使這古老的蕨類植物，不得不分開。

「觀音座蓮」屬是霍夫曼於 1796 年發表的，全世界約有 200 多種；「原始觀音座蓮」屬則是 Christ 及 Giesenhagen 在 1899 年發表，目前已知全世界約有十一種。兩者的主要區別在於：前者植株高大，高於 1 公尺甚至達 2 公尺以上，孢子囊群短縮，分布在羽片的邊緣；後者植株小，約 1 公尺以下，孢子囊群長形，沿著羽脈中間分布。但也有學者認為兩者有許多共通性，不同意分為兩屬，而通稱為「觀音座蓮」屬。

「臺灣原始觀音座蓮」（學名：Archangiopteris somai Hayata）是日本早田文藏博士根據採自烏來地區的標本，在 1915 年發表，小名「somai」即「相馬氏」乃紀念模式標本採集者相馬禎三郎。而「伊藤氏原始觀音座蓮」則是在 1970 年，由中興大學的謝萬權教授，根據採自蓮華池的模式標本發表的新種，小名「itoi」即「伊藤氏」，乃紀念其恩師伊藤洋（Hiroshi Ito）。後來也在北部的烏來山區被其他學者發現有少數植株。「伊藤氏原始觀音座蓮」與「臺灣原始觀音座蓮」非常相似，主要區別在於前者植株較大，羽片對數較多，孢子囊群較短佔羽片一半以下，靠

羽片邊緣;而後者植株較小約 1 公尺以下,小羽片對數較少,約四到五對,不具回脈。

▌國寶植株亟需保護

截至 2017 年,「臺灣原始觀音座蓮」僅知分布於臺北的烏來、坪林與南投的蓮華池,僅存不到 1,000 株;而「伊藤氏原始觀音座蓮」,亦僅知分布於烏來與南投的蓮華池兩地,近來更是瀕臨危機,在南投蓮華池地區未能再次尋獲;至於烏來的野生族群也剩下不到 100 株。簡言之,「臺灣原始觀音座蓮」因為植株稀少,益發使國際學界珍惜(另一在臺灣的「伊藤氏原始觀音座蓮」亦然),所以經 1975 年,中研院院士李惠林、臺大農學院院長劉棠瑞、臺大植物系主任黃增泉、臺大植物系美籍教授棣慕華等學界人士一再呼籲,已促使國科會(今為「科技部」)和農復會(現為行政院農業委員會)等單位,會同地方政府(以南投縣為主),積極進行保護、保育等工作。

2017 年 4 月,有報紙報導:「號稱國寶級活化石、全球僅存幾百棵的『臺灣原始觀音座蓮』,最近在日月潭發現新育地!數名筍農在文武廟後山發現長相特殊的蕨類,以手機拍照 Line 傳給知名生態解說員葉建興,確認它就是這種三億多年前就已出現、比恐龍年代更久遠的珍稀植物!」這是全世界只有臺灣獨有物種,已知它分布在南投縣魚池鄉日月潭文武廟與大雁村,蓮華池與新北市烏來等多處發現有些族群生長,估計全球只有 1,000 株上下,分布地區很狹隘,堪稱是「臺灣之寶」。發現臺灣原始觀音座蓮新生育地,固然讓人振奮,但更重要的是如何「保護」。除了「臺灣原始觀音座蓮」(由蓮華池林業試驗所負責管理),另一種更珍稀、在蓮華池已消失四十多年的「伊藤氏原始

觀音座蓮」是否還存在？更是讓人關切。

　　猶憶當年棣慕華教授告訴我：「『臺灣原始觀音座蓮』為一種無性生殖植物，孢子囊沿著葉脈生長。現剩少數侷促在南投縣的角落裡。而臺灣還有許多類此的珍貴植物（像「伊藤氏原始觀音座蓮」亦是），國際學界莫不重視，國人若不盡力保護，就太可惜了！」

Chapter 4
公害災難殷鑑

1·
政府早年輕忽管理，防治起步很晚

▌主管官署遲至1980年代才設立

在五、六十年前談環保、食品安全、公害防治是笑話一則，也不會受到廣泛重視，更不會有朝野和民間團體合作的防治行動。原因之一，當年是物資生活匱乏，經濟雖掛帥，但與現實仍有相當落差（當時公教人員待遇能每月有近千元新臺幣，算是中產階級）。原因之二，當年尚存有農業社會遺緒，「垃圾吃、垃圾肥」、「不乾不淨，吃了沒病」、「眼不見為淨」等等觀念猶存，遑言食品安全問題。

再者，民智未開，教育、資訊不夠普及，九年國教甫在1968年實施。而政府中央及地方管理單位分散，形同各自為政，根本無法標本兼治，致始終停留在「頭痛醫頭，腳痛醫腳」階段。

直到1971年3月，行政院才成立衛生署，下設「行政院衛生署環境衛生處」，由經濟部成立「水資源統一規劃委員會」；1979年4月行政院會議通過《加強臺灣地區環境保護方案》，於1982年1月，將行政院衛生署環境衛生處升格為「行政院衛生署環境保護局」，原經濟部水污染防治業務及內政部警政署交通噪音管制業務併入該局，另成立南區環境保護監視中心。到了

1987年8月才有比較統一事權的機關，將「行政院衛生署環境保護局」升格為「行政院環境保護署」，下設綜合計畫處、空氣品質保護及噪音管制處、水質保護處、廢棄物管理處、環境衛生及毒物管理處、管制考核及糾紛處理處、環境監測及資訊處。2010年2月，修正《行政院組織法》將環保署升格為「環境資源部」，但由於涉及國家公園與農委會轄下林務局是否歸屬環資部或續留原單位，導致《環境資源部組織法草案》至2018年3月尚在研擬中。

而在1982年之前，1947年設立的臺灣省政府，係由衛生處負責公害防治及環境衛生之改善暨輔導。1955年，衛生處設置「省環境衛生實驗所」。1962年，各縣市衛生局第二課主管環境衛生業務。1968年10月，臺北市政府將衛生局清潔大隊及水肥處理委員會合併成立「環境清潔處」。1972年5月，高雄市政府比照辦理，成立「清潔管理所」。1974年，省政府建設廳成立「臺灣省水污染防治所」。1977年7月，高雄市改制直轄市，才擴大編制成立「環境管理處」。1982年7月1日，臺北市環境清潔處與高雄市環境管理處，方各自改組成立「環保局」。

在戒嚴時期，海峽兩岸軍事嚴峻對峙局面，政治處處禁忌，而報紙、廣播、電視等媒體則限照，報紙限制出版張數，主要有《聯合報》、《徵信新聞報》（1968年9月1日，更名為《中國時報》）、《台灣新生報》（國府接收臺灣時的第一大報）、《中央日報》、《中華日報》、《大華晚報》、《民族晚報》、《自立晚報》等，另有中廣、軍中、正聲、復興電臺等，電視亦僅三臺，包括台視（1962年10月10日開播）、中視（1969年10月31日開播）和華視（1971年10月31日開播）。近三十年民主政治和主流媒體的轉型，加上手機、網路等新媒體的崛起，也讓眾所矚目的公害防

治、環保理念和作為，有了與往昔不同的看法和做法，從過去強調經濟成長、提高所得，轉向重環保、健康、要幸福的指標。更有不少的公民團體以行動參與「環保、健康、幸福」為要旨，反對過度發展經濟犧牲環保！反對科技工業公害戕害健康。

▋解決環境污染已刻不容緩

我走過騎腳踏車、摩托車、搭汽車和飛機、船舶上山下海，全臺走透透跑新聞的歲月；並經過使用鋼筆、原子筆及越洋電話報稿、電報發稿、傳真到電腦打稿的新聞工作生涯，直到退休十七年後，還持續用電腦或平板（iPad）寫作，對臺灣社會的種種轉變感受甚深。就像趙甄北那首絕句：「滿眼天機轉化鈞，天工人巧日爭新，預支五百年新意，到了千年又覺陳」，而活到老、學到老，日新又新，是我「新聞」理念的圭臬！

自從2015年中國中央電視臺主播柴靜製作的紀錄片《穹頂之下》，揭發霧霾PM2.5（細懸浮微粒）對人體的危害後，頓成海峽兩岸的熱門話題（可惜遭中共當局下架）。特別是臺灣近年常受中國大陸的「霧霾」侵襲；根據世界衛生組織（WHO）2011年的調查，臺北空氣品質是全球倒數第十五名。另據WHO標準，臺灣遭PM2.5污染，導致空氣品質污染不良日數，平均一年就高達193天，空污問題益發受到社會關注。

根據官方的說法，臺灣PM2.5訂的標準是15微克／立方公尺，美國訂的標準是12；但WHO訂的卻是10，各國都積極防、嚴控以降低標準。換言之，骯髒的空氣，比食安更可怕。因為PM2.5成分複雜，包括汽機車、工廠排放的硫氧化物、氮氧化物、揮發性有機物，當中更可能含有戴奧辛、重金屬成分，被國際癌症研究機構（IARC）列為一級致癌物質。實已到了必須

採取全方位防治公害（含空氣和水污染、工業污染、農業殘毒等等）行動的時候了！

又如 2015 年 4 月出刊的《商業周刊》還以「要命的空氣」做封面，並由臺北市市長柯文哲夫人、小兒科主治醫生陳佩琪口述，她在四年前罹患肺腺癌情形經過，但罹癌後，她更加關心空氣污染對生活環境造成的影響。甚至說：「到肺癌末期會吸不到空氣，那種感覺就像是有人掐著你的脖子！」令人不寒而慄！所以她呼籲：「空氣污染，是一個政治議題，大家應該更嚴肅來面對。」可說一語中的！

像公害的防治和環保，箇中涉及範疇廣泛，莫不與政治攸關。例如歐美民主國家左派政黨較傾向環保，像美國民主黨、英國工黨等即是；美國民主黨曾在 1972 年全力支持通過防治水污染修訂法案，而為反應全國飲用水已受到水污染的威脅，還透過眾議院同意撥 180 億美元，做為垃圾處理之用，堪為例證。

如果看經濟與環保（公害防治）的爭論和拉鋸戰，總是多少受到政治的扞格，和政黨政治的競爭影響。所以，包括環保、防治公害的政策規劃面、教育面、法令規範面、行政和司法執行面及傳統和新媒體的監督等等，再再需賴朝野放棄黨派利益之見，將全民福祉置於政黨之上，同心協力，才能克竟事功。若再以經濟、環保的孰輕孰重爭議不休，延宕救濟、改善公害的時程，犧牲許多這一代和下一代的健康福祉，那真的就要大禍臨頭了！

▎歸國學人倡議公害防治

翻閱往昔工作的報紙，其中光是 1971-1972 年間，就有一百多篇的公害獨家報導（早年記者報導不署名，泰半是「本報訊」或少量的「臺北訊」）和專訪、特稿，發現與今天媒體所談的內

容，大體上理念相同。尤其是「科技役人、抑或人役」的問題，尤需有精確的認知，且不能忽視科技的負面或後遺症影響，妥謀預防之道，像大量使用經濟實惠的電子、化工、塑膠產品，其產製過程前後所產生的公害，就害人不淺！

例如，纏訟十多年的 RCA（美國無線電）公司污染導致員工中毒受害案件，到了 2015 年 4 月中才獲勝訴，算是遲來的正義！RCA 故得向 445 名受害員工賠償 5.6 億元新臺幣（折合約 1,800 多萬美元）！臺北地院的 RCA 判決極具指標性，對屢受食安風暴與 PM2.5 侵襲的臺灣民眾是一大啟示！也警惕企業資方更需重視職業傷害，及提供勞工良好工作環境。

臺灣的環保意識，較先進民主國家落後。像美國海洋生物學家瑞秋・卡森（Rachel Carson），早於 1962 年就著書《寂靜的春天》（Silent Spring），激發了世人環保意識，臺灣到了 1970 年中期及 1980 年，相關意識才開始萌芽（環保署成立於 1987 年）。謹摘我四十七年前的幾篇署名的專訪、特稿，或可資參考。

1971 年 1 月 19 日刊《聯合報》三版專訪當時回國講學的青年學者汪群從（後來擔任首屆臺大造船工程研究所所長、臺大工學院院長、海洋大學校長等職），談美國環境科學專家羅爾夫、納達（Rolf Nadar）旋風式訪日談「公害是人類大敵，防治需群策群力，對付環境污染最大生化戰爭 感染突變因子會生畸形子孫」。接著，1971 年 1 月 15 日《聯合報》二版：「向公害天災進軍 張捷遷院士談新構想」，就談到張院士帶來成立國家防災防公害中心的新構想，便是把人才、經費、新型設備集中運用，針對各種災害做重點計畫研究（包括污染空氣、不潔水質、噪音所造成的各種疾病研究等），提出控制消弭方法，再配合政府有關部門執行，並經常與國際研討會和國際有關機構連繫合作，或引

進國際經驗和技術，當時他也認為颱風和地震所引起的洪水、山崩、地層下陷、湧浪等災害不容忽視，還呼籲國人要發揮公德心，減少人為（如吸菸丟菸蒂、隨地吐痰、亂丟廢棄物等）的破壞行為。1971 年 5 月 26 日三版就特稿分析「臺北盆地像蒸籠空氣污染情況嚴重」，同年 6 月 16 日三版特稿提到「防治水污染是行動時候了」。到了 1978 年訪問工程師學會專家學者，從高雄地區的「氰化氫」外洩中毒事件，談「防治公害應未雨綢繆」（1978 年 11 月 27 日《聯合報》三版）。

例如早年的日本科學新聞亦多以核能、地震、火山、生命科學、醫學、環境、食品安全等為主，主流媒體還特意印發了提供記者學習和參考的資料。像 1970 年 7 月，共同通訊社就編寫了《公害採訪指南》，8 月又編寫了《補遺》；NHK 且印發了《日本公害地圖》等。一者替科學報導提供了依據，協助媒體對公害事件或環境污染等的正確認知，及相關健康知識，從而推動相關法律的制定與修改，維護公眾利益。類如 1970 年召開公害防治的臨時國會上，便制定和修改了十四條法令，漸形成了公害防治法的體系。1971 年並設立環境廳，1972 年國會更修改了《大氣污染防治法》和《水質污染防治法》等，不一而足。

由此可見，科學新聞能引導輿論對社會進步和政策改變形成，具有深邃影響力，功不可沒。

諸此，臺、日相較，現在新世紀回顧已是話天寶了。

2．
偵測地震與防災

▍吳大猷首推地震偵測

由於臺灣除了人為公害，尚有包括颱風、地震、旱災、水災等天然災害，所以早年的專家學者亦提供此方面的新知和防患未然之道，像我在 1971 年 12 月 26 日《聯合報》三版就專訪參加三項國際上有關颱風氣象的會議學者汪群從，談「颱風與建築物的關係，興建廿層以上高樓 要兼顧地震風力因素 國際正研訂安全的規格標準」（當時臺灣亦開始興建高樓大廈）；又於 1975 年訪問臺大土木系主任茅聲燾、中研院地球科學研究小組負責人蔡義本[1] 等專家學者，談「地層下陷」防患之道（1975 年 2 月 22 日《聯合報》三版）。

當年在吳大猷主持國科會期間，重視科學教育，亦因常與國際科學界接觸、訪問、講稿或參與學術性會議、研討會等，對任何科技新知有利臺灣，和符合國家利益及長期科學發展者，常會

---

1 **1976** 年地球科學研究所籌備處主任。**1982** 年中央研究院地球科學研究所正式成立，亦為首任所長。之後擔任國立中央大學教務長、中央大學地球科學院院長等。**1999** 年 **921** 大地震以後地球科學研究所成立「環境變遷研究計畫」，後來該計畫另外獨立設立「中央研究院環境變遷研究中心」。

主動找我聊天。[2]

　　有一天，他突然心血來潮找我（時為《聯合報》記者），興致勃勃大談臺灣氣象、地震（地球科學），指出臺灣處環太平洋地震帶上，與日本、菲律賓等地更是「同病相憐」，互通有無，只要東瀛有大地震，臺灣都難免連鎖波及，此乃最令人憂心所在！若不早防患未然不行；又說要建立臺灣各地的「微震測震站網」，還要籌辦中研院地球科學研究所等等，更要介紹我認識國際知名研究地震學者、中研院院士鄧大量（亦是學界的「反核」要角）。當時，我並不清楚他的高瞻遠矚規劃，只是認為引進新科技，有助臺灣的升級發展，未來或有機會「預測地震」，更可在國際有嶄露頭角的機會。[3]

　　接著，在1973年就由中研院、國科會合作邀請美方著名地球科學專家學者來臺，[4]與我方相關學者舉行頗具規模的地震研討會，於六天會議後，吳大猷又主持一項大規模的地震工程研討會，便邀國內外專家學者包括鄧大量、吳大銘、劉師琦、姚治平、金繼宇、蔡義本等五十多人，做全面性工程結構、土壤地質的探討，及計畫設置全臺微震測站網，和透過岩石力學了解臺灣斷層活動，並設法積極研究預測地震何時發生等，再再受到國際科學界的重視。

2　我們經常是無話不談，批評國是和兩蔣亦然，例如他對蔣介石比較尊重，對蔣經國則不無微辭。但我絕對信守「**off record**」，避免不必要的困擾。

3　此亦是促使我在 **1974** 年進入中研院數學研究所後，以「**兼任技士**」資格保送臺大物理研究所進修地球科學，接受中研院蔡義本教授指導研究，隔了多年，還一度與臺大李長貴教授同兼台電監察人。

4　為籌備 **1976** 年中研院地球科學研究所籌備處準備。參見 **1973** 年 **5** 月 **28** 日《聯合報》三版專訪。

▎全臺地震偵測網與活動斷層

到了1974年，在國科會大力推動下，完成了精密準確的全臺「震央」地圖，建立十七個普及全島高倍率遙記式測震系統，及設置了十六個強震儀測站，形成一個「地震情資網」，由一套新型中心記錄系統控制，不但對臺灣大小地震「瞭若指掌」，對全球各地的地震乃至地下核爆，亦都能迅速記錄（在同年10月23日於《聯合報》三版獨家報導，頗受社會矚目）。

而多年主持臺灣地球科學研究的蔡義本，功不可沒。他推設的臺灣地震觀測網，已能成功量測出臺灣地震活動的地理分布與深度分布，得以了解臺灣的板塊構造輪廓（1990年代，蔡義本猶協助中央氣象局在臺灣各都會區建立強震觀測網，取得大量地震資料）。

1976年中研院的地球科學家們，又在臺灣中南東部發現活動斷層，當時在1月2日《聯合報》三版獨家專訪報導後，惜未受到政府當局應有的重視。我接續又於1978年《聯合報》三版獨家報導「緩慢抵達的地震波，將是大地震的先兆」。[5] 依我的「事後諸葛亮」來看，如果當年政府採納專家學者的防患之道（各項建設需考慮地層結構問題），或許後來1999年發生的921大地震悲劇，不會那麼慘烈！

▎地震與核災預防

直到近幾十年的反核運動（建立非核家園）風起雲湧，又看到鄧大量院士等多人紛紛加入中研院的反核陣營，自有科學性理

5　地震發生時，根據特性的不同主要有兩種地震波向周圍擴散並發出震動。地震波中的 S 波是引起強烈晃動的地震波，傳播速度每秒約 4 公里左右。而相對的 P 波則只會引起較小的晃動，不會引起大的災害，P 波以每秒約 7 公里的速度傳播，是 S 波的近兩倍。觀測 P 波並迅速傳達信息，就是地震預警系統最基本的想法。

由；況且臺灣亦是全球唯一在30公里圈有500萬人口的地方運轉核電廠的，連同北部三座核電廠的30公里圈是650萬人，一旦發生核災，無處可逃。此連臺大醫院金山分院院長黃勝堅都說，發生核災，該院沒有能力可以處理，屆時醫護人員將與病人同時疏散。實在令人憂心。

現在回想早年吳大猷的用心良苦，因為臺灣地層可說是非常脆弱，還屬環太平洋地震帶，和鄰近日、菲、美國加州等都會彼此產生連鎖反應作用，只是程度等級的大小而已。加上斷層多，節理又發達，一遇強風豪雨易鬆軟，而產生大量土石流、坡地崩塌，影響生命財產安全甚巨，使得能預知地震發生時間變得很重要，此在早年根本是不可能的，如今科技日新月異，有衛星探測和精密的微震測震站網設置，越來越有機會「早知道」了。

自邁入2000年的新世紀以來，國內外專家學者的各項研究報告也均指出，全球極端氣候異常，地球已進入地震活躍期，規模也變得越來越強，規模7的地震就像三十顆廣島原子彈所爆發的能量，而規模8以上的地震原本平均一年只有一次，但現在一年都在兩次以上。

光是臺灣自2010年後，若干地區的地震就已相當頻繁，芮氏規模達5至6之間的地震便不少，讓人心驚膽戰！再者，臺灣亦曾發生七起規模6以上地震，而「強震則是核能電廠的致命關鍵」！另據2015年3月初日本東北大學研究顯示，東日本地區近兩年內發生地震的頻率為「311」東北大地震前的百倍以上（指2013年3月11日至2014年2月18日東北地區發生的地震為主），再度發生中、大型規模地震的可能性極高，和東北大地震相同規模或規模8左右的大地震，讓人無法小覷！近來臺、日地震頻繁，其密集程度已到了不容輕忽的地步！勢將嚴重威脅臺灣

的核安問題，更需有危機意識，以防患未然。

時代的巨輪永遠向前，科學新聞報導自亦需與日俱進。像日本媒體就遭遇嚴峻的檢驗，發人深省。2011 年 3 月 11 日，日本東北部 9.0 級巨震引發福島核電廠重大核洩漏事故，震驚全球。或許是公眾的核電安全知識較缺乏，加以人們長期的「恐核」焦慮和擔憂，當時不斷傳出政府隱瞞數據，和東電公司不負責任的傳言，復引發公眾對政府、技術專家與企業「掛勾」的質疑。若與歐美主流媒體在發生重大災害時，常邀請相關領域的專家學者向公眾即時傳遞正確訊息相比，日本媒體則相對失職。例如日本傳播學界便認為媒體片面依據東京電力等機構提供的資料報導，有意迴避爐心熔融的事實，反易引人不安；連歐美的媒體多感事態的嚴重性，像 BBC 或法國《世界報》就指陳核洩漏有進一步惡化的可能性。對此，日本媒體居然卻沒有給予應有的關注，導致自身公信力滑落，亮起紅燈，得不償失。

換言之，日本媒體無異成了官方和企業的「傳聲筒」，未能善盡「第四權」職責，公正客觀提供真實的訊息及真相；同時，發現在遭遇如此空前重大災難時，日本媒體的專家「智庫」資源顯然不足，致未能有適時、適切、中肯、真實、客觀的評論和分析。而媒體記者在採訪上亦未能主動調查和反覆查證新聞，致難以正確窺視核災的全貌。諸此，值得省思和探討，亦可做為臺灣媒體的一面鏡子！

綜言之，科學新聞報導正確第一！並要能深入淺出的普及化，客觀嚴謹且能提供閱聽大眾深思，不能「泛政治化」，更不要輕易地被政商操控，產生錯誤的導向，害人害己！然則，媒體最常犯的科學新聞報導錯誤，包括科學理論的錯誤，製播「偽科學」，猶喜刻意渲染戲劇性效果，易忽視產官學的勾串「置入行

銷」等等。諸此，亦同樣有違新聞倫理道德規範，及新聞的核心
價值和媒體職責，更需謹慎！

3·
食安事件慘痛史

▋慘痛中未學到教訓

　　以人類科學文明而言，環境公害（空氣、水污染等）和天然災害（颱風，地震、極端氣候）等，都攸關人民生命財產安危福祉（「中央研究院在 2000 年還設「環境變遷」研究中心」），而食品衛生安全亦然。臺灣的食品衛生安全問題可說早已有之，於今尤烈，導因政府與媒體的輕忽，不斷惡性循環。光是 1971 年，我獨家揭發含鉛皮蛋、報紙含鉛不宜包燒餅油條、香菸含農藥殘毒、鉛水壺、PCB 問題嚴重等，不知凡幾。[6] 以今天來看，當是前車之鑑和慘痛的教訓。

　　然則，政府在過去數十年來的漫不經心，未能有效嚴格把關，建立全方位系統化的食品安全管理和品質管理制度，妥謀解決之道，並付諸行動落實，肇致不斷發生各種弊病，淪為「頭痛醫頭，腳痛醫腳」，讓不肖的產官學得以黑箱作業，沆瀣一氣，還有產官學的裁判兼球員或當門神的嚴重弊端；除了暴露每件食安事件的背後，企業的偽詐、黑心的面貌，以及非法操弄股市交

6　惜政府未能重視，後在 **1979** 年果然發生彰化地區米糠油事件。

易，嚴重影響經濟的年成長率 GDP，更成了國安的嚴肅課題。諸此亂象，不斷破壞政府公權力和企業公信力，造成社會互不信任的嚴重危機，直到今天依然存在！顯然，維護國人食品安全健康福祉，是一場永無止境的戰鬥，媒體自應義不容辭，全力以赴！美國傳播學者詹姆斯・凱瑞（James W. Carey）就說過：「傳播的起源及最高境界，並不是指智力信息的傳遞，而是建構並維繫一個有秩序、有意義、能夠用來支配和容納人類行為的文化世界。」

臺灣在 1971 年，曾發生多起食品衛生安全問題，例如多氯聯苯就是其中之一。[7] 在當時，是被國際科學界視為人類環境的第二號公敵（頭號公敵的 DDT，已被禁用），惜政府未重視及積極處理，肇致 1979 年米糠油悲劇事件發生，令人痛憾！

▍皮蛋含鉛 香菸有農藥

1971 年可說是臺灣食品衛生安全問題的濫觴。類此的問題，在我屢屢採訪獨家報導下，竟然一個個接踵而來。像皮蛋是國人長期食用的傳統產品，經偶然的機會，跑到臺大農業化學系實驗室，與改良紹興酒著稱的劉伯文教授聊天（曾榮獲第一屆農業化學獎），提到最近實驗的重大發現，就是市售的皮蛋與傳統浸漬法不同，還發現殼有黑斑，居然含「鉛化物」成分，長期食用無異「慢性中毒」，傷害肝腎腸胃，這是何等的健康大事！於是馬上回報社發稿（1971 年 3 月 14 日《聯合報》三版頭題「皮蛋滲鉛 殼有黑斑 長期食用 慢性中毒」），果不其然，震驚社會。

7　**polychlorinated biphenyl**，簡稱 **PCB**，又稱多氯聯二苯或二聯酚，是許多含氯數不同的聯苯含氯化合物的統稱。因化學工業名稱及成分複雜，專業性高，致 **PCB** 的譯名不一，其實媒體的報導，都是同一化學物質。

接著,同年5月的外電一則重大報導,即是日本東京都衛生研究所一項調查市售香菸實驗分析報告指出,香菸含有「農藥殘毒」!於是訪問農復會的專家證實,並非「危言聳聽」(1971年5月20日《聯合報》三版頭題「香菸含有農業殘毒 吞雲吐霧後果嚴重」),且當年「戒菸」運動尚未興起,臺灣菸酒公賣,香菸癮君子多,因此轟動一時。我還到農復會訪問各相關專家,發現「農藥殘毒」問題嚴重,撰寫一篇「正視農藥殘毒問題 維護國民健康 必須加強管理」(1971年5月24日《聯合報》三版),為後來的亞洲「植物保護中心」改組催生。[8]

在1976年農復會主委沈宗翰,還曾向我介紹他的門生旅美科學家左天覺的一項受到國際重視的創新研究。就是從菸葉中分離蛋白質,營養媲美牛乳,還能淨化烟質。那時正巧左天覺來臺,我寫了一篇專訪(1976年11月12日《聯合報》三版)報導,可見科學的研發雖有副作用後遺症,但也可用科學方法尋求「解方」。

在1971年尚有一段插曲,就是當年臺灣社會流行服用日製的合利他命A,經日本東京大學醫學教授研究發現,長期服用會有損人體細胞和紅血球等副作用,若過量易導致死亡。我分訪臺大醫學院教授黃伯超、林國煌及知名的公共衛生專家許世鉅等,認為「服藥進補聽從醫師指導為妥」(1971年4月6日《聯合報》三版),受到各方重視。

▋無處不在的多氯聯苯(PCB)

1971年的重頭戲,乃是發現食品易遭PCB污染,影響人體

---

8 **1971** 年退出聯合國後,此中心後經改組成立「農藥毒物試驗所」,由著名的學者李國欽主持,提供《科月》和我不少正確資訊,特此誌謝。

健康，成為年度食品衛生安全重大新聞事件。例如用舊報紙包
燒餅、油條，已是早年消費者的習慣，但科學家卻發現因報紙
油墨含 PCB，燒餅、油條會沾染 PCB 的化學物，並隨食用進入
人體。所以當美國那時發生 PCB「聚氯化二酚」污染事件，瞬
間亦成為國際重大新聞，我立即訪問相關化工、生化、食品安
全、醫學、公共衛生、海洋漁業專家學者，獨家在 1971 年 10 月
21 日《聯合報》三版頭題大幅報導，標題十分醒目：「聚氯化二
酚化學原料 人類健康第二號公敵 塑膠袋舊報紙包裝食品 滲進了
PCB 危害人體」，特稿是：「食品衛生 再亮紅燈！PCB 用途廣泛
難逃污染 專家說 提高警覺 趨吉避凶」。

當時，《聯合報》位尚於北市康定路，附近早餐店莫不訂有
《聯合報》，當天報紙刊出此新聞，吃燒餅、油條、豆漿的消費
者，莫不議論紛紛，想不到用舊報紙包裝，還會惹出毛病，猶成
了街談巷議的熱門話題。翌日，我又再加碼報導「聚氯化二酚用
途廣泛 食物連鎖惡性循環 遷移作用害人不淺」（1971 年 10 月 22
日《聯合報》三版）。

自此之後的幾年間，一連串的報導都圍繞環保、食安等。
例如，「防治公害的新方向利用微生物消化污染物 聚氯化二酚被
視為人類的第二號公敵 日本教授報研究用酵母消滅」（專訪臺
大化工系主任黃世佑，1972 年 4 月 24 日《聯合報》三版）、「廢
棄塑膠製品形成公害 專家訓練細菌吃掉 PE」（專訪中研院化學
研究所計劃主持人魏嵒壽教授，1973 年 2 月 11 日《聯合報》三
版）、「專家建議政府勸導廠商勿以聚氯乙烯 PVC 製造盛物用器」
（1975 年 7 月 4 日《聯合報》三版）、「電水壺不可用鉛做焊接原
料，鉛離子進入人體破壞蛋白質結構」（專訪臺大電機系主任馬
志欽、臺大生化教授林仁混、臺大物理系教授陳卓等，1974 年 5

月28日《聯合報》三版）。甚且專訪旅美參與美消費者產品安全委員會及立法工作的專家范樟年，介紹1972年成立的「美國消費者產品安全委員會（1975年7月8日《聯合報》副刊），呼籲消費者應覺醒，以維護自己的權益和福祉。

1977年我專訪著名公共衛生專家許世鉅，談他主持的國科會食品安全衛生調查研究計畫，及參與專家彭清次等，發現問題更是嚴重，需採有效改進措施（刊當年12月13日《聯合報》三版頭題：「國科會調查發現 產運加工皆不理想 覓良方對症下藥 亟待大家共同努力」）。無獨有偶，農復會專家邱清華亦在1977年大專學生食物中毒迭有發生之時，主持一項大專院校學生飲食衛生與營養調查計畫，發現「學生膳食營養衛生未達安全標準，多數餐具不潔 導致肝炎蔓延 主副食搭配 營養不夠均衡」云云，刊1977年6月24日《聯合報》三版，頗受社會矚目。回想至今，類此問題，仍未見改善多少，依然層出不窮，令人痛心！例如1980年臺灣發生「假酒」事件震驚社會，其時我已是「台灣新生報撰述委員」，「幼獅通訊社」邀我在「時事專稿」撰「從假酒事件談起」，刊登於1980年2月15日。

然則，言者諄諄，聽者藐藐。依當時的社會環境條件和背景，光是政府相關部門，就有「各自為政」現象，產業界的牟利心態，學界一片「散沙」，靠任何單方面努力皆十分有限，而政商勾結弊案，時有所聞，況且媒體環境條件，亦不足以擔當監督重任，有時不免興「狗吠火車」之嘆！

▍日本最早發生多氯聯苯毒油事件

事實上，PCB早已發現在產製食油過程中，易產生污染問題，然因經濟實惠，1930年代美國孟山都公司（Monsanto

Company）便開始大量生產並廣泛應用於工業方面。而日本在
1968 年不幸肇禍，首開記錄，成為 PCB 受害嚴重的國家之一；
事件發生地是日本福岡縣北九州市小倉北區（當時為小倉區），
一家由 Kanemi 倉庫（日語：カネミ倉庫）株式會社經營的食用
油工廠，在使用多氯聯苯做為脫臭時的熱媒介，因為管理疏忽和
操作失誤導致米糠油遭摻雜多氯聯苯，造成米糠油汙染，而且當
時米糠油中的副產品黑油，又被做為飼料使用，也導致北九州等
地區約數十萬隻雞死亡，震驚國際，科技界紛視其為人類第二號
公敵。據美國環境保護署（EPA）的報告亦指出，多氯聯苯已被
證明會導致動物，包括人類的癌症，其毒害作用也包括內分泌紊
亂和神經毒性。

由於多氯聯苯為持久性有機污染物和其環境毒性，於 1979
年美國國會和 2001 年通過的斯德哥爾摩關於持久性有機污染物
公約，已經禁止了多氯聯苯的生產，各國紛紛禁止生產及使用。
日本製油業，在 1968 年事件的反省下，從 1974 年起便開始引
進高壓蒸氣器，以「更新」脫臭方法來製造米糠油。然而我在
1971 年，就連續報導類此的獨家新聞，呼籲朝野正視和防患未
然，並因當年政府未能有效管制，遺憾地仍在 1979 年還是出現
了原來可以避免的米糠油（含 PCB）悲慘事件。

▌臺灣公害史上最嚴重事件

1979 年的多氯聯苯中毒（油症）事件，可說是臺灣環境公
害史上最嚴重的事件，造成全臺至少有兩千人因吃到受污染的米
糠油而受害。其中以臺中縣神岡鄉、大雅鄉，彰化縣鹿港鎮、福
興鄉為受害人數最多的地區。惠明盲校就有上百位師生，受害者
臉上出現黑瘡（氯痤瘡）等皮膚病變，甚至免疫系統失調；尤

其,毒油中的「多氯聯苯」無法排出體外,事隔三十五年後依舊「與毒共存」,還遺傳到下一代(我曾在1983年7月15日《台灣新生報》撰寫社論「勿讓大家生活在公害危機中」)。

該事件使主要位於臺中與彰化的兩千多位民眾因多氯聯苯中毒而長期受害,甚而影響後代,卻因彰化的肇禍廠商無力賠償,且油症不在全民健康保險給付範圍,而需獨自面對病症苦難與社會壓力。而中、彰地區的受害者因事件發生之時《國家賠償法》尚未制定完成,使受害者無法及時尋求國賠,只得到一張油症卡聊做補償。面對這樣的困難處境,中、彰地區的油症受害者要求政府落實平等原則,比照「台鹼安順廠污染」一案的方式,救援多氯聯苯油症中毒事件的受害者。直至2015年1月22日,立法院才通過《油症患者健康照護服務條例》,算是遲來的正義。

2011年,臺日油症研究者戶倉恆信,以食品工業史相關的史料做為根據,發表〈油症問題の同時代史的考察〉一文,進而提出從食中毒事件當中,認識技術發展史的重要性。例如,1968年當時,因為食用油的脫臭過程是普遍以熱媒加溫的方式來處理,所以國際間為了避免相同事件的發生,1974年在墨西哥發表了「New Concept for Edible Oil Deodorizers」這一篇報告,即是「食油脫臭器新概念」一文,以提供製油業界技術更新的一個方向。後來這份報告在隔年刊載於美國雜誌 *Journal of the American Oil Chemist Society*。同年,臺灣工業發展研究所發行的《食品工業》雜誌也將它譯成中文。照理來說,既然已有明確的「食油脫臭器新概念」,應該能為臺灣製油業界帶來技術上的更新,但事實並非如此,直至2015年臺灣又竟發生食油、食品安全連環爆的新聞,足見 PCB 的慘痛教訓,仍未能前事不忘,後事之師,誠是痛心疾首!

▌產官學共犯結構，媒體應扮演防腐劑

由於食品安全牽臺灣涉複雜的生化科技專業，自需借重有關專家學者協助政府和消費者、媒體指點迷津。然時傳卻有審油學者擔任業者公司要職，或有業者支助國科會計畫，以合約限制發生「隱匿」案例等。像有政商關係良好的學者專家收受公私部門的豐厚報酬，淪為裁判兼球員；或退職退休官員成為門神等的弊病，形同產官學的「共犯」結構。若長此以往，自易誤導消費者盲從知識權威，造成食安的危機。顯然需效法歐美制定利益迴避規範約制，始克有濟！

身處食安不安的環境中，臺灣媒體應積極扮演「防腐劑」角色，充分發揮「第四權」的職責和功能，認真監督政府和廠商，並督促立法、執法，幫助消費者覺醒和維護安全權益。新聞記者和媒體不是法官，沒有判決食品生死的「權力」，只有依相關法令和新聞專業倫理規範，做客觀嚴謹、忠實報導的「權利」，才不致「越俎代庖」，或主客易位，造成主觀、介入的角色踰越現象。而新聞媒體亦切忌自我膨脹，不能為揭發可能弊端而製造新聞，忘了社會責任。食品攸關國人健康和安全，媒體編寫過程尤需慎重其事。

正如美國近代消費者運動之父拉爾夫 • 納德（Ralph Nader）所說：「努力使自己成為一名有參與意識和善於質疑的『公共公民』（Public Citizen，即有公民權利與義務意識的公民），加上新聞媒體的公義力量支持，才能使消費者維護權益運動，從個人邁向群體及健全法制化的發展。」（我曾在1981年6月21日《台灣新生報》撰寫社論「從食品衛生談起—群策群力維護消費者權益」）。

我近半世紀前，有幸獨力主跑科技十年，乃拜政府全力推動

十二年國家科學發展所賜，此有如美國早年的西部開發史，自也披荊斬棘，當了「開路先鋒」，甘苦備嚐！現在回想起來，得失利弊互見，獲益匪淺。所幸，往後的主流媒體亦開闢了科技、環保、農業等採訪路線，而政府也設置了工業技術研究院、新竹科學園區、衛生福利部、科技部、環保署、能源局及農委會、漁業署等，眼見臺灣社會在各方面都有長足進步，環保與食安觀念逐漸深入人心、廣受重視，總算是快慰人生！

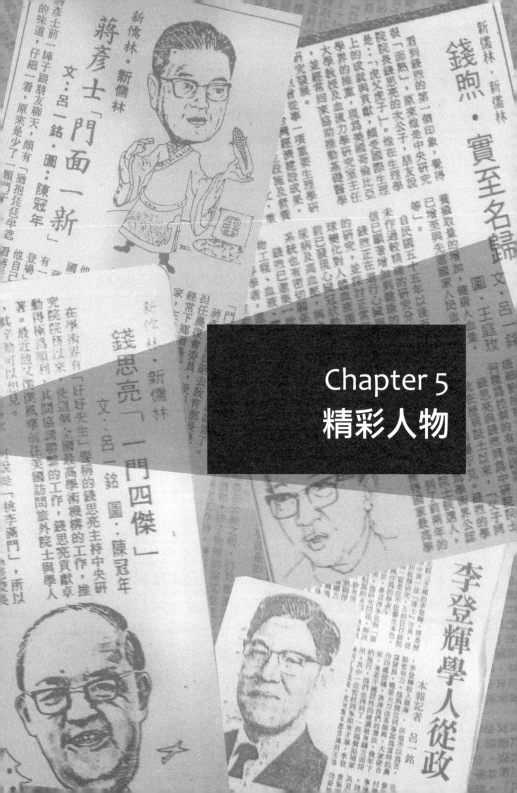

Chapter 5
精彩人物

簡言

　　在1969-1981年間推動臺灣科學發展的幕前、幕後功臣，不知凡幾，亦大多寫在新聞報導或專訪、特稿、專欄之中，有的寫在《聯合報》的「新儒林」專欄內，而在「精彩人物」所撰的鴻儒碩彥，比較屬於關鍵性人物，有點內幕性，亦非一般皆熟悉的人物。例如，王唯農突然由學者轉而參與黨政；沈宗瀚擘劃推動臺灣農業，功不可沒，其子沈君山亦為學界「奇葩」，父子相處不同一般；蔣彥士，政壇稱為「不倒翁」，對科技和農業政策調和鼎鼐，付出心血不少；錢思亮「一門四傑」，臺灣學界政壇罕見；大數學家徐賢修，促成新竹科學園區的設立，影響臺灣經濟甚大；美國駐臺科學顧問兼農復會委員畢林士，是早期臺美科技合作的重要推手；周元燊可說是臺灣統計「教父」級人物，培育許多中高級主計人才；至於李登輝則是有段特殊「創造性新聞故事」；吳大猷幾乎是家喻戶曉的人物，且已在其他專篇中補述，因此本篇從略。總之，就像愛因斯坦所說：「一個人得之於自己者少，得之眾人者多」。特別是早年十二年國家科學發展篳路藍縷，不知有多少英雄豪傑、仁人志士犧牲奉獻，更不知有多少感人故事，才奠下今天臺灣科技建設的根實壯大，衷心感激之餘，總覺得身為一個記者能做為大時代的見證者，榮幸之餘，亦感才疏學淺，未能表達參與和推動者的偉大貢獻於萬一，亦請諒鑒。

1．
王唯農：
百年老店改革不易，學界清流壯年折翼

▌從核子科學轉入黨務

　　王唯農（1934-1980 年）是位樂天知命的核子科學家，在清華大學研究執教多年，是清華大學在臺復校於 1965 年成立物理學系的首任系主任，一生服膺，「自強不息，厚德載物」（清大校訓），敦品勵學，論著等身，有愛國愛人情操，亦有自己的一套命理哲學，深藏不露。而且還是位「誠摯自然、樸實無華」的詩人。[1] 不知是命運捉弄人，還是因蔣經國「求才若渴」，不次拔擢，由學界轉入黨務關係，反揠苗助長，壞了大事，令人痛惜遺憾。

　　其實，王唯農一路走來，受到許多長官和師長輩的賞識，像能與吳大猷相知相惜，就相當難得，吳接掌中研院物理研究所長，他是副所長；1969 年吳任國科會主委，他是首屆自然科學及數學組組長，[2] 負責全國性的基礎科學及科學教育打樁工作，並扮演吳的「左右手」輔佐角色。

旋即在1972年，蔣經國為革新國民黨陳腐習氣，大力拔擢「青年才俊」，俾注入一股「清流」，以轉變黨國的「陳腐體質」，及向上提升的力量，[3]而王唯農唸過中正理工學院，又高考及格，繼入清華大學原子科學研究所獲得碩士學位，26歲考取國民黨的中山獎學金，留美壬色利理工學院，攻核子物理有成，獲博士學位，自然成了「黨改革」的指標性人物，乃破格拔擢出任中國國民黨青年工作會首任主任，[4]時年38歲；當時確乎轟動政壇，[5]視為政壇「明日之星」。隨即又於1976年又出任艱鉅的國民黨臺灣省黨部主任委員，才42歲。[6]

▌才俊早夭蔣經國悲痛

以一個學界「清流」，即便是兩倍數字的「青年才俊」，欲挑百年老店改革的重擔，談何容易，亦無異是「跳火坑」，除身心交疲，傷痕累累外，猶功敗垂成。況且欲改革、整合黨內的圈子、門戶，阻力之大，非一般人所能了解。而王的黨務歷練時間短，尚不足以克服「周而復始」的阻力；再者，黨內龍蛇雜處，古靈精怪居多，沆瀣一氣，陽奉陰違；復以爭功諉過風氣盛，欲溝通革新理念或作為，往往虛擲時光；而找黨國前輩或「官僚」請教，亦復是「問道於盲」（臺諺：「請鬼拿藥單」）。

果不其然，未及兩年，王唯農積勞成疾，染上癌病，復因中壢事件與當時中央組工會主任李煥一起請辭。[7]1978年轉任青輔

3　類如培植起用本土的施啟揚、吳敦義等等皆是；另如**1972**年蔣經國擔任行政院院長，李登輝便以政務委員入閣，成為當時最年輕的閣員，時年 **49** 歲等等。

4　當時的副主任是連戰、施啟揚、關中、李鍾桂，後皆為黨國要員。曾聘任我為該會刊物刊社務委員。

5　黨國時期國民黨中央的一級主管，相當於「部長」階層。

6　此係循類似李煥模式，由省黨部主委而組織工作會主任，而中央黨部祕書長。

7　中壢事件被輿論認為是臺灣民眾第一次自發性地上街頭抗議選舉舞弊，開啟爾後

會主任委員（時年 44 歲），同年適逢倪超退休，接任成大校長。惜終不敵病魔，在任內過世，得年 46 歲。但他在成大所創設的醫學院，如今已為國內培育不少醫學人才，頗負盛譽，可說是遺愛人間。

在黨國時期，學者從政的最大問題在黨政關係牽絲攀籐，十分複雜，人際關係更是重要，此需時間累積人脈和經驗；而改革云云，本來就會得罪既得利益者，縱有層峰支持，仍會遇到各種想像不到的阻力。此跟研究、講學的境況截然不同，要能折衝斡旋、協調、溝通的忍耐，且設法「面面俱到」，並堅持原則和清廉節操，又能做到「有為有守」，洵為不易。

但即使如此，一樣會遭到黨內四面八方的阻力，而遍體鱗傷。是以改革云云，必須要有一個強有力的「清流團隊」，有如香港「廉政公署」般的做法，始克有濟；像王唯農幾是「一人班底」，只以一股「清流」注入「污濁」大水缸，等於讓眾多反改革者「看戲」，加以時間又短，自難產生「激濁揚清」的效應，不幸英年早逝，令人感傷和遺憾。我記得出殯那天，蔣經國神情哀傷悲慟，想必也自責很深。

王唯農才德兼具，是位「君子」型人物，無怪能受到吳大猷的倚重，可說是其來有自。而從他勤奮向學，鑽研有成的過程「自強不息」，不難看出；能以寬廣厚實品德和才能，報效國家人民，與「易經」的「厚德載物」意涵，若合符節。

他生前公餘會寫青年科學讀物，亦會發明一些實用「副產品」（我曾專訪他發明的「電子量儀」，刊 1972 年 3 月 19 日《聯合報》三版），而他的「三實」名言，身體力行，就是「求知要

「街頭運動」之序幕。

確實，做事要踏實，待人要誠實」，至今仍是青年學子「敦品勵學」的榜樣。

▌「科學算命」有一套

我因新聞採訪與王唯農結緣，從他教學、研究、從政而成大校長，一直是熱情的「鼓手」，到他罹疾乃至突然辭世，都沒有「息鼓」，是受到他的誠摯人格感召，總是希望他能為多難邦國盡份向上的力量，惜天不從人願。

我曾在1977年9月2日《聯合報》「新儒林」專欄寫「王唯農的科學算命」，他有一套科學的命理觀，視人生為一個深奧複雜的「數」，不論生老病死，乃至求學、婚姻、事業，都與「數」關係密切，有時亦可與面相，相互對照、印證，像印堂發亮、發黑，多與吉兇禍福相關，而一般人歸之於命運，他則視為「數」。例如有時人的作為，像骰子的數字翻轉，也會影響「數」的變化，輸贏一翻兩瞪眼，大小環境皆然。

「數」的變化，既環環相扣，亦變化無窮，有常態、非常態，異常。所以有時「盡信數不如無數」，只能參考；凡事順其自然，樂天知命最好。例如清朝陳宏謀亦曾說過「是非審之於己、毀譽聽之於人、得失安之於數」，看來「數」確是奧妙無窮。學界友人認為王唯農的「科學算命」，別具一格；而他的離世，是否亦為一種「劫數」，相信他自己恐早已了然於心。

擺脫原子核的軌道，王唯農還是位詩人。他早年求學深造時，曾寫下這麼一首詩：「一磚一木築成高樓大廈，一字一句構成巨製長篇；一事一物累積成豐富的經驗，一花一草點綴成絢爛的林園。沒有半絲半縷那有綺麗的綢緞？沒有一顆一粒那有廣闊的良田？河海不擇細流才深沉悠遠，山嶽兼容土石才有高聳雲

天。請把握眼前的點點滴滴，請珍惜今朝的斷簡殘篇；莫讓雨絲風片留給你無窮後悔，莫讓一分一秒埋葬了似水流年。」

這首小詩，正如王唯農的為人處世，那樣真誠自然，樸實無華。而王唯農亦是曹美芳的第一個男友，也是最後的知心人，兩人由結識、戀愛到成家養育子女，有如電影般的愛情故事，恩愛逾恆；才子佳人，亦為親友最羨慕的一對佳偶，半途折翼，令人不捨。他們的子女王恆中、王興中、王惠中，如今也都各有所成，不負當年他們教養的苦心。

宋朝蘇軾，在回憶當年與弟弟曾到過澠池，借宿在一所寺廟內，他們曾在寺廟的牆壁上題詩，如今廟裡的老和尚已經過世，題詩的牆壁也許也崩壞了。蘇軾在詩中寫著：「人生到處知何似，應似飛鴻踏雪泥，泥上偶然留指抓，鴻飛那復計東西。」不也正是許多人的人生寫照！

2．
沈宗瀚：
臺灣農業發展關鍵時刻的重要推手

▋農復會是善用美援的成功範例

出身農家的沈宗瀚（1896-1980年），有一雙粗糙長老繭的手，在中國大陸從事農業研發、育種及田間工作，造福農民，卓有聲譽。來到臺灣也不改初衷，致力農業深耕工作。他從1964年蔣夢麟逝世繼任農復會主委後，更把這個「半洋機關」帶領得虎虎生風，有聲有色，成了早期農業改革的重要推手。創造了臺灣的「農業奇蹟」，享譽國際！

農復會全名是「中國農村復興聯合委員會」（The Joint Commission on Rural Reconstruction），係依中華民國政府和美國政府所簽《中美經濟合作協定》，於1948年10月1日在南京成立。1949年遷臺後，扮演臺灣總體建設振衰起蔽的重要關鍵角色。戰後臺灣農業得以迅速恢復的因素，除「以農業培養工業」政策的正確外，農復會藉美援經費補足當時物力之不濟，全力投入農業、農村建設，承上啟下，居中協調於政府與農民之間，鼎力參贊政府決策於幕後，大力培育農林漁牧各種人才，創下臺灣1950年代中期的傲世成就，貢獻卓著。

當年的農復會係採委員制，首屆委員為：蔣夢麟、晏陽初、

沈宗瀚、穆懿爾（Dr. Raymond T. Moyer）、貝克（Dr. John Earl Baker）等五人，並推舉蔣夢麟出任首屆主任委員。委員會的職權為決定政策、計畫、組織、人事與經費及工作方針、與政府及其他機關團體合作推行農村建設方案、建議雙方政府運用當時《援華法案》第407款規定經費之方式、及撥給推行農業方案所需之款項。

　　自1951年至1965年美援停止時，農復會所撥用之美援經費共計10,629,550美元，佔美援總額的0.71%。可說發揮最大經濟效益和功能性。再者，美援物資僅有十分之一款項收入，用來輔助農復會推行農村建設工作，而農復會卻能善用，又能不斷精進專門技術，且從未有將美援「中飽私囊」的行為，這是許多接受美援的東南亞國家，乃至非洲國家，做不到的，故被美方視為善用美援的成功範例。

　　至1978年（美方斷交）為止，該會共有四處九組，分為秘書處、總務處、會計處、企劃處、以及植物生產組、水利工程組、鄉村衛生組、畜牧生產組、農業資源及森林組、農業經濟組、農業信用組、漁業組及農民輔導組。

　　沈宗瀚在1964年，於臺灣時局危疑震撼之際挑起農業繼往開來的重擔，就非常重視農業經濟人才的培養，不斷發掘人才，獎掖後進，使農復會有了一批批生力軍，都能為國家貢獻力量。像他推動的在職訓練及帶職國外深造培植和延攬的農學和實務界菁英，不論在政壇學界及各行各業皆成就斐然，包括金陽鎬、蔣彥士、王友釗、李登輝、李崇道、毛育剛、葛錦昭等等，不勝枚舉。並促進臺灣與國際間的農業技術合作，發揮了多元外交作用；更把「宗教熱忱、科學頭腦、田間工作」三合一理念，身體力行，樹建了創新服務精神。也就是每個專家都能手腦並用，用

科學新知和方法解決農業困難和開拓前景，用愛心服務農民，腳踏實地到農村、田間解決農村的問題。使得農復會的農林漁牧等各領域的專家，個個「文武兼備」，對國內外產製銷市場資訊瞭若指掌，又能用中外語文寫計畫和報告，而且臺灣不論是窮鄉僻壤，或山林田園，或畜舍、海濱、海上，都有他們的身影，工作效率又快又好，無怪創下臺灣在四季都能享用熱、溫、寒、亞熱帶的蔬果，令世人稱羨。

▍出身農家立志終身務農

　　沈宗瀚老成持重，夙有農復會「大家長」的風範，掌握大局、大事，亦用人不疑，只要是對的，經過憚思竭慮，就放手讓年輕專家去做，錯亦不憚改，使政策和工作得以精益求精，他則設法擋住各種官僚體制的不合理限制，連李崇道都認沈是「他們的靠山」，使命必達，但他從不居功，令人敬佩。

　　其實，說來沈宗瀚的苦學奮鬥史，就是青年向上的勵志一面鏡子。胡適在沈著《克難苦學記》序中，說得最為透亮：「這本自傳的最大長處是肯說老實話。說老實話是不容易的事；敘述自己的家庭、父母、兄弟、親戚，說老實話是更不容易的事。」而所謂「克難苦學」的「難」，不僅是借錢求學的困難；最大的困難，在於敢暫時拋棄人人視兒子爭錢養家為理所當然的天職。他在17歲時（辛亥，1911年），已受了梁啟超的《新民叢報》影響，激動了「做新民、愛國家」的志向；又受了曾文正、王陽明的影響，立志要做一個有用的好人。他說：「余生長農村，自幼幫助家中農事、牧牛、車水、除草、施糞、收穫、曬穀、養蠶、養雞等，頗為熟練，且深悉農民疾苦，遂毅然立志為最大多數辛劬之農民服務。」真是一語道破終身為「農」的志趣所在。

　　像他在1913年，考取浙江省立筧橋甲種農校學習農業技術，接著考取北京農業專門學校，畢業後靠借貸赴美深造；先後取得喬治亞大學農學碩士與康乃爾大學農藝博士。在康大期間，追隨系上教授從事小麥、蔬菜、牧草實地的育種與改良工作。1927年起任教於金陵大學農學院，並參與金陵大學與康大作物改良的合作，培育成金大2905號小麥優良品種，並命名為「驪英一號」，以紀念其已故妻子沈驪英（亦是著名農學家）。

　　1934年受聘為中央農業實驗所總技師。抗戰期間，在四川研究糧食生產、實施田賦徵實、支援軍糧民食等均有重大突破和成果。七七事變以後，歷任中央農業實驗所副所長、所長。第二次世界大戰期間，代表中華民國參加「聯合國糧農會議」。諸此種切，不難看出沈宗瀚學富五車的深厚功力。其著作等身，舉舉大者有《臺灣農業之發展》、《農復會與我國農業建設》、《農業發展與政策》、沈博士論文選集《中華農業史論集》編著等，在國際農學界享有隆譽；當亦是「天行健，君子以自強不息」哲理的實踐者。

　　沈宗瀚一生雖有長時間在中國大陸服務，但在臺灣卻能重新打造農復會，接通地氣，成為農業改革精進的巨柱，並讓臺灣農業在國際上發光發熱！光是臺灣的農業技術團就為非洲大陸的農業帶來光明，便為舉世稱讚。

　　當年有人批評農復會拿「美金」待遇，上班「西裝革履」，只會「坐而論道」或「紙上談兵」。其實沈宗瀚充分發揮「務農」精神，以身作則，常跑到田間實地試驗，還「現身說法」，向農民介紹種植新品種方法，[8]這種「手腦並用」的做法，使外界眼光

8　其實，他過去便常下田，在抗戰期間，就改良了雲南的木棉、四川的黃麻，其他像高粱、水稻、小麥等亦是，讓農民津津樂道。

由質疑轉為讚佩不已（1973 年 6 月 1 日《聯合報》三版「農復會任重道遠 沈宗瀚已播下宗教熱忱」）！

▍政策要求光明面 開闢科技新聞路線

說來我和沈宗瀚的「老少緣」，相當曲折有趣。我在 1969 年進《聯合報》，跑的是「前無古人」的科技新聞，[9] 報社當局亦不知如何處理，好在採訪組人數不多，暫時納入「政治小組」（其他報社稱「要聞」），並採「自由制」，若不小心踩到同事的路線，由上級協調溝通；而時任的副社長劉昌平、總編輯馬克任，更要我「大膽嘗試，勇於開發」；況且「科學技術」海闊天空，不易劃線，因為「無所不包」，上至天文、氣象，下至醫藥衛生，[10] 否則簡直「寸步難行」。

因為當時只有剛成立的國科會（當時在寧波西街，組長多「兼職」，職員也少），和辦公室只有祕書長一人的原子能委員會（算是政府中央級單位；若跑政策多是「機密」或「極機密」），沒有人脈，難也；找人做專訪亦沒有對象，國科會只有每週會議，才見得人影，且來也匆匆，去也匆匆；頭一年的採訪，簡直是苦不堪言，靠的是太空科學正夯的「外電」或諾貝爾科學家來臺，或整天到大學校園瞎逛遞名片，而 1969 年政策性的大獨家不多，舉舉大者，只有吳大猷談科技發展新里程、臺灣加強核能區域合作、第二座原子爐將啟動（跟核武研製有關，當年只能強調「核能和平用途」）、專訪太空科學家王頌明談海水淡化、臺灣

---

9 時值戒嚴時期，當局要求民營報紙表現「積極建設性、光明面」的新聞，於是靠社會羶色腥起家的《聯合報》三版，也開始配合「淡化」措施，但總要有像樣的新聞內容「代替」，而科技新聞具中性、新知、優質性，自是有利。

10 連與中央八大部會，通通有關，內政有營建、調查統計，國防有國防科技，外交有科技合作，經濟、教育、交通亦然，僅財政或僑務、蒙藏委員會涉及少。

電子工業爭取外匯、介紹「克子」、專訪譚葆泰談聯合國協助防
颱防洪等等。

但卻也意外專訪了一個重要人物，就是美國大使館科學顧問
兼農復會美方委員畢林士。而萬萬想不到菜鳥記者的初試新啼
（這篇專訪上了《聯合報》刊登二版，標題醒目，本報記者名字
亦大），便與農復會結下不解之緣。

由於農復會當時算是「經濟」記者路線，致沈宗瀚看了專
訪，覺得很陌生，便詢問該會新聞祕書薛毓麟（著名外交官薛
毓麒大使胞弟，後來赴美工作），立即到報社查詢，並邀我見面
一敘，發現居然還有所謂的「科技記者」，偏偏畢林士又和吳大
猷、蔣彥士熟識，彼此聊得很愉快，沈又把畢林士找來，一時熱
鬧起來，而我也就如夢似幻地踏進農復會。[11]

▌向蔣經國推薦李登輝

基於我跑農復會，當時幾「如入無人之境」，比較好奇，亦
比較專注、勤快，不到兩年功夫，迭有獨家表現，該會四處九
組，上上下下百位專家，無一不熟，組處長級以上的女祕書，及
司機、工友，一樣都變成朋友。[12]

1970年6月9日一場無情車禍奪走農復會祕書長金陽鎬生
命，沈宗瀚跟我談起與金的十八年「師生與同事」情誼（1970
年6月10日《聯合報》三版「師友痛悼金陽鎬！」）一度難過失

---

11 馬老總與薛認識聊起這檔事，不久就把農復會劃歸我採訪，而且當時我的固定路
　線尚少，後來報社又把文教路線的中研院劃歸我，也是因採訪中研院科學家的關
　係；另經濟線的工業技術研究院，因國科會將其與新竹科學園區結合，加上當時
　能源危機，採訪不少能源專家學者，結果也比照辦理劃入我的採訪路線。
12 女祕書泰半是主管信賴者，亦是重要消息來源之一，公關更是馬虎不得。許多「祕
　辛」，留待相關章節再談。

聲。由於金的才識過人，膽大心細，他是沈金陵大學的得意高足，經嚴格調教，待人做事大有精進，而中英文造詣俱佳，由農復會技正而臺灣省農林廳長、駐越農技團團長，後出任農復會顧問兼祕書長，卓有表現，更是沈的得力左右手，自金不幸過世後，有好一陣子，未見他的笑容。

事實上，李登輝能攜眷帶職赴美康乃爾大學深造，可說是沈宗瀚任內推動在職進修之功（因為他曾受借貸出國進修之苦），否則很多菁英因困於家庭或經濟因素，錯失許多充實自己或升遷的良機，堪為德政，亦為其他公民營機構所無。[13] 爾後，李登輝由農復會技正，而農經組長，亦是沈宗瀚的不吝拔擢，還在蔣經國 1971 年組閣時期，特別將李推介給他。[14] 後來李登輝入閣，仍以「顧問」名義在農復會保留了一間辦公室。[15]

某次，沈宗瀚與我聊及此事，說不少人怪他推薦李登輝，他面告我這是 TH[16] 的本領強，受到蔣經國賞識，與他關係不大。他還問我這個「包打聽」，有無什麼消息或反應，或個人的看法等等。我則答：「人的機運難講什麼是非，何況曾國藩還有一命二運三風水、四積陰德五讀書的說法，至於政治立場亦然，毛澤東以前不也搞過湖南獨立？」他大笑，說我是「顧左右而言他」。

我對沈宗瀚印象最深刻的是，他是位「重然諾」的君子，不會胡謅。像那時他的公子天文物理專家沈君山（已故妻子沈驪英所生）在臺鋒頭甚健，頗有「馬英九」味，而當時各大報爭相

---

13 例如曾在農復會任職，後得以深造回臺大任教授兼系主任，及中華農學會祕書長、臺灣農學會理事長的張森富，便是其中受惠者之一。

14 由於李登輝任職農復會時期，牽涉臺共匪諜案，亦是經蔣經國同意由沈宗瀚出面交保。

15 此處成為李登輝每週三中常會及週四行政院院會後落腳之處，我常去串門子，收獲不少。這也有賴其祕書 Greece 張的幫忙，特在此表達感謝。

16 指李登輝。當年農復會中都喜以英文縮寫或小名相互稱呼。

專訪，邀請撰寫專欄，《聯合報》亦不例外。因報業競爭關係，報社要我不能漏氣。殊不知此與採訪不同，他根本忙得沒有時間撰稿。為應付各方人情壓力，多半敷衍式地表示會「盡量想辦法」，往往一拖數個月。我為向報社交差，不得已只有找上沈宗瀚，說君山雖是「客套」，但報社當真，我也得交差。他沉思了一會兒，感慨地說：「君山『不務正業』（未能專注研究天文物理本行，到處演講或上電視），但隨便應付人的態度不好，我來想想辦法。」我便拱手拜託表謝意離去。未及兩天，就接到沈君山電話，說：「你好厲害，我老爸都受不了。明天交稿，勞駕跑一趟。」

沈宗瀚的經師、人師風範，真是令人懷念！

3．
蔣彥士：調和鼎鼐、當權者的解憂草

▌神通廣大、使命必達的 YS

蔣彥士（1915-1998 年）在臺灣民主轉型重要時期，露了一手調和鼎鼐的功夫，就是在1990 年代平息國民黨主流、非主流之爭，[17] 使政局安定著稱。

YS[18] 在蔣經國執政時期，不論於科技、農業乃至經建，均佔有一席重要地位，是不可或缺的「潤滑劑」，調和鼎鼐，成績斐然。主要在他學驗俱豐外，胸襟豁達，待人溫和誠懇又風趣，深受層峰倚重，卻不「弄權」，且使命必達。舉凡與他認識的黨政軍學高層，莫不推崇有加，復使臺灣在經濟困窘時起飛，到創下政經奇蹟等關鍵時刻，多少因他居間協調溝通，發揮了團隊精神和力量，幕後帷幄之功不可沒。

茲舉幾個簡單例子，不難看出他處事待人圓潤的功力。例如吳大猷的科學家個性，任事執著，常對國家科學發展有直言或忠諫，多很中肯，但有時不免得罪當道或政要，亦易形成阻力，且於大事無補；而 YS 時任農復會委員、行政院祕書長，當局乃委

---

17 協調林洋港、蔣緯國退選正副總統，李登輝、李元簇順利就任正副總統。
18 政壇人士多暱稱蔣彥士的英文小名。

他擔任吳副手（科導會副主委），就是著眼科技發展攸關國家命脈。而以 YS 的溝通協調才幹，果不其然，居中化解蔣、吳之間誤會，並協調人事、主計（此兩單位是行政部門兩大獨立系統）及部會之間的「本位」立場，轉而成為助力，連吳大猷都佩服不已。

著名的農業耆宿張憲秋就十分推崇 YS，說他在對內行政，協調中美同仁意見，與對外公共關係，以及豐沛人脈，可謂無人出其右；而於首任農復會祕書長任內，熱誠無私之服務精神，非獨會內一致稱道，對農復會與行政院各部會、省政府之間關係亦均甚融洽。換言之，縱有層峰支持，若部會或人事、主計部門堅持「依法」的「本位」立場，各行其是，便難使國家科學發展計畫有充裕經費，或彈性用人（研修培育和延攬人才辦法），或充實研究設備等，只要「官僚」依「法」阻撓，再好的理想亦是枉然。顯然 YS 是箇中高手，常不辱使命。

▍農村之旅化解俞掌櫃心防

農復會當年推動加速農村建設計畫，亦是千頭萬緒，需要大筆經費挹注；依財政、主計及時任中央銀行總裁的俞國華等要員，大家意見很多，蔣經國和沈宗瀚只有找 YS 想辦法；於是，他精心安排一場訪問農村活動，由沈宗瀚和一級主管專家及會計部門主管等陪同，讓俞國華及相關部會主管有了一個難忘的「農村之旅」；及到俞擔任閣揆後，反成為最支持照顧農業的要角。因為「眼見為真」，加上專家需求解說清楚、溝通通暢，使臺灣農業發展得以產生豐碩的成果。

YS 腹笥淵博，又處事練達，且雍容大度（1977 年 6 月 22日《聯合報》「新儒林」專欄），亦為中研院評議員（1963-1996

年），具有參與議定研究學術計畫、評議研究組織及工作興革、促進國內外學術合作及連繫、受中央政府委託規劃學術發展方案、選舉院長候選人等權利，在早年是中研院的重要角色。而當年時局歹歹，不僅國內外院士對政府仍頗有意見，而有些重要事情，光憑錢思亮和吳大猷亦不易擺平。特別是「增選本土院士」，或中研院學術精進發展，對人事、設備等經費需求大增（像邀海外學者來臺或客座教授優遇等），政府相關部門亦有不同意見。因而 YS 則又成了層峰、政、學界及國際合作之間的重要橋樑。

由於 YS 在農業學術和實務層面的份量足，又有美國明尼蘇達大學農學博士學位，精研農藝有成，早年曾在明尼蘇達大學執教，擔任我國農林部駐美代表辦事處執行祕書、中央農業實驗所雜糧特作組主任，蜚聲宇內。來臺後，復出任農復會祕書長及委員，積極推展農業，改良稻米品種，引進優種蔬果，設置研究機構（亞洲蔬菜研究中心、植物保護中心，亞太糧肥組織等），奠立農經建設的丕基，建樹良多，各方有目共睹。

而 YS 在 1963-1996 年間，歷任科導會副主任委員、行政院祕書長。1972-1977 年任教育部部長，後因蘇澳港翻船，造成三十二名大學師生死亡而引咎辭職，為蔣內閣留名聲。1978 年5 月任總統府祕書長、1978-1979 年任外交部部長、1979-1985 年任中國國民黨中央委員會祕書長等要職，政壇份量更足。所以解決許許多多的疑難雜症，扮演「無名英雄」，幕後貢獻益發令人感佩。以前我到他在農復會的「顧問」辦公室聊天，經常都因「神祕」電話中斷，有時他握著話筒笑聲不斷，原來泰半是蔣經國找他，足見對他倚重之深，大大小小事都喜歡找 YS 諮詢！

YS 的風流韻事亦多，算是半公開的祕密，亦是社會茶餘飯

後的話題。其實，光是農復會主管和女祕書之間的緋聞就有不少，好在當時還沒有《壹周刊》，不致流傳。不過，畢林士和胡靜芬、李崇道和齊同這兩對，後來都「修成正果」結褵為夫妻，成為農復會的佳話。

▌小玉西瓜命名的公案

　　YS亦為著名的育種專家，過去臺灣的許多雜糧、花果蔬菜等新品種，多半是由他出國訪問途中，見到引進培育改良成功，故臺灣一年四季能吃到不同氣候環境的水果蔬菜，YS可說功不可沒。有一段時間，政壇流傳「小玉西瓜」的故事，影射係取自蔣彥士喜歡的一位酒女的花名，不過數十年後此事總算「平反」。

　　有位從事西瓜改良工作五十餘年的「西瓜爺爺」（陳郁文）投書媒體，大意是說他認識蔣彥士和金陽鎬，尤其蔣彥士是可敬的農學博士，對臺灣農業的貢獻更是卓著。並提到「小玉西瓜」是五十餘年前由日本引進的小型西瓜，因為「小玉」在日文中是「小型」之意，於是當時的臺灣農民和市場都稱其為小玉西瓜，五十年來農友種苗公司改良出很多小型西瓜，如小鳳、小蘭、惠蘭、天鳳、嘉華、鳳鈴、新蘭、甜美人、黑美人等，各種紅肉或黃肉的小型西瓜品種，因此目前在臺灣早已沒有人栽培日本引進的「小玉西瓜」。好在有「西瓜爺爺」出面澄清，總算了結這段數十年的「無稽之談」！

▌與蔣彥士的「通關密語」

　　由於我和YS前後的男、女祕書都熟，有要事找他經常都是與重要新聞或人事案有關的探詢，會找較隱密的私人場所，甚至樓梯間，稍微寒暄，或簡單說OK，或豎拇指示意，或搖頭否

認,或說「這個不好」(有時還會透過葛錦昭傳話)。因為我們之間曾「約法三章」,對不「成熟」或「絕密」的絕對「守口如瓶」,但他也會適時給我回報。我們在投手舉足之間,已養成良好默契,點頭、眼色都是「密語」,現在回想起來,很有意思。

其實 YS 算是我同鄉前輩(祖籍浙江東陽,世居杭州),而我的先祖父母早年參加革命,推翻滿清的故事[19] YS 亦有所聞。我們有時還用杭州話交談,感覺很是親切,算是人生難得的緣分。

YS 最大的能耐,就是幽默風趣,臺灣政壇無人能及,跟他在一起,總是談笑風生,讓人通體舒泰,這可能與他的「老二哲學」有關。他從不「爭名奪利」,心胸自是坦然。像沈宗瀚、吳大猷或郝柏村這些嚴肅的人,只要一看到 YS,都會展開難得的笑顏,足見其親和力和魅力一斑!無怪蔣經國不管 YS 在哪個位子,只要心中不爽,都要找他談談,真可謂是權力者的「解憂草」。

直至今天偶爾回想,當年許多「疑難雜症」,確實遇上 YS 就自然迎刃而解,魅力簡直無法擋!真是政壇罕見。

---

19 我的祖母韋氏是秋瑾門生,曾率娘子軍,與祖父會合打下南京和杭州。祖父在革命時期,還曾與蔣介石、蔣鼎文是換帖兄弟,擁有軍隊,但並未加入國民黨。

4 ·
錢思亮：父子一門四傑

▎性格外圓內方，掌臺大二十年

錢思亮（1908-1983 年）在臺灣學術史上，創下擔任臺大校長二十年、中研院院長十三年的記錄，堪稱空前。而錢家「一門四傑」，包括他自己及三個兒子，錢純、錢煦及錢復，分別在財金、學術及外交領域，均有亮眼的成就，[20] 令人稱羨（1977 年 9 月 7 日《聯合報》「新儒林」專欄）。

在學術界素有「好好先生」譽稱的錢思亮，可以說是「外圓內方」、沉穩持重的學人；早年接任臺大校長後，除維持前數任校長奠定的規模與制度，並保有自由、獨立的學風外，更在長達二十年的任期內，充分推展其「普遍且均衡發展」的治校理念，使臺大在成為最完備的綜合性大學上奠立了良好的基礎，維繫了臺灣大學的龍頭地位，在國際上發光發亮，成為臺大師生最懷念的校長之一。

錢思亮於 1964 年獲選中央研究院數理組院士，1970 年接任中央研究院第五任院長，1983 年在院長任內辭世（由吳大猷繼

---

20 錢純為中央銀行副總裁，錢煦為生化學家，錢復為縱橫捭闔的外交家。

任），期間主持過七次中研院院士會議（每兩年舉行一次）；而在中研院院長任內設立美國文化研究所、地球科學研究所、生物化學研究所及資訊科學研究所，並增設生物醫學、統計學、原子與分子科學三所研究所及分子生物學綜合研究室四個籌備處，對中研院後續發展，貢獻良多。

錢思亮更是國家科技發展起承轉合的關鍵性人物，領袖群倫，讓國內外的學界菁英能匯流、整合，群策群力發揮團隊力量，使科技生根精進發展，成為國家總體建設的巨柱！「領航」的錢思亮從未居功，就怕未能替國家盡到更多心力，像他和吳大猷連中研院院長都相互謙讓，毫無功名利祿之心；滿腦子想的是，什麼地方做不夠，什麼還可以補強，夙興夜寐（連宿舍都是老舊），任勞任怨，讓吾等後生小子都難及其萬分之一，這種「經師、人師」的典範，在當世並不多，實值得後人孺慕學習！

我除了當記者需不斷「進德修業」，有幸兼任中研院數學研究所技士，並兼教文化大學新聞系，得以和錢思亮有近距離的接觸，除了參與籌備首屆國際中文電腦會議，並當「新聞祕書」，復在《台灣新生報》當採訪主任赴美訪問時，帶了他的墨寶（有訓勉深意）送到華府的錢復、田玲玲大使夫婦手中，不難了解他的苦心孤詣。簡言之，錢思亮是用身教教育，鮮有疾言厲色或責難，常從循循善誘途徑著手，收潛移默化之效。連有位資深女記者報導錯誤，他亦只是點一下，不慍不火說：「好像是日期弄錯了吧。」

▍政治圓融，教子嚴厲

首屆中文電腦國際會議在南港中研院舉行，是項重要的學術活動，黨國大老陳立夫亦寫了一篇稿子，但內文有「筆誤」，我

認為校改即可；但錢思亮仍囑祕書那廉君交代我，還是搭車跑一趟陳府當面請示，比較恰當；當我面見陳立夫時，他正在打麻將，便立即停下詢問何事？我簡要說明一番，他也看了稿子說，錢院長太客氣了，只要打個電話就好，何必如此麻煩；況且中研院的「校改」，一定會欣然接受，毫無疑問。而他那段文字亦確是「筆誤」，還親送我到門口，一再囑我向錢院長表示謝意。

這則小故事，給了我相當大的啟示和省思，這就是錢思亮的身教示範。錢思亮待人寬厚，律己甚嚴。比如他的二公子錢煦，早就在生理醫學卓然有成，為國際學界推崇，並在哥倫比亞大學擔任教授，和血液力學研究室主任（1977 年 11 月 12 日《聯合報》「新儒林」專欄「錢煦‧實至名歸」）。1974 年，海外的國際知名院士，一致提名錢煦為院士，但錢思亮卻「反拉票」，拜託院士們選出更多、更好的院士（此與名額無關，當年層峰猶希望院士「多多益善」），說錢煦當選反「陷我（院長）於不義」，連吳大猷都搖頭，認為院士選舉是「硬碰硬」，要「真材實料」，不是「政治頭銜」，何況「內舉不避親」，覺得錢的做法有點太過。可是錢思亮仍然非常堅持，因為大家很少看到他那麼嚴肅的神情，結果在一片「寂然」中，錢煦未能上榜。但到了 1976年，錢煦又再被提名，並「全票」通過當選，錢思亮只好接受，一片道賀聲，父子同為院士，傳為士林佳話。

其實，錢煦當年對臺灣有一項鮮為人知的貢獻。那就是他的一項重要研究，證實了臺灣經建成就已帶給國人在公共衛生設施及營養上的改善，研究結果大大提升臺灣國際形象。當時他在紐約與臺北重複測定 1954-1966 年間，臺灣地區青年至中年的血量及脂肪量的變化，結果顯示，相關數據已接近先進國家標準。而他還邀集一批生化、生物工程、血液、電子顯微鏡、生理專家學

者，進行「科際整合」團隊型研究，希望能對疾病防治（含癌細胞）有所貢獻，無怪院士個個豎起大拇指稱讚！

錢夫人張婉度風範卓著

說來錢思亮的婚姻，還是傳統式的「父母之命，媒妁之言」，伉儷情深，錢夫人張婉度為賢婦也是嚴母，克勤克儉教育三子，均為國之棟樑。錢夫人的大哥，也就是我國著名的金融貨幣專家張茲闓（1900-1983 年）。1952 年曾任經濟部部長、臺灣銀行董事長等職。他在接受我的專訪時（1976 年 1 月 6 日《聯合報》三版「錢思亮夫人典型長在」）說，錢思亮唸大學時，便與 18 歲的張婉度成婚。由於錢、張兩家是世交，錢思亮的祖父母、父母都對她的端莊、賢淑有很好印象，極力促成這門親事。

張茲闓與錢思亮、吳大猷等人，在大學畢業後還一起搭船赴美深造。那年，錢夫人才 20 多歲，與在上海法院任職的錢思亮父母住在一起，而錢的祖父正在那年過世，家中一切全由張婉度處理。錢思亮獲伊利諾大學博士學位回國，在北大執教時，收入菲薄清苦。後因蘆溝橋事變，全家遷往上海，錢也準備赴西南聯大任教。當年錢母不幸去世，後事亦是由張婉度一手料理。等到錢回上海途中，「屋漏偏逢連夜雨」，錢的祖母過世及錢父（錢鴻業）被人刺殺，但張婉度力持鎮定，把家中安排妥適，不讓錢思亮操心。然而，在錢到了上海，準備攜家轉往昆明時，滇越公路又為日軍切斷，只得留在上海暫時隱姓埋名。當年汪精衛的偽政府已經成立，到處找錢思亮要他協助，但他們夫婦不為勢劫、不為利誘，避居到一家小藥廠工作，生活更是艱難。抗戰勝利後，張茲闓還到他們家住過，覺得生活實在太苦了。

1945 年 8 月，二戰結束，錢思亮任經濟部化學工業處處

長，至1946年又回到北大擔任化學系教授兼系主任，生活條件才稍有改善。1948年因為戰亂，政府派專機將錢思亮及其家人由北京飛往南京，隨即被當時的臺大校長傅斯年邀請任教而再轉遷臺北；1949年1月20日延聘錢思亮為化學系教授及教務長，一度代理理學院院長，並於1950年11月代表臺大赴巴黎出席國際大學校長會議，促成臺大與美國哥倫比亞大學合作，對方派兩位醫學教授來臺改良臺大醫學教育。1950年12月20日傅斯年辭世，1951年2月則由胡適推薦，行政院會議決議，由錢思亮接任校長。

儘管錢思亮夫婦「聚少離多」，但張婉度相夫教子，持家有道，對子女管教嚴格，個個有成，而對三個媳婦，卻是寬厚相待，是媳婦心目中的「好婆婆」。或許是早年生活辛勞，張女士於1976年元月去世，留下不只是夫婿子女親友的懷念，亦留下傳統女性相夫教子的家庭典範。

5·
徐賢修：新竹科學園區的奠基者

▌「匪」字不離口的大數學家

　　說來有趣，在當年回國服務的科學家，很少用「共匪」字眼，但中研院院士徐賢修（1912-2001 年），卻常是「匪」（指中共政權）字不離口，以顯示兩岸「敵我」之分，頗合兩蔣「漢賊不兩立」的立場。他曾說臺灣當時的處境，是「與敵人鬥爭，與朋友競爭」，亦是「風雨如晦，雞鳴不已」的年代，要「群策群力，自強自立，發展科技，結合經建」等等，因為是出自大數學家之口，似乎就不同黨國「八股」，反而更有說服力。

　　徐賢修格局大，腹笥淵博，有智慧和遠見，務實又辯才無礙，膽大心細，創新點子多，頗有享譽國際「人民數學家」華羅庚的味道。我曾在 1977 年 9 月 13 日《聯合報》「新儒林」專欄介紹，他一手創辦影響臺灣經濟最重大的新竹科學園區，1975 年在國科會主委兼清華大學校長任內，向當時擔任閣揆的蔣經國建議，以吸引海外學人回國創業，並引進國外大公司投資生產、帶動科技產業的發展；這種凝聚「人才密集」的高科技產業，結合「加工出口區」的發展模式，大幅充實臺灣經建的技術潛力。可說是居功厥偉，稱他為「竹科之父」並不為過。

　　徐賢修受之於清華，亦用之於清華，他還將清華的「實幹」精神發揮極致。例如，他在 1961 年一回臺就創立清華大學數學系；1962 年，復在臺舉行數學暑期研討會，開啟臺灣數學學術研討會的風氣，有利科學基礎扎根；而在 1970-1975 年，擔任清大校長時期，於 1972 年聘請沈君山、毛高文、馮彥雄三位分別擔任理、工、原子科學三學院院長，帶來一股「新銳」之氣，讓清大在臺復校未及幾年，聲譽鵲起。而短短的三年，聘請博士學位資深教授回國任教，便達 165 位，其中三分之二留下專任講學，使清大能有長期人才來計畫教學與研究。1973 年他兼任國科會主委，[21] 1975 年辭去校長專任國科會主委時，清大已有九個學系，三個學院，十三個研究所，學生兩千餘人（研究生約兩百餘人），專任教授約 160 餘人。1975 年教育部請吳大猷主持全臺大學理科評鑑工作，結果清大在數理化三科皆名列第一。為了聘請大師級教授，除擴充研究設備外，在增建大樓方面亦不遺餘力。先後陸續完成大禮堂、化學館、輻生館、體育館、學生宿舍、教授住宅，以期能更有利羅致教授，並讓師生相處關係更為密切。此一治校過程，也不難看出他任事勇為的魄力。

▍科學報國實踐力超強

　　同時，徐賢修一向強調大學的最終目的，是「強國富民」，不是僅在象牙塔裡做研究。像他早年協助成立清華自強基金會，師生合作發展系統工程，吸取實際設計經驗，並替各機構及民間企業做諮詢工作，便是為大學和社會建立合作的橋樑。[22]

---

21 1974 年因推動大型計畫受阻，一度欲辭國科會，後當局強力慰留。

22 例如美國哈佛大學、麻省理工學院、史丹佛大學等世界名校，除了基礎研究不斷精進外，亦不斷提升其創新創業精神，以因應變化快速的知識經濟社會，像哈佛大學就有科技與創業中心，麻省理工學院每年選舉辦 **K50** 創業競賽，史丹佛大學

科學理論與應用孰重？一直是學院派、實務派爭論不休的課題，而臺灣社會則重「實用」，對學府仍有「象牙塔」的看法。徐賢修剛接任國科會主委接受我的專訪（1973 年 6 月 2 日《聯合報》二版「國科會五年來做好基礎工作，徐賢修接棒後著力突破瓶頸」）就說，科學家與一般人一樣，有自己的看法。不同的是，科學家因從事某一領域的研究，多少有點偏好，看法往往因人而異。一般說來，科學家比較懂得「擇善固執」，亦會「從善如流」。對有科學素養者而言，都認為基本研究十分重要，所謂「本立而道生」，沒有理論，如何有效應用。

或許科學家都反對忽視基本研究，但對一般人來說，應用科學比較實際。人們會用科技產品，譬如電燈，誰都會開，但要每人都懂電氣，不太可能，也不合理。再者，各國的科技發展政策，也都隨國情而異。像美國可從基本研究開始，按部就班、循序漸進，一直到太空科學發展，但臺灣的處境並非「太平盛世」，需要克服重重困難，力求生存。我們要先「求生」，要「自立」，就得先從國防、工業、農業、原子能應用、科學教育等方面，做進一步加強，使科技發展不僅成為經建的後盾，也要成為國防上有力的「保障」，乃是當前的要務。

由於吳大猷和徐賢修，對層峰而言，都是「科學顧問」，舉凡科技幾乎「言聽計從」，像吳改革科學教育，或徐擘劃創設「新竹科學園區」等皆是。而新聞傳播學界則視他們為「科技導師」，只要吳、徐一批評媒體實務，便奉若「聖旨」，跟著一陣批評，還奉高層指示，經常辦新聞研討會對記者做「教育訓練」，要求報社派員參加。基層記者苦不堪言，導致原本「說大人則藐

亦有亞太青年創業社群、國際學生創業社團等，堪為例證。

之」的記者，有好幾年間視跑「科技」為畏途，與學界的「知識傲慢」不無關係。

▍被批學術傲慢後主動溝通

基於抱不平天性，我首先對吳、徐發難，好幾年都在香港媒體寫了不少東西，[23] 批評科技發展的偏頗，並質疑徐的國籍，以及吳、徐的用人、計畫不當之處，以及對媒體的「藐視」態度等等，不一而足。

效果立竿見影，吳大猷在任的頭五年，就找我溝通多次，解釋理論比應用重要，急就章易「本末倒置」，新聞界亦應虛心檢討對科技認知和基礎素養不足等。但我則回以，這些道理自然重要，但科技學者本身功力不足，解釋尖端新知能力也不足，乃是科技報導最大「致命傷」，片面怪責記者，忽視其實務的辛勞，未盡公允。吳總算點頭，覺得科技界自己亦要加油，平時多和記者接觸，俾能「循循善誘」，始能使報導更正確，兩全其美。

最有意思的是，徐賢修因我經常在不同媒體「旦旦而伐之」，[24] 多次找我長談，澄清和溝通一些不同看法，如此這般，我們「不打不相識」，建立良好的公私友誼，也改變他對媒體實務的認知，並希望科技界學者放下身段，以「深入淺出」方式，多和記者、社會溝通，而非「恃才傲物」，反成了科技發展的阻力，可謂一語中的。

後來我在1980年轉任《台灣新生報》撰述委員、採訪主任後，仍常做專訪及撰社論（1978-1988年間，徐任工業技術研

---

23 我曾任《香港自由報》駐臺特派員，亦在「新聞天地」筆名投稿。當年政府最重視海外媒體的褒貶，香港則是重點區之一。只要不涉兩蔣，問題不大。

24 那時我在《聯合報》有「新儒林」專欄、《台灣新生報》副刊亦有「孝佛專欄」，連《民族晚報》都有「孝佛餘墨」專欄，其他報章雜誌邀稿的更多。

究院董事長。我曾於 1980 年 12 月 16 日《台灣新生報》撰社論
「我國科技工業的新里程——新竹科學園區正式設立的意義」)。
再如他的國籍問題，當時政府是採從寬認定，「只要不放棄中華
民國國籍」即可。1948 年，徐賢修係由華羅庚推薦，特准在美
就地報到參與「原子彈研究計畫」小組（徐 1948 年甫獲得美國
布朗大學應用數學博士學位）。之後，包括 1949 年在普林斯頓研
究院研究；同年，又進入麻省理工學院博士後研究等，泰半與此
計畫有關。顯然國籍因素與此「絕密」事項有關連，而始終無法
對外清楚說明。至於原先的「核彈」計畫，則因戰亂遷臺，才戛
然中止。兩蔣於是在臺另起爐灶。

▌不參與兩蔣主導的核彈技術發展

　　何以原先參與「原子彈研製計畫」者，後來與兩蔣有不同看
法？主要是吳、徐等人發現臺灣因戰亂，並沒有安定的環境，而
經費及人才、設備等相關條件皆不足。但兩蔣仍抱持「實力」才
是克敵制勝之道觀念，但也折衷接受他們的建議，在全面推動國
家科學發展計畫中，仍加強延攬及培育核子科學人才，及充實相
關研究實驗設備。並由清華大學增設的原子科學院，以及原子能
委員會、國防部所屬理工學院等配合同步進行，故有 1960 年代
的「新竹計畫」（主要是與清華大學原子科學研究院配合），和後
1970 年代核武研製的「桃園計畫」（至 1988 年發生中科院張憲
義上校叛逃事件結束），視時勢發展需求，採「邊走、邊看、邊
做」的彈性策略。而吳、徐則採「不參與、不干涉」的態度，多
配合相關人才延攬與培育工作，朝 1969 年訂定的十二年國家科
學發展綱要中的科技教育生根，及應用科技結合經建部分發展。
　　徐賢修學思敏捷，對時局變化反應快，例如在兩次能源危機

中，亦採取因應措施，像在清大支持毛高文推動研製電動車計畫，雖未完全符合經濟實用，但確帶動臺灣一股開發利用及自製能源的熱潮，方興未艾。他在擔任國科會主委期間，奠下發展新竹科學園區深厚基礎，終在經建上開花結果，成就豐碩。後在擔任工研院董事長任內，於 1985 年「三顧茅廬」邀張忠謀回來，並提供資源從事半導體產業的發展，造就了今日臺灣半導體業的興盛。

徐賢修生前喜觀賞京劇，有一年他知道我在大學時期因評京劇「由南寧公主談國劇劇本」[25] 而結識戲劇大師俞大綱，因而談起中國大陸的改良京劇，結合現代科技和音響，文武場和橋段別具一格等等，兩人談得津津有味。他喜歡京劇，多少和他曾就讀北京清大有關，而數學家喜歡京劇、音樂，可見其性情中人的一面。

2001 年 11 月 17 日，徐賢修在美國印第安那州逝世。消息傳來，一陣愕然。每憶起那些年談話的日子，有時歡笑，有時亦會爭辯得面紅耳赤（我們還一起上過華視的「面對面」節目），但十分愉快，讓人懷念。斯人已逝，典型在夙昔。他的公子徐遐生是知名天文學家，雖不是「克紹箕裘」，但也當過清華大學校長，有子如此，人生當無憾矣！

---

25 原載 1966 年 9 月 17 日《徵信新聞報》，收入《玩沙的年代》後由臺灣商務印書館於 1968 年出版。

6 ·
畢林士：科技發展「美援」代表人

▌唯一的美援「科學顧問」

　　畢林士（1915-1992 年），是在我國退出聯合國（1971 年）和美國斷交（1978 年）前後，以美國大使館科學顧問兼農復會委員身分來臺（1968-1972 年），為美方首位派駐臺灣的「科學顧問」，而農復會則是固定有一位美方委員，協助農業發展，並監督美援的運用。此情況十分特殊，因以往沒有，後來也沒有，頂多派農復會的美方委員。畢林士前後駐臺約四年半時間，足跡遍及臺澎金馬，對協助臺灣早期科技發展規劃與推動，以及臺灣農業發展等，均有相當重要的貢獻，連吳大猷和沈宗瀚都讚不絕口，說他是一項重要的「美援」！

　　畢林士是國際知名的光學物理權威學者，曾任美國光學物理學會會長，美國著名的貝爾德原子公司資深副總裁（Baird-Atomic, Inc. in Cambridge, Massachusetts），並是美國國家科學院院士，亦是當年尼克森總統「科學顧問組」的成員，在美臺關係敏感時刻派駐臺灣，自有不尋常的意義。就新聞工作的「機遇」而言，如果沒認識畢林士這號「關鍵人物」，我恐怕也不會跑出農業、能源、環保等新路線，而跑國科會、中研院或原能會，恐

也只能原地打轉，無法建立科技、政、學、農業等重要人脈，更無法跑出一片天！所以「機遇」實在太重要了，我算是幸運兒之一。

畢林士比我到《聯合報》採訪科技約早半年多來臺，當時鮮見媒體報導，也沒人知道有這一號重要人物。我也如「瞎子」般到處打轉，或許可能配合外電科技報導專訪專家學者膩了，忽然有一天福至心靈，跑到「人煙稀少」的國科會國際合作組探聽，[26] 看看有無意外收穫。誰知只有位新進組員在，以為我是大牌記者，親切接待，便聊起與美方科技合作的事情，就提到畢林士，我當場楞住，他才知我竟不認識畢林士這個「Key man」，接著輪到我低聲下氣，並熱情邀約由我做東，請他下班餐敘，打探之下，方獲知畢林士就在附近南海路美國新聞處對面的農復會上班。

▎為專訪勇闖農復會

其實，在 1969 年，我根本不知農復會為何物，只知是屬於採訪經濟的路線，又不便踩線，但因畢林士是美方首次派來的重要「科學顧問」，很受馬康衛大使倚重（又屬採訪外交路線），便分別先向同事打招呼，在他們不置可否下，我乃利用午後到報社，先打電話試試看，心中很忐忑不安。運氣不錯，總算接到說英文的女祕書電話，我把原先準備的英文草稿照唸，可能發音太生硬了，只聽對方「噗哧」一笑，改用國語回答，我這下膽子大了，便冒昧請求約畢林士專訪時間，或許我的誠懇態度打動對方（女祕書胡靜芬，英文小名 Fanny，我則自稱 Hoover），答應設

---

26 當時國科會在北市寧波西街小樓，僅有少數組別的職員，組長級以上泰半來開會，一結束便離開。

法，說等老闆同意再回電。

翌日午後，我在報社資料室勤找資料，準備專訪的內容，寫了密密麻麻的英文提問，黃昏前終於得到胡祕書回電，約兩天後見面，但要我先給她專訪大要，真是令人驚喜的佳音！在和畢林士專訪前，得先過 Fanny 這一關，我把英文專訪打字妥當，服裝整齊，精神奕奕地拜訪 Fanny，結果居然「一見如故」。原來，她的先生（後來離異）亦是新聞攝影同業，聊得十分愉快，亦奠下往後四年採訪的深厚交誼。

果不其然，我那時寫的畢林士首篇專訪，上了《聯合報》（1969 年，惜剪報遺失）二版大邊欄，十分醒目。亦得到畢林士和 Fanny 的讚許，剛學中文不久的畢林士還夾雜中英文說：「好棒！ Amazing ！」自此以後，舉凡與畢林士認識的吳大猷、錢思亮、蔣彥士、徐賢修、張明哲、[27]鄭振華、[28]沈宗瀚、李崇道[29]等等，莫不一一專訪建立交情，拓開了科技新聞天地的領域，收獲匪淺。

而在與美科技合作的實際運作關鍵人物，亦多與畢林士關係密切。包括國科會國際合作組長王紀五（1927-1991 年，英年早逝），曾赴美留學並獲哥倫比亞大學國際法碩士學位，曾任政大副教授，是故中研院院長王世杰的公子（1982 年，擢升國科會副主委）。王紀五中英文造詣頗深，不論「英譯中」或「中譯英」，可即時同步，令人歎為觀止，人稱「翻譯機」。而且多

---

27 曾是知名《拾穗》雜誌的創辦人，曾任高雄煉油廠廠長、聯合工業研究所所長、國科會副主委、主委、清大校長等。參見我在 1977 年 9 月 15 日《聯合報》所撰「新儒林」專欄。

28 原子能委員會祕書長、清大原子科學院院長等，有「核能掌櫃」譽稱。參見 1977 年 9 月 8 日《聯合報》「新儒林」專欄。

29 農復會主委、獲諾貝爾物理獎李政道之兄。參見《聯合報》1977 年 9 月 4 日「新儒林」專欄。

才多藝，還有一手絕活，就是「調酒」，不論對各種酒類及釀造史「如數家珍」，何時飲用何種酒，以及能調配適合各種人口味的酒，連老外都折服不已，所以能活躍各種國際會議場合，以及折衝科技合作事宜（1977年9月11日《聯合報》「新儒林」專欄）；還有中研院中美科學合作委員會執行祕書郝履成，在臺大農化系執教，亦曾是聯合工業研究所所長，猶是在大陸時期輔仁大學的體育健將，代表北平市（今北京）參加全國性田徑賽，參加國際學術會議和科技合作事宜，經驗豐富，深受李國鼎的器重（1977年10月2日《聯合報》「新儒林」專欄）。

▌農復會「高手雲集」

農復會兩大參與國際合作高手，一是時任森林資源組長葛錦昭，[30] 堪稱「辦事通」，任何疑難雜症交辦，都能迎刃而解。不論中外、國際或在臺的任何會議、應酬、旅遊等場合，只要有他，就有歡笑，頗受沈宗瀚和蔣彥士、李登輝等高層器賞，待人謙和，處事圓潤，尤其葷素笑話，到了他口中，變成高雅風趣，莫不令人捧腹大笑，人緣、人脈俱佳（1977年10月13日「新儒林」專欄）。

另一則是不遑多讓的張奉德（1929年-，英文小名FT），精通數國語文，可說是人際關係的專家，最早還做過國防部美援組長，於1958考進農復會，蔣彥士面試時問他如何寫英文稿，他說可以直接打字，於是便立即錄用，馬上就要他處理推廣琉球派員來臺學習農會制度事宜。他因諳英、日文，結果執行圓滿達成任務，便調祕書處工作，隨時待命「出擊」。曾歷任臺灣農

---

30 後來當過李崇道主委的祕書長，及農委會副主委，亞太糧肥中心主任、台糖董事長、農村發展基金董事長等。

業技術區域機構的「執行祕書」，包括臺灣植物保護中心、亞洲蔬菜研究中心等，行跡遍及六大洲四十多國。蔣彥士當教育部長時，還找他翻譯「京劇」，受到老外歡迎；連沈宗瀚都打趣他是「接生婆」，像土地改革訓練所、養豬科學研究所等皆是他促成。還曾任第一屆中非農技講習班副主任（主任是農業耆宿張憲秋）。1964 年我駐越農技三團合併擴大，金陽鎬當團長，他是主祕（1977 年 10 月 17 日《聯合報》「新儒林」專欄），洵為不可多得促進國際合作的「大將」。

由於畢林士的關係，加上 Fanny 不吝大力幫忙，不但使我採訪科技多了一條活路，還增廣科學新知（當年太空科學、人類登月很熱鬧），又因透過他的興革建議，亦常為當局採行，亦增加報導的權威性。至於所採訪的國科會、原能會、中研院、農復會等單位，更是可以「按圖索驥」進行獨家採訪（主要是提供不少重要人事或科技、農業、人事動態等線索），回想那幾年，我這個記者還真當得很風光！

▍成為我的新聞素材庫

再者，畢林士的若干重要建議，均是有利臺灣的「自立自強」之道。我從他那裡得到的新聞素材，包括透露「航空測量發展計畫，加速經建重要一環」（1970 年 2 月 5 日《聯合報》二版特稿），並「以科技推動經建，談韓國經濟發展」（1971 年 3 月10 日《聯合報》二版專訪）、「臺灣光學工業亟待建立」（1970 年1 月 26 日《聯合報》三版專訪。關於這部分，我更在 1984 年 3月 30 日《台灣新生報》撰寫社論鼓吹「光電科技促工業更上層樓」）、「有效推展研究發明 需要完整專利制度」（1971 年 7 月 15日《聯合報》三版專訪）、「過當運用科技人才加強企業研究發

展」（1972 年 1 月 3 日《聯合報》二版專訪，此與後來的工業技術研究院整合，及設新竹科學園區，具有「催化」效應）等，不一而足。

又如科學新知方面，例如當時熱門的「太空梭」，社會感到新奇，乃專訪畢林士解惑（1971 年 8 月 5 日《聯合報》三版頭題「火箭工業新突破 美國製成太空梭 可從事百次太空任務飛行 有助月球地球之間設置衛星站」），受到重視。還有「人類三度登月成功 對研究太陽系起源有重大貢獻」（1971 年 2 月 7 日《聯合報》二版）。

至於科技合作方面，畢林士在幕前、幕後的出力更多，亦促進與美方高層次的先進科技合作。像他在 1970 年就推介與他有二十多年交情、獲 1964 年諾貝爾物理獎的湯斯博士（Thomas Towns）來臺，參加一項研討會講演，這位以「雷射光束」理論著名於世的科學家，在透過我方的國際科技合作團隊和畢林士的努力，終將雷射光束廣泛應用於臺灣的國防及工業、科技研究發展等各方面，得以生根臺灣。

畢林士在臺四年半的工作成就，不但獲美國白宮科學顧問戴維德（Albert Davids）的肯定，並贏得我方朝野的尊敬，他為推動科技合作和農業發展，經常風塵僕僕於臺北、華府之間，且邀集一流的高級科學家來臺講學或協助指導，均獲致實質上的精進績效，臨別感觸和贈言亦多，令人感動（1972 年 11 月 11 日《聯合報》二版專訪）。

▍只要有利臺灣，是 CIA 又何妨？

當年，有不少黨政學界高層人士和我私下閒聊，都問我畢林士是否為 CIA（意指美國中央情報局所派的情報員）？他雖去中

山科學院次數不多，但對於臺灣研製核武之事，應不致陌生。我和他之間從不提「核武」，似是「心照不宣」。但若他是 CIA 又如何？只要他所做的對臺灣有利，何不予以鼓勵。如果看過 CIA 的檔案資料或電影，當知 CIA 不乏尖端科學家。而以臺灣與美方的長期緊密合作關係，有 CIA 恐未必一定是壞事。

畢林士雖離開臺灣的工作崗位，但他還是三不五時到臺灣訪問老友，當然他與祕書 Fanny，氣味相投，終結成連理。來臺時出入成雙，「老少配」亦羨煞不少人。不用說畢林士懷念在臺的四年半日子，連我到現在亦一樣懷念和他們相處的時光，即便是鬥嘴，亦是那麼溫馨、歡愉！誠是「蒼龍日暮還行雨，老樹春深更著花」。

7 ·
周元燊：臺灣資訊科學拓荒者

▎數學家們的「實驗品」

中研院院士、中研院數學研究所所長周元燊（1924年-），可說是「但開風氣不為師」的大師級人物。他不僅是國際統計學權威學者，並先後培育和訓練臺灣各級層的統計菁英，不計其數；而在推動中文電子化、數學傳播及協助創設中研院資訊研究所工作，亦是不遺餘力；更催生了首屆國際電子計算機會議在南港中研院舉行，讓臺灣的電腦科技研發成就，受到國際重視。周元燊私下常半開玩笑說：「數學所什麼都做，就是不做數學。」其實，他所推動的莫不跟「數位化」攸關，只是把「象牙塔」的數學帶到人間，做經世濟民的大事，這種不計名利，計天下之利的胸襟，不愧是學人風範。

我因採訪中研院，發現數學所人才濟濟，又是臺灣數學研究中心的大本營，來自臺大、清華、師大的年輕菁英，都在此匯流，例如王九逵、楊維哲、劉豐哲、謝聰智、顏晃徹等等，不勝枚舉；海外知名者更多，例如國際級的陳省身、樊𡺄等，徐賢修亦是。亦因經常與他們接觸訪談，自也結識了1973年回國兼任數學所長的周元燊，當時所裡正要推動中文電子化及數學傳播

（而資訊科學所尚屬構思計畫階段），主動問我有無興趣參加，自然樂於從命，但他體諒新聞採訪工作受限，同意採時間自由方式參與。

於是，得以有幸一窺數學殿堂，才知「科學之母」數學偉大的地方，非僅深奧有趣，而且大多數學家都能「言簡意賅」，淋漓剔透地用數字、符號、方程式等表達；這對視數學為畏途者而言，顯然大開眼界。可見關鍵乃在於有無遇到「良師」指導，獲得開竅，否則適得其反。

當時或許受到《科學月刊》影響，曾參與的數學年輕學者，認為不如自己動手做，於是發行了由數學所出版的《數學傳播》，希望用淺顯文字，幫助中學生認識數學，以激發學習的興趣，立意良善。初期，大家興致勃勃，但如何用「說故事」方式及「深入淺出」的看法不同，導致「眼高手低」，收效不大，等於寫給「行家看」。而且寫數字、符號久了，換成用「中文」表達，並不簡單，箇中學問大矣哉。周元燊亦深知癥結所在，只有對同仁多方鼓勵。

某次，他在和我促膝聊天時，忽然問起科技新聞報導的傳播問題，我向他強調，只有一流專家學者，才能深入淺出，而且語文表達亦強，否則記者如「鴨子聽雷」，易失意義。[31] 他於是找了劉豐哲（後來亦當數學所副所長及所長）、謝聰智（後任中央大學數學系所主任）等人，和我一起交換意見。結論是：「如果能讓呂一銘看得懂或聽得懂，再編輯處理，效果或許更好。」於是，我成了數學家們練習與社會公器的實驗品！結果實行了一陣子，竟然效果頗佳。後來因為我的採訪壓力和時間受限，只有推

---

31 這方面，後來和我數學所共用一個研究室的電腦專家張系國，就是佔了語文能力強，亦常寫文章，故受到新聞記者的歡迎。

薦他人接替。但畢竟專家有專業的執著和知識的傲慢，類此傳播
需靠長時間磨合，而當時的時空環境及媒體條件均差，又無物質
支援，想致力「數學傳播」，僅憑興趣難以成事。雖能持續接棒
出版，主編者泰半各有不同理念，易變成「曲高和寡」，叫好不
叫座，此恐是科技傳播命運多舛的主因之一。

在當時，只有周元燊、劉豐哲支持謝聰智，還有美籍古學理
夫婦協助編印的專業性《數學集刊》比較專業，行銷四十多個國
家，揚名國際；替數學所賺取不少外快，亦賺了名聲（因為審查
編輯皆為高水準的研究論文）。1975 年諾貝爾經濟獎首次頒給蘇
聯數理統計學家康多羅維奇（Leonid Vitalevich Kantorovich），及
美國經濟學家庫普斯曼（Tjalling C. Koopmans）時，周元燊特別
告訴我數學或機率不只要在「象牙塔」研究，亦要能善用，因為
它的為用大矣哉。像康多羅維奇，可說是「線性規劃模型」的拓
荒者，亦是因能在「最適資源配置理論」應用上，有卓越貢獻獲
獎。例如他在1939 年發表的「有組織和有計畫生產的數理方法」
線性代數，早期就在經濟應用方面（工廠示範），績效卓著；並
在設定投資標準，或價格制度上，考量土地和有限自然資源的租
金，形成所謂的「影子價格」，別具創見。

周元燊還找了一本康多羅維奇比較通俗的著作，要我嘗試找
所裡研究人員合譯給《數學傳播》刊登，惜其間忙於各種籌備工
作，包括首屆國際電腦會議及資訊科學所（那時已有劉兆寧、鄭
國揚、張系國、李家同、謝清俊等多人參與）等等，譯到一半，
不了了之，十分可惜。

▌周元燊對我的栽培之恩

由於周元燊談鋒健，觀念新，讓我學習很多，亦長了許多見

解。只要他一回國，就會通知我見面聊聊（我不是換休假，便是請假）。數學所改建成新大樓後，研究室亦有單人床、公共浴室等配備，辦公室相當寬敞，尚可擺些飲料、零食等，或在院士寬大的宿舍聊天；我們上下古今，海闊天空，無所不談，經常是不知東方之既白（1978年5月7日《聯合報》「新儒林」專欄）。

在1974年，經周元燊一再鼓勵要我把在學報發表的兩篇與土壤力學、基礎工程、都市計畫相關等論文，送數學所審查，再經中研院各所所長複審通過，[32] 而錢思亮院長從此亦對我另眼相待（這都是拜早年主動學習寫論文所賜，雖然大學學位無需寫論文）。

我是第一個新聞記者獲得「中研院數學所兼任技士」的派任資格證書（1974-1984年）的。因是工程學士，又有研究論文關係，故列入介於副研究員與助理研究員之間的資格。我的岳父宋百川是資深公務員，那時就賀我得到官方最高學術機關的肯定，是「無價之寶」。後來證實，我能到臺大物理研究所進修「地球科學」，或應文化大學新聞系主任張煦華之邀前往執教（1978-1979年），亦是這張「資格證書」使然；至於，採訪新聞或借調到省府服務，這張「證書」更幫我建立了學、政界中高層豐沛的人脈（甚至主計單位高層，許多是周的門生），這不得不感謝周元燊的栽培之恩，說他是我平生大貴人之一，並不為過。

猶憶他當時希望我能到哥倫比亞大學新聞學院深造，因他是哥大的數學名教授，推薦入學，毫無問題，甚且連食宿及打工都由他包辦，盛情拳拳，令人感動（因《中央日報》駐美特派員龔選舞，亦是循類似模式）。可惜我福分薄，無法領受他的好意

---

32 後來得知中研院數理化及人文社會、經濟等研究所所長，每位都對我極為友善的原因，就是拜「所長審查會議」所賜。

（大學畢業時，洛杉磯加大分校還給我獎助金去唸首屆「管理科學研究所」，當時亦放棄）。之後，認識王唯農，王也有意以「獎助」方式助我赴美，但《聯合報》的總編輯馬克任卻勸我「好好幹記者，要進修的機會很多」。加上顧及內人想法，因此這類深造機會通通作罷。雖然「學無止境」，並不一定需要文憑，但機會錯過了，就不再來。但我覺得未必是遺憾，畢竟人生總是「禍福相倚」，不如樂天知命，活得健康、愜意就好！

▌數學求學和研究之路

其實，周元燊年輕時吃了不少苦，像出生後不久，便遇上對日抗戰，童年多在戰亂生活中度過。16 歲時幾乎以完全步行的方式前往重慶求學，並完成高中教育，保送貴州的國立浙江大學數學系；來臺後在臺大數學系當助教，並於 1954 年前往美國伊利諾大學深造，並受教於著名機率大師喬瑟夫 ·L· 杜博（Joseph L. Doob）門下。1958 年取得博士學位後，留校在電腦中心做博士後研究，跟陶伯（A. H. Taub）教授從事航空力學研究。1959 年 7 月參加紐約 IBM 公司的湯馬斯 ·J· 華生研究中心（Thomas J. Watson Research Center），從事圖像識別，而 Watson 試驗室為 IBM 與哥倫比亞大學合辦的，設在哥大校區。周負責哥大應用數學的研究與教學，因為機率是應用數學，因此也在哥大統計系任兼助教授。

自此時起，又與著名統計學家羅賓斯（H. E. Robbins）合作，開始機率統計方面研究。1961 年周元燊升任為哥大副教授，1962 年轉至普渡大學，又與著名學者哥普達（Gupta）教授義結金蘭。1965 年升為普大教授後，1968 年再回哥大任正教授。其間，因致力於統計學的研究及發表數篇重要論文與相關著

作，獲國際數理統計學會會士（IMS Fellow），亦因周元燊的學術成就及推展統計之貢獻，在1980年又當選為國際統計學會榮譽會員（ISI elected member）。

▌推動中文電腦化

周元燊係於1974年獲選為第十屆中央研究院院士，兼任中研院數學所所長。之後，協助創辦資訊科學研究所，及推動首屆國際中文電腦會議，受到國際矚目。且先後擔任中央研究院統計科學研究所設所諮詢委員會主任委員、行政院主計總處國民所得統計評審委員會顧問，積極在臺灣推動及參與國際級統計學術會議，貢獻良多。

周元燊嗜好不多，朋友卻多，亦喜培植後進（像劉豐哲後接數學所副所長、所長），又風趣健談，分析時事，鞭辟入裡；往往能在談笑風生中得到靈感，產生推動新的計畫構想，受到學界友人歡迎，這恐也是他能被選為國際機率學會副會長的原因之一。他常說自己是「夫以妻為貴」，因為周夫人也是IBM的「女強人」，假期多、可以「帶眷」旅行，所以他能「環遊世界」，增廣見聞，就是有「賢內助」之故。

由於我轉往他就後，亦辭去數學所兼任工作。周元燊與我後來偶在每兩年一次的院士會議舉行時碰面，有時也從他的好友劉兆寧（劉兆玄的大哥）獲悉近況，他在美居住養老，訊息更少。現在每每想起那些年在數學所相處的情景，可以寫成「那些年、那些事」的長篇小說，是一輩子難忘的回憶，而我們平生風義兼師友情誼，更是難得的緣份。

8 ·
李登輝與我

▌戒嚴時期記者自我設限多

1988 年前，臺灣尚屬戒嚴時期，海峽兩岸仍是軍事對峙的嚴峻局面，枕戈待旦，黨國威權當道，形格勢禁，根本談不上什麼新聞或言論自由，政治是禁忌則無庸贅言。

所以，當年所謂主流媒體的五大報（《聯合報》、《中國時報》、《台灣新生報》、《中央日報》、《中華日報》），以及三家晚報（《大華晚報》、《民族晚報》、《自立晚報》）跑黨政、國防外交新聞，幾乎是「作文比賽」（僅《聯合報》「正派保守」、《中時》尚「敢言」，《自立》則以「無黨無派」挑戰當道，時仆時起），新聞泰半是由官方「餵食」（言論部分尚有民主鬥士，前仆後繼，努力不懈），歌功頌德、報喜不報憂，能客觀平實處理並不容易，官方視傳播媒體為「文宣」工具，有如「嬖從」。

當時的獨家也者，頂多比同業早一點或做不同型態報導，或是替官方做政策性的釋放「空氣球」，或測試「民意水溫」等，不一而足。而跑國會（立法院、監察院、國民大會）者，因朝野民代尚有不同黨派關係，或稍有侷限式的揮灑空間（泰半藉民代、學者借題發揮），至於其他如經濟、科技、文教、司法（偏

重社會新聞）等採訪路線，看來或許束縛不多，但蔣經國強人執政時期，若涉及「絕對機密」或「極機密」者，不只涉及官員遭殃或媒體高層或老闆遭到警告，還會使媒體產生「寒蟬效應」。

不過，舉凡醫藥衛生、經濟民生、文教之類者，官員和學者均樂談，還願透露或解說分析，但只要遇上比較「機密」者，不論是經濟民生、教育政策，或與人事異動有關者，個個噤若寒蟬，就是怕麻煩上身，資深記者還得做「心靈輔導」，循循善誘，才能得到較好又安全的獨家新聞，然要如何「安全上壘」，可說是當時獨家採訪的眉角，記者「各有巧妙不同」，也只能盡在不言中，盡信書不如無書了。

2015 年初，新北市長朱立倫選上國民黨主席後，問他是否參選 2016 年的總統，就傳聞不斷，而他嘗批評媒體是「創造性」的報導，讓人啼笑皆非（後來亦代表國民黨參選總統）；這卻也勾起我半世紀前當記者的一項重要回憶，也就是在四十多年前和時任行政院政務委員的李登輝先生（之前，在他任職農復會技正、組長即熟識），有了堪稱「空前絕後的合作」，並做了一連串的獨家報導（自 1974 年 2 月 4 日至 3 月 6 日），肇致「臺北農產運銷公司」、「軍公教福利中心」的誕生。

▌獨家報導軍公教福利中心之設立

箇中採訪過程堪稱「驚心動魄」，有如「瓦倫達」走鋼索。主要是此則新聞為政府政策未成形前的東西，並沒有具體內容，亦無法靠單一的「深喉嚨」提供（除李政委外，尚有部分人士協助），跟美國 1972 年發生震驚世界的「水門案」不同，當時的《華盛頓郵報》記者鮑勃・伍德沃德（Bob Woodward）和卡爾・伯恩斯坦（Carl Bernstein），是賴「深喉嚨」美國聯邦調查局前

副局長馬克‧費爾特（William Mark Felt, Sr.）祕密提供「具體情資」，從而「詳盡報導」，導致尼克森總統（1974 年 8 月 9 日）被迫下臺，兩位記者也因此獲得了 1973 年的普利茲新聞獎。而我為此政策「雛型」（隨時會「胎死腹中」，無從伸冤）的獨家報導，則需付出極大的風險，在當時是簽下軍令狀的，若新聞不確，得隨時走人，足見類此政策性新聞獨家採訪之不易一斑。

由於當時的《聯合報》，接連數週做頭版頭題，和二、三版頭題，還有一系列的專題邊欄及特稿。例如 2 月 4 日的頭版頭題「縮短生產與消費者利益的新構想，設立民生合作社」，當天三版頭題並刊「一項縮短生產者與消費者距離的新構想 設民生合作社 維護大眾利益 政府為什麼研擬設置民生合作社？以及想法、做法？」系列專題報導，而當時《聯合報》的主要競爭對手《中國時報》，則相對「獨漏」，[33] 自然嚴重，使我一時處於「槍林彈雨」之中，被視為是「打高空」的假新聞，只好持續「隱形採訪」，直至當時閣揆蔣經國在立法院（3 月 5 日）宣布證實：「維護大眾利益，消除中間剝削，一是強化消費合作社功能，推廣設立小型超級市場；二是設立臺北農產運銷公司」，讓我頓時解除警報，驚喜參半，心情之錯綜複雜，難以言宣。[34]

之後，當局又再將行政院人事部門所設的「公教福利中心」和國防部福利部門籌併為「軍公教福利中心」，更是功德無量，以平價供應，安定薪水收入偏低的軍公教階層。

回顧 1950 年代初期，因國共內戰轉進臺灣的軍公教人員及其眷屬約數十萬以上，除了軍人、軍眷福利有其特有法令外，為

---

[33] 只有找學者根據我的報導發表言論，沒有接續的新聞報導。據聞當時《中時》找了國民黨中央黨部祕書長張寶樹、蔣經國親信李煥及財經首長李國鼎、孫運璿查證，結果是「毫無所悉」，但我的報導又相當「具體」，致新聞圈是半信半疑。
[34] 據聞當時《中國時報》內部編採人事亦發生地震。

了「照料改善臺灣公教人員薪水微薄、生活條件不佳的問題」，並在不觸發通貨膨脹情況下，中央乃於1952年成立「公教人員生活必需品配給委員會」，並以單行法規為法源，配發公教人員日常用品。至於發放的生活必需品，則規定為食用米（糙米）、點燈燃料用煤油、食用花生油及俗稱精鹽的「再製鹽」，到了1972年才有「中央文職公教人員生活必需品配給辦法」，充分反映當年臺灣經濟建設的篳路藍縷。

在個人依稀的記憶中，當年的軍中士官每月薪水不過在兩百元新臺幣上下，少尉則兩百幾十元左右；而《聯合報》一個新進記者（在當時報界待遇算相當優渥），稿費、獨家新聞獎不計，平均約三、四千元以上，比政府部會司、處長位階待遇還要好；猶憶1960、1970年代，北市一家四口租屋約數百元，購屋（公寓）亦約十餘萬元（及至《聯合報》遷至忠孝東路後，資深記者待遇達二、三萬元以上，附近四樓公寓一棟房價才二十萬元左右，報社亦有輔助房貸辦法），跟今天經濟、生活、物價指數相較，簡直不可同日而語。

▌我與李登輝的合作

其實，任何重大政策性新聞的發生，泰半與當時的時空背景有關。譬如1971年中華民國退出聯合國，衝擊國內政經及民心士氣，值蔣經國擔任閣揆，視臺灣為「反共復興基地」，勵精圖治，期突破橫逆，以創造契機；而國內科技、經濟發展又值萌芽階段，仍需農業支援工業相輔相成推展，加以1973年10月，全球發生第一次石油危機，油價上漲、物資短缺，導致各國通貨膨脹，臺灣也受到世界經濟不景氣影響，勢需有通盤性的、突破性的政經、國防等政策性做為落實，以安定民生、民心，才能力挽

狂瀾，持續帶動國家總體發展，大步邁進，開創新境。

而此一高瞻遠矚的決策，原為「極機密」狀態（當時僅有簡單原則性的概要，中間尚經不斷修改、補實才成形），外界根本無從獲悉。但當時個人的「新聞鼻」，卻直覺將會有一連串的大事發生，於是經由偶然的探詢，[35] 了解農業、農村和經濟建設已到了必須變革，才能突破困境。[36] 果不其然，後來竟然演變到參與政策的「發想」、「蘊釀」具體內容。原來，蔣經國在當時局面下，認為要以安定民生為先，並交由研究經濟造詣頗深的李登輝政委籌劃具體做法，李登輝則會不時與我聊聊。因此，當時我不僅要跑正常新聞，還得到農復會、各大圖書館、臺北的美國新聞處等查詢相關「合作學」、「農產運銷」、「能源」、「經濟資源分配利用」等書籍資料，還得提供最新資訊，邊學邊寫，並隨時接受李教授的指點、改正，直到新聞稿陸續見報，實是前所未有的難得採訪經驗。

1974 年 1 月 13 日我就先在《聯合報》二版撰一「關鍵性」的特稿，標題是：「經建重點 提高農業成長率 平穩進取 使農工配合發展」，也就是後來蔣內閣各項重大經建、民生決策衍變的濫觴。謹摘要其中片段：

> 由於世界經濟情勢的演變，政府今年將以提高農業成長率，為一項經建重點。重農，並不表示不重視工商業的成長，而是因為今年的經濟環境相當艱苦，必須有一套因應辦法，使我們的經濟發展在國際經濟「驚濤駭浪」中，能平穩

---

35 包括蔣彥士、李登輝、沈宗瀚、王友釗、毛育剛及中研院經濟學界蔣碩傑、費景漢、邢慕寰、于宗先、李庸三等多人。
36 像臺北農產運銷公司、軍公教福利中心、十大建設、加速農村建設等皆是。

前進。去年國際間先後發生金融波動、糧食等等問題，到了10月間，能源危機又爆發了，使各國經濟環境遭到劇烈變化，對臺灣也是一大衝擊，使我們不能不有所警惕，有所因應。有關人士（案：即李登輝政委）指出，政府在去年年底集會多次，預估今年的經濟成長率，將由12.3%降至7%；其中工業成長率，當時認為會由22.3%降至18%。可是到了今年初，發現還要降至15.1%。

簡言之，國際原料價格的上漲，使得工業成本提高，產品容易滯銷和利潤降低，形成一種惡性循環，發展自然不易。政府當局基於此一情勢惡化，曾邀集各有關單位首長研商對策，強調「民以食為天」，只要「足食」，先站穩「腳根」，再使農工商業相互配合，來達到「自立自強」。

因此，政府決定在今年積極提高農業成長率，來彌補工業成長率的轉緩。有關專家（即中研院經濟學者于宗先、邢慕寰、李庸三及農復會專家毛育剛等）認為，政府今年「重農」，是明智的抉擇。因為我們是開發中的國家，能源問題對先進工業國家影響較大，但相對影響我們的農業較小，相對地有助於農業成長。由於農業依賴能源原料不大，可說是「土生土長」，在工業成長緩慢的時候，相對地農業就走得比較快一些。農業成長率的計算，糧食佔的比重大，加上政府已採取糧食增產政策，今年農業成長率將可由3.5%增至4%以上。

行政院蔣院長在去年12月25日國民大會年會中曾指出：「今後發展經濟，農工商配合非常重要，同時更應注意糧食政策，要採取措施，提高糧食生產，因為糧食不夠的話，經濟發展再快，也是枉然。」他的這番話，已把「農」

放在首位，並揭櫫了「糧食增產」的重要性。

經濟部長孫運璿在今年元月5日亦表示，今後經濟發展要使多數國民生活安定，更需要全民合作與支持，大家勤儉耐勞，埋頭生產。財政部長李國鼎也在今年元月7日強調節約的重要，應重新調整消費模式，克服難關。他把食衣住行做了詳細分析，特別指出糧食增產及農民施肥觀念改變的積極意義。

事實上，政府重農，不衹是當前權宜性的措施，也為未來農業發展奠定深厚基礎。譬如下一階段即明年的加速農村建設計畫，就與今年的農業政策有銜接性，今年做好了，明年會更好。有關人士指出，政府今年對工業發展與正在積極進行的九項建設，並不放鬆。而是使工業與農業結合。譬如推行產製複合肥料，加強農藥、農機具等的產製，並在農村地區開發工業，引進農產加工及需勞力較多的輕工業，增加農村兼業機會，吸收工業人力，這些措施都是農工結合的做法。今年的農業著重開發水土資源，運用人力資源，充實農業生產資財（如肥料、農機具等），同時充分吸收民間資金及運用，如充分供應農民貸款等。

簡要的說，便是集合各方力量讓農業扎根，使「人人有飯吃，有飯大家吃」，做為農工配合發展的磐石。今年的農業做法，增產糧食自列為優先。為達到相輔相成功效，將把各項計畫「連成一環」，譬如養豬農牧經營，就配合雜糧的生產，玉米生產則透過大型農機代耕；而農機化的推動，可使水稻綜合栽培計畫，實施機械化一貫作業，增加效益。……行政院蔣院長去年年底就指出，今年是經濟困難的一年，但強調：「政府朝向一個目標，就是盡心盡力替老百

姓著想，凡對老百姓有好處的，沒有不做的，凡是對國家社會有利的，沒有不做的」……可為這一連串政策的最佳註腳。……

▌蔣經國懂得要照顧弱勢

猶憶不久前，親民黨主席宋楚瑜還特別提了一段往事，說當初蔣經國自承不懂經濟、只懂政治，但在石油危機等重大事件（首次發生在 1973 年，第二次於 1979 年）上，卻能做出顧及弱勢族群的「政治決定」，照顧人民生活需要，是今天民眾懷念蔣經國時代的重要原因。類此的「政治決定」前瞻性規劃，如果不是蔣經國當年提出要排除萬難，先穩定軍公教和照顧基層人民生活的「政治決定」，例如臺北農產運銷公司、軍公教福利中心等，就不可能會形成政策落實執行，安定民心。

在當時，頗為輿論詬病的是「中間剝削」問題，就是指農漁畜牧業的產銷過程中的「暴利」（即收受不合理的運銷佣金）現象，泰半受黑白兩道把持或政商勾結等層層「剝削」，常使民生物價波動上揚，使生產者和消費者均蒙其害，尤以農民受害最深。不論生產食米、水果、蔬菜、水產品、魚肉等，都得不到合理利潤，消費者亦得不到「物美價廉」的好處；而工業生產的民生用品毛巾、衛生紙、肥皂、牙膏、洗衣粉等亦然。

例如，當時的米穀需經過販運商、碾米廠、批發商、零售商等的「中間過程」，消費者被「剝削」約 55.28%，也就是一塊錢的米到消費者手中是一塊五毛五分餘；像一塊錢的豬肉，到消費者的手裡卻是兩塊錢。同時，臺灣多天然災害，並受季節性影響，農漁畜牧生產又不穩定，即便政府補貼或採保證價格，仍難彌補虧損，加上「中間剝削」，易形成惡性循環，肥了不肖業者

（各種特殊組織、牟利團體），造成國家經濟利益和農民、民眾的無形及有形的損失。

因此，當局基於國家「均富」政策理念，如何加強消除「惡性」的「中間剝削」，回歸合理利潤的產製（加工）運銷過程，就變得很重要了。蔣經國更在各項重要會議中耳提面命，勉勵行政團隊設法從各種途徑中，找出可行辦法。例如設法整理相關多如牛毛的產銷法令規章，亦構想設立事權統一的運銷機構，或全面性整頓管理臺灣都會區的市場，推動普設小型超市，或將現有三千多個各類合作社的組織，建立現代經營管理制度，讓生產者和消費者互蒙其利等等。

然則，諸如此類的計畫，比較曠日費時。因而李登輝政委改研究採取「示範性計畫」（pilot plan）做法，就是先設立財團法人型態的「農產運銷公司」，[37] 一旦成功後再普及推廣。

不過早年的時空環境特殊，當局認為需分輕重緩急、優先順序，先加強照顧國家的「基柱」，即多數待遇較低的軍公教階層，與「縮短生產者與消費者差距」措施齊頭並進，之後才有將政府現成的「公教福利」和「軍中福利」辦法，合併為「軍公教福利中心」的做法，避免因能源危機、通貨膨脹、物價上揚等因素，衝擊軍公教及民眾基本生活需求，得以安定人心。

由此「調查、研究」型的採訪過程中，不難了然，記者平時勤「做功課」，做好「前置作業」很要緊，否則遇上嚴肅如「李教授」者，[38] 很容易三兩下被當掉，顯然他不是一個可以「威脅

---

37 選擇都會型的臺北市，和農村地區建立一個產銷網，便利調節供需，以降低生產儲運成本，讓農民有合理利潤，消費者亦可不受天災或季節性影響，買到合理價格的農漁畜牧產品。

38 當年李登輝在當政委期間，鮮有新聞同業，甚至跑黨政的同事，能從他口中得到隻字片語的訊息。

利誘」，便能擺平的「消息來源」，也是一個不懂得「給消息」的學者（之後，當了總統則是另外一番局面，高度和格局自然不同），而是個比記者還會問問題的「李教授」，記者常被他問倒，只好知難而退。

▌與李登輝的共同話題

當年我能和農復會「李技正、李組長、李政委」（都是李登輝做過的職務）打交道，靠的是能讓他對我提出的各種稀奇古怪的話題感興趣，特別是與他專業、專職無關的部分（李學識淵博，興趣廣泛，不易捕捉與其交談話題）。例如，我會談1970年代表報社到東京，參加首屆亞洲科學新聞研討會[39]的主題及參觀訪問經驗，內容五花八門，涵蓋未來的電腦的擬人化，生物科技、醫學治癌的突飛猛進，航太、人造衛星等尖端科技的不斷突破創新，和改變世界面貌等等，相當豐富，所延伸的話題幾個月都談不完（李是「日本通」興趣特濃）。後來我在1974年7月又到馬尼拉參加第二屆亞洲科學新聞研討會（1974年7月6日《聯合報》二版特稿）。

當年臺灣還有接踵而來的外交危機（包括日本、南韓等東北亞、東南亞國家，後來都陸續與我斷交），我們話題更多；而「李教授」對總體經濟觀念，並不限於農業經濟，可以縱橫古今中外，讓我這個門外漢汗顏，常常難以對談如流。所幸，後來因緣結識中研院院士兼數學研究所所長周元燊恩師，得以進入數學所。我是1975年經中研院各所所長的評議會通過，以「兼任技

---

39 由國際新聞學會、亞洲報業基金會、日本報業協會合作舉辦，參見**1970**年**11**月**10**日《聯合報》二版特稿。

士」參與「中文電子化研究」。[40] 更重要的是，這個「中研院數學所兼任技士」身分，很容易與中研院各學術領域的學者建立「同門、同事」關係，採訪更是「通行無阻」，不易遭到排斥，有了這一層的「半學術」關係，得到國際的訊息較多，[41] 更有利採訪的深、廣、強度。

當恩師提供我蘇聯數學家「非線性數學」大師康特羅維屈（Leonid Kantorovich）的相關研究資料（獲1975年的諾貝爾經濟學獎），感到十分興奮，因為康氏是以對「資源最優配置理論」貢獻獲獎。而研究如何利用有限的資源，得以取得最大效益，雖已成了當時國際經濟學界最熱門話題，但臺灣更為需要，惜當年在臺灣懂得的人不多；此議題自然引起「李政委」莫大的興趣，希望我能引薦一、二人給他認識，他自己則更不恥下問，跑到中研院經濟所討教。諸如此類，不難了解如何和採訪對象建立情誼，投其所好十分重要，如此也才能使記者和採訪對象「侃侃而談」，有所收獲。

▌曾是蔣經國最年輕閣員

像當年李氏的「跳躍式」語言，不輸今天臺北市長柯文哲的言語表達，如果不能從頭到尾了解他的思路和想法，就會「雞同鴨講」，容易「不對焦」，甚且產生偏差或錯誤的報導。換言之，記者除了勤跑、勤讀、勤寫、勤布建人脈等之外，還得有全方位或科際整合理念，[42] 更是不二法門，亦需落實戮力以赴。

---

40 1974年先兼任該所研究助理。後來擔任中研院舉辦首屆國際中文電腦會議新聞祕書，配合大會主持人錢思亮院長、竇祖烈院士等工作。

41 像當年蘇聯就有「科學城」的特殊設置，專門物色全國資優小學生，集中培養科學和國防科技菁英。

42 我曾在1983年替臺北市新聞記者公會《新聞叢書》第44期寫過〈科學觀念跑新

　　然而機運也是十分重要，但可遇不可求，有時「上窮碧落下黃泉」，卻換來虛功一場。而有時「踏破鐵鞋無覓處」，卻得來全不費功夫。所以不論「有心栽花花不發，無心插柳柳成蔭」，何妨平常心待之。當然，一旦逮到機會，更需抓緊，以免稍縱即逝，往往有想像不到的意外收獲！

　　回到「軍公教福利中心、臺北農產運銷公司」的重大決策「成形」過程，可說相當曲折、折騰，幾乎是「死生相許」。總算皇天不負苦心人，終使臺灣首次有了較完善的軍公教福利中心，也有了第一個臺北農產運銷公司，以消除中間剝削，縮短生產者與消費者距離，維護大眾利益。對當時的總體經濟發展、抑制物價飛揚、安定人民生活，影響深遠；並加速了十大建設的推展，帶動1970年代的臺灣經濟起飛，一躍為亞洲「四小龍」之首！

　　而李登輝後來當了總統、退休至今，亦從未提起這項「偉績」，也從未提艱辛的幕後作業過程，一切歸諸蔣經國洞燭機先、憂國憂民的主政成就。他是在1972年，經蔣經國延攬入閣，成為當時最年輕的閣員（49歲）。六年之間，更充分發揮農業和經濟的專長，善盡輔政職責，且主動積極研討福國利民之策，經常提出研究心得報告，深獲蔣經國的信任和支持，像把對影響農村二十五年爭議極大、阻力也大的「肥料換穀」制度廢除，即為例證。之後，獲蔣經國的不次拔擢為臺北市長（1978年）、臺灣省政府主席（1981年）等，及至1984年推薦為副總統候選人，蔣經國當年2月16日還特別函電宋美齡：「李登輝同志各方反應亦深以為得人」，可說是其來有自。

　　凡走過必留下痕跡，回想這段採訪往事，儘管是「吉光片羽」，但卻是我採訪人生的一段難忘回憶！

聞〉，後在 **2000** 年納入《台灣新生報》出版的個人《另類文選》內。

Chapter 6
跨界人生

1．
我與文字工作結緣的經過

▌革命世家之後

　　我年輕時候 K 歌，最喜歡黃霑作詞作曲的「笑傲江湖」主題曲〈滄海一聲笑〉，唱起來回味無窮，無疑是人生的一個寫照。回想起來我的「跨界人生」，何嘗不如是。正是：「滄海笑，滔滔兩岸潮，浮沉隨浪只記今朝；蒼天笑，紛紛世上潮，誰負誰勝出天知曉；江山笑，煙雨遙，濤浪淘盡紅塵俗事知多少；清風笑，竟惹寂寥，豪情還賸了一襟晚照。蒼生笑，不再寂寥；豪情仍在痴痴笑笑。啦啦……」

　　何以我能長期對待遇福利不高的新聞工作，卻甘之如飴？此固與志趣攸關，或許多少與家世背景中「天然的」革命 DNA 有關，喜愛自由和抱不平的公義理念，和不斷探求新知和真相的志趣，以及敬業的精神，願不斷進修充實自己增強功力，以跟上時代腳步，若無此革命「DNA」，恐很難能堅持新聞志業至今。再者，若不能看破紅塵，也根本難以持續長久。胡適名言：「把自己鑄造成器，方才可以希望有益於社會。真實的為我，便是最有益的為人，把自己鑄造成了自由獨立的人格，你自然會不知足，不滿意現狀，敢說老實話，敢攻擊社會上的腐敗情形。」

　　先祖父母都曾一起參與當年革命推翻滿清，先祖母韋氏還是革命先烈秋瑾女士的門生，她親率娘子軍和祖父（諱子英）一起打下南京和杭州（祖籍浙江東陽，後定居杭州）；還與早年別號「志清」的老蔣總統、蔣鼎文、呂公望等人是拜把子，更與許多江浙軍系將領有革命感情。而我大舅和堂兄在中國大陸卻屬於「又紅又專」階級，此恐受中國動亂時代的影響所致。

　　先嚴（諱夢蕉，字孟椒）則是一個重詩書的傳統文人，他對當時戰亂又不安定的時局和政治環境另有想法。但他從不跟子女談家世背景，印象中只說過當年的「十萬青年十萬軍」是先祖父的構想，還由他代筆寫給蔣介石委員長，當時交通不便，信件輾轉到蔣手中，贊同付諸實行；還曾急於找祖父談，或許戰亂關係，或許陰差陽錯，直到後來才由其幕僚轉告箇中內情。

　　先嚴雖唸上海復旦大學政治系（畢業後曾當過短時間的閩北行政專員），卻喜詩文，後轉入財金界，[1]恐與先祖父有不同的想法，與早年在滬杭的知名文人雅士莫不熟稔，還組詩社，[2]包括與晚清金石大家鄧鐵（更名「龔翁」）、名畫家申石伽、施叔範、名作家郁達夫等，均私交甚篤。來臺後則與王壯為、陳定山、傅狷夫、高逸鴻等，常相往來，還和尉、歐兩位公路和水利總工程師成為忘年之交（他們與蔣經國倚重的王章清熟稔），一起票戲，他們拉胡琴，先嚴學唱梅派青衣，曾在臺北中山堂客串演過「白蛇傳」、「法門寺」等，不一而足。

1　曾參與俞鴻鈞、嚴家淦主政時期的中央銀行人事制度的改革，曾於陳漢平任省府財政廳長時邀助借調，後任中央信託局祕書處長、顧問退休。
2　先嚴遺著《海上餘墨》記述甚多。我曾在 **1980** 年 **1** 月 **23** 日《台灣新生報》副刊「孝佛專欄」寫〈悼念父親──「芝蘭滿地無俗情」〉，係引用名家贈家父的對聯「龍泉在壁詩在手，所居有奇氣；芝蘭滿地書滿架，斯人無俗情」。

▌求學之路崎嶇

　　或許是獨子關係，祖父之前為十一代單傳，先嚴雖有弟弟，惜抗戰軍興投筆從戎不幸過世，留有遺腹子成長後在中國大陸成了「又紅又專」的階級；先嚴是由奶媽王氏帶大，王氏也隨我們來臺，我們都暱稱「婆婆」。[3] 她老人家身體硬朗，非常健談，甚至與同鄉王惕吾的連襟呂一鳴也經常敘聊，活到 90 多歲，1981年安祥過世。我還有三個妹妹四十多年前就已在美定居，後來先慈[4] 於先嚴過世後，也赴美共住，於 2004 年在紐約逝世。

　　先嚴或許受到當年「來來來臺大，去去去美國」的讀理工（甲組）風氣影響，認為非讀理工不能成材。當時我的興趣卻是新聞系和外交系，亦曾為此一度離家出走，而小學到高中的同窗畫家顧重光的父親，師大教授兼紅十字會總會祕書長（蔣宋美齡女士是會長）顧正漢，力勸我遵庭訓先完成學業再說，以後可以走自己的路。於是我勉強選了甲組，結果聯考落榜（當年附中乙組僅一班，最差的也考上政大邊政系，後來還在台視當主管）。足見我天生資質不適合理工科，虛擲許多青春時光。[5] 好幾位師長前輩（像附中化學名師唐玉鳳的夫婿，臺大校長虞兆中先生等）多拿類似「熟背唐詩三百首，不會作詩也會吟」比喻，認為浸泡理工八年，好歹也會有那個「味」。

　　翌年（1961 年），再接再厲才考上剛創辦招生的逢甲首屆水利系，後轉入中原化學系，再轉東海政治系，系主任杜蘅之居然亦與先嚴認識，又力勸我轉回逢甲土木系。當初，卻忘了有機

3　對祖父母的革命事蹟，或當年政壇、軍界袞袞諸公的逸聞軼事，知之甚詳，後來我發現她的記憶有許多地方與史實若合符節，對新聞採訪不無助益。

4　董氏諱韻秋，南京師範畢業，個性爽朗朋友多，公營機構退休。

5　我的西門國小同學王世榕，與我唸書的過程一樣，由建中而附中，分別多唸一年，不過，他幸運地能順利選擇文科，後來當了派駐瑞士大使。

會可以轉學臺大，因為那時大學不多，臺大或政大二、三年級轉學錄取率最高；像比我晚很多年的馬英九（以港澳僑生加分25%進建中），亦由文化轉入臺大法律系。又如比我低三屆的逢甲工商管理系的張哲琛，後來還轉入臺大經濟系，之後赴美深造，回臺還擔任人事行政局長、國民黨行政管理委員會主委（劉泰英擔任過的大掌櫃位子）及考試院銓敘部部長等要職，仕途平順。

　　嚴格說來，早年的大學聯招制度大致算是公平的，不分貴賤，憑讀書實力可以出頭天，像陳水扁三級貧戶之子，後來貴為總統，堪為例證。不過，「一試定終身」，確也助長文憑主義歪風，扭曲社會價值觀，亦是事實。當時能「一榜及第」進臺大、成大、師大、政大者，應屬「實力派」；但當年仍有軍校退學生、退役軍人、僑生、邊疆生等靠加分入校，大學轉學則為蔣家子弟與黨國權貴子弟開了後門，其中由軍校退學生或當兵退役轉入政大、臺大有之，猶有能居新聞媒體高階者。

　　當時需考三民主義、國文、英文、數學及甲乙丙分組的理化、史地、生物等，確是無法看出其實力與志趣相符。其中靠三民主義或國文得分者不少，比較「專業」學科則很差，像我在「文科」分數很高，數學卻極差，理化只是勉強及格。而我後來的逢甲土木系同窗吳瑞龍，數學及理化幾乎「滿分」，但文科卻考得奇差，平均不到20多分，類此情形，當年成大或私校理工科者頗多。記得早年在土木工程學界有「南左北虞」[6]譽稱之一的左利時老師，便在逢甲兼課，以嚴格著稱，卻對吳瑞龍另眼相看。像最難的「結構學」，教授已讓我們 open book 考試，且分數一般都是開平方乘10，只要36分算是及格，但連如此都未能

6　「南左」為成大土木系教授左利時；「北虞」為臺大土木系教授虞兆中，其後任臺大工學院院長、臺大校長。

過關而被當、重修或畢不了業者，人數仍不少。吳的成績則動輒
80、90分以上，無怪二十多年後，當我借調省府服務老同學再
見面時，他已是總工程師位階了。

▎與文字、熱門音樂結緣

從我唸師大附中高中部時（1957年入學，初中唸的是建
中），就很喜歡寫雜七雜八的東西，嚮往能當一個行俠仗義的記
者；而讀大學前後的七年間（轉學多次），因不喜歡所唸的科
系，生活有如「魯蛇族」，心情鬱卒，無以復加，只有埋頭努力
寫作、投稿至各主流報刊。在唸中原理工時，除曾與各大學唸
理工科的附中校友在臺北合作創辦一個「家教中心」,[7] 聊堪慰藉
外，我也曾教過時任新聞局副局長邱楠（在《中央日報》副刊用
筆名「言曦」寫方塊，頗有文名）的公子。

這段時間，還將在《中央日報》副刊刊登的短篇集成《益
智錄》，由光啟社出版，蒙顧保鵠神父特別寫序推薦，印了好幾
版。據聞後來還成了軍中課外讀物，頗感意外。至於其他雜七雜
八已見報的文稿，就送商務印書館集成《玩沙的年代》，亦蒙王
岫老（王雲五先生）接見鼓勵，同時，也認識了唐代史名家王壽
南（商務「人人文庫」總編輯、政大教授）、戲劇大師俞大綱[8]等
多位學界先進、長輩，「轉學多師」，對我後來的新聞工作，均不
無助益。

---

7 家長只需花一份錢，就可由英、數、理、化科目的「專科」老師個別授課，結果
生意好得不得了，我還得到處摳角。

8 因我對京劇批評結緣，當時引發爭論的文稿包括：「由南寧公主談到國劇劇本」
刊1966年9月17日《徵信新聞報》、「觀如姬盜兵符有感」刊1966年10月5
日《中華日報》「影劇與藝術版」、談電視平劇刊1966年10月1日《徵信新聞
報》。

　　1969 年我又寫了一本長篇小說《吹不散的霧》，水牛出版。反映存在主義流行的苦悶世代心境，激發思想的火花，其中有柏拉圖式的戀愛，亦有炙熱的戀情，串連成如霧似夢般的哀愁，曾獲一些名家和教授謬讚。

　　除了出版著作，我在附中唸高二時，還自薦到復興電臺（屬國防部情報單位）主持「熱門音樂」節目，在當時可算是前衛的青年了。附中校風在戒嚴時期算是開放，擁有一流師資，讓學生有自由空間，會玩不讀死書（像政治禁書或拆成薄冊的金庸《射鵰英雄傳》等，同學經常偷租或輾轉買來輪流看），還參加各種體育或課外活動，連開學生舞會或玩搖滾樂等都開風氣之先。

　　剛好我們那一屆同學有玩樂器的好手，有的家中有黑膠唱片的留聲機（此在當時還屬高檔稀有），又遇上信義教會的一位熱心女傳教士艾克蓀（Ms Exson）替我課外輔導，讓我對英語能力有信心，也促使我主動找上電臺，希望達成當 DJ 的心願；而復興電臺當局或感到對中共文宣的硬性內容，也需要軟性的內容調和，因此與我一拍即合。他們提供每天晚間 6 點至 7 點的流行音樂時段，我則義務服務，事前利用假日和空檔，錄下一週所需的節目。有時忙不過來，還找同學張一飛代打。[9]

　　當時的電臺 DJ，只有中廣的「亞瑟」、軍中的「傑平」，空軍的「費禮」（即「皇冠」創辦人平鑫濤，後來主編《聯合報》副刊，我們變成同事）等，但他們比我少了一個特殊管道來源，就是無法取得美國本土當週「票房」（Billboard），或「錢櫃」（Cashbox）的「熱門音樂排行榜」（hit songs），也沒有新出

9　其父張宗良曾任師大校長，後來任考試院副院長；與曾任司法院長的黃少谷，交誼頗深。黃少谷之子黃任中也在附中就讀，後隨派任西班牙大使的父親出國。張一飛則於成大電機系畢業赴美深造有成，後來還獲聘擔任新加坡一大學理工學院客座院長。

來的流行音樂黑膠唱片或錄音帶。然我卻沾了附中同窗的光，透過律文川（Franklin Lu）的父親律鴻起（Lowell Lu）介紹認識了美國中央情報局（CIA）臺北站長王立文（Joe Brooks，時任美軍電臺臺長，與蔣經國也有交情），和該臺的節目主持人 Jack E. Bowel 協助提供原版錄音帶，並 copy 備份給我；以及各種相關歌手及排行榜資料，頗具權威性。律鴻起曾任美聯社駐中國特派員，來臺後轉任 CAT 航空公司公關部門經理。我因這些人脈而得以利用這些英文資料，除了主持節目，並撰文投稿，1959 年替《中央日報》撰寫「本週熱門音樂排行榜」，由鄭炳基主編、後為薛心鎔。亦在《大華晚報》寫「熱門音樂」專欄（該版由現任民進黨立委段宜康的父親段守愚主編，薛和段後來都當了總編輯），成了我年少輕狂的一段印記（參見附錄〈懷念三塊錢的牛肉麵〉）。

▍附中、建中多權貴顯要子弟

　　早期的附中與建中，有很多達官顯要或將領、富賈子弟，除了沒有兩蔣後代，副總統陳誠之子陳履安，司法院長黃少谷之子黃任中、救總理事長谷正綱之子谷家泰（曾返臺任臺灣美國王安電腦公司總經理）、海軍總司令黎玉璽之子黎昌意（經濟部中小企業處長任內過世）、內政部長連震東之子連戰等等，都是附中校友，不勝枚舉。回想當時，不論建中或附中的名師，泰半倡北大自由學風，學富五車，教學深入淺出，思想開放，又有愛心，頗受學生敬愛，復多不認同兩蔣的威權統治，教課往往不時借題諷評時事，不露痕跡。

在大學畢業前，我又毛遂自薦當了青年黨元老左舜生創辦的《香港自由報》（社長為李運鵬）駐臺特派員，到霧峰、中興新村採訪省政，認識不少同業先進，[10]對我十多年後由《聯合報》轉到《台灣新生報》及借調省府時，助益頗多。

當好不容易拿到大學畢業文憑，我卻抽到「上上籤」，派往最危險的馬祖前線服役。在當年，馬祖比金門更險峻，除炮火不斷，對岸「水鬼」（兩棲蛙人）日夜出沒，官兵死傷時有所聞，因而有預官抽到此籤時，還會當場暈倒，有如與家人生離死別。家母曾一度欲動用關係將我調往國防部，但被我嚴詞拒絕，決定欣然前往接受戰火洗禮，當時的年輕熱血，終練就成一股「無畏」的悍氣！

蒙幸運之神照顧，我被派到以慓悍著稱的「26 師」（虎嘯），為裝備精良的前瞻師之一，也是曾轉戰中國大江南北、山東老鄉最多的部隊。當時，知名影星柯俊雄、和後來當藝人的勾純沅（勾峰）也在此隊中服役。所幸，我適應環境的能力蠻強，喝酒聊天，與山東老士官們很快打成一片，還養成生吃蒜頭配饅頭、喝老酒、講山東話的習慣，[11]連夜間輪流查哨的工作，都蒙特別照顧讓我豁免。結果，在山東老鄉們的掩護下，我居然風光當完預官，還獲得國防部獎譽。

回憶當年，我可能是在前線一年之間調動最多的預官，由代理排長、調連輔導長、又調營作戰官、再調團工程官。爾後，配合老蔣總統指示的研究發展工作，又直接調南竿指揮部當參謀，

---

10 恰巧我表兄黃慶南當時正是《台灣新聞報》的省政記者；而《中央日報》的省政記者是朱復良，《聯合報》是陳祖華，都在當時結識。

11 在家中我講浙江官話，建中、附中很多同學講四川話，親友間則常講上海話或杭州話。但卻不會講東陽話。

另負責建「絕對機密」的大炮陣地,[12]和重要工程及諸多研發極機密防衛任務,並參與馬祖高中、南竿自來水改善等建設。當年軍中因為水源缺乏,一臉盆井水,就包攬整天一身需要的洗刷,只有週日能到官兵休假中心,花新臺幣十元買一桶混雜井水的熱水洗澡。當時尉級軍官月薪才不過兩百多元。調到指揮部後,有傳令兵伺候,用水就方便多了。

由我掛名的研發小組副召集人(少尉軍階可以佔校級軍官職務),只對上級指揮官負責,也擁有相當權力(可坐「紅牌」將校級吉普車巡視),還有人事建議權,我因此調動好幾名理工科系畢業的預官加入小組團隊;像臺大物理系畢業的岳鐳(後來在美為「愛國聯盟」要角之一),曾差點遭遇「兵變」,向我求援,我乃向上級報告說要借重他的專才,要求將他納入小組,讓他有機會返臺。當時,前線戰況嚴峻,預官根本不准返臺,「研發小組」則可因為任務特殊例外。現在想起來,算是功德一件。[13]

▌放棄名校入學許可,錯過兩次深造機會

我當年在馬祖「單(日)打雙(日)不打」炮火下的兵馬倥傯期間,反而認真寫了兩篇專業論文:〈土壤力學基礎論〉(Pure Science in Soil Mechanics & Foundation)(《逢甲學報》,1970年4月)以及〈計畫學芻論〉(Plannology)(《逢甲學報》,1979年4月),還獲得美國加州大學洛杉磯分校(UCLA)所創辦首屆

---

12 即「240 榴彈砲」,口徑 240 公釐,曾揚威「823」砲戰,美方更曾一度欲裝核子彈頭,使中共畏懼,始允停火。參見 2007 年 7 月 9 日《自由時報》A13 版頭題報導〈240 巨砲傳奇〉。

13 在 2000 年《台灣新生報》出版我的《四兩集》中,附錄國防部總政戰部主任鄧祖琳上將指派《青年日報》記者林宏智對我的專訪,以及《新生報》記者王珍秋對我的專訪,兩邊報導均對此事有詳細記載。

「管理科學研究所」的入學許可和部分獎助金，但後來因故並未出國。

說來，這「一招半式」兩篇論文，還真是我的「幸運之鑰」！日後還成為我進入中央研究院數學研究所，擔任「兼任技士」的重要「敲門磚」；和經中研院保送，並經臺大物理系教授們審議通過，得以在臺大物理所進修「地球科學」的依憑；又是兼任文化大學新聞系教師一年的能力證明書。而此「證書」亦是早年協助我進行專業性採訪的重要助力，這一切都是周元燊恩師所賜。

前述提到，我曾獲得 UCLA「管理科學研究所」的入學許可，之所以沒有出國，是因為當年《聯合報》總編輯馬克任的一句話，加上女友（後來成為妻子）極力反對，讓我打消出國唸書念頭。馬總編輯說：「記者海闊天空，出國機會多，到處都是活用的知識。學問，只要肯下功夫，要比學校學得更多！」事實上，戒嚴時期，連記者能出國都不容易，但我的機會並不少；果然，不久即代表王惕吾應「國際新聞協會」的邀請，參加1970年亞洲科學新聞首屆研討會，免費提供機票、餐宿，每天還有一百美元的零用金，有如天上掉下來的禮物！1972年更到菲律賓參加第二次研討會，獲益匪淺。[14]

後來我仍有兩次極好的機會可以出國深造，一是中研院院士周元燊，時任哥倫比亞大學教授，曾力薦我到哥大新聞學院就讀（哥大欣然接受，還可半工半讀），並可在他家打工；另一則是摯

---

14 受邀參加 **1970** 年及 **1974** 年第一、二屆科學新聞研討會，並在會中簡要報告臺灣政經及媒體發展的情形（由專家學者提供的英文報告資料）。另《聯合報》分別在 **1970** 年 **11** 月 **10** 日二版刊登「亞洲科學新聞研討會，曾發生日本京都新聞社專欄作家在會發表媚共言論的不愉快小插曲」，及 **1974** 年 **7** 月 **6** 日刊二版的「從菲律賓的新社會 看東南亞背後問題」。

友王唯農擔任國民黨中央首任青年工作會主任時，邀我擔任青工會機關刊物（執行）委員，亦有意推薦我至密蘇里大學深造，但均受到若干因素影響未果，不無憾焉。

主要是當時出國不能攜眷，而內人婚後持家也辭去北市政府建設局工作，且已有兩個女兒，我們那時猶在外租屋，若要到哥大進修，倘無「經援」，立即就有「後顧之憂」，安家費自亦是一大問題；加上先嚴從未認同我的新聞工作，當年除了理工，別無選擇；我後來棄工程師當記者，自被視為「忤逆」，更亦無意支援。思量再三，只有忍痛割愛了。

回想起來，沈宗瀚當年創設的「帶職帶薪帶家眷」在職進修做法，確是不同凡響。農復會就因此培育不少國家的菁英、棟樑，其中最著名的，就是李登輝的出國進修案例。

附錄｜懷念三塊錢的牛肉麵

三年級臺北人都會懷念老師範大學旁一排排的牛肉麵攤，俗擱大碗而且味美多汁！陽春麵上面飄點蔥，民國三十九年的價碼是五角，加餛飩一塊錢；吃牛肉麵得上館子，約五至十塊，當時上班族薪水不過一百塊上下，那是豪華享受。因此平生無大志，就盼望吃上那麼一碗香辣牛肉麵。

特別是師大牆外一家牛肉麵攤，生意非常好，人家漲三塊，老闆仍維持兩塊五，一樣貨真價實，我們給他取了個綽號「老鐵」，他也不以為忤。他腿有點跛，是當年「保衛大臺灣」戰績，軍中退下就自力更生，家鄉川味牛肉麵不論湯頭、佐料乃至自創的拉麵都不同，又香又辣麵又Q，有時忍未條、狠吃兩大碗。

　　學生光顧一趟不容易，儘管「老鐵」肯賒帳加料，但總要還錢和人情，思念的日子不好過。唸師大附中高二那年，搖滾紅遍半個臺灣，於是我跑到西門町舊書攤找美國《票房》、《錢櫃》流行音樂雜誌，勤查字典翻譯投稿，跑到美軍電臺找臺長王立文（Joe Brooks），他熱心介紹主持人傑克‧伊鮑爾（Jack Ebole）提供最新資料和拷貝錄音帶。我認真發稿，成了《中央日報》和《大華晚報》的熱門音樂專欄執筆人，在公論報、世界畫刊等也都有小方塊。稿費賺多了，大夥便齊赴老鐵那兒大快朵頤，同學拿了家中高級洋酒與「老鐵」痛飲一番，他還特別做了牛筋、牛肚拼盤慶賀，大家又唱又跳，嘹亮的歌聲也灑落在我們發熱、發光的青春歲月中。

　　光靠稿費吃不了幾頓，美軍電臺的錄音帶本來是供我們欣賞與開派對，早年電臺搖滾樂多半是翻版，品質欠佳。我便單槍匹馬跑到市郊復興電臺毛遂自薦，每天一小時輪流播放風靡音樂和古典音樂節目。大夥兒聞悉興奮莫名，因為又多了吃牛肉麵歡聚的機會。日後面臨大學聯招壓力，高三一切停擺，連到師大吃碗牛肉麵也成了奢侈。

　　放榜後幾家歡樂幾家愁，即使到麵攤聚會也熱鬧不再，往事祇能回味了。

　　　　　　（2003 年 5 月 18 日《蘋果日報》，用筆名「東方亮」發表）

2 ·
一個老記者的體悟

▌懷念早年的《聯合報》

　　「微生物學之父」法國巴斯德（Louis Pasteur，1822-1895 年）說過，「機會永遠留給準備好的人」（Opportunity or Chance favors the prepared mind）。但我卻體認到機會大門，是永遠給鍥而不捨的人！像我在學校時期，就不斷向各家報社頻頻「敲門」，有被拒的，像《聯合報》即是其中之一；亦有被臨時編為「青年通訊組」（校園新聞），像《農工日報》；更有投稿被拒卻獲邀寫副刊，像《公論報》。而為加強英文的說寫能力，我常閱讀《英文中國郵報》（The China Post），還自薦想要「邊做邊學」，讓當時發行人余夢燕女士的先生黃遹霑社長感到好奇，邀我面談，結果只是鼓勵一番。後來在《聯合報》參加「燕京英語新聞研習班」半年，又遇到黃遹霑董事長時，大家談起往事，哈哈大笑。原來，當時我的附中同窗律文川已經捷足先登，當了該報記者，還專訪了菲律賓馬可仕總統，律文川後來改行，當了福華大飯店的總經理。

　　皇天不負苦心人，機會真的來了！由於當年戒嚴時期，媒體經營困難，並有限制執照、限制出版張數等管制，致媒體的黨

政、外交軍事等要聞路線難有表現。只好以羶色腥、犯罪之類的社會新聞做市場競爭，特別是在兩大張至三大張的 1950 年代中期至 1970 年代初，《聯合報》與《徵信新聞報》，多靠「第三版」社會新聞為賣點。及至 1960 年代末，當局要求媒體「淨化新聞」、「報導光明面」等，非社會新聞的科技新聞報導才開始受到重視，亦有了較大揮灑空間。但當時卻無任何媒體有理工背景的記者，可以勝任科技路線，多以要聞、政治、經濟、文教等路線記者兼跑，難以創造特色。

就在《聯合報》突破二十萬份，在康定路設址立穩腳跟，正準備鴻圖大展之際，我剛好服完兵役歸來，仍不放棄當記者的心願。當時，先嚴堅持以出國深造為首選，次為安排工程單位（我曾在臺北大橋及若干建設工程單位「實習」，可從助理工程師做起）。但我堅持要到《聯合報》一試，若不能勝任，或感到無力承當，願再考慮其他選擇。雙親見我說得很堅定、合理，反破天荒勉強同意，加上各種因緣機運湊合，總算得償夙願。

還記得當時《聯合報》的條件是「試用三個月」，副社長劉昌平對我並不陌生，認為「科技」算是媒體市場的「空檔」，可以試試看。我還很興奮帶了幾本著作準備面試，總編輯馬克任卻當場潑了冷水，說：「記者不是作家，你先對新聞多了解後再說」，很「省話」，很酷！隨即交代採訪主任孫建中，[15] 讓我暫在政治小組上班發稿。當時政治小組召集人張作錦跑黨政，陳祖華跑交通，吳炯造跑國會，葉耿漢跑財政（另經濟小組是林笑峰、李剛、楊士仁），王景弘跑外交，阮肇彬跑內政，陳揚琳則接跑文

---

15 社會新聞高手，新聞感特別敏銳，善於編採協調統合；與蕭菁對早期《聯合報》社會新聞貢獻頗多，李勇、趙慕嵩、何振奮、唐經瀾等再發揚光大，打響了《聯合報》三版招牌。而原來的黨政要聞名記者的于衡主任，轉調主筆後赴日當特派員，孫建中後來也隨馬老總赴美國《世界日報》。

教不久,個個都是能手;而面積不大的編輯部,也不過百來多人(採訪組不到三十人),日夜都是「靜悄悄」,除了寫稿的沙沙聲外,讓初來乍到者不免心中發毛,戰戰兢兢。當年發生在康定路26號的種切往事,對我來說,仍歷歷在目,回味無窮。亦欲展現「正派辦報」的大格局,員工莫不同心協力,就是要呈現最好的新聞,彼此沒有勾心鬥角,只有「新聞第一」!

▌為科技新聞開疆闢土

那時的《聯合報》,位在中興大橋畔,右轉步入康定路,一棟五層大樓巍然聳立,紅色霓虹燈製作的「聯合報」三個大字招牌,閃閃發亮。樓下兩層是新裝修的印報工廠及業務部門、門市部,三樓是排字房,四樓是編採部門、資料室,五樓則是大禮堂,與發行人王惕吾、范鶴言、林頂立的辦公室。然自1971年7月16日遷往臺北東區忠孝東路發展後,便已逐漸失去往日獨具一格的新聞文化風貌,步上半機關、半商業後塵,致每下愈況。這是後話,擱下不談。

第一天報到上班直到午夜,我都是埋頭看報,抄寫報紙新聞、學寫新聞稿,忘了問、也不敢問什麼時候下班。突然馬老總看我還在編輯部,便叫我跟值班的攝影記者去跑火警(西門町萬國戲院失火)。當時攝影老兄早已回報社,我卻一直傻傻地在現場問東問西,回到報社埋頭猛寫千字(想在截稿前表現)。翌日一看,卻只有一「短行」導言:「北市西門町鬧區萬國戲院今凌晨失火,無傷亡」。當場傻眼,原來新聞採訪的學問真大,不是只有寫稿。經此教訓後,有如當頭棒喝,立馬「頓悟」。

第二天馬老總叫我外出跑「科技新聞」時,心裡想的已不是什麼「科技範圍海闊天空」,而是設法很快上路,才能開疆闢

土！否則「試用期屆滿」，夢想成空，才是代誌（事情）大條！儘管當時我連東南西北都搞不清楚，還好急中生智，認為應先從科導會和國科會著手了解，以及查閱主委吳大猷的學術背景（早年他多利用美國大學的寒暑假回來，要專訪他得苦守）。而當時中央政府不過「八部二會（僑委會、蒙藏會）」，國科會係屬專家諮詢性質，後才成為行政院的臨時編組合議制單位，之後又再正式改為「行政部門」。顯然初期領導國家科技發展的單位，十分簡陋，參與決策幾乎都是「隱形人」，無從下手。

記者每天都有發稿壓力，亂跑一通，徒然浪費時間和精力，如果不能見報，或上了報沒內容，那就「挫勒等」，時間一長，不是走路，便是考績或升等受到嚴峻檢驗。況且當時形格勢禁，不論國家科技政策或計畫，都是加密或「極機密」，在戒嚴時期，更是「統籌、統包、統發」，中央社則是唯一獨家報導者，報紙、電子媒體，只能照單全收，佔盡優勢。

因1970年代美國的「水門案」，證明記者的「深喉嚨」越多，所跑的新聞越有權威性，而我這個菜鳥記者為保住記者工作機會，當時面臨十分複雜艱險、內外不利的情勢，滿腦子都在思考謀略、戰術，不斷思考如何布建自己的「深喉嚨」！首先想到，當局既以「反共復國」為要務，其重視國防科技必不在話下（中共已在1964年10月，於羅布泊試驗場的596核子試驗中引爆第一枚核彈成功）。換言之，當局必然會利用相關「科技單位」暗中進行此事，而當時社會對核子科技興趣極高，既感陌生又高度關注。於是心中決定，先全力突破核子科學方面的訊息管道，在安全範圍下報導，再設法布建各方關係和運用科技人脈，取得「極機密」的國家科技發展「紅皮書」，才能「按圖索驥」，繼續跑新聞。

早年《紐約時報》的科學記者威廉‧倫納德‧勞倫斯（William Leonard Laurence），就是參與「曼哈頓研製核彈計畫」，並隨軍機採訪。他於1945年8月6日凌晨，親眼目睹第一顆原子彈，在日本廣島爆炸慘景。他因有機會接觸「絕對機密」，創下新聞史記錄，諸此皆是我學習的榜樣。況且科學新聞，仍是以「新聞」事件為主體，與「科學雜誌」（將科學專業通俗化）或「科普」（指科學性普及化文字）不同。我就這樣一路推進，不知不覺跑了十年多的科技路線，直到今天仍清楚記得當年的各種甘苦！

▎記者是辛苦行業、良心事業

新聞工作本就是良心事業，根本談不上什麼名利（所謂「無冕王」多少帶點嘲諷意味），頂多是一些虛名和微薄薪資與稿酬。除非有心藉此沽名釣譽，或利用記者身分為登龍階梯、終南捷徑、投機牟利巧門，則自是另當別論。早年主持《大公報》的張季鸞，有「四不」原則，即「不黨、不賣、不私、不盲」。寥寥八字，擲地有聲。他的「四不主義」一旦公諸天下，就界定了《大公報》的堂堂報格，並付諸公眾明鑒，天下監督，高風亮節令新聞人尊敬。他曾說：「新聞記者不為威脅易，不為利誘易，惟不畏名惑最難。」他寫文章概不署名，並使之成為定制，寓個人不求名之意。不過，張季鸞並非採訪第一線的記者，而是新聞評論員，但不論如何，他樹立了「文人辦報」的風範。

況且記者採訪亦非能隨心所欲，實際的編採工作天天得上緊發條，24小時待命，比有工作時間規範的「勞工」還忙。同時，還需抱持學無止境、兢兢業業的態度，且需遵守一些自律的

道德規範，[16]以負起社會責任。簡言之，新聞這個行業，或許「你可以欺騙所有人，但永遠騙不了自己」，是很難用表面的言行論斷，及有形的律法框繩。

然則，記者若不能挖到「新聞」，就無法扮演稱職的「新聞記者」，這跟「作家」、「學者」、「評論員」（名嘴），更是完全不同的類型。畢竟「記者」（reporter），不是「記錄員」（recorder），亦非「有聞必錄」，除了不斷「挖、挖、挖」，追求事實、真相外，也要能拿捏分寸，堅守客觀公正（無黨派、無顏色）的中立立場（此與「評論」完全不同），下筆自需嚴謹和勤查證，注重客觀及實質平衡，不能「主觀建構」，更不能夾議夾述。才能使自己的新聞報導具公正性和公信力。

美國著名記者奧曼（T. D.Allman）有言：「真正客觀的新聞不僅要報導事實的真相，更要闡發事件的意義。這樣的新聞不僅在事發當時動人心魄，更能傳之久遠。它的價值不僅在於『消息來源可靠』，更能夠與歷史的展現相得益彰。這樣的新聞在十年、二十年、五十年之後，依然真實而睿智地反映人間萬事。」（參見 1986 年 4 月 25 日《銘報》專訪我的報導）。

我亦曾應臺北市新聞記者公會之邀，撰寫《新聞叢書》第 44 期（1983 年 9 月出版）的專文〈科學觀念跑新聞一知之為知之 不知為不知〉。一開頭，就提到一則寓言故事。在印度有位國王，天氣很熱，要侍衛打扇，當他通體舒泰的時候，卻見侍衛滿頭大汗。他卻問：「我的汗到哪裡去了？」侍衛尷尬回道：「都到小的身上了。」這是系統分析的科學工作者，常喜引用的故事，寓意卻深。新聞記者有時就像打扇的侍衛，往往累得滿身是汗，

---

16 不能介入新聞事件或政商活動，特別是「隱私權」部分，得慎重小心，亦需依比例原則處理，但公眾人物則相對空間較低。

只為了讓「民為貴」的大眾涼快。

▌不能只有科技，還要有新聞

　　新聞就是新聞，不是用科技專業跑科技，體育專業跑體育。因為，不是只有運動賽事消息，才是體育新聞，運動員若有「特異功能」，組織人事紛爭、簽賭醜聞，皆是「體育新聞」；科技新聞亦然，是要把科學求真精神用在跑新聞上，而不是懂各種科技專業，就能跑出科技新聞。簡言之，要能廣博見聞、多求知、勤查證，才能跑到新聞。在1970年代的臺灣，報社認為要找專業背景的人來跑專業路線，才能提高深度水準，卻忘了新聞媒體基本上就是要有「新聞」，強調專業背景卻追不出新聞，反變成「捨本逐末」。

　　新聞工作無論編、採、譯或評論，都有傳播理論為基礎，也都有實務工作方法的傳承，但理論與方法非一成不變。而新聞離不開人群，人際關係越廣，資訊易多，有利採訪，記者更需不斷進修研習新知。如今知識爆發，尤需順應「科際整合」時潮，以廣博聞，並能「轉學多師」，得到更多工作知能，跑起新聞更得心應手！

　　對照個人數十年前的許多重要獨家報導，多遵循此些理念。例如鼓吹公害防治；[17] 還有推動新竹科學園區規劃籌建的獨家報導、中文電子化、能源尋求自主；[18] 還有像獨家報導「九連號」發現世界最深的海溝等、馬廷英「大陸漂移」理論、臺灣有研製小型原子彈的能力等，皆獲國際證實；以及兩次核武研製中斷的

---

17 早年獨家揭發臺北盆地污染有如黑饅頭，含鉛皮蛋、**PCB** 事件、農藥殘毒、鉛製水壺鋁鍋、報紙含鉛、米糠油中毒事件又稱「多氯聯苯」中毒事件。

18 發掘臺灣自有資源、海水淡化、引遙感探測結合建設、設置亞洲蔬菜中心、亞太糧肥中心、植物保護中心等。

幕後故事。[19]

　　此外，大篇幅連續報導臺大學生研製小型火箭試射，臺大發明社專利國際參展（國際科學發明展到民間小發明故事報導），開啟激起理工科大學生投入國防科技新里程，從固體到液體火箭研製，到參加國際航太學生組織，亦紛紛響應參與十大建設，和研製飛機浪潮；尚有清華大學復校和中山科學院培育核子科技人才計畫，還有國防相關單位的民間團體協助配合推進相關的研究發展，建立航空工業建立衛星工廠等；同時，鼓吹天災災害（旱災、水災、風災、震災）綜合性防治（專訪張捷遷、汪群從談高樓需兼顧防風防震因素），獨家報導全臺首設地震測震網站測；最早報導植物抗癌研究（喜樹、粗榧等）、中藥抗癌研究受到國際重視（顧文霞另闢新徑）、同位素治療癌症、李敏求的綜合化療治癌研究，創設臺大造船試驗室協助造船工業發展（改良8,000噸級船舶）、清華電動車的研製、國產插秧機推動農業機械化、研製新型漁撈中層拖網、組織培養（試管中培養食用植物、煉製法國素馨高貴香水成功）、人工繁殖烏魚、鮑魚、九孔的故事等等，不勝枚舉，堪為「新聞的價值更能夠與歷史展現相得益彰」的佐證。

---

19 包括設置原子爐、核能區域合作、中子活性化使犯罪無所遁形、放射性處理斷絕雄蚊生機等。

3 ·
從《聯合報》轉進《台灣新生報》

▍不做「家臣」，決定離開《聯合報》

所謂「諸法皆空，自由自在」，形容我的人生轉折，相當貼切。雖非出身新聞名校，但我開大門走大路，在報社工作專心跑新聞，權力鬥爭等等與我無干，跑起新聞來，自然「諸法皆空，自由自在」；我在民營的《聯合報》如此，到了公營的《台灣新生報》亦然。不受身外的頭銜、身分、階級、黨派約束，只管「新聞」如何取得，只對「新聞」就事論事，政治上的戒嚴，也不會改變心中的「新聞」價值和意旨。加以無所求，無視身外物，可說已到了「老僧入定」，可以「自由自在」與「新聞」在一起的境地。

我從 1969 年底轉往《台灣新生報》，其實沒什麼複雜原因，完全是「志趣」使然。有一次，與我在《聯合報》共事的新聞前輩于衡，[20] 問我究竟是什麼原因離開？我坦然以告：「我只愛新聞，不做『家臣』。」

離開《聯合報》後，我在蔣彥士辦公室認識了《中國時報》

創辦人余紀忠，翌日，《中國時報》社長楊乃藩[21] 邀我在北市知名餐廳吃牛排大餐，希望我能投效《中時》，並提供《聯合報》未有的優遇條件，但被我婉拒了。當時我的回答，至今記得清清楚楚，我說：「王惕吾是世交長輩關係，對家嚴不好交代」，再者「同樣是大報，這樣做易生誤解」。

何以會選擇「黨國」體制下已趨黃昏的《台灣新生報》？這說來話長，基本上，當時的《聯合報》、《中國時報》都已是民營大報，兩家老闆都當上國民黨中常委，不論「正派」或「開明」，與黨公營報紙基本立場「大同小異」，表現能力要比八股、僵化的黨公營媒體強，但政治評論卻不如財務窮酸的《自立晚報》「言之有物」。簡言之，戒嚴時期的媒體，沒什麼黨公營好分，老闆都得「服從黨中央」，只是經營管理和編採手法「各有巧妙不同」；再者，蔣經國後期朝「專制開明」方向，給公營媒體有了改革空間；我認為，當半個「公僕」，還是比當「家奴」有尊嚴。

其實，當時的公家機關風氣，高層長官不能像中下層主管那麼官僚，通通得表現出「虛懷若谷」的樣子，說起來相當「偽善」。而家族型的大報，因視「X家」為王國，家族中人不是趾高氣揚，就是盛氣凌人，各級大小管家個個奉「主子」或「少主、公主」為「衣食父母」，唯恐伺候、奉迎不足，醜態畢露。再者，「公營」不同「黨營」（《中央日報》、《中華日報》），不全然是「黨的文宣機器」，因為公婆多。廢省前後的《台灣新生報》，又受到民意機關監督和預算審查（之前為「省議會」，之後為「立法院」），政治新聞報導和評論，比較「中性」，得拿捏分

---

21 《聯合報》總主筆楊選堂，筆名「楊子」，楊乃藩及楊選堂「二楊」主持兩大報言論部門，名震一時。楊乃藩的公子與我早年曾同在在中原理工學院就讀。

寸，審慎把關，必要時還得先「打個招呼」，免得報社生計（預算）受影響。當時不論「黨外」或「民進黨」，對公營報紙大致上還都「體諒」，反而是國民黨籍民代為維護既得利益，常「頤指氣使」。不過，不分黨派的民代，對第一線記者基本上還是相當尊重，要修理也是對報社長官。因此《台灣新生報》頗有「自主性」，不致當「黨奴」或「官奴」，自然也比當「家奴」好！

▍由王唯農推薦轉進《台灣新生報》

不可否認，當時《台灣新生報》在社長石永貴兢兢業業辛勤經營下，確有了起色，亦被外界視為有「中興」氣象。而王唯農（時任國民黨中央青年工作會主任），視我如兄弟，誠懇延攬我，考中山獎學金出國非我所願，若當專職黨工也不可能！既然新聞是第一，亦是唯一志趣，恐怕亦只能考慮黨公營媒體，說不定能發揮一些改革作用。關懷之情，溢於言表，令人感動，至今難忘。

在我未正式離開《聯合報》前，曾和亦師亦友的「資料室主任」梁雪郎（曾特別製作了「呂一銘新聞資料夾」，盛情可感）閒聊《新生報》和石永貴，因為他亦是政大新聞研究所畢業，對石永貴多少有了解。而我與石則素昧平生，只是覺得他心思敏捷，能很快寫出一本《科學新聞報導》，[22] 不無見地，頗不簡單，故而留有印象。就在此時，我在一項活動中遇見時任《台灣新生報》黨政要聞召集人萬礎，聊及《台灣新生報》種種。後來偶然結識石永貴，當時，他只是客氣邀約我寫科技類的專稿，及「新生副刊」的短評，談談媒體的興革，聊得很愉快。

---

22 裡面引用我的新聞報導資料不少，稱呼我是「科學記者」。

天下事，泰半不離「因緣機遇」。某次，剛好和王唯農碰面，我問他是否認識石永貴，他稱讚石幹勁十足，我問可否替我推薦？他欣然同意。結果石是「行動派」，立即與我連絡，表示暫時以編輯部「撰述委員」名義起步，說好日後回到第一線當「總指揮」（即採訪主任，公家編制稱「採訪組長」）。但他也告訴我，其一，公營媒體受政府體制所限，薪水差民營很多，許多不合理之處，與民營不同，需要擔待和忍耐，尋求循序改善；其二，必須完全「保密」；其三，人事案進行期間，可先寫科技「專論」、「社論」、時事專文及副刊短評（「新聲」），並闢一「孝佛專欄」給我寫科技軟性文章[23] 等。末了，他強調公家機關和民營不同，工作上亦易遭阻力，需沉穩面對，彼此加強合作溝通，相信諸多困難會逐一化解。誠意拳拳，令人可感。[24]

我是於 1979 年年底，進入《台灣新生報》，從「撰述委員」一路做到發行人兼社長，完成民營化後退休，匆匆已過了四分之一世紀。回憶起來可說是「五味雜陳」，艱辛備嘗。在《聯合報》擔任十年記者、《台灣新生報》七年採訪主任外，餘皆於管理經營層面工作，雜七雜八，並多半扮演編採言論或人事、經理業務等督導角色（副社長七年、社長三年）。

▌公營報紙包袱多

當時的《台灣新生報》，可說是「臥虎藏龍」，人才濟濟，像「活字典」的資料室主任張邦良、編輯才子寇文謙、副刊高手楊

---

23 我 1978-1987 年間曾應《民族晚報》總編輯楊尚強之邀，在副刊寫「孝佛餘墨」。
24 參見附錄 2000 年 12 月 15 日石永貴於《台灣新生報》副刊載「歡迎與歡送：『四兩集』──呂一銘先生一段往事追憶。另，新聞界耆宿、世新董事長葉明勳對「四兩集」的評語：「憂時感事，情見乎辭，精心之作，足為珍藏」。《聯合報》老同事、《臺灣日報》董事長顏文閂則撰「久違了，雜文」，諸多謬讚，實愧不敢當。

濟賢、「國家文藝獎」劉靜娟，還有學經歷、譯編具優的總編輯徐昶等等，亦像是一個「大雜院」，各黨各派各種人等皆有。由早年臺灣第一大報淪落，不是沒有錯綜複雜原因的，已有若干專書討論過，不另贅言。當時我因「初來乍到」，自需設法在新聞上「立功」，始能奠下爾後立足發展基礎。

所幸能在1980年上山下海巡迴採訪二十一個縣市，及北高兩市的基層建設專題及評論（社論），獲第一屆新聞報導金鼎獎。這批文稿在不到四十天內完成，評審認為頗有新興「報導文學」味道，[25] 生動活潑。當時我針對下至村里長、上至局處首長、縣市長的各階層做一連串的專訪；翻山越嶺，或到濱海、偏僻地區，稿件皆為採訪當天立即撰發，[26] 資深攝影記者張岳雲亦隨行拍照，翌日見報，受到重視和好評，始獲報社內部另眼相待。

而在1981年接任採訪主任期間，除了推出民生消費、醫藥科技等專題調查系列報導，如眼鏡的暴利，知名廠商的食品安全衛生等等，不勝枚舉，贏得社會好評，並增加報社廣告收入。個人亦獲「省政報導優等獎」、「臺北市政府金橋評論獎」（均為1984年），當時評審委員像王大空、歐陽醇等多人，還半開玩笑，要我「多務正業，少得獎」，但我強調只是「開路先鋒」，目的就是要重新擦亮《台灣新生報》招牌，俾鼓勵更多採訪同仁投入幫忙打知名度；果不其然，後來得獎者多，但被挖角亦多。我也多了個諢名，叫做「新生記者培訓中心」主任。

我當七年採訪主任期間，麾下記者轉入其他媒體確是不少。

---

25 夾雜詩詞、散文、敘事的寫法，避免流於枯燥乏味，亦為美國當年時興的「新聞文學」理念。

26 這個專題後來收入《另類文選》，**2000** 年 **12** 月《台灣新生報》出版。

記憶所及就有：陳碧華、曾清嫣（《聯合報》）；林美璱（《中國時報》）；張麗君（《民生報》）、廖鯉、鄭弘儀（《中時晚報》）等等，不勝枚舉。而我培訓記者方式與別人不同，任何新進記者都要跑社會新聞，以了解社會百態。爾後，視專長、興趣，跑主、副兩線（便利落實代班制）。記者一旦感冒，一定給予充分休息（不計假、不扣分），亦減少辦公室「群聚感染」機會；且鼓勵記者自行設計專題，若得獎或大獨家，設法給出國「犒賞」或「升遷」機會。

對能有「高就」者不阻止，反而鼓勵，畢竟「公營」機關編制或薪資不合理，我個人只能就能力範圍盡量爭取，亦無法滿足後進的所有需求。例如「記者正式編制員額只有20名」，以變相的「約聘雇」、「特約」任用的記者一大堆，使有能力的記者無法「納編」，造成「同工不同酬」；而「記者」在「公家」來看，和總務組、廣告組「組員」沒差，不論人事、會計、總務等任何部門，只要「官階」高於「記者」者，都可以「說三道四」，製造「無盡」的困擾，遑論編輯部的「長官」，連個「助理編輯」，都可對各地「記者」指指點點。試想，為維護採訪記者權益，我必須「伸張正義和公道」，自然會得罪人。當年我年輕「理直氣壯」，就事論事，不易「圓通」，遭受責難，在所難免。儘管老來懂得「外圓內方」，但還是認為，年輕人需有改革勇氣，國家社會才會精進向上，否則一天到晚和稀泥，只會「暮氣沉沉」，向下沉淪，並不足取。

▌說服李登輝恢復「鄰里長報」

對《台灣新生報》而言，佔收入和來源大宗的，就是「鄰里長報」，這原是「省營媒體專利」，但因為兩大報攻城掠地，逐漸

變成「均霑」情形；加以省府、省議員亦不願得罪民營媒體，這塊大餅亦逐漸縮小。於是我利用假日帶著當時省政特派員溫秀雲，親往中興新村教堂等候前往禮拜的省主席李登輝夫婦，來個「不期而遇」，這也讓溫秀雲意外看到我的人脈，因為李登輝做禮拜的地點，連省府官員也不知道。當時李登輝夫婦看到我來訪很高興，立即喜孜孜地邀我們到主席寓所吃飯，我便做了一番有力的論述，獲得他首肯和支持。隔沒多久，李登輝主席率祕書長及相關廳處首長，到北市新生報業廣場大樓聽取當時社長沈岳簡報，終於「一錘定音」，恢復往昔的「鄰里長報」。[27]

附錄│歡迎與歡送：
「四兩集」——呂一銘先生一段往事追憶

　　我國政界以及新聞界元老黃少谷先生曾經談到，要想辦報，必須要有幾支大筆。

　　當前，我國新聞界，《台灣新生報》社長呂一銘先生，不只是能寫的「大筆」，而且是身懷計算尺的我國第一位，也是少有的「科學記者」。

　　續伯雄先生所珍藏的《台灣媒體變遷見證（下）：歐陽醇信函日記》一書中有這樣的一段記錄：「《聯合報》的內部人事也不是沒有問題，在採訪組擔任科學記者多年的呂一銘，十六日離開《聯合報》到《新生報》去了，《聯合報》為此舉行了一次檢

---

27 我當採訪主任時，麾下記者張震和蘇志誠都在市政小組，相處不錯，後兩人均隨李登輝接掌北市而辭職。之後，蘇志誠「飛黃騰達」，每次見面執禮頗恭，洵為難得。

討會，為什麼《聯合報》的記者會到《新生報》去？這當然不是待遇的問題，而是精神面的考慮，本身工作是否能受到重視的問題。相對的，《新生報》曾為呂一銘舉行了一次歡迎會。」（歐陽醇信函日記一九七九年，頁八四一）

事實的確如此。但何以呂一銘會從《聯合報》「跳」到《新生報》呢？歐陽醇先生在他的信函中並未提到太多。那個時期，《聯合報》固然「如日中天」，但《新生報》卻在全體同仁拚命之下，亦表現虎虎生風的精神與成績。當然，想從「第一事業」跳到《新生報》還有些明星記者，如今仍很活躍在廣播電視界。此事，當時的採訪主任盧幹金兄知之甚詳，只是感於《新生報》這座「老廟」，未敢隨便把「高手」請進來，免產生不良適應症。

一銘加入《新生報》，全是得自偶然。是由青年科學家王唯農博士介紹的。王博士曾擔任首任中國國民黨中央青工會主任，省黨部主任委員，最後盡瘁於成功大學校長任上。我國失去一位年輕而純潔的科學家，實在可惜。政治害人不淺。

有一天晚上，王博士打電話至我的寓所，就談到一銘有意換換環境，看看《新生報》有沒有借重的機會。我對於一銘的科學採訪，可謂心嚮往之。而一銘能屈就《新生報》的環境，我有些意外，以他的才華與採訪崗位的成就，怕委屈了他。

王博士在電話中則一再展露出懇切之詞，可見他們的交誼非凡。就這樣，一銘就從《聯合報》轉來《新生報》。多少年來，每讀到一銘先生妙筆：「四兩集」，就想到王博士的熱心推愛。

（原刊載於2000年12月15日《台灣新生報》副刊。作者石永貴曾任正中書局董事長，歷任《台灣新生報》社長、台視總經理、中視總經理、中央日報社長，並在新聞學術與實務著有譽稱。）

4 ·
借調省府扮演「文膽」角色

▌坐進《台灣新生報》資料室溫習古文

　　當然，最戲劇化的，莫過於我借調省府之事，不只跌破很多人的眼鏡，連家人也不敢置信。因為我不僅在新聞界是「無黨無派」，在官場亦非「優良血統」，[28] 又無耀眼的國內外學歷，居然會擔任省主席機要的「編譯室主任」。[29] 編譯室除位在主席辦公室樓下旁大辦公室，另在省府附近還有一棟二層樓房，樓上一層像圖書館，很安靜，專供編譯室主任閉門寫重要文稿。我「從天而降」，就連當時在省府的高官，亦不知我為「何方神聖」。

　　當時各種揣測、傳聞都有。有人說連戰是我師大附中學長關係，或他擔任王唯農副手時與我熟識等等，其實通通都不是。我只有在他回國任教時，曾到松山機場跟他做過短暫專訪，後來連戰告訴我，他根本不記得了。嚴格說來，連戰和我根本素昧平生，而他近視眼度數很深，除非必要，亦不太會認識或記得什麼人。那麼，又怎麼會調我到省府？其中有段相當曲折的故事，可

---

28 我和各大學新聞科系無關，也不認識相關教授，且當時在本土化政策下，已是「吹台青」（指台籍青年）吃香的年代，吳敦義是其中之一。

29 擁有省主席「丙章」，連繫廳處主任祕書，並合作撰寫「省政總質詢」題庫，備答詢，以及撰寫主席重要文稿，管轄霧峰的臺灣省印刷廠。

以做為「機運」的另一種詮釋，顯示人的起起落落，有時不是自己可以安排或決定，冥冥中另有想不到的際遇。

當我做了七年《台灣新生報》採訪主任職務下來，照理說「沒功勞亦有苦勞」，但卻「平調」到一個臨時編組的「專欄組」（將石永貴當初延聘我的專欄組沿用）主任，在資料室上班。原本想，正好韜光養晦，利用機會「讀書寫作」；經前資料室主任張邦良[30]提點，便重溫古文和歷史，以充實寫作功力。正巧我那時在《民族晚報》二版有每週一刊出的「台北剪影」政治性專欄（筆名「辛文」）；便邊讀古書，邊嘗試文言參雜白話體的寫作。詎料，卻受到不少政壇高層人士的好奇和重視，反而結識政壇朋友不少，亦因往來酬酢，享受不了少美食佳餚。

「妙公」推介進省府

這時有一位「儒林高手」出現，是連戰當交通部長時的「文膽」──方妙才，人如其名，妙不可言，人多尊稱「妙公」。[31] 不知怎地，他竟能找到我的家中電話，直接電話邀約吃飯，兩人便交上了朋友，每次見面的「文酒之歡」，上下古今，無所不談，他腹笥淵博，見解獨到，又幽默風趣，無怪連戰深為倚重。連與方的公私關係密切，無庸贅言。

我因調專欄組還得每週編半版的「論壇」，又在資料室勤寫各報的「外稿」，稿費收入可觀，家人因而享受近乎一年的「高

---

30 才學一流，有「活字典」之稱，從我進《台灣新生報》起，我們即成了忘年的莫逆之交。

31 時任交通部主祕，人事系統前輩。「妙公」一路都是連的辦公室主任，只有連到省府時，臨時在施啟揚當他行政院副院長辦公室主任。遺憾的是，當「妙公」突病逝，竟無人聞問，我激於義憤，在《台灣新生報》二版寫了一篇專文，震動府院，乃補了一場風光後事。自此之後，我和連戰不論在政治理念或其他方面漸行漸遠。那時他的「親信」，亦已換成徐立德。

檔」生活。所以，人生低潮未必是低潮，高潮來了還得小心被淹沒。那時當過邱創煥主席「編譯室」主任的邱勝安（人稱「安公子」），調接《新生報》社長，作風強勢，覺得不能讓我如此「逍遙快活」；沒多久，將我調為「主筆兼省政新聞中心主任」，工作幾乎全在臺中，這下，把我在臺北的生活擾亂，內人十分不滿。我則極力勸慰。我們面臨的逆境，一波未平，一波又起，不知何時可了，只有「逆來順受」！

結果不到半年，在省府改組連戰調接省主席的前一天，內人即接獲「妙公」來電，要我看到公文「走馬上任」，這下震動了《新生報》上下，可見「權力」的威力，是多麼令人驚懼！後來不論調任《新生報》副社長或社長，亦常常「震」走一批人，有的還提前退休或資遣，以為我會「報復」；老實說，我經歷數十年的冷箭、黑函，早已「遍體鱗傷」，照樣熬過向前走，主要是心中坦蕩蕩，亦無害人之心；而自己要做的事太多，根本沒有美國時間想「報復」的事，只是那些心虛者或「機關算盡」者，才會「心中常戚戚」吧！

在省府中興新村的歲月，十分璀璨，雖泰半是為他人作嫁（處理主席文稿及省政政策方向），但卻留下可貴的「從政」經驗。包括府會關係，人脈網路，政壇變化的脈絡掌握等等，對我後半生，助益頗大。此番經歷，亦對我後來在評論政治的高度、深度、廣度、強度上，增加了「看門道」的功力，有機會將另寫回憶。

▌連戰省政報告讓「一步一腳印」臺灣俗諺紅遍全臺

省政工作經緯萬端，又是「中繼站」，屬「承上啟下」的關鍵要津，亦是中央和地方能否溝通協調合作，發揮總體力量為民

謀福的重要橋樑，才能政通人和。所以，文宣創意亦很重要，而當時沒想到一句臺灣傳統諺語「一步一腳印」，因印在「省政報告」當主標題，復經連戰主席在省議會口頭說出，頓時，這句臺諺「清水變雞湯」，成了全臺「國語」，朝野莫不能琅琅上口。足見「文不分新舊」，「適時」最重要。

這句話是「無心插柳」得來。當時我因寫主席文稿，想用一句通俗的話貼切表達落實省政「求根務本」的精神，絞盡腦汁外，還翻遍俚俗書籍，搜索枯腸，正腦袋空空之際，跑到一片草坪上靜坐，看到一位老工友，正揮汗如雨推動除草機，井然有序地前進，順便打招呼，寒暄一番，直說「辛苦」，他笑答：「做扛饙惰是按呢啊，惟愛一步一腳印！」（做工作就是這樣，得一步一腳印才行）真是一語驚醒夢中人，立即起身道謝，掉頭奔回辦公室，完成文稿。於是這句老話重新「發光、發亮」，當是意外大收穫，正是「踏破鐵鞋無覓處，得來全不費功夫」！

此外，在1991年臺灣省新聞處出版的「落實省政建設，均衡地方發展」小冊子，標題的「落實」兩字，後來亦在政壇流行，回想起來覺得蠻有意思。

1991年亦發生一段有趣的小插曲，就是時任總統的李登輝來中興新村巡視，照例聽取省主席簡報，並集合各廳處局首長以上點名。當李登輝點到我時，只笑著多說了一句「好久不見」，連戰即刻補充是「編譯室主任」，李說：「我知道」，會場立即小騷動。事後，省府官員包括機要人員，都很震驚，因為我從來沒提過當年與李登輝在「農復會」時期的一段淵源，當時財政廳長林振國還虧我「深藏不露」。其實，李登輝那天前來中興新村，是為人事布局，他想讓宋楚瑜接「地氣」，徵詢即將組閣的連戰意見，而我則是側面聽到這段李連對話。

　　關於李登輝何以獲悉我當連的「編譯室主任」時會有點在意？主要是他當臺北市長之初，就曾跟我提當他的臺北市政「文膽」一事，我那時以「志在新聞」而婉辭；後來他當省主席時又再度徵詢，我則表示可利用採訪主任公餘，幫忙省政宣導。[32] 結果，我卻出現在連戰的小內閣中，他當然有點意外，應該也不會知道箇中曲折。有時人生的際遇，亦不妨以白居易〈對酒詩〉自況：「蝸牛角上爭何事？石光火中寄此身，隨富隨貧且隨喜，不開口笑是痴人。」

▍回《台灣新生報》當社長完成民營化

　　當連戰返北接閣揆，我也被發表為《新生報》副社長（和莊正彥到台視，朱婉清到政院，仍有「天壤之別」），再回到老地方的新辦公室，感觸更多。因為知道又要面對「苦難」了。那時，社長葉建麗看到我回來很高興，立馬「加碼」給我不少疑難雜症待解：一是省議會杯葛六億增資案（後來增資為十二億）；二是省府財主單位對報社改革意見多；三是「鄰里長報」響起警鐘，又要縮減，報社需設法自謀財源；四是報社已在研究「搬遷臺中」案，新任省主席宋楚瑜態度未知如何等等，不一而足。

　　總之，是一個頭兩個大，席未暇暖，問題卻一大堆。我花了五、六年時間，因應方方面面，弄得身心交疲，才逐一克服，箇中煎熬痛苦，外人無法了解。而搬遷臺中問題，又是一大難關，內部怨聲載道，然而省府高層和省議會都贊同，主要是可縮小經營規模，提高省政新聞品質，有利改善同仁福利待遇，又與中興新村、霧峰近，可節省人事管理及業務經費等等；但因員工長期

---

32 像「農業八萬大軍」或「田園之樂」等相關報導及評論，後來亦獲省政報導獎譽。

在臺北上班，生活習慣已經固定，舉家遷臺中牽涉問題複雜，加以人心浮動，謠言四起，還批評我「樂在臺中」，亦有「陰謀論」等，搞得沸沸揚揚。

及至省長民選，宋楚瑜以高票當選首屆（亦是最後一任）「臺灣省長」，引發外界聯想，「搬遷案」始告暫緩。之後的「廢省」到2000年的政爭（宋獨立參選總統），國民黨敗選，臺灣首次政黨輪替，創下臺灣民主化的劃時代意義，此均不在本書討論範圍，姑且不論。[33]

《台灣新生報》早年隸屬於臺灣省政府，「廢省」後改隸行政院，變成「國營」媒體之一，預算改由立法院審查。儘管之前的「搬遷臺中」不成，但當時的大部分省議員多轉選為「立法委員」，始終有「民營化」的看法，政黨輪替後，這個論點已化為實際行動，可說勢在必行。那時我已接任社長近兩年，時時以「維護員工權益」為念，必須達到每位員工都能得到應有優惠資退，後來終於「勞資雙贏」，這是我人生的最大安慰之一！

《新生報》「資產大於負債」，是有利「民營化」的主要條件，但需找到買家願意承擔移轉的員工及擔保維持經營的經費，且買家不能擁有《新生報》的資產，只能擁有《新生報》的招牌和五十多年的報紙相關文物資料使用權，以致外界並不看好，於是我從加強「體質」改善著手，並營造「有利買賣」的氛圍。例如舉辦同仁在職訓練有利在民營化後開拓「第二春」（2000年7月14日《台灣新生報》「萬象版」頭題）；並加強業務推廣，全面推動「以客為尊」服務理念，由社長及一級主管輪流直接面對讀者服務客戶（2000年7月18日《台灣新生報》二版。另於

---

33 其實，《新生報》內部什麼黨派顏色都有，包括藍、綠、橘、新、黑等等，更早還有「匪諜」，並非外界想像那麼簡單，或只視為「深藍」屬性。

2000年7月19日《台灣新生報》二版撰「《台灣新生報》站起來、走出去─擴大 e 服務，提供貼心關懷」）。同時，擴大舉辦55週年社慶暨發行兩萬號活動，[34] 盛況空前，引起社會高度注視。我更以〈穿越世紀的火把〉專文做「社論選集」序，強調《台灣新生報》長期對國家社會及臺灣的貢獻（2000年10月25日《台灣新生報》副刊）。並於同年12月4日撰「本報發行兩萬號感言」（另同日在「四兩集」短評撰「第兩萬號」），而我自己亦將長年寫的短評「四兩集」輯錄兩冊，及往昔雜七雜八的文字集成「另類文選」（序文均分刊2000年8月9日及2000年11月28日《台灣新生報》副刊）一併推出。

▋功成身退人生快慰

類此密集式的敲鑼打鼓的江湖把式，「保守」且有士大夫身段的《台灣新生報》老同仁，未必贊同，但為顧全大局，及為著大多數中青代同仁權益及其未來著想，必須放棄私見，同舟共濟，竭盡所能找到「買家」，才能拿到「民營化」的優資退經費。否則等於宣布「關廠」，其下場更慘，不僅沒法優資退，連該領的錢都未必拿得到。

由於《新生報》是「公營」體制，但很多員工並不是公務員，若此「公營」機構解散，屬公務員的同仁不受影響，可調換工作，但不具公務員資格的人員，則無此「保障」，一旦公司結束，只能依《勞基法》領取相關補償，並失去工作，而這樣的同仁實佔大多數。所以，我在報社內部，要求所有具「公務員」資格同仁，必須無私協助民營化，否則將以「考核」嚴懲（社長有

---

34 那時編印《穿越世紀的火把》，內容包括歷年社論精選、新生兒童精選集等等。

權對人事、會計、政風單位的上級，提供獎懲建議）。幸好平日大家相處不錯，都能共體時艱，忘我地付出，令人感動。至於不論是工會或同仁的溝通管道暢通，彼此都有憂患意識，充分發揮團隊精神，得以使我全力對外斡旋、折衝。[35] 類此證明「許多事的成功，是靠各種力量的匯助，並非一人或少數人能完成！

《台灣新生報》在經歷許多「風風雨雨」，高潮迭起的聲浪中，終在2001年轉由「北大方陣」接手，[36] 完成「民營化」，劃下「國營媒體」的休止符！亦達成所有同仁都以優惠條件資遣或退休的期待，我也總算是「功成身退」了。

蘇軾有首「定風波」詞，讀起來如同我在《台灣新生報》日子的寫照：「莫聽穿林打葉聲，何妨吟嘯且徐行。竹杖芒鞋輕勝馬，誰怕？一蓑煙雨任平生。料峭春風吹酒醒，微冷、山頭斜照卻相迎。回首向來蕭瑟處，歸去、也無風雨也無晴。」

---

35 例如當時閣揆張俊雄辦公室主任朱富美，她夫婿邢泰釗的尊翁邢校長，是我老友兼牌搭，亦予暗助，時任新聞局長蘇正平也一樣，更有其他許多人幫忙。

36 後由黨營《中華日報》方面經營，亦帶來一些負面聲音，使原有部分老同仁不滿，但此些風波亦已隨時間逝去。

Chapter 7
臺灣媒體變遷

1·
臺灣政治解嚴媒體卻未真正解放

▌新聞界的國家認同歧異

　　新聞記者如果忘掉自己是「人」，忽視新聞事業是「志業」，而非「升官發財」的終南捷徑，忽視自己除了「新聞自由」之外，還必須負擔「社會責任」，那麼他的專業本領越強，言行越會悖離，越會變成「野獸」，禍害人群社會！這亦是我逾半世紀記者生涯的體悟！

　　如果人不知所以為人的道理（「本立而道生」），缺乏人道主義和俠義之「愛心」、「良心」，忘了「忠恕」之道；只知「為新聞而新聞」，而將「新聞自由」無限上綱，或「利用新聞無所不為」，亦無社會責任可言，那根本已不是，是否適合當記者（泛指直接參與編採工作者）的問題，反易變成污染社會的「公害」，而是不論從事任何行業，都會變成社會「害群之馬」，人群的「公敵」！

　　正如曾任 1985 年「全美新聞攝影記者協會」（National Press Photographer）會長威廉‧桑德斯（William Sanders）所說：「你首先是人類的一分子，其次才是新聞記者。」、「要在新聞倫理道德中，表現人道主義精神」。南非一名自由投稿的攝影記者凱

文・卡特（Kevin Carter），因拍攝一張非洲禿鷹虎視下的皮包骨女飢童，刊登《紐約時報》，而聲名大噪，還獲得1993年普立茲新聞攝影大獎。但他拍完照未去搶救女童就自行離開，致飽受社會抨擊，後來可能因此終日良心不安，於得獎翌年自殺身亡。

再者，人有屬性，屬於何國、何地，自與其成長、教育、工作、生活攸關；自會關懷斯土斯民的一切。那麼從事新聞工作，自有基本「立場」，亦都有維護自己國家和人民利益義務和責任，其「新聞自由」亦是在「法律之下」（under the law）受到規範，自不能恣意妄為。但像法西斯國家和共產極權國家的新聞媒體，則是「黨國」政權假「新聞」之名的「出版品」，亦是「獨裁者」的「工具」和「傳聲筒」，根本與所謂的「新聞」，完全背道而馳。和民主國家的「新聞傳播」，在定義上也根本不同，更不能同日而語。

也就是說，一個自由民主社會中的新聞記者（泛指直接參與編採工作者），其基本的國家屬性立場，是不能動搖的。美國記者挖醜聞、批評政府，是「監督、守望、教育」的「第四權」職責，但絕不可能做出「引清兵入關」的叛國舉措！報導國際體育競賽時，也不可能出現「長他人志氣」的新聞，即使本國隊輸了，亦一樣「加油」，贏了就會「錦上添花」，這不是「愛國忠貞」問題，[1]乃是一種「自然屬性」使然。若美國記者變成英國記者亦然，即便是南韓記者，也不可能與北韓獨裁者金正恩，一鼻孔出氣，其理至明。但在臺灣卻不是如此，新聞界出現國家認同分裂問題。

---

1 編採不免「主觀建構」，有違新聞倫理規範，但若不逾矩，還是可以「容忍」。

▌各擁立場難客觀

中華民國和中華人民共和國分治臺灣海峽兩岸，臺灣亦從來未被中國共產黨統治。而且自1998年「民選總統」及各級中央、地方民代，以及縣市長、鄉鎮、村里長定期改選，至今更已有三次政黨輪政記錄，符合國際「國家民主化」理論，[2] 已然「脫胎換骨」，列入已民主化國家之林。連在2017年當選的美國總統川普都在與蔡英文通電話時，直稱「臺灣總統」，備受國際矚目。

海峽兩岸關係至今仍是「嚴峻」的對峙形勢，北京當局至今仍「文攻武嚇」、「不放棄武力」併吞臺灣，並有《反國家分裂法》等等。而自2010年推動ECFA（Economic Cooperation Framework Agreement，兩岸經濟合作架構），開放交流以來，益發變本加厲，亦一直是中華民國旗幟下臺灣的「心腹大患」，文攻武嚇及經貿手段已到了無所不用其極，現更直接宣示「併臺」。由於過去六十八年來的「國不國」異常怪象持續至今，變成國家認同歧異，是造成臺灣媒體亂象的主要癥結之一，所以必須群策群力及早導正，健全「臺灣的主體意識」，促使國家民主憲政得以「正常化」，知道「為何而戰、為誰而戰」！

此與中國人、臺灣人乃至血統、文化等關係不大；而與認同土地、人群有關。就像英國的「大英國協王國」，雖多由英國的移民，與當地不同的族群組成各自獨立的民主制度國家，例如加拿大、澳洲等，但亦多強調自己是「加拿大人」或「澳洲人」，並不影響英國本身發展，彼此還是「兄弟之邦」，和睦相處。

美國亦然。美國總統有來自愛爾蘭、德國或非洲的混血後裔等各國，例不勝舉。是為英國後裔的美國人，亦不會否定與英國

2　知名學者杭廷頓（**Samuel P. Huntington**）的說法，被國際認同。

的血統、文化有關，儘管如此，仍強調自己是「美國優先」的「美國人」，其理至明，例如川普就是德國移民的第三代，「美國第一」立場鮮明，堪為例證。

是以使臺灣的新聞傳播「正常化」，才能維護臺灣新聞自由的民主、人權核心價值！

簡言之，如果「道」和「本」不同，自會呈現五花八門的怪異矛盾景象，亦易和新聞專業原則背道而馳，要說不產生亂象也難！而此亦與媒介所有人的政經利益有關，並和媒體中人妄自尊大，濫用第四權不無關係；一旦執政者不是以「臺灣核心利益和人民福祉為依歸」，或另有所圖者，人民自易被其操縱的媒體催眠，甚至轉變成為一種「內化」而不自覺，更易產生「盲人騎瞎馬，夜半臨深池」的危險境界！等於是嚴重的「國家安全」問題，豈能視而不見，或坐視臺灣的淪亡？

當然，臺灣的國內外處境，會變得如此錯綜複雜、盤根錯節的另一主因，就是長期的黨國遺緒因素，迄今尚未消除使然；亦使得媒體因政治立場裂解成藍綠，與「中國因素」異變成了藍、綠、紅的媒體「三國演義」，漸失「社會公器」的理想。使得各媒體政治立場鮮明，不論政治新聞的取捨、篇幅大小、節目規劃、專題設計等，都難以客觀公正；而臺灣的媒介所有人與媒介組織，對新聞報導及評論取向，大致又分政治立場鮮明和商業市場的導向，復使「是非」難以明辨，衍生社會「信者恆信、不信者恆不信」的乖常現象。

如果要導正新聞亂象，恐需先讓藍綠放下政治歧見，認同「我們只有一個臺灣」，強化內部「四大族群」的「一家親」感情，彼此理性對待、尊重政治異見，以逐漸化解心結，推動大和解及轉型正義，一起團結臺灣，才能肆應「紅色中國」無孔不入

的「侵吞」作為，才能確保臺灣的永續經營！否則各持己見，各行其是，相互摧毀，自必使臺灣遭裂解淪亡，那就什麼也不必談了，這才是臺灣生死存亡的真正關鍵！

▎撰寫「新聞媒體觀察報告」超過十年

其實，新聞就是新聞，本來就是「六親不認」，否則瞻前顧後、或顧忌太多、講人情，還會有什麼「新聞」可言！箇中爭議無非是如何「把關」罷了。

自我在 2004 年應昔日《聯合報》老同事盧世祥之邀，主持財團法人「新聞公害防治基金會」的每月「新聞媒體觀察報告」計畫（真假或烏龍新聞的評析），匆匆已有十年餘（至 2015 年）。其間，並在《蘋果日報》「論壇」、《自由時報》「自由廣場」，以及海內外相關智庫等，用本名或筆名撰寫有關臺灣媒體亂象，不知凡幾。

大焉者涉及國家認同，內部仍有黨國體制的陰魂不散，外有共產專制的中華人民共和國虎視眈眈，徒然產生國家認同的錯亂和對立。例如 2008 年國民黨再度執政，使得「黨國遺緒」、「威權懷舊症」、「家父長情結」、「恩庇侍從制」等等的現象，一再反覆出現，復對媒體威迫利誘、上下其手，亦嚴重侵蝕新聞媒體的核心價值（包括新聞自由、專業自主、第四權的守望監督、公正客觀、自律、公信力等），造成扭曲不公的政經社會亂象叢生，[3]已然使臺灣民主化的根基產生腐蝕現象！

因此，個人認為「四大族群」（閩、客、外省、原住民），不論「早來晚到」者，理應相互包容、尊重，都要接臺灣的「地

---

3 不論美國「自由之家」，或無國界記者組織的年度觀察報告，已有諸多的批評，不再贅言。

氣」；而主要的兩大藍綠政黨更應如此，大家才能攜手在安身立命之地的臺灣，建立「國家主體性及民主人權自由的核心價值」，如此一來才能「本立」而道生，永續經營為後代謀福！

中小焉者，乃是新聞媒體的「實務面」，恐亦只能用「烏煙瘴氣」形容。本來新聞理念的真實要求，以發揮傳播正確資訊和守望（監督）、決策及教育、娛樂功能，使閱聽大眾得以耳聰目明，慎思明辨，俾提升國家人民品質和水準。顯然半世紀以來的新聞媒體，從長期戒嚴到解嚴，有如百家齊放，亦有如「脫韁野馬」奔馳，不知所以。例如「羶色腥」的再崛起，乃是《蘋果日報》在臺「另起爐灶」，比過去戒嚴時期的《聯合報》、《徵信新聞報》（《中國時報》）的三版（社會新聞黃金版），有過之而不及；《蘋果日報》、《壹周刊》固在衝擊臺灣媒體生態，不無貢獻，像黎智英敢花錢投資，幾年下來，不論在硬體、軟體、市場區隔、議題設定等等方面，都扮演領頭羊的角色。

▎「小報正義」橫掃全臺新聞成「公害」

《蘋果日報》、《壹周刊》等的「小報正義」（Tabloid Justice），卻顛覆了新聞記者的尊嚴和價值觀，將裸體加屍體充斥娛樂、社會版面，忽視隱私權，讓嗜血、嗜腥、八卦次文化當道，侵蝕了社會信賴的柱石，正如2004年撰寫「小報正義」的作者華特・戴維斯（Walter Davis）所說：「這是一種令人痛心疾首的文化模式，對任何人都沒有好處。」當是一語中的！因為「事後之明」，今連「壹傳媒」集團在臺港兩地式微了，恐怕不是單一「反共」的因素肇致打壓，而是不斷重口味餵食市場導致反噬、反撲。

日本著名的憲法學者松井茂紀，亦在自己1994年出版的

《媒體法》第三版序言中，就提到「媒體正處於四面楚歌的狀況，目前要求媒體必須對其表現、報導，負起責任的訴訟案件有增未已。該等訴訟多以名譽毀損、隱私權、及肖像侵害等原因為由，媒體必須負損害賠償責任或停止發行。而法院對媒體態度也趨嚴格，還有民事賠償金額的遞增。同時，對個人資訊保護、人權維護及青少年保護，十分重視。對於『過度採訪』，而損及隱私也納入規範」云云。

當然，臺灣這些年在法令規範上，亦有了強化，不論人權、性別平等、兒少及防止性騷擾等都趨嚴格。而在維護「新聞、評論自由」方面，亦有了「可受公評」的認知和改進，除非「極端或明顯的惡意」，通常則以「名人名譽可容許的退讓」角度審理，這些都是可喜的現象。

由於臺灣解嚴後重視「新聞自由」，卻忽視新聞倫理道德規範，以及「社會責任」，除了「媚俗、媚商、媚勢、媚共」，已被一般社會公認的臺灣新聞媒體通病，復肇致政經及社會各類的真假（烏龍）新聞層出不窮，過去媒體是扮演社會的安全閥角色，現在卻是到處搧風點火。形同污染處處，被社會視為一種「公害」，似已成了「見怪不怪」，這才是最糟糕的怪象！

民眾何以視大眾媒體為「毒蛇猛獸」？入圍2006年卓越新聞獎「新聞採訪報導獎」的公視「紀錄觀點」紀錄片《有怪獸》就不客氣地指出，如果周處活在現代，他要鏟除的「三害」可能是：國會、政客，還有媒體。片中還指出，臺灣從1993年開放有線電視以來，頻道數增加了30倍，其中包含八家24小時新聞臺。電視新聞和報紙為了拼收視率、搶廣告，侵入隱私、捕風捉影、煽色八卦到置入性行銷，無所不用其極。

而臺灣自民主化多元開放以來，新聞媒體的商業化，市場導

向盛行，理應遵循新聞倫理道德規範的法則，為編採把關；但政商媒卻沆瀣一氣操弄「置入性行銷」（甚至讓「中國廣告」堂皇進入），加以「媒體壟斷」、「黨政軍尚未完全退出」等等問題；在如此上下交征「權」和「利」之下，致使臺灣媒體生態環境症狀益發複雜難治，更使新聞媒體有「向下沉淪」的危機。勢需有大破大立的精神和前瞻性作為，始能發揮扭轉和匡導作用。

▌誰來監督媒體？

那麼媒體的公正與客觀究竟是誰來監督？在正常的民主國家裡，理應由閱聽大眾監督，但臺灣的政經環境情況特殊，仍有藍綠現象存在，像「各自選擇自己願意相信的新聞與言論」，這是個很特殊、卻也無奈的病象。

例如2002年發生的衛生署長涂醒哲「舔耳案」事件，震驚社會。司法機關迅速偵辦下，終於水落石出。根本是大「烏龍」一場（裡頭明明講的是「屠」主任，但涂代署長不是「屠」主任），所有記者都沒有發現其中有問題，最後反而是檢方發現錯誤，記者何以沒有警覺？問題出在根本沒有人用心思考，例如記者只關心涂有沒有舔耳朵？卻忽視一位衛生署官員怎麼會跟業者在KTV裡？那個聚會的錢誰出？其間是否有官商勾結、利益輸送？結果反被有心人利用，導致受傷害的不止是涂本人，更嚴重戕害媒體的公信力，以及社會彼此的信賴。另如某雜誌虛構「副總統呂秀蓮嘿嘿嘿電話事件」等亦然，不僅使媒體自殘公信力，也傷害臺灣。

國際知名的英國劍橋紐翰學院（Newnham College）院長歐妮爾教授（Onora O' Neill）2002年應英國國家廣播公司（British Broadcasting Corporation，簡稱BBC）之邀擔任著名的「芮斯講

座」（Reith Lecture）學者，發表許多膾炙人口的講演，就曾指出：「擁有新聞自由，並不表示擁有欺騙的執照」，她認為：「近年來的報紙，相對顯得不負責任，所謂的編輯與報導，經常摻雜了中傷、譏誚、嘲弄、指控、羞辱及指責，甚至有些揭發、爆料的報導，常是造謠、抹黑，遊走在誹謗邊緣。……最嚴重的是沒有可提供檢驗『證據』。」她說：「身處在這個複雜的世界，我們皆需謹慎地付出『信任』，所以無法評估的報導，簡直就是『災難』。……我們需要的是可評估和查證的報導，如果不是，那麼公眾評論的源頭便受到污染，誤導社會的判斷。」

諸如類此的錯假新聞不斷，或媒體隨興「未審先判」，都是戕害公信力。在2005年12月初來臺訪問的《紐約時報》董事長小沙茲柏格（Arthur O. Sulzberger Jr.），就曾提到：「報導若出入太多，會失去影響力，也易促使社會分化。如此亦會耗掉其過去累積的社會信賴感和公信力，而失去影響力。」另如美國密蘇里新聞學院賈奎・巴娜金斯基（Jacqui Banaszynski）教授，也一再強調「新聞報導，正確第一」，是新聞專業的核心價值，否則「公信力」蕩然！

2006年10月，愛德曼公關公司公布「2006年十大亞洲國家利益關係人報告以及對臺灣企業之影響」，對亞太地區包含臺灣等十個國家調查中，臺灣媒體被信賴的程度敬陪末座，比對政府、企業、非營利組織的信賴度都低。對媒體信賴程度，最高的印度比重達50%，臺灣只有1%。愛德曼公關公司亞太區總裁 Alan Vandermolen 認為臺灣媒體因競爭過度，偏向羶色腥走向等，是導致臺灣媒體形象不佳之主因。另據法國無疆界記者組織於2006年10月24日發布之全球新聞自由指數最新年度評比，臺灣由前一年的五十一名進步為四十三名，排名較日本的五十一

名、美國的五十三名為高。

▎寫文章批評置入行銷被告「毀謗名譽」

　　在新世紀之初，由傳播學者及資深新聞工作者、民間團體等多人，發起成立「新聞公害防治基金會」，希望能盡媒體改革棉薄之力，其志可嘉，展現改革媒體的活力。後來盧世祥邀我主持「新聞媒體觀察報告」時，亦認為是「義不容辭」的工作。惜臺灣媒體環境始終受海峽兩岸的政治干擾，不論是「就事論事」，通通都有揮之不去的藍綠陰霾，如何奢言媒體改革？連基本的新聞倫理規範都棄之如敝屣，遑言「正常化」？吾人唯有秉持良心、良知，視其不可為而為之。

　　基本上。扮演類此評比媒體的「烏鴉」角色，是無法pleased everybody 的。有時還易遭到「不明」的攻訐（政治性及受評的媒體），例如幾年前我質疑某臺商投資的媒體涉及「置入性行銷」（後來尚有「中國廣告」、媒體壟斷等的議論），結果除被點名直接在其報紙大肆批評，還以「蔡」姓老闆之名，告「毀謗名譽」官司，並無見到有何「仗義執言」（打氣者有之），所幸，當時社會氛圍是「反置入、反壟斷」，總算賴「孤軍奮戰」，打了近兩年官司，始告勝訴。[4]

　　所以，我在過去一百二十多個月所撰的「新聞媒體觀察報告」，自己固不無粗淺心得，卻亦有「遍體鱗傷」的感受，因為這是一個「孤獨難行」的「崎嶇之路」，又是「吃力不討好」的工作，必須「相忍為媒體改革」，只有耐心「挑剌、挑毛病」，還得「言之成理」，然受評者往往無法「理性接受」，令人遺憾。

4　我大女兒是東吳法律研究所畢業，幫忙訴訟期間的答辯狀核稿。

所幸，「新防會」有一個「評比」合乎學術水準的標準，便利撰評。然則，「言者諄諄，聽者藐藐」，總覺得「有心乏力」，況已屆耄耋之齡，顯見後續仍需一個學驗俱佳的團隊推動，始克有濟，僅憑個人或少數人，難竟事功。

▌迫切需要媒體素養教育

是以，當我看到有一批熱情知識分子合力推動「媒體素養教育」，而且孜孜不倦奉獻心力，令人莫名感動和振奮！而教育部亦已在 2003 年 10 月公布「媒體素養教育政策白皮書」，正式宣示對「媒體素養教育」重要性的肯定。現「媒體素養教育」已列入大學通識課程的主要科目外，也應該納入未來十二年一貫教育的科目中，讓中小學教師都具有基本的「媒體素養」，並具備開設「媒體素養」課程的基本能力。

這些志同道合之士，是從 1996 年在政大開設「媒體素養」的通識課程，之後更影響世新大學、慈濟大學在學校層級開設「媒體素養」的通識課程，兩校並將課程訂為「校必修」。1999 年，政大傳播學院成立媒體素養研究室（Center for Media Literacy in Taiwan, NCCU）。該研究室長期結合學術領域的師生、各級學校教師、媒體專業人員與公民一起合作從事媒體教育的研究與推廣，並發展媒體教育資源，希望經由研究、教學、課程發展、媒介觀察與教育推廣等途徑，促進媒體服務公共利益的社會責任，並發展個人在資訊社會中思辨媒體的能力，以期實踐近用媒體、影響媒體的傳播公民權。

姑不論是媒體識讀或媒體批判、媒體素養教育，或採取 web2.0 概念打造公民自己的媒體；而在 web2.0 及「公眾創用」（creative commons）概念已經普遍為人所接受的今天，一般民眾

只要懂得如何從網路上抓取免費的自由軟體，即可在幾小時內打造一個功能強大的媒體，完全不會輸給目前任何一家主流媒體。最重要的，還是要讓每位公民充分了解，傳播權是當代公民的基本人權，傳播的主要目的除了分享意義之外，更在於打造一個理想的公民民主社會，這是了不起的劃時代創舉！

由此觀之，臺灣新聞媒體當需審視近代傳媒發展趨勢，在民智開發，教育普及之下，閱聽大眾早已非「吳下阿蒙」，能隨便餵食毒素或不營養事物，加以網路資訊流通，業已產生「對抗主流媒體」力量，迫使媒體需力求精進改革，否則必遭時代淘汰，如今許多報章雜誌或電子媒體紛紛倒閉，就證明不改革過時心態和作為，勢無法在臺灣生存發展！

2·
新聞媒體充斥負面教材

▌反面教材不勝枚舉

　　世界經濟論壇（World Economic Forum，簡稱 WEF），在 2007 年元月 17 日曾公布全球六十個國家地區進行的「2007 年人民之聲」調查，結果在八種職類中，新聞記者是繼政治人物後，讓臺灣人民最不信任者，信任度僅 10%，政治人物殿後為 6%。顯然，臺灣媒體的改革，不外反求諸己的自律自省、公眾的市場壓力，及相關法律規範，而以找回公信力為首要。

　　就個人過去一百二十個月的「新聞媒體觀察報告」粗淺心得經驗，發現新聞媒體，特別是主要報紙，始終存在的毛病必須早日解決，方不致累積成痼疾難醫。

　　根據「新防會」評比新聞處理概念，是：「有無檢具消息來源？」、「是否落實新聞查證？」、「平衡報導與否？」、「新聞編寫是否精練？」及「有無善盡媒介責任？」等五種。這五種觀點長久以來為新聞專業守則的實務共識，[5] 可惜均成了「虞犯」，這點令我當了半世紀的老記者不滿亦不解，因為新聞專業出身者，會

---

5 參見附錄：新防會媒體觀察報告的評比標尺。

如此不明是非或不懂道理嗎？相信人性使然是一因素，而政經社會的環境污染，更是主因之一，恐只有標本兼治，多管齊下，才有辦法。否則「紙上談兵」，亦是枉然。

茲謹舉若干違反上述查證不足、主觀建構編寫泛濫、「假平衡」、報導烏龍或造假等，類此事例不勝枚舉，只能摘其犖犖大者於後：例如2013年的「九月政爭」（總統馬英九和立法院長王金平的政治鬥爭），到10月「監聽疑雲」的重大政治、司法事件為例，政界便充斥硬拗惡風，不少新聞媒體也未能善盡其責，以致對法令解讀不一，編寫流於「主觀建構」，不但模糊事實真相，衍生負面影響，也帶來誠信危機，造成社會紛擾不安，有待相關政媒各方反省檢討，以期臺灣邁向民主法治健全發展。

在此次政治風暴當中，總統和行政院院長遭到同步傳喚到案，同時異地偵訊作證，在政壇創下歷史首例。立法院長與立法委員涉入的關說疑雲、檢察總長及總統涉入的洩密疑雲、最高法院檢察署特別偵查組（特偵組）涉入的監聽國會事件，多項重大疑案都在九月政爭當中浮現。

本次事件是以特偵組強調「切勿錯過」的「記者會」為起點，引發一連串總統、行政院、立法院等中央政府高層首長之間的衝突與對立，範圍包括身兼黨魁（時為國民黨主席）的國家元首（總統馬英九）、行政機關首長（行政院院長江宜樺）、司法行政機關首長（行政院法務部部長曾勇夫）、檢察機關首長（最高法院檢察署檢察總長黃世銘）、立法機關首長（立法院院長王金）等中央政府高層首長。

公眾得以知悉此次事件，始於2013年9月6日，特偵組召開記者會認定法務部部長曾勇夫、高檢署檢察長陳守煌、王金平等人涉嫌關說。9月9日，檢察總長黃世銘召開記者會說明，並

無聽到任何刑事案件的不法，認定關說為「行政不法」。9 月 11 日，馬英九以「國民黨主席」身分在「總統府」召開記者會，譴責立法院院長王金平對檢察體系的司法關說。中國國民黨並立即宣布將王金平開除黨籍，這意謂王金平將喪失不分區立法委員身分，也同時必須退出立法院。王隨即向法院提起「確認國民黨員資格存在」的民事訴訟，9 月 13 日獲法院裁准保留黨籍的假處分，暫保國會議長的資格。

▌報導馬王鬥爭媒體「硬拗」

9 月 28 日，民進黨立委管碧玲揭發監聽國會事件，管表示，特偵組於 5 月 16 日至 6 月 14 日監聽國會總機，可監聽所有使用該總機播出電話的立法委員，特偵組立刻出面否認監聽國會，但慘遭記者當場揭穿特偵組說謊。檢察總長黃世銘只好召開記者會承認監聽國會，但說這只是一個失誤，並向社會大眾致歉。朝野立委痛批黃世銘與特偵組違法濫權，連國會都敢監聽，還開記者會狡飾。

王金平關說案由特偵組移送臺北地檢署調查後，以查無事證結案，相關人等皆未起訴。黨籍訴訟，一、二審皆判定王金平獲勝，2015 年時任中國國民黨主席朱立倫宣布停止訴訟，確認王金平仍保有黨籍。反而是痛批王金平的檢察總長黃世銘，因對外洩露監聽及偵辦內容，違反「偵查不公開原則」及「公務員保密責任」，遭到臺灣高等法院二審判決洩密罪定讞。2017 年 3 月 14 日，臺北地檢署依違反《通訊保障及監察法》、《刑法》洩密罪、《個人資料保護法》等罪起訴馬英九云云。

其實，臺大吳英璋教授早在 2005 年 11 月間接受媒體專訪的一篇分析報導，就曾呼籲新聞界：「不求真、硬拗的文化，已讓

臺灣社會產生誠信危機，連親友間的互信都受影響，使『追求最大多數人的最大利益』之民主真諦也被踩在腳下。而只要媒體帶頭求真，就等於提高民眾的民主素養，社會才會更安定進步。」至今看來仍值得吾人省思和努力。

由於「九月政爭」廣受各方矚目議題至少有：國會議長王金平和民進黨黨鞭柯建銘有無關說（涉及「未審先判」）？特偵組有無監聽國會？檢察總長是否可向總統報告個案？總統可否接受檢察總長報告和下指導棋？執政黨主席可否藉黨紀撤銷黨籍，讓王金平失去國會議長資格？這些都攸關國家《憲法》、三權分立，乃至於盤根錯節的憲政制度，若處理失當，或未能適切處理檢討，勢必導致國安和憲政危機！

今天沒人說「關說」是對的，但理應遵循法律程序調查處理，卻是共識。例如送國會紀律委員會、法務部檢評會、監察院調查。況此「關說」，並非刑事案件，只是涉及違反行政倫理，自可訴諸公評。但因府院和檢察總長在監聽證據處理粗糙（屬非刑事案）、未符程序正義，卻藉王金平嫁女出國的時機，貿然祭出道德大旗，欲將積習頗深的「關說」，一刀懲治未果，反引爆空前的政爭，持續延燒到10月發展成「監聽門」（涉及非法的「竊聽」國會），猶方興未艾。這一事件為國人上了一堂難得的民主法治課程，也提供政媒深刻的憲法人權認知和反省機會；若能檢討重建社會誠信文化，提升司法、國會及媒體獨立自主性，當是民主法治之幸。

再者，此事件涉及司法、黨政鬥爭的內幕重重，箇中真相尚需賴媒體鍥而不捨追蹤報導，以抽絲剝繭釐清；甚至需要「深喉嚨」提供種種線索，才能早日釐清真相，以維護「第四權」及閱聽大眾的「知的權利」。

在「九月政爭」或監聽疑雲的事例中，亦不難發現各方或因立場或利害關係，相互硬拗拔河，徒增社會困擾，實應導正，以昭公信。其間，對於關說的爭議、違反程序正義的質疑、偵查不公開與洩密，[6] 又法律重視程序正義，特偵組卻監聽沒有涉犯刑事重罪的王、曾兩人，事後又公布監聽內容，復違反同法第十八條「不得洩漏監聽內容」之規定；乃至濫權監聽、特偵組擴權約談、憲政體制、總統權責等等諸多爭議，莫不成了朝野黨派、法界、學界、政府及媒體的關注重點。

儘管法律千萬條，各方的解讀不一。爭執接踵而至，媒體若能公正客觀地深入調查報導分析，仍足以撥亂反正，提升民主法治境地。換言之，媒體扮演社會看門狗（watchdog）的角色，應讓行政、立法、司法的弊端無所遁形。正如水門案知名記者卡爾·柏恩斯坦（Carl Bernstein）所說：「新聞報導就是一種調查，要能在不疑處有疑，重視新聞的專業和民主核心價值，對事實做詳實核查！」一言以蔽之，就是「揭露人們（政商名流）所欲隱瞞之事」。

著名的愛爾蘭揭弊記者克勞德·柯克本（Claud Cockburn）嘗強調：「新聞媒體的懷疑本質，是不會隨便相信政府說什麼。」而曾獲國際許多獎譽的新聞人約翰·皮爾格（John Pilger）更在他的名著《別對我撒謊：24篇撼動世界的調查報導》（*Tell Me No Lies: Investigative Journalism and Its Triumphs*）尤一語道破，「不容對新聞撒謊，是何等的重要！」

在「九月政爭」事件中，還可以見到若干媒體或因自身利益

---

6 例如特偵組究有無行政調查權？若沒有，那麼總長跑去向總統報告偵辦中的司法案件、開記者會公布監聽譯文，是否涉及洩密？若有，特偵組為何不約詢王金平、曾勇夫等人查證？為何不照先前記者會說法，把曾勇夫移送監察院？之後，卻改成函送法務部轉呈。

（如接受政府廣告者）考量，未能善盡守望（監督）、教育職責；或因執政當局介入，或為政治立場偏執，致使新聞編寫常見硬拗的種種斧鑿。其次，新聞處理出自主觀建構編寫，不免偏頗、扭曲和模糊真相；而「有聞必錄」，復易導致淪為官方傳聲筒。最嚴重的是，有的報導分析利用法律知識刻意操弄，製造錯謬、矛盾模糊真相，誤導閱聽人，甚而對法令做不同解讀，愚弄社會，讓公眾難以「耳聰目明」。所有這些，都有待新聞從業員回歸新聞專業，以重振公信力和尊嚴！

臺灣是民主社會，但「硬拗的官僚文化」、「黑箱作業」、「未審先判」等負面現象，卻屢見不鮮。政府當局對此難辭其咎，也有待國會自覺，善盡自主、監督職責。媒體更應回歸新聞求真求實的核心價值，充分發揮「第四權」的職責和功能，積極維護民主自由人權，使新聞自主、專業化，才是正道！

▌見獵心喜，欠缺查證

類似的重大新聞案例所在多有，篇幅受限無法一一例舉。例如光是媒體的「查證」就問題多多，顯見缺乏新聞查證的責任感，常為社會詬病，不只是「政壇高層人事異動」，經常是烏龍百出，「昨是今非」，或如「猜謎遊戲」，不一而足。[7] 像日本媒體在處理公司破產新聞，絕對有十來個判斷標準，一定查證到完全符合才敢刊登該公司倒閉。臺灣媒體現在可以信口雌黃，未查證清楚，就隨便說人家倒閉，已經變成一種習慣。

又如，2011 年 1 月 24 日，《蘋果日報》獨家頭版處理「夢時代」發生逃生出口少女被性侵事件，經「記者查證」被「業者

---

7 新防會過去每年年終都另統計當年的「十大烏龍」或分門別類的重大烏龍事件，統計中，人事「猜中率」最低，不到兩成左右。

矢口否認」後，仍認定事發屬實。在大篇幅報導後，警方表示案發地點並非於賣場內。據悉是附近公寓大樓，「看得到夢時代的地方」或有行經夢時代。報導內容明顯加油添醋，對性侵案一事下定論「購物中心對此事狀況外」，還推斷「安全梯成為治安死角」、「五萬人出入無人察覺」、「監視器不足」等缺失。事發後《蘋果日報》急撤換網頁頭版新聞，並對夢時代道歉，但是錯誤報導的傷害已經造成。

　　非僅國內新聞如此，連國際新聞一樣隨人起舞，容易失去公信力。像2011年辭世的國際巨星「玉婆」伊麗莎白‧泰勒（Elizabeth Taylor，1932-2011年），因英國《每日郵報》獨家揭露一張玉婆年輕時從未曝光的裸照，臺灣各主要報紙卻紛相轉載報導，並未認真查證，事後才發現是一大烏龍，此與當時玉婆年齡根本不符，裸照女郎乃另有其人。而此年齡部分各報均有資料可核對，若欲刊出亦應打一「疑似」或問號，豈能不經查證「照單全收」？再再有違新聞專業原則。事實的真相是：拍這張裸女照片攝影師的遺孀跳出來說，照片中的女人根本不是「玉婆」，而是好萊塢一名舞者，而且這張照片是在1940年拍的，當時「玉婆」只有8歲，無異「張冠李戴」，這張裸照收集在彼得‧葛蘭（Peter Gowland）2001年出版的著作《經典裸照、技術與影像》中。書中說，他說服從未拍過裸照的好萊塢舞者李‧伊凡斯（Lee Evans）拍照。葛蘭去年過世，他的遺孀愛麗絲說，幾十年前有一名愛八卦的記者看到這張照片，興奮大叫說：「是伊麗莎白‧泰勒！」她說：「我們告訴他不是泰勒，但他不聽，我想謠言就是從那時開始。」

　　此外，2015年9月11日，《聯合報》以「美智庫學者：下任臺灣總統 須接受九二共識」為題報導，引發言論被引用的學者

葛來儀（Bonnie Glaser）極度不滿，甚至在其臉書上以「這是哪個白癡寫的」（Which idiot wrote it?）激烈言詞表達。事實上，葛來儀此言係推測習近平在「歐習會」中可能提出的內容，並非其主張，因此被認為有刻意誤導之嫌。雖然《聯合報》之後更改標題為「美智庫學者：歐習會 可能觸及九二共識議題」，但葛來儀認為，在不用付出任何成本的情況下，《聯合報》還是會繼續這樣做，因此不排除提告。9月13日，《聯合報》登報向葛來儀及讀者致歉，但並不認為當天標題是刻意誤導。

▌「假平衡」、過度報導

同時，新聞中的「平衡報導」，更是荒謬，新聞學研究早已指出新聞沒有辦法全然客觀，新聞講穿了就是有權者的傳聲筒，所以新聞記者要努力讓每一個人都有相等的權利、機會接觸媒體。不苛求記者一定要如何客觀公正，但絕不是麥克風傳來傳去「每人平均五分鐘」的平衡，或是「別具用心」的假平衡，這種現象在政治、娛樂新聞最多，先未經事實查證就對當事人稱「有此一說」，而經當事人「否認」，結果刊出竟稱之為「平衡」，其實根本是「子虛烏有」或「道聽塗說」，即便事後證實沒此事，然傷害卻已造成。

在新聞專業上，係指已然發生的新聞，對兩造或各造方，均有說明機會，但仍需符合「比例原則」，不能明顯失衡。例如報導殺人兇嫌，亦要公平對待受害或兇嫌家屬，而不是「各說各話」的「偏頗」式平衡報導，或是以「嫌犯的說法」為主，造成「媒體審判」或多次傷害無辜者。

最著名的例子之一，就是2013年2月26日及3月2日的八里媽媽嘴咖啡店雙屍命案，簡稱「八里雙屍案」，被害人為79歲

富商陳進福和57歲的實踐大學副教授張翠萍夫婦，震驚社會，女店長謝依涵涉案殺人，一、二審及更一審皆判決死刑，2017年4月19日維持更二審判處無期徒刑定讞。而被「媒體審判」的受害者呂炳宏老闆，雖被平反，但仍被法院判未盡監督員工之責，要負擔連帶賠償責任，總賠償金額維持新臺幣368萬元。可說是遭遇「天大的冤屈」，媒體害人又寫下一項醜陋記錄！

　　甚且還有過度報導的事例，淪為過度渲染事件（例如：鄭捷捷運殺人案），使人們產生不當的情緒（例如：過度的仇恨、模仿），造成社會二度傷害；而「媒體殺人」的重複多次報導，舉凡重大社會案件或當事人曾經在名校就讀、有名人士背景就會強力放送，每小時都會在報導同一件事情（同則新聞），直到之後又有重大事件，才被其他新聞掩蓋，降低報導次數。明顯立場偏頗的類似報導一而再、再而三地在每日黃金電視播映時段重製、循環放送，害人不淺！

　　這些年來，社會通常批的媒體亂象，其實是指「新聞」（報導和評論）產生的亂象，而非涵蓋所有通訊、傳播的媒介或載具（像網路、手機、推特、Youtube、臉書等），那些是屬於人與人之間的一種交往、通訊、傳播科技工具罷了。但曾幾何時，大家皆約定俗成，籠統謂之「媒體」，於是又產生所謂的媒體名嘴，或媒體人稱號等，嚴格來說，今天的「媒體人」，並非是傳統專稱的「新聞工作者」（記者、編輯、主筆）那般專業敬業，然也不能因「媒體名嘴」、「資深媒體人」的作為，就打翻一船人。此對我們這些一輩子與「新聞」脫不了關係的人，是不可承受之重！因為「新聞工作」是至死都離不開「新聞」的！

　　如今在主要報紙最常犯的毛病，就是夾議夾述，或「主觀建構」式編寫（把新聞當做「評論」寫），等於拿著「非事實」的

報導「大刀」，到處砍殺，造成「媒體我最大、媒體殺人」等等種切的負面形象，墮落不堪！何以致此？主要是完全不依新聞專業「隨意編撰」，把一件單純的新聞「事實」報導，變成「血口噴人」的武器，簡直不可思議！例如最常見的「名人緋聞」，真假未明前，就「主觀建構」一個「小說」編寫，活龍活現，結果卻是烏龍一場！[8]

▌「腦補」新聞、渲染自殺不顧社會效應

簡言之，「主觀建構」式編寫的現象十分嚴重，幾已「氾濫成災」，根本無視查證不足或消息來源有誤，或利用匿名消息來源或傳聞，做夾議夾敘的編寫，使平衡偏頗，明顯悖離專業倫理，有違新聞基本職責。譬諸涉及政治性或司法案件，往往成了「指揮辦案」及「未審先判」等的工具。凡此種切，常易歪曲事實，積非成是，誤導閱聽大眾，對社會產生負面影響。例如：「傳李登輝施明德擬聯手 成立第三勢力」，均遭當事人否認；另如「2006 群峰之旅，陳水扁用華航專機運出 500 萬美元免安檢」，在當天特偵組主任陳雲南在電視記者詢問下，回應：「莫名其妙」，否認有「空軍一號」運鈔之事，而對利用華航專機運鈔，亦予否認。可見荒謬的一斑。

在 2015 年 2 月 11 日至 12 日（農曆年前）發生於高雄市大寮區高雄監獄（俗稱「大寮監獄」）的人犯挾持人質事件，震驚社會！而這起事件也是臺灣史上爆發首次監獄囚犯挾持獄官案，但媒體卻把「驚人新聞事件」，當成電影故事般報導，使 14 小時的挾持過程，淪為「戲劇化」情節，引發閱聽大眾的諸多批評，包

8　例如藝人小 S 老公緋聞烏龍、還有 2017 年 6 月媒體報導「臺灣最美麗的歐巴桑」陳美鳳，傳聞對象是小 25 歲的偶像劇男演員，連她自己都被「驚嚇過來」！

括現場的空拍機,還有中天新聞臺《新聞龍捲風》和受挾持的典獄長連線,主持人戴立綱戲劇性的訪問,均遭檢舉和NCC調查處分,及至囚犯釋放人質,並舉槍自盡身亡,益發聳人聽聞!而主要媒體的編採處理,亦是問題多多,例如媒體應以維護人質安全和協助公共任務為優先,卻使用空拍機,不僅會暴露警方部署狀況,也可能刺激歹徒情緒,部分媒體的表現幾乎過了頭,忘了守門人職責和社會公器的角色。

復次,挾持現場亦無封鎖線或管制空拍機,造成媒體干擾警方的任務執行。諸此,也違反「重大災難新聞採訪及製播原則」、「電視新聞使用資料畫面及模擬畫面規勸事項」,以及新聞自律規範和聯合國教科文組織(UNESCO)創建的知識網站中所提供的新聞工作手冊(The News Manual: A Professional for Journalists and the Media),甚至連法務部何以第一、二次的調查的報告結果先後不同,並無適切詮釋,讓人霧煞煞?像先前的報告,是肯定典獄長勇於任事,處置得宜;但第二次的調查報告,卻大逆轉!變成「貽誤處置的先機,釀成重大戒護事故,顯然不適任矯正機關首長職務,調整為矯正署組長職務(反升調至中央)」云云,均未見有深入調查和追究真相的報導。

最令人遺憾的是,主要媒體在報導「6囚舉槍自盡,屍體梅花狀排列」的鉅細靡遺,極盡煽情、渲染之能事,讓人怵目驚心!而類此的報導,也通通違反WHO與國際新聞自殺自律規範。像主持英國牛津大學自殺研究中心的凱尼斯教授(Keith Hawton)就曾一再強調媒體有「暗示、模仿、傳染」作用,必須審慎,對自殺事件的報導「越淡化越好」,最好只做中性的陳述和用語、不在標題寫出自殺方式、把自殺事件特殊化,避免一般化,更需注重平衡和社會效應。因為越是報導詳細或全面,所

造成的傳染、仿效的可能性亦更大，這種「情緒傳染」，媒體實難辭其咎。

附錄｜新防會媒體觀察報告的評比標尺

概念說明：本研究引用的概念是「有無檢具消息來源？」、「是否落實新聞查證？」、「平衡報導與否？」、「新聞編寫是否精練？」及「有無善盡媒介責任？」等五種。這五種觀點長久以來為新聞專業守則的實務共識，茲再說明本研究試擬的操作標尺如下：

（一）檢具消息來源

1. 記者引述或採訪的消息來源，是否片斷不周全，以致誤導讀者？

2. 引述是否錯誤？例如誤聽、誤釋、誤讀、誤解？

3. 是否濫用匿名的消息來源？例如消息來源匿名有無必要？是否與保護消息來源無涉？有無便宜行事，致引述的消息來源欠缺公信力，甚至提供錯誤的訊息？或新聞成為消息來源的風向球，甚至鬥爭的工具？

4. 消息來源是否偏頗？如專引述單一立場或特殊身分者？

5. 消息來源是否失當？如與新聞事件無關，或者非專家、不適合評論者？

6. 是否盲從有言論免責權之言論？如過度報導民意代表恣意批判他人，甚至人身攻擊的說辭，且致助長了濫用免責權之弊？

7. 有無錯誤引導消息來源，如記者是否以錯誤的消息求證於人，要人評論，致以錯導錯，愈加背離事實？

（二）落實新聞查證

1. 查證是否有形無實？即徒有查證的形式，而無查證的實質？

如求證的事項與主控一方的批評無關，致虛有向當事人求證之表象？

2. 是否僅是部分查證？即雖有查證之動作，卻未查證周詳，而有部分遺漏？或未向當事人一一求證其受指控之事項，或僅有部分當事人的回應？

3. 是否全無查證？完全剝奪了受控當事人的回應權？

（三）是否平衡報導

1. 給予各方，至少給予主控一方和被控另方之篇幅比例是否明顯失衡？

2. 新聞呈現的論點是否偏頗？是否不合比例地呈現主控一方或被控一方的論點？

（四）精練新聞編寫

1. 新聞寫作是否脈絡不清？或欠缺背景說明，而有誤導讀者之虞？

2. 寫新聞是否將傳聞偽裝成眼見，以移情（empathy）手法重建現場，彷若親眼目睹一切，有淪入主觀建構之缺失？

3. 新聞寫作是否夾敘夾議？記者是否將評論的文字寫入報導之中？

4. 標題是否過當？有沒有雖近內文文義，卻溢出了內文範圍？

5. 題文相合嗎？還是差異頗大？

6. 標題與版面是否有弦外之音？有沒有因為操弄文字或刻意編排，而致話中有話、另孳他意，易於誤導讀者？

（五）媒介責任

1. 報導是否署名？

2. 報導出錯，有無更正？

3. 報導出錯，傷及無辜，有無向當事人道歉？有無向讀者致歉？

3．
置入性行銷與媒體壟斷

▋用納稅人的錢，洗納稅人的腦

　　所謂新聞就是新聞，廣告就是廣告，是不容混淆視聽的，此亦為舉世媒體公認的鐵律。儘管2010年12月的反置入聯盟風起雲湧，呼籲朝野政黨應該規範所屬黨員，政黨所提名的候選人，不得透過新聞置入行銷；並要求媒體自律，對於「對價關係」的廣告或宣導都該公開揭露，聯盟已在各地召開反置入座談，要向民眾說明置入性行銷對新聞及傳播品質的影響，要求企業經營者不能只顧利益，罔顧新聞專業。而2010年12月12日，前《中國時報》記者黃哲斌甚至為了抗議媒體置入性行銷情況嚴重，決定辭職以示抗議，並在個人部落格發文說明緣由，此一事件更引起社會大眾對長久以來媒體「業配」問題的關注。

　　結果「道高一尺，魔高一丈」，馬政府卻於翌年元月初透過立法院（當時國民黨是多數黨）通過「預算法增訂第六十二條之一條文」，還說「基於行政中立、維護新聞自由及人民權益，政府各機關暨公營事業、政府捐助基金百分之五十以上成立之財團法人及政府轉投資資本百分之五十以上事業，編列預算辦理政策宣導，應明確標示其為廣告且揭示辦理或贊助機關、單位名稱，

並不得以置入性行銷方式進行」，將所謂的「政府廣告」化暗為明，並賦予「合法化」。[9] 然仍遭學界質疑未能真正落實，而民間的「反收買新聞聯盟」已宣示將加強監督。媒體除自律（不黨、不私、不賣、不盲）外，本就受司法及市場約制。維護新聞（言論）自由，乃是民主的核心價值，不能淪為「被監督者」（政府部門）箝制媒體的笑話！

然則，不少媒體卻欣然接受政府置入，等於用納稅人的錢「洗納稅人的腦」，甚至千方百計討好爭取類此的廣告補助，企求生存，反失去媒體人的尊嚴和新聞的核心價值，淪為一種公關行銷，我曾為此事「就事論事」評論，居然「被告」，打了兩年官司，猶視為「斷人財路」，簡直荒謬至極！

此時的政府置入性行銷，則已「改頭換面」，由過去的隱藏式或業配方式，走向「複合型」行銷；即透過政商媒的關係，由民間公司或新聞媒體子公司向政府機關標案或簽約，有如政府的「白手套」般進行媒體置入，花樣層出不窮，凡此已足以影響新聞專業和媒體公信力，也使媒體自律面臨嚴峻挑戰！

▍防堵政府置入，各國均有規範

同時，立法院法制局曾於2010年發表關於政府置入性行銷研究報告，就質疑政府常以政策置入新聞或節目方式，強迫民眾接受政令宣導，「破壞媒體扮演第四權的責任與功能」，建議修改《政府採購法》與廣電三法，規定政府宣傳不得有隱藏式宣傳或置入性行銷，業者也不得播放受政府委託的置入性行銷節目，違者可罰五萬到五十萬元。法制局建議，立院應修訂《採購法》，

---

9 尤演變成後來的「中國廣告」，得以堂而皇之登場。類此「新防會」幾乎從 **2010** 年至 **2014** 年一路追蹤，例不勝舉。

規定政府運用公費的宣傳，應限於公共政策說明，不得強調機關或公務員的貢獻，也不能有隱藏式宣傳或置入性行銷；另外也應修《廣播電視法》、《有線廣播電視法》、《衛星廣播電視法》等廣電三法，增訂業者不得播放政府委託的置入性行銷節目，或播放政府出資的節目、卻沒有說明是由政府出資。譬諸政令宣導置入在戲劇中，業者為了賺錢編一些無聊的劇情橋段，魚目混珠。是開民主倒車、戕害戲劇創作，目前不能只修「預算法」便算了事，需有通盤性的做法，才能對症下藥。

事實上，各國政府對置入性行銷皆有所規範，像美國政府在撥款宣傳前，需先取得國會授權；英國較嚴格，僅開放公共服務性質之宣傳，禁止政府透過媒體的其他宣傳；歐盟更嚴格禁止新聞與時事節目接受贊助或置入性行銷。一般來說，美國是以控制預算的方式，禁止政府自我宣傳，或做純政治目的的宣傳，對於政府隱藏其出資或製作相關廣告、宣傳，也在禁止之列；但若政府在所置入的節目中，明顯揭露訊息來源，就不在禁止之列，譬如美國對於「行政遊說」以外的政府宣傳，並無一般性、永久性法律限制規定，若是透過《年度撥款法》（appropriation act），則在各種撥款中附設條件管制，要求行政部門動用時，必須遵守國會設定的條件，且政府利用撥款宣傳，原則上需有國會授權，否則禁止。至於英國對此就採取嚴格限制的態度，僅開放少數公共服務性質的電視廣告，對於大多數的政府文宣，則採取「直接禁止」態度，而置入性或隱藏性政府宣傳，也都原則禁止。此外，像歐盟則嚴格規定贊助者不得藉由干涉被贊助者對節目之編輯獨立與播出義務，而影響被贊助節目的內容及播出時間，且「新聞與時事節目更嚴格地列為不得接受贊助」。諸如此類皆有範例可循，值得引進改善。

▌媒體壟斷危及民主

除社會「反置入行銷」外，「媒體壟斷」也是重要議題。像有學者就在立法院聽證會中指陳此為媒體亂象之一，是資本家霸佔媒體，控制媒體的新聞走向及言論；而財團入主媒體，指導媒體言論，易對臺灣的民主化與言論自由產生負面影響。更有專家認為無線廣播頻譜資源屬於全民所有，重大媒體交易不容私相授受，不應被政治思想控制，尤不能成為企業謀利的平臺，而是應以社會公共利益為主。另有好幾個媒體監督團體，基於言論市場多元性，與維護媒體公平競爭環境，同聲建議 NCC 應正視「壟斷」後果的嚴重性。

美國傳播學者麥克契斯尼（Robert W. McChesney）在他的《富媒體、窮民主：不確定時代的傳播政治》（*Rich Media, Poor Democracy: Communication Politics in Dubious Times*）中，就批評媒體在積聚財富的同時，如何削弱了民主的根基，導致公民既失去關心公共問題的興趣，也失去判斷是非的能力，這既是美國的問題，也是世界的問題，臺灣又何能置身度外。他指出，像美國媒體做為民主衛道者的角色已經輝煌不再，反而成為民主的破壞者、政治腐敗的幫兇、社會文化的毀滅者。人們完全有理由相信，當媒體對政治腐敗的行為保持沉默，對政治文化養成不負責任的態度，進而退出公共領域時，民主的毀滅只是時間問題。

再者，媒體影響決策力量越來越大，從而使多數統治原則蛻變成少數統治原則，自由民主向極權政治轉變。譬如在 1996 年美國的《電信法》出籠後，允許媒體跨機構、跨行業兼併，世界五百強紛紛介入媒體行業，媒介市場逐漸形成壟斷局面，使參與性的民主前景亦趨黯淡；當媒體唯利是圖、玷污新聞本質和公共機構的正統精神，反成了民主的一劑毒藥。而商業因素闖入公共

領域，侵門踏戶，民主也就不再是多數人享有的公共權益。

簡言之，正如傳播學者林德布洛姆（Charles E. Lindblom）的看法，如果媒體在一味追求商業利益的同時，放棄公共利益，而政府對媒體的逐利行為，不予以規範來保護公共言論的權利，這時民主衰落就是媒體財富增長的結果了。因此，如何將媒體的控制權從政府和財團手中，轉移到公民消費者手中，反而是更值得人們期待的。

根據美國「自由之家」公布的「2009世界各國新聞自由度調查報告」，臺灣的新聞自由首度出現嚴重倒退，不但從亞洲第一寶座跌下，全球排名亦大倒退，由去年的第三十二名，跌至第四十三名，無疑是一大警訊，若在政府干預之外，財團再予壟斷，不論新聞自由和政治民主化的前景，均將令人憂心矣。

▋保護兒少還需媒體自律

據我在新防會的觀察媒體報告撰述，常發現有關新聞違反倫理道德規範圖像，近年事例相當普遍，亦已非《蘋果日報》一家獨然，光是近兩年主要報紙編寫[10]的氾濫，已遭到社會批評，2010年立院更初審通過的《兒童及少年福利與權益保障法》修正草案，其中對不得描繪犯罪、自殺、施用毒品以及暴力、血腥、色情、猥褻、強制性交的細節，違者將處十萬至五十萬元罰鍰，並公布負責人姓名。

顯然，媒體在新聞倫理道德規範方面，有加強自律必要，自需符合近代民主多元開放社會的需求，重視人權，和有減少傷害弱勢族群的同理心，以保障他們的權益，同時尋求新聞倫理道德

---

10 2009年就高達 **521** 則，2010年為 **430** 則。

規範的最大公約數，使知性、理性、感性、娛樂得以兼顧。《兒少法》其中就有「不得描繪自殺」的罰則，應以同理心遵守國際規範處理，慎重處理自殺新聞報導，主動檢討改進。而2009年全年統計這種新聞高達140則（屬明顯違反WHO規範者，至於不計其數的自殺案例，並未計算在內），2010年更高達271則，顯已產生社會負面效應，值得持續關注。

基於近年臺灣發生一再震驚社會的自殺事件，讓人怵目驚心，而媒體的自殺報導處理粗糙或忽視公眾利益和社會責任，已不是新聞，但至今媒體卻依然三不五時當成一般或重大社會或犯罪新聞處理，致病象叢生，必須正視。媒體不能一面肆無忌憚地編寫自殺報導，卻又刊登「珍惜生命 希望無窮」或「自殺求助」專線之類的警訊文字，此無異是「掩耳盜鈴」，實不可取。事實上，做好平實的編採處理，就是一種功德！

就以2012年主要報紙的自殺報導處理為例，幾乎通通不及格；違反WHO規範和相關新聞自律者的總則數，全年還累計高達627則，可說是2009年全年140則的四倍多；而2013年1月至5月，累計竟高達151則，比2009年全年為多，實是莫大警訊！加以近幾年來更發生多起的滅門自殺、攜子燒炭、臥軌、自焚等慘絕人寰事件，震驚社會！

▌不應描繪自殺細節

媒體編採的處理均應嚴格自制、自律，以減少負面的擴散、感染效應。無怪連國內外知名的自殺研究專家鄭泰安，在某次與我晤面時便搖頭，亦痛陳，如果媒體再不能節制、自律，就等於

間接殺人！反而失去媒體的形象和尊嚴，害人害己！[11]

　　由於自殺新聞報導，非僅攸關媒體的社會責任，亦攸關臺灣的國際形象！像 WHO 每年就收集全世界自殺的數據和相關資料，每年定期公布各種統計數字，並彙整做學術研究及評比。另英國的媒體研究機構「Media Wise Trust」，還會針對新聞記者和編輯進行訪問，以了解有關記者報導自殺新聞的倫理規範議題。1968 年創立的「美國自殺學會」（American Association of Suicidology，簡稱 AAS），更在自殺防治與研究中扮演相當重要的角色，並且彙整保留許多關於自殺的學術研究資料。同樣的，臺灣的媒體專業、自主、自律亦受到國際傳播界的注視。此外，美國的「自由之家」、法國的「無國界記者組織」復無時無刻監督「新聞自由」等等，吾人豈能妄自菲薄，不愛惜羽毛！

　　基於自殺新聞涉及影響青少年和兒童身心健康，美國新聞專業協會（Society of Professional Journalists）猶在1996 年修訂「職業倫理規範」，做出保護兒少的適切規範。臺灣更在2011 年修訂《兒童及少年福利與權益保障法》（訂定與新聞傳播相關的重要條文），就有「不得過度描述（繪）自殺」的罰則；而日本則由媒體組成自律委員會，規範報導自殺新聞時，只做中性的陳述和用字、不在標題寫出自殺方式、把自殺事件特殊化，並在照片、鏡頭的處理上，竭力避免血腥、刺激性，和不尊重死者及家屬的情形，更應避免二度傷害，讓家屬出現創傷後障礙症。同時，強調自殺行為的嚴重性，頗值得臺灣借鏡。也就是說，媒體應出於善意、同理心報導自殺新聞，提供民眾資訊，影響社會大眾的態度、信念與行為，扮演一個守望、教育的角色。

---

11 中研院學者鄭泰安的著作《媒體與自殺》，堪稱歷久彌新，受到國內外學界的推崇，實值得媒體主管和線上編輯、記者，做為編採實務的重要參考書。

　　儘管自殺因素不能全然歸咎媒體，但若缺乏同理心，或人文關懷，或渲染誇大（合理化或英雄化），忘了公共責任，或未遵守WHO自殺新聞處理規範，[12]勢必成為推波助瀾的肇因，反使媒體成為自殺的「推手」，不可不慎！

　　近年網路發達、資訊傳達及第四權的膨脹，仿效型自殺再度成為國際關注的議題，像瑞士學者魯德（Thomas D. Ruder）就在他的研究中，十分擔心臉書的風行，會造成仿效型自殺增加。而臺灣近三年來便曾發生臉書直播燒炭自殺現場的悲劇。因此，仿效型自殺的臉書預防及探討，也是未來的防治重點方向，更是未來的一大挑戰。

　　防治自殺是一項相當複雜，又十分重要的嚴肅課題，臺灣亟需建立全方位自殺防治體系，[13]且採標本兼治、多管齊下，始克有濟。而包括改善經濟、社會、教育、文化、家庭環境及政府社會福利服務，加上學界的知識引導，民間團體的各種防救協助，包括生命線（電話：1995）、張老師專線（電話：1980）、警消或醫院等等，乃至媒體等配合，才能克竟事功。

　　在此，我對鄭泰安教授的「大愛」情懷和鍥而不捨的研究精神，表示敬佩，更希望臺灣媒體能展現「尊重生命」的終極關懷，共同努力做一個「自殺防治守門員」，是所至祈！

---

12 **WHO** 的規範主要包括：**1.** 不應刊登自殺者照片或自殺遺書；**2.** 不應詳細描述自殺的方式；**3.** 不應簡化自殺的原因；**4.** 不應美化或感性化自殺行為；**5.** 不應強調輕生者的個人特質、背景或宗教；**6.** 不應藉報導責備任何人。補充的部分尚有：一、不應報導自殺親友的哀悽畫面，以免變相鼓勵高風險族群以自殺做為吸引他人注意或報復他人的手段；二、不應報導青少年描述自殺行為的故事，因為這個族群容易產生模仿行為；三、不應使用「自殺風潮」、「自殺流行」等用語，自殺率「上升」較合宜；四、不應把自殺解釋為解決壓力的方式。

13 鄭泰安教授早年對此曾有詳盡規劃，亦曾應衛生署邀請規劃與推動臺灣國家自殺防治策略，惜遭政府輪換中斷，未見實施，希望未來有機會實現。

▎民調新聞不夠嚴謹

　　此外，濫用民意調查，可說是主流媒體的通病，好像不如此不足以顯示「權威性」，其實許多學界多指出，「民調」有藍綠立場的「機構效應」，且準確度不高，主要原因可能包括：媒體因其表現而被「上色」，因此相反顏色的民眾中有一定比例會拒訪，另一定比例的受訪者也會在民調中惡搞該媒體。例如聽到是某一家民調就故意說謊（即機構效應），而實際上民調機構只要看到拒訪率過高就可以知道民調無效，而解決方法也非常簡單，換個名字進行民調（但多數民調機構不願意採取此方法解決）。復次，民調問題具有暗示性、主觀性強，往往缺少同理心，不僅易造成答案失真，且可能淪為假借民意的多數暴力，且樣本數有限，亦非「自己說了就算」，因為「民意如流水」，還有「時勢造英雄」，包括網路的發達，都能產生莫測的影響力。像柯文哲以「政治素人」之姿，高票當選臺北市長，就跌破藍綠及民調機構的眼鏡；美國總統大選，川普的勝出，何嘗不如是，堪為例證。

4 ·
新聞媒體往何處去？

▌世界性的新聞專業危機

如今傳播科技的日新月異，使媒體工具性功能增強，還遠超過「前資訊」時代，甚至超過我們當時新聞工作的農工業年代，但編採內容品質之貧乏，也遠超過鉛排印刷年代。也就是說，科技幫助媒體簡便快捷，但也因深、廣、強度不足，逐漸走向官能性、膚淺化，產生為人詬病的媒體亂象，非僅報業有越來越多的政商置入性廣告、宣傳，連電視、廣播亦無一倖免。如果光會搞iPad、iPhone、平板電腦之類的「數位匯流」賺錢，忽視新聞品質和核心價值，乃至社會責任，無異殺雞取卵。

近年《北京商報》倡導「十個擺脫」，要「走轉改」，包括：擺脫浮躁輕率的採訪作風；擺脫冗長繁複的寫作風格；擺脫自視專業、晦澀難懂的文風；擺脫「只求短期轟動，不管社會影響」的片面輿論監督的歪風；擺脫自我陶醉、自我滿足式的辦報作風；擺脫對新聞選題的主觀侷限和選擇慣性；擺脫對所謂「大新聞」、「熱新聞」的盲目跟風；也擺脫對成就性報導的狹隘認識和刻板面孔。除去中國的「新聞自由」部分值得商榷（在「無國界記者組織」眼中，中國是和北韓等量齊觀），然類此的新聞專業

改進建議，仍值得臺灣新聞媒體省思和借鏡！

另據金融理財網站 Bankrate 列出六種正在迅速消逝中的行業，就包括了新聞記者，還建議他們改行。美國勞工部統計，到了 2018 年，將會有 4,400 記者的工作職位消失，看來很讓人洩氣，但正如美國北卡大學新聞系教授邁爾（Philip Meyer）在《正在消失的報紙》（The Vanishing Newspaper）一書中，反覆告誡網路時代的報業生存關鍵，乃在尋回正統報業核心價值的「可信度」，即社會對新聞報導的信任度，顯然是更值得媒體中人嚴肅面對的重要課題。

美國知名的普優公民新聞研究中心（Pew Center for Civic Journalism），曾在 2013 年 2 月發表的調查報告[14] 指出，全美對媒體新聞報導的品質表示不滿的，已經不限於公眾了。連從業人員亦認為媒體距離公眾太遠，其可信度越來越低。凡此與媒體揭櫫的「以公眾事務為重心，強調新聞的正確完整」原則漸行漸遠，也越來越難以獲得讀者的信賴和支持。美國情況如此，臺灣新聞界現狀也庶幾近之。

這項研究報告還指出，美國媒體多年來一再刪減人事、經費的結果，已經衝擊數位、報紙與電視新聞的品質。而透過智慧手機、平板電腦獲取新聞的線上讀者，正持續增加。有近三分之一的消費者，無論新聞媒體的內容是否完整呈現，都不再是他們所需要的，而放棄閱讀或收視這些大媒體的報導。

根據這份年度媒體現況報告，媒體行業正在下沉——電視新聞的觀眾減少，報紙的新聞從業人員，自 2000 年時的高峰減低至 30%，自 1978 年以來，首度低於四萬人。《新聞周刊》結束了

---

14 調查對象包括 552 位記者和新聞媒體主管人員，其中 40% 為全國性媒體工作人員，55% 為地方性媒體工作人員。

印刷版本,而《時代雜誌》持續裁員。研究發現,過去五年以來,CNN 大幅降低了深度報導與直播事件所佔的比例。在總統選舉期間,記者的角色更像傳聲筒,而不是調查者。因此數位媒體的成長,未來可望成為新聞最主要平臺。美國的 1,380 家日報中,有 450 家已經開始或計畫改採訂戶模式,但營收依然下滑。由於智慧手機及平板電腦的風行,正改變新聞消費的方式,利用行動裝置取得新聞,讓讀者從更多來源獲得新聞,也是整個媒體行業發展上,另一個較為正面的訊息。

▍媒體產業需結構轉型

臺灣媒體改革固是千頭萬緒,亦經緯萬端,唯有多管齊下,法理情兼顧,建構以臺灣為核心利益的全方位媒體改革,去除黨國遺緒,強化轉型正義,始有助媒體回歸專業倫理,當使所謂的「第四權」不能恣意妄為。同時,以新聞自由和社會責任兼重為標竿,可獲標本兼治的績效。況且媒體本受司法、自律、他律(市場、公民團體監督)節制,有助提升媒體品質,但若能落實改革兼及媒體的生存發展,照顧從業人員的權益和福祉,並有切中時弊的作為,相信更能讓臺灣媒體能在世界昂首闊步,贏得國際社會尊敬。

在此同時,需從媒體產業及環境做結構性的轉型,並強化從業人員的培訓工作,爭取從業人員的自主權,以保障他們在媒體工作不受政治力及董事會干預,得以發揮最基本的獨立評論與報導權;有鑑於人才培養及研究發展對傳播事業的重要,研究籌設一個以公共利益為導向的國家級「新世紀臺灣媒體智庫」,也有必要。這一智庫,扮演媒體改革的「顧問」角色和橋樑,羅致學

界和實務界資深的優秀人才加入，接受政府機關[15]及民營媒體產業的諮詢、委託研究、代培訓在職人才等全方位的服務，亦有如財團法人工業技術學院輔導中小企業的功能型態，當能使公民營媒體提升新聞品質，或可誕生如英國 BBC 或日本 NHK，或如《紐約時報》等國際一流的新聞媒體。

我們只有一個臺灣，面臨新世紀的媒體改革，必須超越前進，更要放大格局，從高度、廣度、深度、強度認真思索媒體的改造發展方向和願景，以尋求符合國際潮流和國家社會人民的需求，全方位改造媒體環境，積極創造臺灣媒體的優越性，並依輕重緩急、優先順序進行同步改革，且要有點滴穿石的能耐和決心，始能克竟事功。

臺灣的民主人權核心利益和價值所在，自需在面向上，努力跟上全球化時潮的需求（「臺灣走進世界、世界走進臺灣」），朝多元開放（「超越族群、語言、文字、習俗、歷史」）和自由民主化（包容、尊重）邁進，並強化多元媒體的核心價值，將臺灣文化、外來歐美、日及中華文化去蕪存菁予以揉融，積極創建臺灣新興文化史觀，以建構現代媒體發展的教育訓練及優質環境，輔導媒體產業革新，不斷喚起民眾覺醒，發揮團結力量，扎根臺灣，並放眼世界，只要處處超越共產中國，重建臺灣人民的信心，發揮「人能弘道」的精神，自能昂首闊步走向正常民主國家的大道。

臺灣的財經智庫似乎不少。除了官方和大學等學術機構之外，以民間財團法人性質存在的，還有臺灣經濟研究院、臺灣金融研究院等機構。看得出財經金融事務，是國家的重要事務，

---

15 如國家通訊傳播委員會（**NCC**）和包括中央電臺、中央社、公視等在內的「公廣集團」等。

需要國家設立智庫來提供決策的資料，這是好事。其他重要的事務，多有強大的智庫做為後盾，例如臺灣工業研究院之於經濟部，臺灣衛生研究院之於衛生署，都是規模龐大的法人智庫，顯示工業、衛生等事務相對的重要性。唯獨傳播媒體產業，迄今不但沒有智庫，連主管機構是誰，社會大眾都弄不清楚：例如，新聞局明明不再是報紙這項產業的主管機構，可是報紙一旦有事，立法委員卻都要責問新聞局。

▍泛談公共化之我見

媒體公共化並非新的觀念，在我執行《台灣新生報》民營化時期，即有旅美的傳播學者王洪鈞曾於2000年向官方提議「公設報紙」，惜未為高層接受，致《新生報》後來仍輾轉成為黨營報紙的「轉投資」紙媒。如今隔近二十年又有《國語日報》因董事改選引發爭議，剛好我曾是該報的作者之一（出版《世界最神祕的地方－e爺爺講南極故事》），多少了解一些情況，而社會亦有許多仁智互見的討論，是進步可喜的現象。

王洪鈞認為「知的權利」，不能解讀為傳播者可以不顧真偽、是否適當，而做為一切報導的權利；「公家報紙」並非一無是處，只視為黨政軍宣傳工具，未免失去「多元化」的思維和考量，並忽視其做為公器的公正責任感與平實性，像民營的商業化是否就合乎現代閱聽大眾的需求，是值得質疑的。他建議參考公共電視的優點，給予設定及營運規範，例如由基金會支持、報導及解釋的準則、公正的監督及審議，未嘗不能形成「公設報紙」的新風格（參見我在2000年10月26日《台灣新生報》寫的「四兩集」專欄）。如今的報紙沒落，是否能「改頭換面」，恐亦是問題，不過王洪鈞的一些獨到看法，何妨參考。

　　包括報紙在內的傳媒產業，其實是一個規模龐大、性質複雜的產業。論規模，新傳媒可以包括衛星通訊、線纜通訊、網際網路通訊、個人無線通訊（手機）；也可以包括文化產業中的電影、數位出版；更可包含動漫、線上遊戲等創意產業的軟體和內容部分。論性質，有屬於平面媒體的報紙、雜誌、書籍；有屬於電子媒體的廣播、電視、新媒體；有屬於交通運輸類的郵政局、電訊局、衛星、網際網路等，與媒體直接、間接相關的產業，規模龐大，與個人生活關係密切。基於性質的複雜，皆分屬於不同的主管機構，因各行其是，目前已逐漸異化、邊緣化，迄今仍沒有一個常設性的智庫來提供瞬息萬變的產業資料做為管理、發展、決策的依據，難令人理解。是以需有全方位以臺灣為核心的政策作為，始能發揮應有的功能造福社會人群。

　　如今臺灣歷經三次政黨輪替民主化過程，雖已符合杭廷頓的「成熟民主國家」條件說法，且朝著堅守維護民主、自由、人權、公義、多元包容等的核心價值大步邁進，然而在政黨輪政時期，不論是轉型正義、黨政軍退出媒體，或解構政、商、媒勾串，甚或涉及國安的境外投資媒體，乃至媒體公共化（或如「公共新聞」運動）等等，均未能落實諸多改革進步理念，有待持續努力。

　　再者，吾人處境特殊，黨國遺緒未除，相關民主化的律法規範又未臻理想，導致如中央通訊社、中央電臺等媒體「公共化」不足，頻在政黨輪替時發生爭議，如今連以兒童少年專業著稱的《國語日報》，亦難倖免，再再值得省思探討。

　　文化部在2017年下旬，曾提出涉及媒體未來發展的《公共媒體法》，而NCC亦在2017年7月間提出的《媒體壟斷防制與多元維護法》（媒多法）草案等等，都是值得朝野各方正視的要

務之一，自需群策群力，多管齊下，以開啟臺灣媒體發展的新境！

今天臺灣媒體的生存發展，最大的無奈，來自「金權的共犯結構」的複雜性，很難斷根，且有2.0、3.0……版。就像臺灣固改變了黨國體制，促使「黨政軍」退出媒體（未盡理想）；然民主化又不離選舉和政黨政治，資本主義的抬頭導致媒體市場化，使政商（金、權）介入媒體更深，現猶擴及網路世界，先進民主國家亦然；諸此，自易肇致臺灣媒體環境惡化（復有「中國因素」），江河日下，亦使新聞人不易安身立命，遑言理想抱負！

所謂的「公共化」，另一角度觀之，亦為一種不得已的「務實」轉型，或兩權相害取輕的一種權宜性手段，至少能在時下經濟困窘，保障新聞人的生活和權益，並能維護新聞媒體的核心價值及自主性。爾後，才能本立而道生，此當亦是時勢使然。否則空談理想，無異紙上談兵，無補予時艱。

所以，當有人提議《國語日報》納入「公共媒體」體系時（中央社、央廣亦然），仍有人質疑會淪為政黨輪替時的鬥爭工具。其實不然，至少目前的《國語日報》資產大於負債，有利「轉型」，光是臺北市福州街的社址，便屬於黃金地段，市場預估新、舊大樓的開發利益合計約新臺幣九十億，比起都更前，地價更增值一倍。

另如出版的兒童書籍和辭典，或開設給不同人學習的語文、作文課程（亦有供外國人學習中文的語文班），還有才藝班等，增加營收不少，亦挹注報紙營運部分的虧損，其周邊利益今後若能有效開發利用，十分可觀。而《國語日報》在1999年已進行全面資訊化，短短時間內就架設官網並邁向數位學習，並已著手系統虛擬化，併用 VMware 和 Microsoft Hyper-V 兩套環境，目

前虛擬化比例已經超過90%，追上了數位化的主流浪潮，前景頗有可為。

復次，英美資本主義的民主國家，泰半靠媒體經營者的徹悟，或視為一種志業，或有理想抱負，有的願將家產捐移信託基金，將媒體「公共化」；像最為人津津樂道的英國《衛報》（The Guardian），堪為「公共化」的典範之一。

1936年，《衛報》的經營者 C.P.Scott 及 Edward Scott 兩位老闆相繼過逝後，接任的 John Scott 為了避免龐大的遺產稅，並期盼能維繫新聞獨立性與商業經營，於是將公司所有的股權轉移設立「史考特信託基金會」。而這個信託管理，是包括史考特 Scott 家族、員工和外部成員，員工則佔了大多數。

但基金會並不干預《衛報》的編採獨立運作與自主，例如近年採訪媒體大亨梅鐸媒體集團醜聞，或美國「稜鏡」計畫醜聞等，聲名大噪；並在營運上仍能保有一定程度的獲利，洵為不易。截至2016年《衛報》每天印行十六萬兩千份，加上線上讀者，亦排名世界第五大線上報（每天約有900萬英國人及4,260萬全球讀者），對英國民主的貢獻與世界的影響顯著。更重要的是，在英國逐漸右傾的媒體環境中，《衛報》仍然維持社會的異議之聲。

就臺灣的情況而言，例如公共電視，是政府投資成立的，以服務公共利益為宗旨，此亦與英國 BBC、日本 NHK 雷同；其經營獨立自主，不受政商干涉的「公共媒體」理念，若合符節；例如維護媒體獨立自主的特性，提供多元化、多樣化的創作平臺，並兼負製播多元優質節目、促進公民社會發展、深植本國文化內涵及推廣文化交流，以落實保障國民基本視聽權利，彌補商業媒體的社會功能不足。又次，《公共電視法》已經三讀通過，其立

法體例不但兼具公法與私法性質，並且包含組織法、程序法及實體法相關規定，具體內容更涵蓋民事特別法、預算與人事等國會權限，以及《廣播電視法》等法律領域相關規範，相當周延。此自需與時俱進，像時下提出的《公共媒體法》，即是一個進步的例子。

從1998年成立的公視至今，平均每年卻只有新臺幣九億的預算，相對於英國BBC、日本NHK等，動輒超過兩千億新臺幣的年度預算（美國的PBS亦達千億以上），相去頗遠，連鄰近的南韓的KBS每年尚有四百多億預算都不如，無怪識者會興「巧婦難為無米炊」之嘆！

如今的世界，已有如「地球村」，越來越重視文化的軟實力及影響力，若將公視擴大為「公媒集團」[16]的策略，當可集中人力物力資源，各司其職，易彰顯旗下媒體平臺的綜合性效能，為臺灣的多元文化扎根，讓世界看得見，並能達成媒體應有的理想使命，一舉多得。

朝野倘若能鍥而不捨，循序漸進改革，發揮其統合性的功能（含各種周邊利益），當有助公共廣電媒體成為臺灣的文化和公共新聞的旗艦，不僅能提供許多人文藝術、影視音出版、動漫等工作者製作機會，且可挹注各族群、各類型文化的創作與生產，落實公共近用，更能成為文化經濟發展的領頭羊！

事實上，公共媒體和政府媒體，資金來源雖然同樣來自政府，但兩者功能性不同。公共媒體定位為「公共利益」服務，政府（國營）媒體需承擔政府部門的「特定政策」宣導任務，以及文宣等功能，而「公共媒體」未來需有法律規範，接受公眾監

---

16 將中央通訊社、中央廣播電臺、《國語日報》等納入，其他如原住民、客家臺等，仍需有「大局」的高度和理念，重新考慮參與合作。

督，避免受商業市場或政府力量的干預。其中，財源仍是影響媒體方向的重要因素，若財源不能免除政府的控制，仍很難達到公共媒體的獨立自主。

由於新聞媒體一向是監督政府的「第四權」，需要落實「監督政府、不受政黨輪替影響」的公共媒體，亦非是誰執政就替誰說話的媒體；目前許多政府（國營）廣播電臺，應及早轉型為公共媒體，以擺脫政府直接干預影響。也就是說，把國營廣電媒體變成公共媒體，是民主發展重要方向，政府（國營）媒體亦需增加公共服務性質。

新世紀初的新聞工作，至少需承擔七種重要的功能，包括：告知公眾、調查報導、分析評論、社會同情、公共論壇、社會動員、以及保護少數群體並捍衛代議民主政治體制等等。而「公共新聞」，則係指「問責新聞」（accountability journalism），亦即關注公共事務、追求公共利益的新聞與時事報導，有助於權力監督與問責、公眾審議與行動，是健全的民主政治與公共生活當中不可或缺的機制。是以，未來朝「公共新聞」化的發展，亦是重要的新目標，值得各方合力推動。同時，立法院亦須支持修訂《公共媒體法》，以充裕經費，羅致培養一流媒體人才！更需在修訂《媒體壟斷防制與多元維護法》層面加把勁，展現改革魄力和決心，以加強改善臺灣媒體環境，讓新聞人能安身立命，並闡揚民主、自由、人權、公義的核心價值，使世人刮目相看！這才是「臺灣走出去，世界走進來」的真義！茲謹條例式縷陳過去在有關智庫建議媒體改革的一些管見，期能拋磚引玉，請方家指教。

▌媒體資本結構公共化

• 思考設立「新世紀臺灣媒體智庫」，籌措發展的基金，以獨立

並具問責機制的運營方式，協助新聞媒體產業透過教育、訓練、接受諮詢、委託研究等，協助新聞從業人員的專業成長，對媒體的產業狀況及勞動條件進行長期調查研究，並以直接的補助、獎勵，投入支持具有公共精神的非營利與低營利新聞媒體。同時將媒體工作者視為媒體重要資產（媒體行業性質特殊，可終身為之），有計畫培訓人才，仿效先進國家做法，設置資深員工工作室，可成為社會資產，帶動國家各方面進步。

- 臺灣媒體產業在臺灣上市、上櫃公司比重偏低，政府應推動媒體公開發行，進而將股票上市上櫃，使媒體經營者能將經營成果與員工及社會分享。像台塑企業長期貫徹「資本證券化、證券大眾化」的宗旨，更能茁壯，媒體若能透過上市、上櫃籌資，可減少經營風險，嘉惠大眾，相得益彰。落實專業倫理（建立勞資的夥伴關係，而非主僕關係），促進社會上升力量，必須多管齊下，應修法嚴繩媒體主及其管理高層，始有推動自律的可能，否則僅靠薪資為生、無自主性的媒體人，是無濟於事。如果不將媒體從資本集團的控制中解放，那麼社會改革的推動就會變得更加困難，甚至難以完成。

- 透過立法以避免商人或與中資聯手壟斷媒體市場，鼓勵良善企業家以非營利心態投資媒體，樹立典範作用，並採多元化辦法以維護公眾利益（但開放中資、港資或透過第三地進入者，皆需督促立法有效管制）。

- 對於中國共黨的統戰，與臺灣內部的暗通款曲，是臺灣失去「憂患意識」及敵我不分的主因之一，應強化媒體教育，透過各種方式（座談會、公共論壇投書等）廣泛討論宣揚先進民主國家的民主、法治作為。同時，也可透過學者專家、非營利媒體觀察組織代為監督媒體，以進一步解決閱聽人較為缺乏理性

自利之心的問題；對於閱聽人缺乏新聞商品品質的判斷能力，則可透過媒體競爭，使不同媒體報導相同新聞，以供閱聽人比較與判斷；或藉由「媒體素養教育」賦予閱聽人，使其具備判斷能力等。

- 政府應依法停止投入公款於新聞置入性行銷，並運用相關經費，協助建立新聞媒體財務支持機制，以扶持新聞業的正常發展。重視新聞專業和編輯的自主重要性，以助回歸社會公器的責任感，服膺新聞記者工作信條，恢復新聞專業的公信力和榮譽感。各國政府對置入性行銷皆有所規範，值得引進借鏡改善。

- 從資本結構公共化著手，設法將公視、央廣、中央社等公有部分做一整合，引導公共服務，以催生公共廣電集團、或地方性公共媒體（報業），此涉及臺灣整體傳播制度設計的問題，需要更多的公民加入討論，以凝聚社會共識；或可端正若干媒體亂象，自亦需重新檢討修訂「廣電三法」，對於現有無線、有線電視及至數位化的發展，更需妥為籌謀，不致落後。《公視法》明訂公視屬於國民全體，獨立自主經營，不受政治干涉。是以政府除投入更多經費，提升公共電視的新聞產製能力與能量外，亦應參考英國 BBC 的獨立性的做法，以減少目前衍生不斷的糾葛，壞了國人對公視的期待。

▌效法英國 BBC

例如英國「文化、媒體、體育」部是 BBC 的「業管機關」（不是「主管」機關），負責「信託理事會」（BBC Trust）成員的提名、轉呈 BBC 遞交給國會的年度報告、轉告國會對 BBC 的建議。而「文化、媒體、體育」部大臣提名信託理事會成員十二

人，經女王同意後任命。

BBC 信託理事會，「要確保 BBC 提供高品質、有價值的節目，給所有的英國閱聽大眾，並保障 BBC 的獨立性」。信託理事會的工作，是監理 BBC 的大政方針，並評估 BBC 執行委員會的表現。執行委員會成員，包括總經理，由信託理會指派，負責執行日常業務。每年年終，信託理事會對執行委員會工作表現的評估報告，連同執行委員會本身的工作報告，合訂一冊，由「文化、媒體、體育」部大臣代為轉交國會，聽取國會的意見，然後將國會議員的意見轉達給 BBC 的管理階層。BBC 的管理階層或執行階層，不需到國會報告或接受質詢；BBC 的預算和工作計畫，是向國會報備而非經由國會同意。

這樣的設計，使得國會與 BBC 兩者得以保持「安全距離」，維持 BBC 的「獨立性」。大體而言，臺灣公共電視獨立性，其立法和結構設計是：應有一個代表公眾的管理委員會，負責政策制訂，確保公視的獨立性，監督執行委員會的工作和節目品質，並由管理委員會指派執行委員會執行日常業務；應只有「業管」機關，沒有「主管」機關；而國會的監督，是間接的：公視問責的對象，則是公眾（包括代表了公眾的管理委員會及其他民間監督團體），不是政府，因為公共電視不是政府電視。若赴國會接受立委質詢，此為公視維持「獨立性」的大忌。若能指定文化部為公視的「業管」機構最好，可扮演公視與國會、政府各單位的溝通橋樑，公視的管理階層便不需直接面對政治力。而公視在行政體系中的角色，應是「獨立機關」。另訂定公視董事會為公視的管理單位，總經理團隊為執行單位；且需強化董事會組織，董事需專任，半數以上為專業傳媒人士，董事則由文化部提名，向國會報備後任命；公視董事會亦應成立「諮詢委員會」，定期聽

取各方意見。董事會的管理監督報告，應透過業管機關向國會報備。國會的意見，應透過業管機關向公視董事會表達。

▌閱聽大眾的覺醒

- 企業界、民間團體及其基金會應轉化以往的慈善服務與社會責任觀念，大力投入支持具有公共精神的非營利與低營利新聞媒體，並尊重新聞業的獨立運作。政府則應為此類資金的投入提供減免稅捐的良好法制環境。

- 大學等學術機構應運用其教育資源，特別是擁有傳播科系的學校，妥善引進優秀資深的新聞實務人才，指導學生從事地方公共議題的深度調查報導，並透過學生實習報紙與實習電臺，致力參與地方新聞業的發展，以彌補傳統報業地方新聞萎縮。

- 從制度層面來說，廣電媒體既屬特許事業，政府應規定其一律公開揭露財務及經營資訊，甚至強制公開發行，以透明化去除公眾對媒體隱藏中國資本之疑慮。在平面媒體方面，則積極促成發行公信之 ABC 制度普遍化，政府機關之訂閱報紙及分配廣告資源，均以經稽核之發行數字為準。

- 對廣電媒體應落實審照制度。廣電相關法規均有有申請及定期更換執照之規定媒體絕對不是「一旦給照、永久使用」，則換照審查是為公眾權益把關，不能流於形式，方足以健全廣電事業。

- 至於媒體外部問題的因應對策，大致不脫「政府以政策介入」、「民刑事司法仲裁」、與「回歸市場機制解決」等三大類。其中，政府介入的手段有三，包括「結構管制」、「內容管制」與新興的潮流「共管」方式（政府、國會、業者、公民團體）等；司法仲裁相關手段則有二：「民事責任規則」與「刑

事裁罰」；而與市場機制相關的手段有三，包括「由市場參與者自行私下協商」、「透過媒體素養教育賦權閱聽人，使之能與傳媒其他市場參與者公平交易」、和「媒體監督組織」等。

• 有鑑於媒體觀察機制為健全產業所不可或缺，政府主管機關亦應定期進行產業調查，並鼓勵或委託公民團體進行媒體觀察，不僅為媒體做追蹤及記錄，亦可供閱聽眾參考，以利公眾透過市場機制選擇媒體。以他律規範媒體，還可從協助閱聽人透過法律尋求遭侵權時的救濟。統計顯示，臺灣的地方法院從1999年至2005年，控告媒體勝訴比率只約三成。此一數字顯示，閱聽人經由訴訟向媒體討回公道，讓媒體負起應有責任一事，仍大有可為。具體言之，閱聽大眾的覺醒及行動，才是改革臺灣媒體最基本的力量。

後記

　　日子沒有留下一片影子，往事雖也未必如煙，就像2016年諾貝爾文學獎得主鮑伯・迪倫（Bob Dylan，亦有中譯「巴布・狄倫」），那首迴腸盪氣的〈飄逸在風中〉（Blowing in the Wind）！

　　鮑伯・迪倫生於1941年，和我同年。1958年，我正讀師大附中高二，因偶然機遇跑到復興電臺主持「熱門音樂」節目，且在《中央日報》寫「每週熱門音樂排行榜」及《大華晚報》的「風靡音樂」專欄。而1950、1960年代正值存在主義風起雲湧，嬉皮頹廢思想當道時代，許多歌手用反戰、抗議的歌聲，強力對抗當道，鮑伯・迪倫旋即被視為偉大的抗議歌手，出了許多發人深省的唱片，反映時代、鼓舞人心。名聞遐邇的〈飄逸在風中〉和〈變革的時代〉（The Times They Are A Changin'），都成了當年反戰、人權運動主題歌；他透過歌詞和歌聲對抗社會不公、戰爭和種族歧視，大聲唱出時代的聲音，還被封為「世代的代言人」。「人要走過多少路，才能頂天立地？」鮑伯・迪倫走了五十四年的音樂路，終獲諾貝爾文學獎肯定。箇中意義深遠，誠予人不少啟思。

　　基於新聞的浪潮，自古至今，總是一波波接踵而來，幾乎無法讓一直「活在新聞中」的老記者，回想過去的種切；只有在夕陽人生，或快凋零的時候，或許會猛然回頭，想起一些，但仍然支離破碎，很難能完整呈現如詩似夢的往日回憶，回憶依然「飄逸在風中」，這也是 Blowing in the Wind 最迷人的地方！

　　我的新聞生涯，就像〈凡人歌〉一樣，終日辛勤奔波，彷彿不知有「休止符」；亦像臺語老歌〈快樂的碳礦夫〉，如「礦工」一般，只知向前不斷挖、挖、挖，不斷向前衝刺！這恐怕亦是「新聞」工作，最讓人刻骨銘心的地方！亦不禁令我想起鄭板橋那首膾炙人口的詩：「咬定青山（新聞）不放鬆，立根原在破岩中，千磨萬擊還堅勁，任爾東西南北風」，不正是新聞記者認真執著的心境寫照！

　　由於一連串的偶然、機遇和遇到難以計數的貴人，以及堅持自己的理念和志趣所致，使我對新聞工作始終不悔。凡夫俗子的情緒性心情，自是難免，但卻無傷對新聞事業的堅持。諸此，亦都拉拉雜雜寫在本書前言中，或可提供曾在那個年代打拼的人一些雪泥鴻爪。因年長、筆拙，或搬家散失部分原始資料等，無法鉅細靡遺，不免掛一漏萬，或在書中的直言不諱，再再要請方家包涵、體諒至幸。

　　回想早年在康定路《聯合報》時期，是個人跑新聞紮下根基的階段。當年報社上下班，除了談新聞外，還是新聞，不談是非，過的是「活在新聞中」的日子，大家主要的表現就是「搶獨家」，至今猶有不盡的懷念。像著名大導演姚鳳磐曾是《聯合報》影藝記者，因打麻將誤了採訪，把遐邇中外的音樂指揮家托斯卡尼尼來臺日期搞錯，未經查證，當晚就先發一篇文情並茂的特稿，寫得如臨現場活龍活現，結果翌日報載「托氏因故延後來

臺」，變成媒體一大笑話！之後，報社以此故事，告誡後進，記者不是「作家」，跑新聞是不能打混的！

復次，採訪要有「轉學多師」和「終身學習」精神，早年外國駐臺記者，泰半「就地取材」，像名記者蕭樹倫因沒學歷，自己苦修英文，隨身攜帶 Pocket book 苦讀，早年在《聯合報》只能跑「外事雜聞」（外交記者多為大學畢業）；後來因緣遇上太平洋艦隊司令，當場「活學活用」，稿子經司令官閱讀後，大為激賞，並推薦至美國合眾國際社（UPI）工作，成為駐臺特派員，傳為新聞界美談。

至於漏掉新聞或報導有疏失，記者常會向長官「道歉」。當年《聯合報》老總馬克任則是要記者「向讀者道歉」，而不是「長官」，足見正確的新聞認知和觀念，需要編採主管「以身作則」，身體力行，才能有風行草偃的良善效應。

而我在《台灣新生報》，或借調省府，或中研院的那些日子，更是回憶多多，學習多多。例如在《新生報》和省府服務時期，儘管不免處於大染缸中，但堅持新聞的「初心」不滅。而為了接地氣，亦認真學臺語以利基層溝通和「搏暖」；因我除了來臺唸西門國小時有機會跟同學說臺語之外，後來畢業考進建中初中、附中高中，沒機會講，自然生疏。於是，便利用公餘之暇，藉各類聚會場合，從唱臺語歌曲著手，結果多年下來，居然效果不惡。例如〈弄獅〉、〈快樂的碳礦夫〉、〈第二故鄉〉、〈快樂的出航〉、〈歡喜就好〉、〈港邊甘是男性傷心的所在〉、〈酒後的心聲〉等等，幾成了我的「招牌歌」（還有〈愛拚才會贏〉、〈家後〉等，不一而足）；國語歌曲自也不在話下。

舉凡後來參加各類基層座談會，或郊遊、聚餐、同樂會等等，經常容易與各方人等打成一片，有利報社和省府的工作推動

（廢省後省府官員、省議員，大多到中央，人脈更廣），更有利新聞採訪，一舉多得。

在省府工作時期，和省府團隊菁英包括：林振國（後來接財政廳長的賴英照）、吳容明、劉燈城、謝嘉梁、易榮宗等，及各廳處局主祕，相處融洽，學習不少；同時，遇到的新聞同業，亦莫不幫助多多，衷心銘感。例如《聯合報》的省政特派員趙秋實，是位才子，我們亦是喝白酒的好友；楊克華，有次問我何以到省府，後來她也到新北市當新聞處長，大概心得不少；賴淑姬，跑省議會相當出色；《中國時報》特派員吳清河，公私情誼佳；方冠夫，最佳損友，惜酒駕過世，亦曾在《新生報》寫文悼念，往日情懷，亦不免會「心雨」一番；王伯仁，現常寫新聞評論，文名在外；還有「損友」伍忠信才藝皆具，亦是教我唱臺語的好手；比較特別的是盧秀燕，從當華視中部特派員，到選省議員、立法委員，並在臺中成家立業，熱心媒體和政治工作，婚姻生活美滿，為人稱羨。相關同業太多不及備載，亦常有相聚和指教，皆是銘感五內，大家「萍聚」一場，是人生難忘的緣分，自己更是感到相當幸運。

記得在未戒酒前（戒菸則在退休後，亦是說戒就戒），我最愛引李白的詩：「天若不愛酒，酒星不在天；地若不愛酒，地應無酒泉；天地既愛酒，愛酒不愧天。」現在看來雖是年少輕狂，但飲酒亦可看出酒品、人品，屢試不爽，當非虛言，何妨觀察省思之。

我在中研院最感幸運的，除了那張「數學研究所兼任技士」聘書，成了我採訪高等學府、學術殿堂的「通行證」外，亦透過認識科學家、大師級學者，讓我的人生視界大開，通學領域開闊，亦有了達觀、豁達的體悟，況且「本來無一物」，而非只

有「放下」而已，獲益匪淺。特別是中研院新建的數學大樓中，我因與才華橫溢的張系國同一研究室，常能腦力激盪受益；而大樓內又有生活上必須設備（簡單的起居及飲食），可暫時與外界「隔絕」，有助靜思默想；有時亦常和周元燊院士聊天，通宵達旦，毫無倦意，收獲不少。像他某次問我：「大學若要關門，最先要關哪些系所？最不能關的是哪些系所？」讓我愣住，答非所問。他才正色地告訴我，所有系所都可依現實需求或將來性一一關掉，只有音樂、藝術、文學不能關。這席話的開示，啟迪人心，足資省思。

早年我的著作，多屬「作家」模式，比較海闊天空。只有這本「見證」，採「新聞記述」，猶需忠於當時的「新聞事實」，不免要翻箱倒櫃，常為了找一些新聞資料或證件之類，花費許多時間。所以，雖在三、四年前就起心動念，但多因雜務擱下。

若不是《聯合報》老同事盧世祥和政大陳世敏教授推薦，早些年參與兩次卓越新聞獎基金會的平面及電視類評審，結識了執行長邱家宜，否則很難想像會有這本書的問世，洵為難得的緣分；而她對新聞史頗有興趣，亦為當前新聞界菁英的佼佼者之一，識見、格局不俗。她多次以「往事未必如煙」鼓勵，但我始終未下決心，不論如何，總算在三年前敲定寫作計畫；她還幫忙撰了一份綱要，以利寫作脈絡，盛情可感，這才有了「見證」書稿的開始。

然則，因盧世祥邀我主持每月「媒體觀察報告」的關係（寫了近十年），致書稿時斷時續。後來「報告」之約，告一段落，自己卻又應允替主流報紙寫些「即時評論」，復又延宕一陣子，連主編卓新《傳媒與教育》電子報的張春炎都已南下高就了。某日，邱家宜跟我半開玩笑地說，某位教授寫了三年都已交卷，而

這本「見證」談了三年，居然還未開工；這可讓當年號稱「快筆」的我，益發感到過意不去。

就在這段期間，適巧內弟宋亞伯（從「美國之音」退休），轉來他的鄰居、我多年未連繫的《聯合報》老同事王景弘信函，信中還鼓勵我仿效名記者約翰・根室（John Gunther），寫些屬於自己的東西，一語驚醒夢中人！於是擇日不如撞期，立馬在2017年的炎熱夏天，閉關動筆，連家人都難置信。其間還曾中暑、染A流感等，加上老爺電腦數度遭駭和中毒，最是要命。倖賴我在台視文化公司（曾任總監、資深顧問）認識的年輕電腦維修師胡正立（現在民視工作）熱心幫忙，利用遠端遙控維修技術，讓我得以繼續寫作。結果，竟然能在三個月內如期交卷，自己都感意外，誠是「若非一番寒徹骨，焉得梅花撲鼻香」！

現在這本拙著終能如期完成，邱家宜的功不可沒，除了感謝，只有感謝！而家人和許多「貴人」的支持和協助，更是無話可說。又如卓新會的年輕朋友如陳靜雲、吳禹萱、王蓓霞、田育志等，及已在暨南大學高就的張春炎，亦都「惠我良多」，特此一併誌謝。當然，這本書的責任編輯張如芷，亦要感謝。

在我退休十七年來，始終不忘筆耕，關心新聞、寫新聞評論，亦結交不少朋友和年輕同業，無法一一記述。像陳立宏就是我欣賞的新聞界菁英之一，在我對抗媒體大亨的置入行銷和壟斷媒體作為，甚至還對簿公堂兩年的階段，他都給予聲援，惜天不假年，英年早逝，我即以筆名「孝佛」在報上寫〈悼念臺灣新聞鬥士──陳立宏〉。就專業而言，他是相當優秀的記者，符合「新聞鬥士」的條件，相信社會自有公評；我早年當《新生報》採訪主任時，招考記者錄取的鄭弘儀，後亦成臺灣知名的電視節目主持人（當時錄取的另一位為廖鯉，後來當了馬英九市長辦

公室主任），基於我很多年前幫他澄清以訛傳訛的黨籍事情，有了接觸（泰半是通訊），直到前幾年首次幫潘建志醫師站臺（簡余晏相邀），才正式見面，晤談甚歡。當然，《蘋果日報》前社長杜念中更是最佳「筆友」，我們是「以文會友」（他也是非常鼓勵我寫回憶錄），我在《蘋果》寫了近四年，每月平均四、五篇的「論壇」，稿費可觀，有的被譯載至 Taipei Times。後來見面聊天，我直說是「惠我良多」！相互大笑。

其實，不分古今中外的新聞記者背後，都有說不完的酸甜苦辣故事，亦多有「神仙、老虎、狗」的坎坷歷練歷程；而每個新聞記者，亦像各行各業的人物一樣，心中最感愧疚和感謝的，就是家人！主要是新聞工作面對的是公眾和公共領域，又不分晝夜忙採訪，根本無暇顧及家人的健康、生計、安危及一切，他們的犧牲太大了，所以新聞同業對家人，莫不有份歉疚之心。

我要特別感謝內人，我們聚少離多，正如詩人周邦彥所形容的「人如風後入江雲，情似雨餘黏地絮」（《玉樓春》）；而夫妻之間的吵吵鬧鬧，無乃亦是人之常情，畢竟「家裡亦不是講道理的地方」，直到退休至今的十七年，才算比較有了正常的家庭生活，依然忙於寫稿，只是多了些家事負擔，且已邁向「金婚」。「執子之手，與子偕老」，雖是一種古老而堅定的承諾，卻亦是浪漫而美麗的傳說，如今總算感到一絲幸福的滋味。

現在家族多了一位小成員，正唸國小三年級的陳莘亞，在她從幼稚園起，就對外公的寫作百般好奇和不解，現總算能看到老記者的外公完成一段難得的「歷史見證」，當亦是我平生的一大快慰！

此書完稿後，休息之時，正巧看到 HBO 播一部《別跟山過不去》（A Walk in the Woods）影片，是由我喜愛的老牌演

員之一勞勃‧瑞福（Robert Reford）主演，非常精彩，令人回味無窮。這是繼老人電影如《白日夢冒險王》、《一路玩到掛》後，又一「人生夢想練習曲」；而這部影片譯名亦挺有趣，在整部片中，主角一直用「walking」來揶揄他們在 trekking（backpacking），看來「落實行動」的確很難，也很重要！

影片是講述在英國生活了二十年的旅遊作家比爾（勞勃‧瑞福飾），決定搬回久違的美國定居，為了重新認識自己的家鄉，不願向年齡低頭，決心徒步走完著名的阿帕拉契山徑，而在妻子的無奈和鼓勵下，和老友（兩個加起來超過百歲以上）靠著決心及不屈的雙腿，終於完成超過三千公里的登山艱險旅程。片中的「追求夢想的道路你不孤單，家人永遠是你最大的精神支柱！」更是讓我震撼不已，亦是我心中最想對內人和家人說的一句話：謝謝你們的愛和包容！

時至晚年，我對鄭板橋「難得糊塗」的一段跋語：「聰明難，糊塗尤難，由聰明而轉入糊塗更難。放一著，退一步，當下心安，非圖後來福報也」，感悟良深。因為不論工作、婚姻、生活，有時亦需能「難得糊塗」，才能瀟灑快活！

章名頁圖片來源（皆為作者呂一銘撰寫、提供）：

Chapter1 科技與農業政策

・1976 年 12 月 3 日。〈右滿舵 ・ 揮別基隆 尋漁場 ・ 不辭艱辛〉、〈乘風破浪遠征南極 冰天雪地撈蝦探魚〉，《聯合報》。
・1972 年 10 月 9 日。〈農業發展條例草案 政院正作最後審核〉、〈政府積極加強農村建設 決定將農業專業區擴大為各類新社區〉，《聯合報》。
・1975 年 4 月 3 日。〈試管中培養食用植物 王博仁博士八年有成〉，《聯合報》。
・1971 年 2 月 4 日。〈我國自行設計製造 第一座原子爐開始正式運轉〉，《聯合報》。

Chapter2 科學教育

・1971 年 8 月 10 日。〈火星究竟有無生物 科學家正尋求答案〉，《聯合報》。
・1974 年 12 月 22 日。〈清華理學院院長 沈君山將上螢幕〉，《聯合報》。
・1970 年 5 月 6 日。〈專家縱論同位素 輻射污染面面觀〉，《聯合報》。
・1972 年 1 月 19 日。〈台大青年試射火箭 探空一號明日昇空〉，《聯合報》。
・1970 年 5 月 4 日。〈我國原子能和平應用的遠景〉，《聯合報》。
・1973 年 10 月 4 日。〈希裔富商萬里不辭勞 天涯海角苦尋北京人〉，《聯合報》。

Chapter3 見證科學發展史

・1973 年 12 月 6 日。〈沼氣發電試驗成功 即將推廣農村使用〉，《聯合報》。
・1977 年 6 月 23 日。〈電動車走向實用之途 清華已初步研製完成〉，《聯合報》。
・1977 年 9 月 20 日。〈廖一久「化緣」養魚〉，《聯合報》。
・1978 年 6 月 13 日。〈李鎮源 ・ 勤於研究〉，《聯合報》。
・1973 年 7 月 4 日。〈李崇道偕專家探勘地熱 決在陽明山金山兩地 設立農業實驗示範區〉，《聯合報》。

Chapter4 公害災難殷鑑

- 1971 年 3 月 14 日。〈皮蛋滲鉛 ‧ 殼有黑斑 長期食用 ‧ 慢性中毒〉,《聯合報》。
- 1971 年 10 月 22 日。〈「聚氯化二酚」用途廣泛 食物連鎖惡性循環 遷移作用害人不淺〉,《聯合報》。
- 1971 年 5 月 24 日。〈正視農藥殘毒問題〉,《聯合報》。
- 1971 年 10 月 21 日。〈聚氯化二酚化學原料 人類健康第二號公敵〉,《聯合報》。

Chapter5 精彩人物

- 1978 年 11 月 12 日。〈錢煦 ‧ 實至名歸〉,《聯合報》。
- 1977 年 9 月 22 日。〈蔣彥士「門面一新」〉,《聯合報》。
- 1978 年 5 月 30 日。〈李登輝學人從政〉,《聯合報》。
- 1977 年 9 月 7 日。〈錢思亮「一門四傑」〉,《聯合報》。

Chapter6 跨界人生

- 1969 年 9 月 16 日。「聯合報社人事室通知」,聯合報社。
- 1975 年 9 月 1 日。「中央研究院任函」,中央研究院數學所。
- 1984 年 10 月 20 日。「省政新聞獎證書」,臺灣省政府。
- 1980 年 11 月 11 日。「金鼎獎證書」,行政院新聞局。
- 1968 年 6 月。「畢業證書」,私立逢甲工商學院土木工程學系。

Chapter7 臺灣媒體變遷

- 2007 年 8 月 8 日。〈媒體的「公信力」快倒光了〉,《蘋果日報》。
- 2007 年 9 月 18 日。〈台灣報紙死不認錯〉,《蘋果日報》。
- 2007 年 6 月 13 日。〈電視綜藝節目的墮落〉,《蘋果日報》。